U0939163

JIANDING BUYI FANDUI FUBAI DE
SIXIANG ZHINAN HE XINGDONG GANGLING

坚定不移反对腐败的思想指南和行动纲领

邱学强　主编

编辑委员会

序言

邱学强*

本书是在中国共产党第十九次全国代表大会胜利召开的重要历史时刻出版的。党的十九大是全面建成小康社会决胜阶段、中国特色社会主义进入新时代的关键时期召开的一次十分重要的大会。会议的重大成果之一是确立了习近平新时代中国特色社会主义思想，明确宣示了举什么旗、走什么路、以什么样的精神状态、担负什么样的历史使命、实现什么样的奋斗目标。我们编撰出版《坚定不移反对腐败的思想指南和行动纲领》，就是深入贯彻党的十九大精神，以全面从严治党和反腐败斗争为视角，学习领悟习近平新时代中国特色社会主义思想的重要方式和体现。

一

党的十八大以来，习近平总书记带领全党全军全国各族人民干了许多开创性的工作，过去没有做到的做到了，过去没有想到的想到了。在关系党和国家前途命运的问题上，总书记站得高、看得远、想得深。他以极大的政治勇气、理论勇气和实践勇气，提出了一系列治国理政的

---

* 作者为中共中央委员，最高人民检察院党组副书记、副检察长。

新理念、新思想、新战略，引领全党全军全国各族人民开创了中国特色社会主义伟大事业和党的建设新的伟大工程新局面，取得了一系列具有重要现实意义和深远历史意义的成就，实现了党和国家事业的继往开来，特别是出现频率最高的党风廉政建设和反腐败斗争的系列论述，引领和指导着全党全军全国各族人民汇成了同仇敌忾的磅礴伟力。习近平总书记在新的伟大斗争实践中，实际已经成为党中央的核心、全党的核心。党的十八届六中全会确立了习近平总书记的核心地位，是党心所向、军心所向、民心所向，是我们党思想上、政治上、理论上、组织上成熟的集中体现，是全党的选择、人民的选择、历史的选择。我们学习领会习近平总书记关于党风廉政建设的系列论述，研究编撰《坚定不移反对腐败的思想指南和行动纲领》，就是从理论和实践的结合上，揭示总书记这个核心在反腐败正义之战中的指导、引领和示范作用，阐明政治上捍卫核心、思想上看齐核心、作风上校准核心的必要性、重要性和紧迫性。从反腐败斗争的层面论证和昭示确立习近平同志的核心地位是党和国家之幸，是全国人民之幸，是中华民族之幸。习近平总书记关于党风廉政建设和反腐败斗争的系列论述是新时代中国特色社会主义反腐败战略思想。

习近平新时代中国特色社会主义反腐败战略思想，是习近平新时代中国特色社会主义思想的重要组成部分，蕴含着全面从严治党的内在逻辑。作为党的十八大以来历次中央全会和历次中纪委全会的参加者，我有幸聆听了总书记系列重要讲话和指示，目睹了总书记高瞻远瞩、深谋远虑的领袖风采，领略了总书记治国理政的政治智慧和宏韬伟略。“四个全面”战略布局的提出，就是新时期治国理政的重大举措。而全面从严治党是领头的、第一位的，其思想覆盖党和国家的全部工作。因为只有全面从严治党，才能锻造坚强领导核心，为协调推进“四个全面”提供方向指引和政治保障。面对腐败存量增量积聚、政治生态恶化的严峻态势，习近平总书记以力挽狂澜、敢于担当、除恶务尽的气魄和胆略，率领全党上下打虎灭蝇、反腐正风，在重要的历史关头，挽救了党和国家。反腐败战略思想是全面从严治党最锐利的思想武器，它以对历史规律的科学把握，以临对风险矛盾的忧患认知，以历史周期率的兴亡命题和温水煮青蛙的寄寓忧思，从理论和实践的结合上昭示了全面从严治党的极端重要性和现实紧迫性。它坚持从实际出发，立足党情国情世情的正确判断，蕴含着唯物论的基本观点；运用全面的、历史的、发展的思维方式，科学认识当下各种腐败本质与社会经济政治间的有机联系，蕴含着辩证法的基本观点；科学总结建党以来我们党同腐败现象作斗争的经验教训，并进行规律性概括，蕴含着认识论的基本观点；高度聚焦我们党建设廉洁政治、真挚为民的执政思想和理念，蕴含着价值论的基本观点。正是这些充满马克思主义思想光辉的科学内核，为全面从严治党和反腐败斗争提供了前所未有的巨大动能。

习近平新时代中国特色社会主义反腐败战略思想，是一个有机联系的科学体系。这一思想立足于对国内政治、经济、社会发展和复杂多变的国际形势的准确洞察与研判，紧紧围绕我们党要团结和带领全国各族人民实现“两个一百年”奋斗目标和中华民族伟大复兴中国梦的时代主题，着眼于从严治党、执政为民，深入推进党风廉政建设和反腐败斗争，提出了一系列相互联系的观点。在指导思想上，强调坚持党要管党、从严治党，始终保持党的先进性和纯洁性，确保党始终成为中国特色社会主义事业的坚强领导核心；在形势判断上，强调反腐败斗争关系党和国家的生死存亡，反腐败斗争形势依然严峻复杂，坚决反对腐败是我们党必须抓好的重大政治任务，反腐败斗争永远在路上；在立场态度上，强调对腐败现象实行零容忍，做到有腐必反、有贪必肃，党中央反腐败的决心和遏制腐败现象蔓延势头的目标不变；在任务目标上，强调反腐败要经常抓、长期抓，“老虎”、“苍蝇”一起打，无禁区，全覆盖，构建风清气正的廉洁政治生态，把权力关进制度的笼子里，实现干部清正、政府清廉、政治清明；在战略重心上，强调现阶段以治标为主，为治本赢得时间、赢得主动，以“不敢腐”推进“不能腐”和“不想腐”，从源头上遏制腐败现象蔓延；在方式方法上，强调运用法治思维和法治方式反对腐败，加强反腐倡廉法规制度建设，把纪律挺在前面，严格执法，公正司法，利剑高悬，威慑常在；在内生动力上，强调从执政为民的根本宗旨出发，强化党委的主体责任、纪委的监督责任和司法的法律责任，建立责任倒查追究制；在国际合作上，强调深入了解和掌握国际反腐败规则和动态，提高追逃追赃工作的针对性和有效性，决不能让国外成为腐败分子的“避罪天堂”。以上八个方面，构成一个内在联系、有机统一的整体，系统回答了新时期反腐败斗争为什么、是什么、怎么办等一系列重大理论和现实问题，体现了对新形势下反腐败斗争规律特点、趋势方向的深刻把握。我们必须从总体上、相互联系上和精神实质上去全面、准确地理解和把握，既要“钻进去”，做到抓住精髓、领会实质、武装头脑，又要“走出来”，做到联系实际、指导实践、推动工作。

习近平新时代中国特色社会主义反腐败战略思想，规划了从“不敢腐”、“不能腐”到“不想腐”的宏伟蓝图。党的十五次代表大会确立了“党委统一领导、党政齐抓共管、纪委组织协调、部门各负其责、依靠群众支持和参与”的反腐败领导体制和工作机制，为新时期反腐败斗争提供了坚强的组织保障。但长期以来，由于反腐败斗争的战略重心、战略布局和发展走势不够清晰，在治标和治本的问题上缺乏针对性，反腐败主体责任落实不够。习近平总书记以“明者因时而变，知者随事而制”的政治智慧和“急则治其标，缓则治其本”的辩证思维，确立了现阶段以治标为主，为治本赢得时间、赢得主动的战略决策，并立足于反腐败斗争永远在路上的科学判断，提出了从“不敢腐”、“不能腐”到“不想腐”的三步走战略布局，在此基础上强化了纪检监察和执法机关所承担的监督、执纪、问责的职能责任。反腐败“三不”战略的确定和责任主体的强化，从根本上解决了新时期反腐败工作“船”和“桥”的问题，使中国特色的反腐大业由此走上了稳步推进、科学发展的道路。我们在对习近平总书记一系列重要讲话的梳理中发现,反腐败压倒性态势已经形成的背后,是总书记作为当代杰出政治家管党治党的成功密码,是党中央殚精竭虑、治国理政的深层内核。特别是总书记以上率下,正风肃纪从中央政治局常委、中央政治局和中央委员会"关键少数"抓起,层层传导,压实责任,树起了党内监督的信号塔与标杆尺,形成了巨大的示范效应,开创了"顶层推动"与"全党行动"的崭新格局。

作为习近平新时代中国特色社会主义思想的重要组成部分,新时代中国特色社会主义反腐败战略思想,是经过实践检验的中国化的马克思主义重要理论成果之一。实践是检验真理的唯一标准。党的十八大以来,反腐败斗争实现了伟大的历史性超越。同此前的运动反腐、权力反腐等模式相比,凸显了全面从严治党和全面依法治国的时代主题,其表现在:反腐败政治理念更加清晰,任务目标更加明确,战略重心更加突出,工作方式更加科学,主体责任更加落实,党心民心更加凝聚。反腐败斗争以前所未有的广度和深度向前推进。中央与地方上下联动,纪检监察部门专职监督,司法机关依法办案,广大党员干部广泛参与,"责任链条"不断延伸,"巡视利剑"震慑常在,"力量矩阵"日益增强。依法查处周永康、薄熙来、郭伯雄、徐才厚、令计划等腐败案件,体现了法纪面前没有免罪的"丹书铁券",没有法外的"铁帽子王",亮明了党坚决反对腐败的旗帜。四年来,全国查处的一百一十多万起党员干部违纪违法案件,诠释了反腐败斗争的压倒性态势;中央出台和修订的党内法规近60部,超过现行150多部中央党内法规的三分之一,表明了不能腐的制度日益完善;在正风肃纪与铁腕反腐的强劲激荡下,社会风气明显好转,促进了不想腐的堤坝构筑。这一切,都是总书记总结历史经验,洞察时代风云,把握发展大势,科学研判谋划的结果,充分体现了习近平总书记治国理政的大战略、大智慧、大举措;充分证明了习近平新时代中国特色社会主义反腐败战略思想,是当之无愧的思想指南和行动纲领,是新时代中国特色社会主义反腐败理论与实践的伟大创新。

二

毛泽东同志曾经指出:“读书是学习,使用也是学习,而且是更重要的学习。”学习的目的全在于运用。我们学习领会和研究编撰习近平新时代中国特色社会主义反腐败战略思想,不仅要深刻领悟其思想精髓,而且要深刻把握其蕴含的马克思主义立场、观点和方法,要把总书记对反腐败斗争的系列论述与治国理政新理念新思想新战略结合起来,同当前深入贯彻党的十九大精神结合起来,坚持中国特色社会主义反腐败的道路自信、理论自信、制度自信、文化自信,牢固树立政治意识、大局意识、核心意识、看齐意识,以绝对忠诚的使命担当,为打赢反腐败这场输不起的攻坚战、持久战贡献力量。

我们要牢牢把握反腐败战略思想的根本立场。这个立场就是党的立场、人民的立场。坚持党的立场和人民的立场,就要做到从思想上紧跟核心,理论上聚焦核心,感情上认同核心。因为核心集中代表了党的利益,人民的利益。对核心的忠诚,就是对党的忠诚、对人民的忠诚,而且这种忠诚必须是绝对的,忠诚不绝对,就是绝对的不忠诚。我们要以绝对忠诚的坚定立场,不断增强维护党中央权威的自觉性和坚定性,任何时候、任何情况下都要把政治纪律和政治规矩挺在各项纪律、规矩的前面,自觉地把维护中央权威体现到一言一行中,体现在反腐执法中。大量事实证明,腐败分子往往是政治问题与经济问题相交织,他们大搞权钱交易、利益输送,物欲和权欲形成了恶性循环。他们利用党和国家经济资源笼络人心、结党营私,恶化政治生态。我们要充分认识其动摇党的执政基础,危害国家政权安全的反党反人民本质,并毫不留情地予以揭露和打击,决不能温良恭俭让。要按照中央的要求,把办理中管干部案件作为重大政治任务来抓。创新办案思路,明确办案责任,加快工作进度，高质量、高效率地办好每一起案件。执法中自觉坚持党的核心领导，该向中央报告的要报告，该向中央请示的要请示，自觉服从中央纪委组织协调和中央政法委的工作协调，把维护党中央权威落实到反腐败执法活动之中。

我们要牢牢把握反腐败战略思想的基本观点。这个基本观点就是坚持党的领导，维护人民利益，依纪依法反腐。坚持党的领导，就要保持高度的政治敏锐性，在要不要巩固党的执政地位、厚植党的执政基础，要不要坚持党的领导、人民当家作主和依法治国有机统一的重大原则，要不要坚持中国特色反腐败道路自信、理论自信、制度自信和文化自信等重大理论和实践问题上，绝不能闪烁其词、语焉不详。对重大问题、疑难问题、社会热点问题等，要坚持摆事实、讲道理，开展批评与自我批评，提高主流思想舆论的传播力和影响力。对别有用心的恶意炒作和混淆视听，要及时坚决地予以回击，用深入的有针对性的研究成果，用客观事实和科学论证，揭示其虚伪性和挑唆性，旗帜鲜明地维护党的核心领导地位。维护人民利益，就要在国计民生、经济社会发展的问题上态度坚决、措施到位，不断提高反腐执法的政治效果、法律效果和社会效果，为实现创新、协调、绿色、开放、共享的五大发展目标提供安定有序的社会环境、诚实守信的经济环境、清正廉明的政务环境、公平公正的司法环境。依纪依法反腐，就是要以宪法和党章为基本遵循，秉持党纪与国法相辅相成、相互促进、相互保障的反腐败法治方式，坚持纪在法前、纪法衔接，充分发挥党纪国法惩治和预防腐败的法治效应。始终坚持反腐败无禁区、全覆盖、零容忍，做到办案工作不放松、不停步、不手软；始终围绕构建不敢腐、不能腐、不想腐体制机制的基本战略，推动“不敢腐”向“不能腐”和“不想腐”的转化。

我们要牢牢把握反腐败战略思想的基本方法。这个基本方法就是治标与治本的辩证法。把握治标与治本的辩证法，一要坚持以打促防、惩防并举的战略方针。做到惩治腐败力度决不减弱、零容忍态度决不改变，坚决铲除腐败这个致命的“污染源”；以驰而不息的恒心和韧劲做到治标不松劲，不断以治标促进治本。二要正确处理反腐败各要素间的重大关系。在作风建设与惩治腐败的问题上，认清前者是固本强基之举，后者是刮骨疗毒之策，都是全面从严治党的客观要求；在拍“苍蝇”和打“老虎”的问题上，认清只打“老虎”不拍“苍蝇”就会养痈遗患，只拍“苍蝇”不打“老虎”就会越反越腐；在建章立制与制度执行的问题上，认清前者是反腐的基础，后者是反腐的关键；在国内反腐与国际反腐的问题上，认清腐败是全世界的共同敌人，切实加强反腐败国际合作，决不让国外成为腐败分子的“避罪天堂”。三要及时总结和运用反腐败斗争的实践经验。坚持党纪反腐与法律反腐相结合，权力反腐与权利反腐相结合，专职反腐与自身反腐相结合；充分运用监督执纪“四种形态”、“巡视利剑”和“派驻全覆盖”等行之有效措施持续发力；谨记“四个统一”的新鲜经验，做到高标准和守底线相统一，抓惩治和抓责任相统一，查找问题和深化改革相统一，选人用人和严格管理相统一，不断增强反腐败斗争的系统性、创造性和实效性。

我们要牢牢把握反腐败战略思想的理论品格。这个理论品格就是共产党人的世界观、人生观、价值观和不忘初心、继续前进的奋斗精神。依靠文化自信坚定理想信念，是习近平总书记反复强调的根本之策，我们要运用中华优秀传统文化、革命文化、社会主义先进文化，教育引导广大党员干警始终站稳政治立场，稳住理想信念这个“压舱石”，在公和私、义和利、是和非、正和邪、苦和乐矛盾时作出正确选择。执法办案中，以“输不起”的责任担当和秉公执法的浩然正气，高质量高效率地履行党和人民赋予的职责。中央关于国家监察体制改革的重大决策，是反腐败理论与实践的伟大创新，对构建不敢腐、不能腐、不想腐的有效机制，推进国家治理体系和治理能力现代化，有着重大现实意义和战略意义。我们要以政治上的坚定笃行服从改革，以理论上的清醒自觉维护改革，从内心激发出充满无穷动力的责任担当，不折不扣抓谋划、抓落实、抓执行；一如既往地做好改革中应该做好的工作，努力营造有利于国家监察体制改革的强大气场，为建立集中统一、权威高效的监察体系，深入推进党风廉政建设和反腐败斗争尽职尽责。

本书的编撰过程，是我们学习领会习近平新时代中国特色社会主义思想的过程。通过对总书记关于党风廉政建设和反腐败斗争系列论述的梳理、思想脉络的追寻，我们领略到他那博大的为民情怀、卓越的领袖风范和非凡的人格魅力。我们要矢志不渝地用习近平新时代中国特色社会主义思想武装头脑统一行动，持之以恒正风肃纪，以反腐败永远在路上的坚韧和执着，以巩固压倒性态势、夺取压倒性胜利坚如磐石的决心，撸起袖子加油干，为实现“两个一百年”的宏伟目标而努力奋斗。

是为序。

2017 年 10 月于北京

目　录

第一编
反腐败战略思想的体系形成

第 四 编
反腐败战略思想的实践特征

导　论

习近平新时代中国特色社会主义反腐败战略思想

历史进入21世纪的第十二个年头，以习近平同志为核心的新一届中央领导集体，走上了治理世界上人口最多、发展最快、变化最大的国家的领导岗位，开启了实现中华民族伟大复兴中国梦的新时代。

党的十八大以来，习近平多次就党风廉政建设和反腐败斗争发表重要讲话，提出了一系列富有创见的新思想、新观点、新论断，形成了当代中国党和国家反腐败战略思想，标志着我们党对长期执政规律和社会主义建设规律的认识达到了新的历史高度。新时代中国特色社会主义反腐败战略思想，是以习近平同志为核心的党中央治国理政新理念新思想新战略的重要组成部分，是新的历史条件下党的建设和反腐倡廉理论的最新成果。它是对毛泽东等老一辈革命家反腐倡廉思想的继承和发展，是党风廉政建设和反腐败斗争经验的科学总结，是新的伟大历史征程中反腐倡廉建设的思想指南和行动纲领，是习近平新时代中国特色社会主义思想的重要组成部分。

一、以科学的思想体系完善反腐败战略布局

一种科学思想体系的形成，主要着眼于三个要素，即：有没有一种

科学的世界观方法论贯穿其中；有没有一个主要研究和解决的中心问题；是否围绕着中心问题形成了一系列相互联系的观点。习近平新时代中国特色社会主义反腐败战略思想，贯穿着辩证唯物主义和历史唯物主义的立场、观点和方法，指导我们从“四个全面”战略布局的内在要求出发，把握和处理好作风建设与惩治腐败；打“苍蝇”与打“老虎”；反腐败与改革发展稳定；查处职务犯罪与防控职务犯罪风险；加大反腐力度与自身反腐败；建章立制与制度执行；党委领导责任与纪委监督责任；国内反腐败与国际反腐败等各种重大关系。这充分体现了党中央对新形势下反腐败斗争规律的深刻把握，为我们辩证地观察分析事物，正确研究解决反腐败问题，提供了强大思想武器。

习近平新时代中国特色社会主义反腐败战略思想，立足于对国内政治、经济、社会发展和复杂多变的国际形势的准确洞察与研判，紧紧围绕我们党要团结和带领全国各族人民实现“两个一百年”奋斗目标和中华民族伟大复兴中国梦的时代主题，着眼于从严治党、执政为民，深入推进党风廉政建设和反腐败斗争，提出了一系列相互联系的观点。比如，“以零容忍的态度惩治腐败，以猛药去疴、重典治乱的决心，以刮骨疗毒、壮士断腕的勇气，坚决把党风廉政建设和反腐败斗争进行到底”等论述，确立了当代中国反腐理念。保持高压态势的基本定力，“老虎”、“苍蝇”一起打，既坚决查处领导干部违纪违法案件，又切实解决发生在群众身边的不正之风和腐败问题等论述，进一步明确了新时期反腐任务；善于运用法治思维和法治方式反对腐败，加强反腐败国家立法，加强反腐倡廉党内法规建设，让法律制度刚性运行等论述，强调了依法反腐的基本方式；把权力关进制度的笼子里，形成不敢腐的惩戒机制、不能腐的防范机制、不易腐的保障机制等论述，指明了新时期反腐败斗争基本走向；坚持全面从严治党，以更大的政治勇气和智慧，不失时机深化重要领域改革，攻克体制机制上的顽症痼疾，突破利益固化的藩篱，构建良好的政治生态，实现干部清正、政府清廉、政治清明等论述，彰显了反腐败的价值目标。

习近平新时代中国特色社会主义反腐败战略思想，把反腐治标的极端重要性和现实紧迫性鲜明地摆在了全党面前，强调现阶段反腐败斗争的战略重心是以治标为主，为治本赢得时间、赢得主动。反腐败呈现出新的战略布局。从横向看：一是果断打虎，高频灭蝇，形成清除腐败存量的高压态势；二是严纠“四风”、关口前移，构筑防控腐败增量的坚实屏障；三是巡视创新，“利剑”常举，威慑常在；四是国际合作、织密天网，决不允许国外成为腐败分子的“避罪天堂”；五是聚焦主业、深化改革，落实党委主体责任和纪委监督责任。从纵向看：破除“反腐一阵风论”、“影响经济发展论”、“权力斗争工具论”等杂音噪音，保持坚强的政治定力；破除“刑不上常委”的疑虑，树立起党纪国法的权威；破除“法不责众”的陈旧观念，打造腐败塌方地区新的政治生态；破除反腐就是办案的简单思路，把反腐败延伸到价值观的深度较量等，一个从“不敢腐”迈向“不能腐”、“不想腐”的战略走势正在形成。

二、以清晰的政治理念凝聚反腐败精神力量

习近平关于党风廉政建设和反腐败斗争的政治理念，是全面从严治党、抵御腐败侵蚀，全面依法治国、提高反腐败法治水平的鲜明态度与坚定立场，是党的科学发展理念、改革创新理念、从严治党理念、依法执政理念在反腐败斗争领域的具体体现。既与毛泽东、邓小平等老一辈革命家的党风廉政建设和反腐败斗争思想一脉相承，又是新时期党风廉政建设和反腐败斗争经验的科学总结，具有鲜明的时代特征。

一是“零容忍”的反腐理念。长期以来，我们党坚持把反对腐败、建设廉洁政治作为一项重大政治任务来抓。但是，由于在反腐败认识上的不一致、不统一，现实反腐实践存在法律制度执行失之于宽、失之于软的问题，比如“抓大放小”，对重大腐败案件比较重视，对轻微腐败

现象却见怪不怪。习近平指出:“贪似火,无制则燎原;欲如水,不遏必滔天”,反腐败高压态势必须保持,坚持以零容忍态度惩治腐败。对腐败分子,发现一个就要坚决查处一个。“要抓早抓小,有病就马上治,发现问题就及时处理,不能养痈遗患。”“要让每一个干部牢记‘手莫伸,伸手必被捉’的道理。”①习近平关于“零容忍”的反腐理念,是新的历史条件下我们党和国家对腐败现象蔓延机理及其演化规律的理性认识,表明了中国共产党人与腐败现象水火不容的鲜明政治立场和对任何腐败行为、腐败分子都必须依纪依法坚决惩处的法治原则。

二是“以上率下”的政治示范。多年来,在党风廉政建设和反腐败斗争中,有的地方和部门存在说到做不到甚至根本没有去做的现象。这种现象的存在根源在于反腐法律制度中的措施流于形式,制定的法律规章不落实。习近平指出,“善禁者,先禁其身而后人”②,“子帅以正,孰敢不正”。他提出反对腐败首先要从中央政治局抓起,“全党看着中央政治局,要求全党做到的,中央政治局首先要做到”,“上面没有先做到,要求下边就没有说服力和号召力”。③ 抓好党风廉政建设和反腐败斗争,习近平强化了以上率下的政治示范作用。在党的群众路线教育实践活动中,党中央七位政治局常委无论是听意见的真诚态度、找问题的较真作风,还是抓指导的对症下药、干工作的扎实坚韧,都体现了我们党高层的示范理念。习近平关于反腐败的政治示范理念促成了“顶层推动”与“全党行动”的良好反腐倡廉格局。

三是“常”、“长”结合的基本策略。当前一些领域消极腐败现象仍然易发多发,一些重大违纪违法案件影响恶劣,人民群众还有许多不满

① 《习近平关于党风廉政建设和反腐败斗争论述摘编》,中央文献出版社、中国方正出版社 2015 年版,第 98 页。

② 《习近平关于党风廉政建设和反腐败斗争论述摘编》,中央文献出版社、中国方正出版社 2015 年版,第 71 页。

③ 《习近平关于党风廉政建设和反腐败斗争论述摘编》,中央文献出版社、中国方正出版社 2015 年版,第 78 页。

意的地方，党风廉政建设和反腐败斗争依然是一项长期的、复杂的、艰巨的任务，不可能一蹴而就。习近平指出："反腐倡廉必须常抓不懈，拒腐防变必须警钟长鸣，关键就在'常'、'长'二字，一个是要经常抓，一个是要长期抓。"①在"常"字上下功夫，就是要做到有人民群众举报的腐败现象要及时处理，有具体线索的腐败现象要认真核实，对于腐败分子，不论职位高低，有一个抓一个，防止小错酿成大错、小案拖成大案、小贪变成巨贪。在"长"字上下功夫，就是要坚持不懈，要有踏石留印、抓铁有痕的劲头，一方面要有惩治腐败的决心和信心，另一方面也要有长期作战的恒心和耐心。反腐倡廉要全党联动，全国上下"一盘棋"，决不允许有令不行、有禁不止，决不允许在贯彻执行中央决策部署上"上有政策、下有对策"，架空党和国家政策。

三、以明确的战略目标决定反腐败斗争方向

战略目标决定斗争方向。习近平在党风廉政建设和反腐败斗争系列重要讲话中，多次强调建设廉洁政治目标，其基本内涵是，做到干部清正、政府清廉、政治清明，在全党、全国促成一种良好的政治生态。关于构建廉洁政治生态的构想，使新时期反腐败斗争的方向更加明确。

第一，这是一个继往开来的战略目标。为政清廉才能取信于民，秉公用权才能赢得人心。习近平提出廉洁政治建设目标，有其复杂的时代背景。近年来，一些国家或地区因长期积累的矛盾导致民怨载道、社会动荡、政权垮台，其中贪污腐败是一个很重要的原因。习近平指出："腐败是社会毒瘤。如果任凭腐败问题愈演愈烈，最终必然亡党亡

① 《习近平关于党风廉政建设和反腐败斗争论述摘编》，中央文献出版社、中国方正出版社 2015 年版，第 93—94 页。

国。”①从查处腐败案件的实际情况来看，解决党内、社会存在的种种难题，尤其是腐败问题，必须营造一个良好的从政环境，也就是要有一个好的政治生态。好的政治生态的最终实现，意味着必须首先遏制住腐败蔓延的势头，从而让良性政治生态成为一种“势头”。习近平关于廉洁政治生态构建的建设目标是一个以结果为导向的、正确的、科学的反腐败战略目标。

第二，这是一个切合实际的目标。干部清正、政府清廉、政治清明的良好政治生态，对“四个全面”的伟大实践具有决定性意义。“三清”和优化政治生态，是“全面建成小康社会”的政治基础，是“全面深化改革”的政治保障，是“全面依法治国”的核心内容，是“全面从严治党”的价值体现，是民心所系，民意所向。习近平对廉洁政治生态目标“三清”内容的倡导和强调具有很强的现实意义。一方面，反对腐败、建设廉政生态是我们党根据人民群众的新要求新期待，对人民群众所作出的庄严承诺；另一方面，反对腐败、建设廉政生态是对社会关切的有力回应，能够坚定人民群众与腐败现象作斗争的信心、耐心和恒心。廉洁政治生态构建目标及其“三清”内涵把我们党执政的阶段性目标与长远目标结合了起来，不仅有助于我们党和国家从战略层面来谋划、部署、推进反腐倡廉工作，而且能够从社会关切层面来及时应对党风廉政建设所面临的新情况、新问题，以适应新的历史条件下治国理政的新要求。

第三，这是一个极富挑战性的目标。“广大人民群众最痛恨腐败现象，腐败现象对我们党的伤害最大”。中华文明数千年，腐败现象一直是一个挥之不去的梦魇，以致于让我们的文明始终处于“掌权—腐败—垮台”的“历史周期率”之中。我们党和国家大力反腐已近四十

① 《习近平关于党风廉政建设和反腐败斗争论述摘编》，中央文献出版社、中国方正出版社2015年版，第5页。

年,难以有效控制腐败现象的严峻现实表明:敢于提出建设廉洁政治生态这样一个具体、明确的目标是极大的自我挑战。重构政治生态,实现廉洁政治,需要开展许多具有新的历史特点的伟大斗争。这意味着我们党要借助问题倒逼之势,坚决革除那些已相沿成习的陈旧体制机制,始终以“刮骨疗毒”的决心和意志,毫不手软地剜除自身肌体上的腐败恶瘤,斗争越是深入展开,就越有可能全面挑战我们党及其领导骨干的认知力、领导力和意志力,意味着我们共产党人应该强化自我修炼、自我约束、自我塑造,在廉洁自律上作出表率。有了全心全意为人民服务的理想信念,站位就高了,眼界就宽了,心胸就开阔了,就能经受住各种风险包括腐败风险的考验,就能成功构建清正廉洁的政治生态。

四、以法治的思维方式提升反腐败斗争水平

在反腐败斗争新形势下,习近平提出了要“善于运用法治思维和法治方式反对腐败”的重要思想,这意味着新时期的反腐败斗争正在实现由既往的运动反腐、权力反腐向依法反腐的路径模式转变,是新的历史条件下反腐模式的一种超越和创新,标志着反腐败斗争法治化水平的提升。

第一,法治反腐强调惩治腐败的规范性。反腐败斗争不能搞选择性执法、象征性执法或宽容性执法。反腐败斗争也要遵守规矩,有规矩意识。习近平指出,“治理一个国家、一个社会,关键是要立规矩、讲规矩、守规矩”①,我们要坚持运用法治思维和法治方式反腐败,做到有案必查、有腐必惩,要严格依纪依法查处各类腐败案件,坚持“老虎”、“苍

① 《习近平关于党风廉政建设和反腐败斗争论述摘编》,中央文献出版社、中国方正出版社 2015 年版,第 132 页。

蝇”一起打，既坚决查处大案要案，又要着力解决发生在群众身边的腐败问题，坚持党纪国法面前没有例外。习近平关于惩治腐败的规范性理念表明，新时期反腐败斗争更加注重法治的“顶层设计”，更加注重从法律制度、法治方式和法治机制入手，为公权力创设公正、透明的运作机制，规范公权力行使的范围、方式、条件和程序，更加充分发挥法治对公权力的引导和规范作用，使公权力执掌者不能腐败、不敢腐败。法治反腐是对运动反腐、权力反腐的新超越，是为党和国家事业发展提供根本性、全局性、长期性的制度保障。

第二，法治反腐强调法律规范的严谨性。没有健全的制度，不把权力关进制度的笼子里，腐败现象就遏制不住。如何依靠制度规范更加有效地防治腐败，仍然是我们党和国家面临的一个重大课题。习近平指出，“制度问题更带有根本性、全局性、稳定性、长期性”①，牛栏关猫是肯定不行的，制定制度“要搞好配套衔接，做到彼此呼应，增强整体功能”，“制定制度要广泛听取党员、干部意见，从而增加对制度的认同”②。反腐败国家立法仅限于对构成犯罪的腐败行为的规制，而党员干部不构成犯罪的腐败行为则主要由党纪政纪处理。习近平对反腐制度规范科学性的强调，意味着必须加强党纪与国法的一体建设，解决好党纪与国法之间的缝隙问题、贪腐行为的法律漏洞和刚性不足问题等，坚持法律制度面前人人平等，不开“天窗”、不留“暗门”，坚决维护党纪国法的法治权威。

第三，法治反腐强调腐败治理的开放性。当下的反腐是法治中国在反腐领域的切实践行，是一种全球腐败治理的协同战略。习近平要求加强对国际规则和国际组织情况的研究，深入了解和掌握有关国家

---

① 人民日报社评论部编著：《“四个全面”学习读本》，人民出版社 2015 年版，第 270 页。

② 习近平：《在党的群众路线教育实践活动总结大会上的讲话》，人民出版社 2014 年版，第 18 页。

的相关法律和引渡、遣返规则，及时了解和掌握国际反腐败最新动态，提高追逃追赃工作的针对性。他指出："不能让外国成为一些腐败分子的'避罪天堂'，腐败分子即使逃到天涯海角，也要把他们追回来绳之以法，五年、十年、二十年都要追，要切断腐败分子的后路。"①任何人触犯了党纪国法都要依纪依法严肃查处，决不姑息，决不允许腐败分子有任何藏身之地。APEC 会议上《北京反腐败宣言》的通过、二十国集团峰会核准支持《二十国集团 2015—2016 年反腐败行动计划》、亚太经合组织反腐执法合作网络落户北京等国际合作条款的签订，反映了法治框架下的中国反腐正与跨国刑事司法协助紧密合作，构成更加严密的全球腐败治理网络。

五、以体制机制的改革强化反腐败内生动力

党的十八大以来，反腐败斗争形势呈现出"四个空前"的明显特征：一是腐败问题的严重程度在我们党的历史上是空前的；二是我们党和国家反腐败的决心和力度是空前的；三是广大人民群众对反腐败的信心、对我们党的信心和高度认同是空前的；四是反腐败面临的挑战和历史机遇也是空前的。习近平从反腐败斗争新形势出发，强调各级党委承担主体责任，纪委承担监督责任，保障司法机关独立行使检察权、审判权，为新时期遏制腐败蔓延的势头奠定了坚实的组织基础。

第一，强化各级党委的领导责任。现在，有的党委（党组）对主体责任认识不清、落实不力，没有把党风廉政建设和反腐败斗争当成分内之事，甚至带头搞腐败，带坏了队伍，带坏了风气。习近平指出，全党同志特别是党的高级干部，一定要把思想和行动统一到党中央的决

① 《习近平关于党风廉政建设和反腐败斗争论述摘编》，中央文献出版社、中国方正出版社 2015 年版，第 98 页。

策部署上来，各级党委对职责范围内的党风廉政建设负有全面领导责任，党委主要负责人是第一责任人。党委的主体责任主要是加强领导，选好用好干部，防止出现选人用人上的不正之风和腐败问题，避免出现源头性腐败。关于反腐败斗争的党委主体责任思想表明，党委（党组）能否落实好主体责任，直接关系到党风廉政建设和反腐败斗争的成效或成败。各级党委（党组）特别是主要负责人必须牢固树立不抓党风廉政建设和反腐败斗争就是严重失职的意识，在党风廉政建设和反腐败斗争这个事关党和国家生死存亡的重大问题上，必须说明白话、做明白事、当明白人，把主体责任记在心里、扛在肩头、抓在手上。

第二，推进纪委体制机制的创新。习近平指出，各级纪委要把惩治腐败作为重要职责，增强权力制约和监督效果，必须保证各级纪委监督权的相对独立性和权威性，查办腐败案件以上级纪委领导为主，各级纪委书记、副书记的提名和考察以上级纪委会同组织部门为主。① 各级纪委既要协助党委加强党风廉政建设和组织协调反腐败工作，又要集中精力抓好执纪监督主业。推进以转作风、转职能、转方式为主要内容的纪检体制改革，一方面坚持了党对反腐败工作的领导，另一方面保证了纪委监督权的行使。纪委不是党内公检法，纪委的责任就是执纪、监督、问责，大力加强党的组织建设和作风建设，纪委不光要办大案、打“老虎”，更要用党章、党规、党纪去衡量党员干部的行为，用纪律的语言去描述违纪行为。把纪律挺在前面，这是预防和遏制腐败的重要一招。守住纪律这条底线，从严治党的各项任务就能落到实处。

第三，深化国家监察体制改革。习近平指出，“要坚持党对党风廉

① 参见《习近平关于党风廉政建设和反腐败斗争论述摘编》，中央文献出版社、中国方正出版社 2015 年版，第 58、59、60 页。

政建设和反腐败工作的统一领导，扩大监察范围，整合监察力量，健全国家监察组织架构，形成全面覆盖国家机关及其公务员的国家监察体系”，并强调“要做好监督体系顶层设计，既加强党的自我监督，又加强对国家机器的监督”①。深刻阐明了构建中国特色社会主义国家监察制度的基本思路，指明了法治框架下反腐败体制机制改革的方向。监察体制改革是事关全局的重大政治改革，主要任务是将《行政监察法》修改为《国家监察法》，整合行政监察和检察侦查等执法力量，构建权威高效的国家监察体系。监察委员会由人民代表大会选举产生，其职能定位上是国家反腐败专门机构，是党的主张转化为国家意志的重要载体，通过监督国家机关和公务员秉公用权、廉政勤政，确保人民赋予的权力永远为人民谋利益。

第四，强化了司法机关的反腐职能。司法权是国家事权，要正确处理坚持党的领导和确保司法机关依法独立公正行使职权的关系。各级党组织和领导干部要支持司法机关依照宪法法律独立负责、协调一致开展工作，运用法治思维和法治方式推进国家治理体系和治理能力现代化，切实提高国家法律对腐败的治理效能。面对党的纪律检查体制机制改革创新，司法机关应及时转变思想观念、工作机制、侦查方式和办案模式，加强与纪检监察机关在查办案件中的相互配合，密切协作，不断完善案件移送、信息交换、经验交流等机制，有效整合办案资源；认真落实“把权力关进制度的笼子里”的司法预防职责。要切实强化自身监督，坚决惩治司法腐败，清除害群之马，充分发挥司法反腐的刑罚威慑力和警示、保障作用，不断提高反腐败斗争的法治化水平，做中国特色社会主义事业的实践者、维护者和捍卫者。

---

① 习近平：《在第十八届中央纪律检查委员会第六次全体会议上的讲话》，《人民日报》2016 年 5 月 3 日。

六、以执政党理论品格彰显反腐败本质特征

习近平关于党风廉政建设和反腐败斗争的重要论述，贯穿着马克思主义中国化的理论品格。论述坚持从实际出发，立足于党情国情世情的正确判断，蕴含着唯物论的基本观点；运用全面的、历史的、发展的思维方式，科学认识当下各种腐败本质与社会经济政治间的联系，蕴含着辩证法的基本观点；科学总结建党以来我们同腐败现象作斗争的经验教训，并进行规律性概括，蕴含着认识论的基本观点；集中体现了我们党建设廉洁政治、执政为民的执政思想和理念，蕴含着价值论的基本观点。正是马克思主义中国化的理论品格，更加彰显我党反腐败斗争的本质特征。

第一，体现了执政党的责任担当。中国历史上因为统治集团严重腐败导致人亡政息的例子比比皆是，当今世界上由于执政党腐化堕落、严重脱离人民群众导致失去政权的例子也不胜枚举。针对这种情况，习近平严肃指出："大量事实告诉我们，腐败问题越演越烈，最终必然会亡党亡国！我们要警醒啊！"①中国共产党人的忧患意识，是忧党、忧国、忧民意识，是一种责任，更是一种担当。如果我们党不是一以贯之地高度重视党风廉政建设、坚决反对腐败，人民群众就不会历史性地选择中国共产党，我国经济社会发展就不可能取得这么大的成就，改革发展稳定大局就不可能得到巩固，我们党在执政过程中也就不可能顶住种种挫折和"风波"。习近平的忧患意识，充满了对解决党内存在的突出问题、加强新形势下党的建设、始终保持党的领导核心地位的安危之思。"苟利国家生死以，岂因祸福避趋之。"面对严峻复杂的反腐败斗争形势，是选择做"太平官"还是选择担当责任，总书记毅然决然。

---

① 《习近平谈治国理政》，外文出版社 2014 年版，第 16 页。

第二,体现了共产党人真挚为民的情怀。人民群众始终是我们党的坚实执政基础,只要我们党永不脱离群众,就能无往而不胜,当代中国共产党人深深铭记这一点。面对党风廉政建设和反腐败斗争的艰巨性,作为当代中国共产党人杰出代表的习近平坦露了自己的心迹:反腐败“不是没有掂量过。但我们认准了党的宗旨使命,认准了人民的期待。”①“人民把权力交给我们,我们就必须以身许党许国、报党报国,该做的事就要做,该得罪的人就得得罪。不得罪腐败分子,就必然会辜负党、得罪人民。”②习近平关于反腐败斗争如此推心置腹的话,不但直观展现了中国共产党人全心全意为人民服务的宗旨意识,更是体现了中国共产党人诚挚为民的真实情怀。“有问题并不可怕,怕的是对问题麻木不仁,要对症下药,亡羊补牢,未为晚矣。”③习近平的告诫,就新时期的反腐败斗争而言,诚哉斯言。

第三,体现了人民利益至上的价值追求。新形势下我们党不仅担负着团结带领全国各族人民实现中华民族伟大复兴的历史重任,而且面临“四大考验”和“四种危险”,党风廉政建设和反腐败斗争是应对、解决这样两项重大任务的切入点和着力点。习近平说,“我们的人民热爱生活,期盼有更好的教育、更稳定的工作、更满意的收入、更可靠的社会保障、更高水平的医疗卫生服务、更舒适的居住条件、更优美的环境,期盼孩子们能成长得更好、工作得更好、生活得更好。人民对美好生活的向往,就是我们的奋斗目标。”④但现实中腐败现象的蔓延势头是人民群众追求美好生活的现实“拦路虎”。不反腐败确实要亡党。

---

① 《领航中国,在民族复兴伟大征程上——十八大以来以习近平同志为总书记的党中央治国理政述评》,人民出版社 2015 年版,第 18 页。

② 《习近平关于协调推进“四个全面”战略布局论述摘编》,中央文献出版社 2015 年版,第 145 页。

③ 《习近平关于党风廉政建设和反腐败斗争论述摘编》,中央文献出版社、中国方正出版社 2015 年版,第 20—21 页。

④ 《习近平谈治国理政》,外文出版社 2014 年版,第 4 页。

真反腐不仅不会亡党，而且会增强党自我净化、自我完善、自我革新、自我提高的能力，能够密切党同人民群众的血肉联系，使我们党在执政过程中变得更加坚强、更有力量。

人民利益至上的价值追求，不仅为新时期的反腐败斗争赢得最终胜利提供了强劲的心理动力，而且为反腐败斗争的最终胜利奠定了基础。我们一定要高举习近平新时代中国特色社会主义反腐败战略思想的伟大旗帜，沿着中国特色反腐败道路，披荆斩棘，奋勇前进，坚定不移把反腐败斗争进行到底。

第一编

反腐败战略思想的体系形成

习近平新时代中国特色社会主义反腐败战略思想，是在中国进入世界政治舞台中心的国际格局中，在中国特色社会主义道路上，围绕“中国共产党如何有效防治腐败，实现干部清正、政府清廉、政治清明”的认识论和方法论。这一战略思想形成于中华民族伟大复兴中国梦的时代背景下，根植于全面建成小康社会、全面深化改革、全面依法治国、全面从严治党的战略布局之中，确立于马克思主义中国化的第三次飞跃和历史唯物主义、辩证唯物主义以及马克思主义法律观的创造性的运用，是一个内在联系、有机统一的科学体系。

第 一 章

反腐败战略思想的时代背景

任何一种思想的产生，都离不开特定的时代背景。党的十八大开启了实现中华民族伟大复兴中国梦的新时代。实现中国梦的伟大使命，要求我们党必须不断提高执政能力和抵御腐败风险的能力，确保党始终成为中国特色社会主义事业的坚强领导核心。以习近平同志为核心的党中央反腐败战略思想，形成于实现中华民族伟大复兴中国梦的新时代，体现了新时期反腐败对实现中国梦的价值内涵、历史方位和时代要求；揭示了新时期实现中国梦的矛盾与挑战，指明了实现中国梦关键在党，加强党的建设关键在反腐，党风廉政建设和反腐败斗争是党的建设的重大任务，是推进国家治理体系和治理能力现代化的重要保障。

一、实现中国梦的时代使命

习近平指出："实现中华民族伟大复兴，就是中华民族近代以来最伟大的梦想。这个梦想，凝聚了几代中国人的夙愿，体现了中华民族和中国人民的整体利益，是每一个中华儿女的共同期盼。"①告别"雄关漫

① 《习近平谈治国理政》，外文出版社 2014 年版，第 36 页。

道真如铁”的昨天,走在中国特色社会主义道路上,中国梦正指引当代中国向着“长风破浪会有时”的明天迈进。“现在,我们比历史上任何时期都更接近中华民族伟大复兴的目标,比历史上任何时期都更有信心、有能力实现这个目标。”①“全体共产党员特别是党的领导干部,要坚定理想信念,始终把人民放在心中最高的位置,弘扬党的光荣传统和优良作风,坚决反对形式主义、官僚主义,坚决反对享乐主义、奢靡之风,坚决同一切消极腐败现象作斗争,永葆共产党人政治本色,矢志不移为党和人民事业而奋斗。”②习近平新时代中国特色社会主义反腐败战略思想,正是在实现中华民族伟大复兴中国梦的时代背景下形成的,是习近平治国理政思想的有机组成部分。

(一)中国梦的本质内涵

中国梦是习近平在2012年11月29日参观《复兴之路》展览时第一次阐述的概念。中国梦的本质内涵是国家富强、民族复兴、人民幸福。中国梦的背后是千年的回响,百年的渴望。“中国梦”就是实现中华民族伟大复兴的梦,是中华民族近代以来最伟大的梦想。中华民族有着悠久灿烂的文化,长期居于世界文明的先进行列。直到18世纪末期,中国的经济规模仍是世界上最大的,相当于20世纪末期美国经济总量在世界经济总量中的比重。但近代以来,在西方坚船利炮的侵略下,中华民族遭受了深重苦难、付出了重大牺牲,辉煌不再,尊严难立,中华儿女也从此开始了百年中国梦的辛苦求索、艰难追寻。

对近现代中华儿女来说,实现中华民族伟大复兴绝不仅是一句豪言壮语,而是让国家更强盛、人民更幸福,中华民族对世界作出更大贡

① 《习近平谈治国理政》,外文出版社2014年版,第35—36页。

② 《十八大以来重要文献选编》(上),中央文献出版社2014年版,第237页。

献。习近平曾在 1993 年和 2001 年两次关于启蒙思想家严复的学术思想研讨会上，对严复在中华民族面临亡国灭种的危险的历史背景下，挺身而出投入救亡图存斗争的精神给予高度评价，并充分肯定了“科学爱国”思想的进步意义，[①]深刻阐明了国家不富强，就会被人欺侮；民族不复兴，就无颜担当龙的传人。在实现民族复兴的征程中，唯有将个人之梦寄托于国家之梦、民族之梦，梦想才能成真。实现中华民族伟大复兴，不是简单地重寻昔日的荣光，而是要让曾经饱受列强欺侮、目前尚是发展中国家的中国经济发展、政治昌明、文化繁荣、社会和谐，到 21 世纪中叶建成富强民主文明和谐美丽的社会主义现代化强国。中国梦的本质内涵，充分体现了当代中国反腐败的最高价值追求。从这个意义上说，中国梦为当代中国反腐败战略思想体系的产生赋予了宽阔的视角和深广的意义。

（二）实现中国梦的历史进程

中国共产党从成立伊始，就肩负着实现中华民族伟大复兴的崇高使命。中国共产党成立以来，基本是 30 年一个大时代，30 年一个大变化，从 1921 年中国共产党成立到 2049 年新中国成立一百周年，在这段时间（128 年）里，基本上是四个 30 年：

---

① 参见习近平主编：《科学与爱国——严复思想新探》，清华大学出版社 2001 年版。习近平在该书序言中指出，严复高举科学与爱国两面大旗，以“开民智”、“鼓民力”、“新民德”为己任：一方面，“摒弃万缘，惟以译书自课”，先后译注了《天演论》、《原富》、《法意》、《穆勒名学》、《群学肄言》、《群己权界论》、《社会通诠》和《名学浅说》等十余部西方学术名著，内容涉及生物学、社会学、伦理学、经济学、法学、哲学、政治学等诸多学科，以图师夷制夷，疗贫起弱；另一方面，以高度的爱国热忱，针砭时弊，抨击封建专制，鼓吹变法维新，连续发表《论世变之亟》、《原强》、《辟韩》和《救亡决论》等政论文章，以警醒国人，企求“治国明民”之道，挽救民族危机。严复的这些译著和评论，在当时因循守旧、故步自封的清王朝统治下的旧中国思想界，宛如巨石投入深潭死水，产生了极为深刻的影响。时至今日，严复的科学与爱国思想仍不过时。

第一个 30 年。从 1921 年到 1949 年,这是艰苦卓绝的新民主主义革命时期,通过长期的革命战争,付出了巨大的牺牲和代价,结束了一个历经百年的半封建、半殖民地的旧中国,建立了一个独立自主的新中国,解放了全国的劳苦大众。

第二个 30 年。从 1949 年到 1978 年,这是通过社会主义革命和社会主义建设使新中国成为一个伟大的社会主义国家,为反对世界霸权、维护世界和平作出贡献的历史时期。

第三个 30 年。从 1978 年中国共产党的十一届三中全会,到 2012 年党的十八大胜利召开,在这一历史时期新中国在改革开放的大潮中阔步前进,创造了国民经济高速发展、人民生活迅速改善、综合国力大幅提升的发展奇迹。中国经济总量在世界的排列,由改革开放前的第 15 位,跃升为 2010 年的第 2 位,成为世界经济总量的亚军国家。

第四个 30 年。从党的十八大形成以习近平为总书记的新一届中央领导集体开始,到新中国成立 100 周年,这 30 年,是实现中华民族伟大复兴,实现中国梦的最后 30 年、关键的 30 年。而这个时期就是中国全面建成小康社会的时期,就是向实现中国梦伟大目标奋力冲刺的时期。

习近平在参观《复兴之路》展览时,发表关于中国梦的重要讲话时说:"我坚信,到中国共产党成立 100 年时全面建成小康社会的目标一定能实现,到新中国成立 100 年时建成富强民主文明和谐的社会主义现代化国家的目标一定能实现,中华民族伟大复兴的梦想一定能实现。"①

(三)实现中国梦的根本途径

实现中国梦必须走中国特色社会主义道路,这条道路也包括中国

---

① 《习近平谈治国理政》,外文出版社 2014 年版,第 36 页。

特色的反腐之路。中国梦是人民的梦，是百姓幸福的梦。百姓幸福才是硬道理。中国道路是在改革开放30多年的伟大实践中走出来的，是在中华人民共和国成立60多年的持续探索中走出来的，是在对近代以来170多年中华民族发展历程的深刻总结中走出来的，是在对中华民族5000多年悠久文明的传承中走出来的，具有深厚的历史渊源和广泛的现实基础。中华民族是具有非凡创造力的民族，创造了伟大的中华文明，我们也能够继续拓展和走好适合中国国情的发展道路。中国特色反腐败之路，是党领导全国各族人民维护党的先进性，维护人民主权，保障干部清正、政府清廉、政治清明的路径选择。中国梦的实现过程，离不开党中央反腐败思想的护航，只有在中国特色反腐败之路上不断开拓，老百姓的日子才能过得舒心、放心和有信心。实现中国梦，就要增强对中国特色社会主义的道路自信、理论自信、制度自信、文化自信，坚定不移沿着正确的中国道路奋勇前进。

实现中国梦必须弘扬中国精神。即以爱国主义为核心的民族精神，以改革创新为核心的时代精神，也包括反腐败的坚定信念和坚强决心。中国精神是凝心聚力的兴国之魂、强国之魄。爱国主义始终是把中华民族坚强团结在一起的精神力量，改革创新始终是鞭策我们在改革发展中与时俱进的精神力量。坚定不移地惩治腐败，坚持建设廉洁政治的目标自信，是我们党有力量的表现，是全党和全国人民的共同愿望，是统一思想，凝聚力量，攻坚克难，彻底反腐的精神支柱，也是民族精神和时代精神的重要体现。实现中国梦要求全国各族人民团结一心，凝集自强不息的精神动力，永远朝气蓬勃迈向未来。

实现中国梦必须凝聚中国力量。这就是中国各族人民大团结的力量，也包括全党和全国人民共同反腐的正义力量。只要我们紧密团结，万众一心，为实现共同梦想而奋斗，实现梦想的力量就无比强大，我们每个人为实现自己梦想的努力就拥有广阔的空间。要实现这个美好愿望，必须坚决反腐败。只有坚决反腐败、清除腐败，才能汇集实现中国梦的正能量。同样，只有加强反腐败，才能更好地理顺经济秩序和促进社会公平公正，为实现中国梦创造良好的社会环境；才能使生活在我们伟大祖国和伟大时代的全国人民，共同享有人生出彩的机会，共同享有梦想成真的机会，共同享有同祖国和时代一起成长与进步的机会。有梦想，有机会，有奋斗，一切美好的东西都能够创造出来。

二、实现中国梦的矛盾与挑战

习近平指出，我们正在进行具有许多新的历史特点的伟大斗争，面临的挑战和困难前所未有。中国改革开放35年，解决了一些旧的矛盾和问题，也积累和产生了一些新的矛盾和问题。实现中国梦面临的挑战包括国际国内两个方面，就国内而言，突出表现为生态、贫富、干群、人口、观念等五大矛盾，而除人口之外的四大矛盾，均与腐败问题间接或直接相关。

（一）生态矛盾的挑战

人类只有一个地球，而13亿多中国人在这个地球上只有960多万平方公里的土地。庞大的人口和有限的资源，形成尖锐的矛盾，由于多年来严重的环境污染，已经使一部分群众无法喝上干净的水，无法呼吸上清洁的空气，无法吃上放心的食物。生态问题的实质，是人类的生存问题，解决人与环境的矛盾，抓好生态建设，不仅是经济问题，也是社会问题、政治问题。

随着党和国家对生态环境保护越来越重视，生态环保管理职能地位不断提升，权力日益加大，资金逐渐增多，生态环保部门逐渐成为腐败滋生的重要领域。反腐败斗争能否深入推进，生态环保部门能否严格执法忠实履职，事关损害群众健康突出环境问题的解决，重点流域和区域水污染的防治，重点行业和重点区域大气污染的治理，重大生态修复工程的实施，增强生态产品生产能力的有效提高。只有大力加强反腐倡廉建设，实行最严格的制度、最严密的法治，对那些以权谋私、滥用职权，不顾生态环境盲目决策、造成严重后果的人严格追究责任；把资源消耗、环境损害、生态效益等体现生态文明建设状况的指标纳入经济社会发展评价体系，使之成为推进生态文明建设的重要导向和约束；增强全民节约意识、环保意识、生态意识，营造爱护生态环境的良好风气，才能为生态文明建设提供可靠保障。

（二）贫富矛盾的挑战

习近平 2013 年 1 月 5 日在新进中央委员会的委员、候补委员学习贯彻党的十八大精神研讨班上的讲话中指出，邓小平同志开创了中国特色社会主义。社会主义的本质是解放生产力，发展生产力，消灭剥削，消除两极分化，最终达到共同富裕。党的十八届三中全会审议通过的《中共中央关于全面深化改革若干重大问题的决定》，提出要促进社会公平正义，改革收入分配制度，促进共同富裕，防止两极分化，解决两极分化是中国特色社会主义的本质要求。邓小平同志说，“所谓两极分化就是再现新资产阶级”，“如果我们的政策导致两极分化，我们就彻底失败了，如果产生了什么新的资产阶级，那我们就真的走了邪路了”，“如果导致两极分化，改革就算失败了”。邓小平同志 1990 年 4 月指出：“即使 51%的人先富裕起来了，还有 49%，也就是说 6 亿多人仍然处于贫困之中，也不会有稳定，也要‘出乱子’、‘打内战’。”邓小平同志 1992 年 12 月提出，中国发展到一定的程度后，一定要考虑分配问题，到 20 世纪末就应该考虑这个问题了。①

① 邓小平 1992 年 12 月提出，中国发展到一定的程度后，一定要考虑分配问题，到 20 世纪末就应该考虑这个问题了。1993 年 9 月 16 日他同弟弟邓垦谈话时说：“我

事实证明,我们确实已经告别了共同贫穷的时代,也确实生活于一个贫富差距逐渐拉大的社会之中。与短缺时期相比民族整体绝对生活水平的提高,作为弱化现实贫富差距所导致的社会心理失衡和社会矛盾冲突的理由,既不合乎社会主义本质要求,也不具有现实的说服力。姑且不说我们这个民族有"不患寡而患不均"的心理传统,事实上,任何历史时期的社会矛盾的生成,并不从根本上取决于物质生产的绝对水平的提高,起决定作用的恰恰是分配水平相对差距的拉大。从理性角度看,导致社会矛盾和冲突上升的原因是多方面的,毫无疑问,腐败和垄断加剧贫富差距,是导致贫富阶层之间冲突的重要原因。正确处理中国社会贫富矛盾,反对两极分化,必须深入持久地反对腐败,重典惩治腐败,建立不敢腐、不能腐、不想腐的有效机制。

(三)干群矛盾的挑战

干群矛盾是当前中国社会的一个主要矛盾,处理和解决这个矛盾是党面临的重要任务。当前,我国既处于发展的重要战略机遇期,又处于改革的攻坚期和深水区。近年来一些地方发生的群体性事件告诉我

们将要防止两极分化,实际上两极分化自然出现,少部分人获得那么多财富,大多数人没有,这样发展下去总有一天会出问题"。自人类社会进入阶级社会以后,贫富矛盾就是社会第一矛盾。中国革命,说到底,就是穷人革了富人的命,通过新民主主义革命打倒了一批富人,又通过社会主义革命改造了一批富人,但是革命胜利 30 年后,我们发现,绝对平均主义行不通。改革开放新的伟大革命创造了中国特色社会主义,中国特色社会主义分为两个阶段,第一阶段,是让一部分人先富裕起来,第二阶段,是让大家共同富裕起来。中国特色社会主义仅用了 30 多年时间就完成了西方资本主义用 300 年才造就的富人群体,其速度之快,规模之大,其年龄之轻在世界经济发展史上是一个奇迹,但是在一批富人崛起以后,贫富矛盾加剧,成为影响社会和谐国家稳定的突出因素。中国特色社会主义现在进入第二阶段,就是先富起来的人带动后富的人,实现共同富裕,今后 30 年必须通过全面深化改革创造实现共同富裕新路子,解决贫富矛盾,实现共同富裕,远比实现一部分人先富起来更为艰巨复杂。参见《邓小平年谱(一九七五——一九九七)》(下),中央文献出版社 2004 年版,第 1363 页。

们，很多群体性事件发生的原因是侵害或者影响了群众利益。我们要善于深入实际做群众工作和思想工作，畅通和规范群众诉求表达、利益协调、权益保障渠道，认真解决群众反映强烈的热点难点问题，千方百计为人民排忧解难。

中国社会的核心矛盾是两个“脱离”：一是富人脱离穷人；二是干部脱离人民。这些年来，在中国社会发酵起来的“两仇”情绪：“仇富”情绪、“仇官”情绪，是典型表现，而“仇官”情绪比较“仇富”情绪又更具普遍性和激烈性。中国有官本位传统，官民矛盾向来是治国安邦的棘手问题。中国共产党坚持全心全意为人民服务的宗旨，但是在长期执政的条件下，部分干部也出现了脱离群众甚至严重腐败的问题，引起人民群众的强烈不满。官民矛盾激化，是这些年中国群体性事件频发的重要原因。习近平指出：“人民内部矛盾是现阶段影响社会稳定的主要因素。”①概括讲，人民内部利益矛盾凸显，是新时期官民矛盾的基本特点。一些地方政府花钱买平安，人民内部矛盾用人民币解决，结果是花钱难买平安，权力难以维稳。实践证明，只有从根本上解决干部脱离群众的问题，只有彻底解决官员“权力”真正为民众“权利”服务的问题，才能建设平安中国，构建和谐社会。官民矛盾的本质，是人民群众对官僚主义和特权、腐败现象的不满和抵制，“仇官”的实质是“仇贪”，“仇富”的实质是“仇腐”。而如何解决长期积累下来的干部脱离群众以及严重贪污腐败的问题，真正取信于民，是实现中国梦面临的重大战略课题。

（四）思想观念矛盾的挑战

习近平在广东考察时指出：“现在，经济体制深刻变革，社会结构深刻变动，利益格局深刻调整，思想观念深刻变化，凝聚改革共识难度

---

① 习近平：《之江新语》，浙江人民出版社2007年版，第237页。

加大,统筹兼顾各方面利益任务艰巨而繁重。这就更需要下功夫去凝聚共识。”①目前,中国社会主义的观念矛盾主要是思想文化建设跟不上全面深化改革的需要,跟不上民族复兴的需要。突出表现为理想信念弱化、价值观缺失、道德素质下降、文化创造力不足、意识形态工作差距大、国家软实力不强等。改革开放30多年来,中国作为世界经济发展的“优等生”,在物质财富的创造上贡献了一个新的奇迹,能否在精神财富的创造上、在核心价值观的建设上取得重大进步,对推进民族复兴大业至关重要,而在反腐败问题上凝聚社会共识,也是打赢反腐攻坚战、持久战的重要保障。

随着反腐向纵深推进,意识形态领域的斗争日趋尖锐,一些似是而非、耸人听闻的谬论开始暗流涌动。比如,“反腐过头”论等。客观地讲,这些错误论调的存在,对其中大多数人来说主要是主观认识问题,毕竟反腐的推进和红利的释放是一个长期渐进的过程,有时难以起到立竿见影的效果,一时认识不清并不足为奇。然而,也的确有一些人别有用心,恶意炒作以混淆视听。对此,必须明辨是非,提高认识,凝聚共识,自觉抵制和祛除各种错误观念。共识的凝聚,也是反腐软实力的提升。在党风廉政建设和反腐败斗争形势依然严峻复杂的这场“退也退不得、输也输不起”的斗争中,有赖于全党全社会进一步统一思想,汇集起不可战胜的磅礴力量,共同打赢这场反腐败的攻坚战和持久战。

三、实现中国梦关键在党

(一)关键在党的现实彰显

“办好中国的事情关键在党”,实现中国梦最根本和最关键的问题

① 《习近平关于全面深化改革论述摘编》,中央文献出版社2014年版,第31页。

是坚持中国共产党的领导。习近平在第十二届全国人民代表大会第一次会议上的讲话中指出："中国共产党是领导和团结全国各族人民建设中国特色社会主义伟大事业的核心力量，肩负着历史重任，经受着时代考验，必须坚持立党为公、执政为民，坚持党要管党、从严治党，全面加强党的建设，不断提高党的领导水平和执政水平、提高拒腐防变和抵御风险能力。"①如今，习近平的庄严承诺已经发生了改变中国、震撼世界的效应。中国梦时代的宏伟战略蓝图已经清晰呈现出九个战略支点：一是高扬中国梦旗帜，凝聚"中国心"，13 亿多中国人有了盼头、有了奔头。二是传承党的群众路线，大兴"中国风"，反腐倡廉树正气，"习习清风"洗礼神州。三是全面深化改革，增强"中国力"，冲破利益固化的阻力，敲响全面深化改革的战鼓。四是全面依法治国，推进科学立法、严格执法、公正司法、全民守法，坚持依法治国、依法执政、依法行政共同推进，坚持法治国家、法治政府、法治社会一体建设。五是强化政治定力，坚持"中国路"，既不走封闭僵化的老路，也不走改旗易帜的邪路。六是建设文化强国，铸造"中国魂"，推进社会主义核心价值体系建设，弘扬主旋律。七是坚持改革强军，树立"中国威"，以"强军梦"护航中国梦。八是倡导建立新型大国关系，展示"中国礼义"，倡导求同存异、包容互鉴、合作共赢的新型大国关系。九是实行生态兴国，创造"中国绿"，建设天蓝、地绿、水净的美好家园，确保中华民族永续发展。

在上述九个战略支点中，中国梦起"龙头引领"作用；群众路线起"扎根固本"作用；全面深化改革起"动力推进"作用；全面依法治国起"规范引领"作用；中国道路起"把关定向"作用；价值观建设起"强心铸魂"作用；兴军强军起"安全保障"作用；新型大国关系起"合作共赢"作用；绿色工程起"生态兴国"作用。而党风廉政建设和反腐败斗争，则

---

① 《习近平谈治国理政》，外文出版社 2014 年版，第 42—43 页。

是这九个战略支点的坚实基础和政治保障。

（二）关键在党的基本依据

中国共产党成为实现中国梦的领导核心，是由党的自身优势所决定的。

第一，实现中华民族复兴的思想武器，要靠中国共产党提供。从鸦片战争以后80多年的历史进程中，中华民族始终存在着“中国向何处去”的理论探索和选择，在马克思列宁主义和中国工人运动相结合过程中应运而生的中国共产党，把马克思主义作为认识世界和改造世界的强大思想武器，作为指导中国革命和建设的行动指南，使中国有了正确前进方向，中国人民有了强大精神力量，中国命运有了光明发展前景。中国共产党人坚信马克思主义必须随着实践发展而不断丰富和发展，在实践中形成的毛泽东思想和中国特色社会主义理论体系，成为不同时期全国人民团结奋斗、谋求复兴的共同思想基础。

第二，实现中华民族复兴的根本道路，要靠中国共产党开辟。选择什么样的革命和发展道路，从根本上决定着一个国家、民族的前途命运。在近代中国百余年的探索中，一系列改良、变法和农民革命运动、旧民主主义革命运动都没有使中国走出黑暗。中国共产党以实现社会主义和共产主义作为政治理想和奋斗目标，在长期革命战争和经济建设以及改革实践中，紧密结合国情，带领人民踏上了争取民族独立、人民解放的光明道路，开启了实现国家富强、人民富裕的新的征程。中国人民从中国共产党的发展壮大，从党领导人民完成的“三件大事”，特别是从现代化建设取得的伟大成就中深刻认识到，中国特色社会主义道路代表了历史发展的正确方向，符合中华民族的根本利益，是实现社会主义现代化的必由之路，是创造人民美好生活的必由之路。具有中国特色、中国气派、中国风格的宏伟道路，只有具备马克思主义政党先进性的中国共产党才能开辟。

第三，实现中华民族复兴的制度体系，要靠中国共产党确立。中国共产党在马克思主义指引下，领导人民翻身解放当家作主，确立了社会主义制度。在长期革命建设和改革进程中，中国共产党人积极借鉴人类民主政治发展有益成果，紧密结合国情和实践探索，不断推进社会主义制度自我完善和发展，在经济、政治、文化、社会等各个领域形成了一整套相互衔接、相互联系的制度体系。实践充分证明，这套由根本政治制度、基本政治制度、基本经济制度及各项具体制度组成的中国特色社会主义制度体系，在保持党和国家活力、解放和发展生产力、集中力量办大事等方面发挥了重要作用，成为当代中国发展进步的根本制度保障，集中体现了中国特色社会主义的特点和优势，具有不可比拟的优越性和强大的制度优势。

第四，实现中华民族复兴的依靠力量，要靠中国共产党凝聚。中华民族复兴是亿万中华儿女的共同事业，要实现这个目标必须把全中国各方面力量凝聚起来。中国共产党作为肩负民族复兴使命的马克思主义先进政党，坚持把人民放在心中最高位置，把以人为本、执政为民作为党的性质和全心全意为人民服务根本宗旨的集中体现，作为指引、评价、检验我们党一切执政活动的最高标准，使党领导的中华民族复兴伟业与全国各族人民的根本利益紧密相连，党的建设发展与人民福祉的改善紧密相连，给中华儿女以巨大激励和鼓舞，成为全体中国人民的主心骨和贴心人。同时，中国共产党以其严密的组织性、纪律性和勇于牺牲、开拓创新的精神赢得了人民的广泛支持和信赖，在中国具有不可撼动的巨大影响力和感召力。

（三）关键在党的反腐逻辑

第一，关键在党必须强化正风反腐的主体责任。党的十八大以来，我们党深刻总结治国理政、管党治党的经验和教训，准确研判党面临的危险和挑战，作出了全面从严治党的重大决策，并通过正风反腐，释放出管党治党务必从严的强烈信号。从习近平“打铁还需自身硬”庄严承诺开始，以上率下，层层传导，严纠“四风”，反腐惩恶；打破了选择性执纪执法、封闭性执纪执法的反腐困局，打破了“退休即平安着陆”、“刑不上常委”的惯例；“打虎”没有上限，没有“节点”，没有“休止符”；不管是军队、机关、国企等领域，还是执纪执法机关，反腐的触角延伸到国家和社会的各个领域，实现了反腐无禁区、全覆盖、零容忍。“猛药去疴、重典治乱”、“刮骨疗毒、壮士断腕”，充分显示了党中央坚决反对腐败的坚强决心。“横下一条心”、“保持高压态势不放松”，鲜明表达了党中央持之以恒全面从严治党的坚决态度，彰显了治党务必从严的反腐逻辑。

各级党委牢固树立不抓党风廉政建设就是严重失职的意识，把主体责任记在心里、扛在肩头、抓在手上，常研究、常部署，抓领导、领导抓，抓具体、具体抓，种好自己的责任田，解决好不想抓、不会抓、不敢抓的问题。各级纪委作为党内监督的专门机关，履行好监督责任，进一步转职能、转方式、转作风，从大量的具体事务中解脱出来，既协助党委加强党风建设和组织协调反腐败工作，又集中精力抓好执纪监督主业，健全完善巡视机制，及时发现和查处腐败问题。同时，把党内监督和法律监督结合起来，强化司法反腐败职能，既坚持把纪律挺在法律之前，抓早抓小，防微杜渐；又充分发挥法律的刑罚威慑和司法预防功能，把全面从严治党内在要求与全面依法治国的要义紧密结合起来，在腐败治理领域，实现党的领导、人民当家作主和依法治国的有机统一。

第二，关键在党必须严肃党内政治生活。大量事实证明，腐败分子都有一个从量变到质变的过程。腐败案件的衍生，无不与党的领导弱化、党的建设缺失、从严治党不力有关；无不与党内政治生活虚化、政治生态“污染”有关；无不与政治立场、政治信仰、政治原则、政治纪律的缺失和动摇有关。严峻的现实表明，正风反腐要践行全面从严治党要求，必须在保持高压态势的同时加强源头治理，健全完善党的政治生活、优化党的政治生态这个治本之策。

健全党内政治生活制度，要牢牢把握马克思主义执政党的政治性，高度警惕和防止任何偏离党的主张的思想和言论，把对党对人民的绝对忠诚摆在首位；牢牢把握党内政治生活的原则性，坚决防止和纠正党内生活庸俗化、随意化、平淡化倾向，把确保党员政治上坚定、经济上廉洁、作风上过硬作为底线要求；牢牢把握党内政治生活时代性，防止和纠正党员干部故步自封、不思进取、为政不为现象，强化党员干部在“四个全面”战略布局中的责任感和使命感；牢牢把握党内政治生活的战斗性，以理论上的清醒、政治上的坚定、责任上的担当深入推进党风廉政建设和反腐败斗争，把全面从严治党的要求落到实处。

第三，关键在党必须强化党内监督。习近平指出：“没有监督的权力必然导致腐败，这是一条铁律。”①强化党的监督既是马克思主义政党的本质要求，又是权力运行的必然规律。领导干部所执掌的公共权力，标志着权力行使者不同于一般人的特殊地位、身份和职权。这种以强制力为后盾的权力，不论受支配一方是否情愿，都必须服从。这就使权力拥有者具有凌驾于他人之上、滥用权力的可能。因此，法国思想家孟德斯鸠精辟指出，“一切有权力的人都容易滥用权力，这是万古不易的一条经验”。权力的这一特性能使有人格缺陷的人产生强烈的占有欲，而当他们一旦获得权力，就会改变权力设置时的初衷，利用公共权力为个人谋取不正当利益。因而对权力的监督制约，是现代法治的核心要义。

关于党内监督制度，习近平指出，“要围绕责任设计制度，围绕制度构建体系，强化上级党组织对下级党组织和党员、领导干部的监督，做到责任清晰、主体明确、制度管用、行之有效，并加强同党内其他法规

---

① 《习近平关于党风廉政建设和反腐败斗争论述摘编》，中央文献出版社、中国方正出版社 2015 年版，第 124 页。

的衔接,把制度框架确立起来"①,并要求把完善党内监督制度与完善国家监察制度紧密结合。既加强党的自我监督,又加强对国家机器的监督,扩大监察范围,整合监察力量,健全国家监察组织架构,使国家监督全面覆盖国家机关及其公务员。通过实现党的纪检职能和国家监察职能双管齐下,共同发力,最大限度提升党内监督效能,构建以党内监督为核心,以国家监察为主体,以法律监督、民主监督、司法监督、舆论监督为保障的中国特色的腐败治理新格局,以反腐倡廉建设促进法治中国建设,推进国家治理体系和治理能力的现代化。

① 习近平:《在第十八届中央纪律检查委员会第六次全体会议上的讲话》,《人民日报》2016年5月3日。

第 二 章

反腐败战略思想的实践基础

新时代中国特色社会主义反腐败战略思想，是以习近平同志为核心的党中央立足于对国内政治、经济、社会发展和复杂多变的国际形势的准确洞察与研判，紧紧围绕我们党要团结和带领全国各族人民实现“两个一百年”奋斗目标和中国梦的时代主题，着眼于从严治党、执政为民，深入推进党风廉政建设，从理论和实践的结合上，对反腐败斗争面临的形势与任务、战略与策略、方法与路径等进行系统论述，体现了全面建成小康社会、全面深化改革、全面依法治国、全面从严治党的价值追求和客观要求，深深根植于“四个全面”的战略布局之中。

一、全面建成小康社会——反腐败价值追求

“我们的人民热爱生活，期盼有更好的教育、更稳定的工作、更满意的收入、更可靠的社会保障、更高水平的医疗卫生服务、更舒适的居住条件、更优美的环境，期盼孩子们能成长得更好、工作得更好、生活得更好。”2012 年 11 月 15 日，刚刚当选中共中央总书记的习近平用朴实的语言，清晰生动地表达了全面小康的内涵，并庄严承诺，“人民对美好生活的向往，就是我们的奋斗目标。”现实中腐败现象的蔓延势头是

人民群众追求美好生活的“拦路虎”，只有坚决彻底反对腐败，人民美好生活的向往才能实现。

（一）反腐败与全面小康

全面建成小康社会，发展永远是“第一要务”。对此，习近平2014年初在云南调研时强调，我国经济发展进入新常态，并没有改变我国是世界上最大的发展中国家这一国际地位。一定要牢牢抓住发展这个党执政兴国的第一要务不动摇，在推动产业优化升级上下功夫，在提高创新能力上下功夫，在加快基础设施建设上下功夫，在深化改革开放上下功夫，扎扎实实走出一条创新驱动发展的路子来。从经济社会发展的视角看反腐，就会非常清楚，中国的反腐败斗争绝不仅仅是抓几个腐败分子，而是一场价值观的较量，是要从价值观念、行为方式上对中国社会进行重塑，从而实现经济社会的可持续发展。

1. 反腐败为“十三五”规划实施保驾清障

党的十八届五中全会通过“十三五”规划建议，是以习近平为核心的新一届党中央编制的第一个五年规划。规划确定了保持经济增长，转变经济发展方式，调整优化产业结构，推动创新驱动发展，加快农业现代化步伐，改革体制机制，推动协调发展，加强生态文明建设，保障和改善民生，推进扶贫开发十大目标任务。

“十三五”时期是全面建成小康社会全面实现的五年，也是全面深化改革、全面推进依法治国取得决定性成果的五年。中国经济正处于从高速到中高速的增长速度换挡期、结构调整阵痛期、前期刺激政策消化期的“三期叠加”，矛盾风险挑战之多前所未有，对我们党的考验之大前所未有。在这样的背景下，中国将实现经济社会发展全面转型升级。核心目标是要全面建成小康社会，将进入以“经济社会双重转型升级”为主线的“全面现代化”时代。既有“发展是硬道理”，又有“转型是硬道理”，创新速度和创新质量将成为国家和国家之间竞争的一个重要砝码和标志。推动经济社会持续健康发展，必须破解发展难题，厚植发展优势，必须牢固树立并切实贯彻创新、协调、绿色、开放、共享的五大发展理念；坚持人民主体地位、坚持科学发展、坚持深化改革、坚持依法治国、坚持统筹国内国际两个大局、坚持党的领导“六个坚持”发展原则。

腐败是与“十三五”时期的目标要求和五大发展理念、“六个坚持”发展原则①水火不容。它严重影响经济发展，使国家受损失，消费者受坑害，市场秩序遭到破坏，政府的信誉也大受影响。公共权力的滥用或私用，必然侵害人民主体地位、危害科学发展、阻碍改革深化、妨碍依法治国、影响国内国际两个大局、动摇党的执政基础。如果不反腐败，“十三五”规划和全面建成小康社会的目标就不能实现。因此，“十三五”规划和全面建设小康社会的过程，也就是反腐败斗争深入开展的过程。只有坚决地反对腐败、清除腐败，才能赢得民心，才能提高党的威信和增强人民群众的信心，才能更好地理顺经济秩序和促进社会公平公正，才能汇集创新、协调、绿色、开放、共享五大发展的正能量，向全面建成小康社会的最后阶段发起冲刺。

2. 反腐败优化资源配置和发展环境

著名经济学家厉以宁经常强调“资源配置效率”这个概念，在他的经济分析框架中，“从事融资筹资工作的人，从事人事组织工作的人，从事宣传工作的人，从事行政管理工作的人”都与“资源配置效率”有较大的相关性。“从事融资筹资的人是直接来参与资源配置效率的提高，做人事组织工作的人他们是在人力资源上能够做到最佳配置，提高效率。从事行政管理工作的人是把物质资源和人力资源更好地结合起

① 中国共产党第十八届中央委员会第五次全体会议确立的坚持创新发展、坚持协调发展、坚持绿色发展、坚持开放发展、坚持共享发展的五大发展理念，以及坚持人民主体地位、坚持科学发展、坚持深化改革、坚持依法治国、坚持统筹国内国际两个大局、坚持党的领导的六个发展原则。

来。”①这意味着，许多看似不直接参与经济生产的人，其实都与资源配置的效率有直接或间接的关系。而保持这些群体工作的廉洁高效，防止发生腐败，将最终促进资源的有效配置，进而推动经济的持续健康发展。他认为，反腐败与经济发展是一种正相关的关系，反腐败为经济发展保驾护航，使中国经济步入可持续发展的正确轨道，进一步提升了中国共产党的威信，也为中国经济持续健康发展提供最重要的保障。

加快转变经济发展方式，核心是促进产业结构优化升级，对政策环境、行政效率、市场秩序等提出了新的更高的要求。而各种消极腐败现象，不利于发挥市场配置资源决定性的作用，破坏公平竞争的市场秩序，增加建设成本和行政成本，降低行政效率和社会公信力，成为阻碍经济发展方式转变的“拦路虎”、“绊脚石”。加强反腐倡廉建设，坚决惩治和有效预防腐败，能够为经济发展清除障碍、提高效率，从而对转变经济发展方式发挥“催化剂”和“助推器”的效果。目前，由于我国社会主义市场经济体制还不完善，各种市场主体的行为还不规范、信用意识还不强，商业贿赂行为仍然时有发生；出借资质、违法转包、非法分包等问题还比较突出。只有旗帜鲜明地反对经济领域的腐败，才能确保加快转变经济发展方式的各项工作落到实处。腐败现象对于社会公平正义、民生福祉有着巨大的破坏作用。加强反腐倡廉建设，坚决纠正损害群众利益的不正之风，能够有效解决经济社会发展中存在的突出矛盾和问题，使改革发展的成果更多地被人民群众共享，从而充分调动广大人民群众投身改革发展的积极性，促使全社会形成加快转变经济发展方式的浓厚氛围。

3. 反腐败为经济社会发展“体检”

反腐败强化廉政风险防控。要求经济社会发展主体健全，完善各

---

① 杨巨帅:《全国政协常委、北京大学社会科学学部主任厉以宁——反腐败与经济发展正相关》,《中国纪检监察》2015 年第 6 期。

项法规制度,巩固重点领域改革成果,注重抓好制度的系统配套工作,加强制度执行情况的纪律检查和行政效能监察,切实提高制度执行力。将惩防体系建设纳入“十三五”规划,同步部署,同步推进,进一步提高坚决惩治腐败和有效预防腐败的工作水平。建立健全责任机制,把落实惩防体系建设任务情况纳入党风廉政建设责任制考核范围,把考核结果作为选拔任用干部重要依据。同时,加强对资金管理使用的监督检查。加快转变经济发展方式涉及许多资金投入,必须切实管好用好。通过专户管理、专款专用,强化监督等有效措施,确保资金投向符合中央、省、市规定,拨付和配套及时到位,管理使用安全高效廉洁,坚决防止骗取、滞留、挤占、挪用、截留以及其他违规使用问题的发生;对项目建设实施情况坚持“五位一体”的监督检查办法,即要对工程质量、工期、成本、安全、廉洁五个方面综合监管,要体现针对性和有效性。同时要不断完善政府投资项目监督网,切实抓好项目信息公开和诚信体系建设,即时、全面公开项目信息和诚信信息,接受社会监督。

反腐是经济发展全方位的体检。我们为什么要体检,即通过医学方面的检查,来证明自己有没有疾病,如有,就要治疗,让身体健康;如没有,也要注意哪些方面,让疾病远离。反腐就是全方位的体检,对发现的疾病进行治疗,尤其是严重疾病必须刮骨疗伤,虽然刮骨疗伤会很疼痛,但不经历疼痛怎么能够治疗好疾病?怎么能够健康的生活呢?对没有发现的疾病我们同样要进行预防。经济发展要健康地持续下去,同样必须要进行全方位的体检,尤其是在改革开放30多年的经济发展过程中,我们更要审视经济的发展是否健康,是否以牺牲环境、浪费资源、破坏公平法制等方面为代价取得的,如果是这样,那必须要缓下来甚至要停下来。否则,这种以牺牲环境、浪费资源、破坏公平和法制的经济是没有明天和未来的。所以,反腐必然会使中国经济焕发新的生机,必然促进中华民族伟大复兴中国梦的实现。

（二）反腐败与政治生态

党的十八大的召开，标志着全面建成小康社会进入决定性阶段。全面小康的持续发展需要有良好的政治生态。在党风廉政建设和反腐败斗争系列重要讲话中，习近平多次强调反腐败要实现干部清正、政府清廉、政治清明，构建良好的廉洁政治生态。以“三清”为内涵的廉洁政治生态构建目标，把我们党执政的阶段性目标与长远目标结合了起来，不仅有助于我们党和国家从战略层面来谋划、部署、推进反腐倡廉工作，而且能够从社会关切层面来及时应对党风廉政建设所面临的新情况、新问题，以适应新的历史条件下大国治理的新要求。

1. 政治生态对全面小康建设主体的影响

生产力决定生产关系，生产力的第一要素是人。政治生态是指人与人之间的政治关系以及环境特别是社会环境与人的政治行为之间的相互影响。政治生态不仅是党员干部党性、党悟、作风的综合体现，也是党风、政风、社会风气的综合体现，是政治昌明、经济发展、文化繁荣、社会和谐的基础。

党员干部是全面小康建设的重要主体之一。不良政治生态常常是他们蜕化变质的温床。马克思主义认为，任何事物的产生和发展都有一个从量变到质变的过程。我们的公务员招录和干部选拔有着十分严格的条件和门槛，腐败分子中很大一部分曾经都是优秀干部，为党和人民立过功，受过累。从政治生态学的视野看来，公务人员在公务活动中的行为无不受到所处政治生态环境的影响。从一位合格的公务人员蜕化为腐败分子除了理想信念动摇、对自己要求不严格这一根本原因外，与不良政治生态的外在影响有着很大的关系。在举国震惊的衡阳破坏选举案中，其一届人大代表几乎全军覆没，给党和国家的民主政治建设造成了巨大影响，其中接受贿赂的人员中很多曾是优秀的基层干部。

据考察，他们之所以犯下如此严重的错误，长期不良政治生态的影响是一个重要原因。改革开放以来，由于各种复杂因素的综合作用，中国共产党人廉洁从政的社会生态环境发生了历史性变化，一些地方和部门的政治生态已经出了问题，净化和重构政治生态成为纯洁公务员队伍，保护党员干部健康成长的重要手段。

构建良好政治生态对保障“全面小康”的建设主体具有决定性意义。一方面，反腐败、建设良好政治生态是全面建成小康社会的必然要求，能够坚定人民群众进行反腐败的信心和决心。同时，这也是我们党对全社会作出的庄严承诺，能够激发人民群众建成小康社会的积极性和创造性；良好的政治生态不仅使我们党在党风廉政建设上及时应对新情况、发现新问题、适应新要求，而且有助于我们党和国家从战略层面来谋划和推进反腐倡廉建设，实现保障小康社会全面建成的政治价值。

2. 政治生态对小康进程的影响

从小康社会建设进程看，不良政治生态是社会关系优化的最大阻碍。总部设在德国柏林非政府组织“透明国际”建立的清廉指数排行榜显示，中国从 1995 年到 2014 年这二十年间，在全世界的国家和地区中排名一直在 100 名之后。尤其是从近年来“打虎拍蝇”所揭示出的腐败问题来看，腐败现象趋于严重化，区域性腐败、系统性腐败、家族式腐败、塌方式腐败等不断发生。邓小平同志曾指出：“制度好可以使坏人无法任意横行，制度不好可以使好人无法充分做好事，甚至会走向反面。”①由于政治生态的恶化，一些地方和部门潜规则大行其道，关系网错综复杂，权力寻租、权钱交易、官商勾结、卖官鬻爵、团团伙伙、拉帮结派层出不穷、屡禁不止。更为可怕的是这种风气不仅在官场上大有市场，而且蔓延到社会的各个层面、各个角落，败坏了社会风气，屡屡冲击

① 《邓小平文选》第二卷，人民出版社 1994 年版，第 333 页。

着善良人们的道德底线。腐败现象不断发生、腐败问题日益严重，与不良的政治生态有着直接联系。净化和重构政治生态已经成为全党、全社会亟待解决的问题。

从小康社会建设的艰巨性看，不良政治生态是反腐败深入推进的掣肘。习近平在2015年第十八届中央纪律检查委员会第五次全体会议上的讲话中指出："从这两年查处的案件和巡视发现的问题看，反腐败斗争形势依然严峻复杂，主要是在实现不敢腐、不能腐、不想腐上还没有取得压倒性胜利，腐败活动减少了但并没有绝迹，反腐败体制机制建立了但还不够完善，思想教育加强了但思想防线还没有筑牢，减少腐败存量、遏制腐败增量、重构政治生态的工作艰巨繁重。"①深入推进反腐倡廉工作存在多方面的阻力和障碍。一是腐败问题日趋复杂。区域性腐败和领域性腐败交织，用人腐败和用权腐败共存，体制外和体制内挂钩，权钱交易、权色交易、权权交易同在，利益关系错综复杂、盘根错节，形成了"共腐关系圈"。二是腐败方式较隐蔽。随着反腐败工作的日趋深入，以及党风廉政建设规章制度的日益缜密，赤裸裸腐败的空间越来越狭小。一些领导干部便开始千方百计地钻制度的空子，并在腐败方式上寻求"突破"。腐败手段花样翻新，且越来越趋于隐蔽。三是"四风"方面有顽疾。受到多年潜规则"暗流"滋润建成的不良政治生态，消解了"吏治改革"管理制度的效力，误导了干部的心理与行为。"四风"问题积习甚深，一些地方和部门对反"四风"没有从心底里认同，常有反弹的苗头出现。为此，深入推进反腐倡廉工作，必须从长计议，从净化和重构政治生态着眼。

现实表明，政治生态和廉洁政治的重构与实现，是一场具有新的历史特点的伟大斗争。它意味着我们党要顺应全面建成小康社会的倒逼

① 人民日报社评论部编著：《"四个全面"学习读本》，人民出版社2015年版，第279页。

之势，以“刮骨疗毒”①的决心和意志，革除历史上相沿成习的旧体制和旧机制，痛下重手毫不留情地剜除自身的腐败毒瘤；意味着反腐败越是深入展开，就越挑战我们党的领导骨干的认知力、领导力、意志力和自我修炼、自我约束、自我塑造的定力和魄力。只有在实践中应对这种挑战和考验，才能攻克体制上的顽疾，打破利益上的藩篱，构建“山清水秀”的政治生态。

（三）反腐败与小康文化

文化兴盛是全面小康的重要标志。习近平指出：“文明特别是思想文化是一个国家、一个民族的灵魂。无论哪一个国家、哪一个民族，如果不珍惜自己的思想文化，丢掉了思想文化这个灵魂，这个国家、这个民族是立不起来的。”②一个国家、一个民族的强盛，总是以文化兴盛为支撑的，中华民族伟大复兴需要以中华文化发展繁荣为条件。习近平在 2013 年 4 月 19 日主持中央政治局第五次集体学习时强调：“要大力加强反腐倡廉教育和廉政文化建设，坚持依法治国和以德治国相结合。”③思想纯洁是马克思主义政党保持纯洁性的根本，道德高尚是领导干部做到清正廉洁的基础。

1. 小康文化着眼“不想腐”

文化是民族之根，民族之家，民族之力，民族之福。小康文化之路是中国特色社会主义道路在文化领域的集中体现，是中国特色社会主义道路的重要内容，它同新型工业化、信息化、城镇化、农业现代化道路，同政治发展道路、社会建设道路、生态文明建设道路交相辉映，共同

① “刮骨疗毒”出自三国时期神医华佗为猛将关羽刮骨疗伤的典故，多用来比喻勇敢无畏的精神。参见《习近平谈治国理政》，外文出版社 2014 年版，第 394 页。

② 《习近平在纪念孔子诞辰 2565 周年国际学术研讨会暨国际儒学联合会第五届会员大会开幕会上的讲话》，《人民日报》2014 年 9 月 25 日。

③ 《习近平谈治国理政》，外文出版社 2014 年版，第 391 页。

构成中国特色社会主义道路。经过几十年的探索和实践,中国特色社会主义文化发展道路已经形成,它内涵丰富、特色鲜明,涵盖了文化建设的方方面面。文化建设与反腐倡廉的双向互动,直接影响着新时期反腐倡廉的成效和走向。文化通过知识体系、价值观念、思想信仰和行为规范,教化社会成员,规范人们行为,保持社会认同,凝聚社会共识,成为人类社会发展包括反腐倡廉进程的灵魂,从而为全面建成小康社会提供有利的精神文化条件。

小康文化建设首要的是倡行中国特色社会主义理想信念。2012年11月17日,习近平在主持十八届中央政治局第一次集体学习时讲话指出,理想信念就是共产党人精神上的“钙”,没有理想信念,理想信念不坚定,精神上就会“缺钙”,就会得“软骨病”。[①] 2013年7月,习近平在河北调研指导群众路线教育活动时强调,共产党人要有“革命理想高于天”的精神,始终把思想防线筑得牢牢的,始终保持共产党人的蓬勃朝气、昂扬锐气、浩然正气。理想信念坚定是衡量好干部的第一位标准,这个标准就是:主要看干部是否能在重大政治考验面前有政治定力,是否能树立牢固的宗旨意识,是否能对工作极端负责,是否能做到吃苦在前、享受在后,是否能在急难险重任务面前勇挑重担,是否能经得起权力、金钱、美色的诱惑。崇高信仰、坚定信念不会自发产生,共产党人要炼就“金刚不坏之身”,必须用科学理论武装头脑,不断培植自己的精神家园,切实解决好世界观、人生观、价值观这个“总开关”问题。习近平用“精神上的钙”、“革命理想高于天”、“软骨病”、“金刚不坏之身”、“总开关”这样的比喻和“六个是否”,形象生动地阐述了坚定理想信念的极端重要性。党员干部只有理想信念坚定了,才能在大是大非面前旗帜鲜明,在风浪考验面前无所畏惧,在各种诱惑面前立场坚定,在关键时刻靠得住、信得过、能放心,从而使反腐败战略重心从当前

① 参见《习近平谈治国理政》,外文出版社2014年版,第15页。

的“不敢腐”、“不能腐”迈向“不想腐”。

2. 腐败文化对小康的危害

腐败现象形成腐败文化。官员腐败与腐败文化的形成密切相联，互为因果。官员腐败是腐败社会化的诱因和“龙头”。官员腐败出现在先，社会化腐败在后；官员道德崩溃在先，公众道德水平下降在后。“上有所好，下必甚焉”。纵观历朝兴衰，社会动乱，风气腐败都导源于官场的腐败。毛泽东同志曾经说过：“只要我们党的作风完全正派了，全国人民就会跟我们学。”①腐败行为具有极强的示范作用，而且腐败者的社会地位越高，社会影响面便越大，在腐败现象严重的情况下，由于腐败现象随处可见，并成为人们日常生活的一个组成部分，人们往往会由义愤而变得麻木、冷漠，逐渐习惯于在腐败的环境中生活，开始容忍它，甚至利用它来为自己谋取好处。这种态度更加助长了腐败现象的蔓延，进而形成一种腐败文化。

腐败行为危害社会文化。腐败文化的丑恶性、隐秘性，虽然使它不可能像主流文化那样可通过家庭教育、学校教育、大众传播媒体等合法途径去传播，但一个人通过滥用职权谋得了金钱、权力、地位等利益，另一些人发现了其中的“奥妙”，便会寻找机会，仿效前者实施腐败行为。如果这个模仿“成功者”的链条不断加长，腐败群体也就得以形成，腐败文化就会不断得到传播。在这样的恶俗文化下，如果防线脆弱，想不腐败都难。事实上，从国际经验看，腐败在一些地方之所以泛滥，其中一个原因也就在于腐败在社会中被视为了“正常”，已经成为一种文化。

3. 小康文化的导向价值

全面小康的先进文化，作为一种知识系统，不仅在于其智力支持，还在于它对人们精神境界的提升。人们对先进文化的需求愈多，腐朽

① 《毛泽东选集》第三卷，人民出版社1991年版，第812页。

文化在其精神空间的领地就愈小,对腐朽文化的抗拒力也就愈强。发展先进文化,是我们进行改革开放和现代化建设的重要目标,也是深入推进反腐倡廉的重要保证。思想道德防线是抵御腐朽思想文化侵袭的前沿防线。先进文化以科学理论为灵魂,给予人们以坚定的理想信念。先进文化为人们的精神生活全面发展拓宽了空间,可以使人们筑起精神屏障,站在人格高地,保持干净灵魂。只有用先进文化不断丰富人们的精神世界,不断增强人们的精神力量,不断满足人们的精神文化需求,才能教育引导党员干部牢固树立正确的世界观、人生观、价值观,自重、自省、自警、自励,讲修养、讲道德、讲廉政,永葆共产党人的蓬勃朝气、昂扬锐气和浩然正气,为反腐倡廉提供强大的思想保证、精神动力和智力支持。

反腐倡廉是全面小康先进文化建设的重要保证。加强党风廉政建设,深入推进反腐败斗争,是建设社会主义精神文明,代表先进文化前进方向的前提和保证。腐败与先进文化是根本对立的,是剥削阶级腐朽没落思想的反映,代表的是保守、颓废、庸俗和阻碍社会进步的文化,体现的是反动、落后的道德观和价值观。腐败行为的思想核心是拜金主义、享乐主义和极端个人主义。深入推进党风廉政建设和反腐败斗争,是建设先进文化的必然要求。只有大力加强党风廉政建设,进一步加大反腐败力度,才能为先进文化的建设创造良好的政治和法制环境,带动社会风气的进一步好转。

(四)反腐败与民生建设

民生建设是全面小康的本质要求。习近平 2014 年 1 月 7 日在中央政法工作会议上强调,要重点解决好损害群众权益的突出问题,决不允许对群众的报警求助置之不理,决不允许让普通群众打不起官司,决不允许滥用权力侵犯群众合法权益,决不允许执法犯法造成冤假错案。在当月 20 日党的群众路线教育实践活动第一批总结暨第二批部署会议上，他又指出："我们说'老虎'、'苍蝇'一起打，有的群众说'老虎'离得太远，但'苍蝇'每天扑面。这就告诉我们，必须着力解决发生在群众身边的腐败问题，认真解决损害群众利益的各类问题，切实维护人民群众合法权益。"①

1. 民生是反腐的重要归宿

当前，我国正处在全面建成小康社会的关键时期，随着经济社会的发展和群众生活要求的提高，利益群体诉求多元，民生问题日益凸显，这些都决定了我们必须实事求是地回应百姓的新期待，决定了党和政府要用更多精力和更大努力实现发展成果由人民共享。对于老百姓而言，与自己息息相关自然是民生问题，诸如医疗、养老、教育、就业、食药品安全等。这些问题如何改善，取决于政府部门，如何让群众有更多的获得感，也取决于政府部门是否能有所作为。一个腐败的政府是不会让群众有更多的获得感的，群众期盼反腐，群众支持反腐，反腐的结果必定是最终促进群众生活的全面改善。

在群众眼里，能改善民生的反腐才是正风反腐。中国官场反腐虽源远流长，但反腐最终能够改善民生的却很鲜见。历代王朝反腐大多只沦为了官场内的权力争斗，反腐的最终目的也并非是为了普通民众的政治生活、物质生活、精神生活质量的全面提升和改善。官场上反贪腐大张旗鼓、轰轰烈烈，民间仍然是哀鸿遍野、水深火热。反腐反腐，越反越腐，越反百姓越痛苦，打倒一个被养肥的贪官，意味着又要养肥一个新的贪官，这样的反腐，如何才能改善民生，如何才能得到大众支持拥护？因此，把正风反腐和民生有机地结合起来，做到学有所教，劳有所得，病有所医，老有所养，住有所居；才能深孚民望、顺乎民意。只有在共建中共享，在共享中共建，才能最大限度地促进社会和谐。

① 《习近平关于党风廉政建设和反腐败斗争论述摘编》，中央文献出版社、中国方正出版社 2015 年版，第 99 页。

2.“灭蝇”是民生的反腐诉求

群众身边的腐败直接侵害老百姓切身利益，是民生建设的大敌。如乡村干部挪用、贪污、侵占专项资金及政府给予农民的扶贫、救灾资金等侵害群众利益的案件；建设工程招投标领域规避招标、以租代征土地和矿产资源、擅自变更规划获取利益的案件；司法领域索贿受贿、徇私舞弊以及为黑恶势力充当“保护伞”的案件；资源领域的商业贿赂案件等。对这些案件，必须严肃党纪国法，坚决依法查办。

应围绕民生建设开展执法监察、廉政监察和效能监察。如加强环境污染治理监督检查，大力推进“蓝天碧水”工程；加强对涉及人民群众生产生活的安全管理的监督检查，严肃查处不顾群众生命安全的失职渎职行为；加强对资源管理使用情况的监督检查，重点解决非法开采和官商勾结“收黑钱、干黑事、谋黑利”等问题；加强对党的支农惠农政策落实情况的监督检查，重点解决克扣粮食直补款、农村医保、养老保险等问题；加强对行业协会、市场中介组织的监督检查，规范行业协会、市场中介组织的行为，提高服务水平。认真纠正各种名目的不正当收费、集资、摊派。强化绩效考核，狠抓制度落实，提高行政机关的公信力和执行力。要加大行政执法过错责任追究力度。对执法不严、监管不力、推诿扯皮、敷衍塞责、行政不作为乱作为等问题严肃追究责任人、责任单位和有关领导的行政过错责任，情节严重的移送司法机关查处。

3.民生反腐的“最后一公里”

民生反腐的“最后一公里”，就是各项民生反腐措施要得到有效落实。在民生服务方面，健全和完善项目审批公开、查询和问责制度，实行“一站式服务、一窗口管理、一次性收费、一次性告知、一次性办结”；进一步简化行政许可、审批事项的办理流程，缩短审批时限，提高即办件的办结率；加强对行政审批的规范和监督，杜绝厅外审批；规范电子政务，全面推进行政审批电子监察系统建设，县乡政务大厅要建立电子监察系统，实现审批网络的数据连接，对上报件实行网上审批等。

在涉腐防控方面，推行“一把手”行政问责制度，增强依法行政意识，提高政府行政能力和管理水平。继续严格执行“收支两条线”规定，全面实行部门预算改革。强化预算、管理和监督，加强票据管理，强化稽查手段，确保所有政府非税收入应收尽收。不断深化投资体制改革，完善政府投资监管体系。对县级乡级工程和政府投资的重大建设项目应当向社会公开，采取听证会、征询会等方式广泛征求社会各界和公众的意见。对政府投资项目规划备选、政府决策、部门审批、资金使用、建设实施、竣工验收、资产移交等工作要搞好后评价及审计监督，并严格实行决策责任追究制。

“广大人民群众最痛恨腐败现象，腐败现象对我们党的伤害最大。”①落实“民生反腐的最后一公里”，要求我们从巩固党的执政地位和人民政权的高度，深刻认识基层腐败问题的严重性和加强基层反腐倡廉建设的紧迫性，以踏石留印、抓铁有痕的态度持之以恒地抓下去，抓出成效，取信于民。只有这样，才能巩固党的执政基础，增强党的执政能力，加强基层政权建设，满足人民的美好期待，凝聚又好又快发展动力，进一步加快全面建成小康社会的步伐。

二、全面深化改革——反腐败治本之策

习近平在十八届中央纪委三次全会上的讲话中，从党和国家全局的高度，提出要以深化改革推进党风廉政建设和反腐败斗争。在第五次全体会议上发表讲话时强调，着力深化体制机制改革，最大限度减少对微观事务的管理，推行权力清单制度，公开审批流程，强化内部流程

① 赵洪祝：《认真领会习近平总书记关于党风廉政建设和反腐败斗争重要讲话的深刻内涵》，人民网 2014 年 1 月 13 日。

控制，防止权力滥用。这就说明，改革和反腐败应并肩前进，是双轮驱动。一方面以反腐败推进改革深化，另一方面以深化改革促进反腐败斗争，实现反腐败与深化改革的协调发展。

（一）反腐是深化改革的关键一招

改革是中国发展的最大红利。在改革开放的基础上，继续全面深化改革是建设现代化国家、实现中国梦的必由之路。改革本质上是国家权力结构的重新调整，由于国家权力具有扩张、寻租和易蚀性质，改革必须坚持公正性和廉洁性。一些干部之所以不愿、不敢改革甚至阻碍改革，其根本原因是怕利益的失去——集团利益和个人利益。深化改革，就意味着一些人要失去公共权力和某些特权，在这种情况下，各种反改革势力，势必采取各种方式手段，利用各种理由来阻挠甚至否定改革。坚决反对腐败既是党中央清除党内毒瘤、纯洁党员队伍的重要手段，更是为进一步全面深化改革扫除障碍、建立权威与凝聚力量的重要推动力。反腐成为全面深化改革顺利进行的关键一招。

1. 反腐为改革清障

反腐是打破利益集团阻挠，开辟全面深化改革道路的清障车。经过 30 多年的改革之后，我国已进入改革的深水区，容易改的已经基本改完，剩下的就是所谓的“硬骨头”。改革正在由浅层次转入深层次，改革的阻力由过去的碎片化转向集团化。全面深化改革必然触动利益集团的核心利益，如何破除利益集团在全面深化改革中的“抱团式”阻挠和干扰，成为全面深化改革能否具有实质进展的关键因素。党中央近来的高强度反腐，正是为了铲除利益集团疯狂阻挠全面深化改革的企图，为全面深化改革开辟道路。无论是对“铁老大”的精密布局，还是对“石油帮”的严厉清算，都代表了新一届中央领导集体敢于动真碰硬，敢于破除利益集团，敢于与贪腐打一场硬仗的决心和信心。只有敢于向利益集团开刀，才能彰显中央反腐的决心和信心，才能让那些试图阻挠改革的某些利益集团闻风丧胆,“不战而退”。只有破除利益集团的阻挠,清除改革道路上的一道道屏障,新一轮改革才能一帆风顺。

2. 反腐为改革助力

反腐是树立中央权威,保证全面深化改革进行的助力器。过去30多年,我们是“摸着石头过河”的改革,历尽艰苦的探索,取得了丰富的改革经验,取得了很大的改革成绩,但是,这种改革通常带有试验、探索的性质。随着经济社会的不断发展和改革事业的不断深化,各种深层次的矛盾纷纷显露,盘根错节地联系在一起,牵一发而动全身。因此,改革已经不能单纯依靠“摸着石头过河”式的渐进探索,而需要高瞻远瞩的顶层设计,全面把准改革的全局性、关联性、协同性问题,科学确立改革的总体目标,明确改革的路线图和时间表。2013年12月,中央全面深化改革领导小组的成立,就是要对改革进行顶层设计,加强改革的全局性、系统性、战略性、有序性和协调性。顶层设计的改革必然要求各部门无条件遵从党中央的改革思路、改革精神与改革路线。当前,党中央把反腐提至空前高度,严查严办,绝不留情,就是要树立中央权威,使各级党政部门必须与党中央保持改革路线的高度一致,各级部门只有不折不扣执行党的改革路线,全面深化改革才能顺利进行。

3. 反腐凝聚改革力量

反腐是取得人民信任,凝聚全面深化改革力量的黏合剂。人民群众是历史的创造者,是改革的主体和力量之源。作为改革开放的总设计师的邓小平同志深刻指出:“改革开放中许许多多的东西,都是群众在实践中提出来的”,“这是群众的智慧,集体的智慧”。[①] 回眸中国历史上的重大改革,失败的改革必然是脱离人民群众,成功的改革必定是

---

① 转引自习近平:《在纪念邓小平同志诞辰110周年座谈会上的讲话》,人民出版社2014年版,第12页。

紧紧依靠群众。新一轮的改革，其艰难程度历史上前所未有，改革的复杂性、风险性都大大增加。在新的改革时期，我们更应该紧紧依靠群众的力量，尊重人民主体地位，发挥群众首创精神，始终站在人民群众立场上谋划改革，才能保证改革的最终胜利。依靠人民，就需要取得广大人民群众的信任，让人民热爱党、相信党，矢志不渝地跟着党走。当前，党中央对腐败的严厉打击，赢得了人民群众的一致叫好。对腐败零容忍、出重拳、下猛药是顺民意更是得民心，坚定反腐毫不动摇是保持党同人民群众的血肉联系，取得人民充分信任的重要途径。在全面深化改革的紧要关头，必须紧紧地依靠广大民众，凝聚人民的智慧和力量，使人民大众支持改革，维护改革，参与改革，使改革之势不可阻挡。

（二）改革是遏制腐败的治本之策

党的十八大以来，我们党坚定不移地反对腐败，取得的成绩有目共睹。但是，滋生腐败的土壤依然存在，反腐败形势依然严峻复杂，一些不正之风和腐败问题影响恶劣、亟待解决。从体制机制方面看，影响反腐败成效的问题，主要是反腐败机构职能分散，形不成监督合力，有些案件受各种因素的影响难以得到坚决查办，有的地方腐败案件频发却追究责任不力。解决这些问题，从根本上说，还得靠改革、靠制度。

1. 改革压缩腐败空间

改革是更深层次、更彻底的反腐败，是强化反腐职能的重大举措。从当前的社会现象看，贫富差距、环境恶化、资源浪费等现象频发，究其原因，是社会公权力的滥用和腐败滋生造成的，是市场不健全、竞争不公平的结果。处理好政府和市场的关系，关键是经济体制改革，压缩腐败空间。这是全面深化改革的重点，是核心问题。只有充分发挥市场作用，让市场在资源配置中起决定性作用，才是完善市场体系、防止政府不当干预和监管不利的根本办法。这将同时有利于经济体制改革和惩防腐败体系的建设。反过来，政府与市场关系在体制、制度等方面具备了惩防腐败机制，其市场的决定性作用就大大显示出来，经济秩序和社会不公现象就能够得到有效纠正，改革就会得到全面落实，滋生腐败的环境和条件就会压缩和减少。因此改革越深入，惩治和预防腐败的职能就越加强化。

2. 改革优化权力配置

改革的要义是强化权力运行的制约和监督，保证权力的正确行使。从这些年查处的腐败案件看，权力不论大小、不分领域，只要不受制约和监督，都可能被滥用。党的十八届三中全会决定专门用一个部分来部署“强化权力运行制约和监督体系”，目的就是要真正把权力关进制度的笼子里，保证权力的正确行使。一是强化制约。要合理分解权力，科学配置权力，不同的权力由不同部门、单位和个人行使，形成科学的权力结构和运行机制。二是强化监督。着力改进对领导干部特别是一把手行使权力的监督，健全民主集中制，完善党委议事决策制度，加强领导班子内部监督，加强行政监察、审计监督和巡视监督。三是强化公开。推行地方各级政府及其工作部门权力清单制度，依法公开权力运行流程。完善党务、政务、司法和各领域办事公开制度，推进决策公开、管理公开、服务公开、结果公开，让权力在阳光下运行，让广大干部群众在公开中监督权力。

3. 改革强化源头预防

党的十八届三中全会作出全面深化改革的决定，为我们从体制、机制、制度上解决腐败问题，创造了非常有利的条件。从以往的改革实践看，如果在改革过程中不注意措施的配套和衔接，不注意过程的时序和步骤，各自为战，一哄而上，极易产生混乱和腐败，改革的重点领域很可能成为腐败的高发区域。为此，必须尽量避免改革中出现的漏洞和问题，最大限度地防止改革过程中出现的负面效应。在全面深化改革中，坚持顶层设计和“摸着石头过河”相结合，坚持超前思考，更加注重改革的系统性、整体性、协同性，更加注重各项改革的相互促进、良性互动、协同配合，从总体布局上就要体现防止问题出现、防止腐败滋生的理念和思路。更加注重把推进全面改革与建设廉洁政治紧密结合起来，在制定具体改革方案时就要把防治腐败的要求和措施融入各项改革的全过程，体现到各项制度建设之中，先立后破、于法有据、有序进行，避免出现制度真空，堵塞一切可能出现的腐败漏洞。更加注重廉政制度的健全和完善，以制度促进改革，真正建立起体现廉洁性、具备惩戒力的反腐倡廉法规制度体系，保障改革健康顺利推进。

（三）改革推进纪检工作“三转”

1.“三转”的基本内涵

根据习近平在十八届中央纪委历次全体会议上的讲话要求，中纪委坚持以深化改革推进党风廉政建设和反腐败斗争，在全国纪检监察系统部署开展了“转职能、转方式、转作风”的改革工作，为全面治党和反腐败斗争深入推进提供了组织机制和职能保障。

转职能，就是纪检监察机关要根据党章、党内法规，根据党的十八大以来中央的要求，根据习近平系列重要讲话的精神，明确职能定位，聚焦党风廉政建设和反腐败斗争这个中心工作，突出主业，全面履行监督执纪问责的专职，做到不越位，不缺位，不错位。转方式，就是纪检监察机关要积极顺应十八大以来新形势和新要求，探索把握加强党风廉政建设和反腐败斗争的规律，创新理念思路，改进方式方法，更加科学有效地履行职能、担当责任。转作风，就是纪检监察机关要按照“打铁还需自身硬”的要求，牢固树立宗旨意识，坚持不懈地纠正“四风”，以情况明、数字准、责任清、作风正、工作实为标准来推进纪检监察工作，建设忠诚可靠、服务人民、刚正不阿、秉公执纪的纪检监察队伍。这“三转”中，转职能是核心，转方式是关键，转作风是保障。“三转”相互关联，是一个整体，相辅相成。只有把“三转”同步抓实、抓紧、抓到位，纪检监察工作才能不负党和人民的重托，党风廉政建设和反腐败斗争才能开创新局面。

2. “三转”的基本依据

推进“三转”是贯彻落实党章的必然要求。《中国共产党章程》第八章对党的纪律检查机关的职能作了专门的阐述，对于纪委的职责定位作出了明确的规定，这是纪委全部工作的依据。其中，党章第 44 条规定党的各级纪律检查委员会的主要任务是：维护党的章程和其他党内法规，检查党的路线、方针、政策和决议的执行情况，协助党的委员会加强党风建设和组织协调反腐败工作。在这三项任务当中，当前各级纪委关键是要履行协助党委加强党风建设和组织协调反腐败工作的职责，聚焦党风廉政建设和反腐败斗争这一中心任务，切实承担起监督的责任，把不该由纪委管的工作交还给主责部门，把该管的工作要切实地管好。因此，推进“三转”实际上是向党章回归，是向党对纪律检查机关的基本要求回归。

同时，“三转”也是党风廉政建设和反腐败斗争形势的必然要求。党的十八大对党风廉政建设和反腐败斗争形势作出了科学的判断，提出了干部清正、政府清廉、政治清明的目标。当前党风廉政建设和反腐败斗争，面对着严峻复杂的形势，在一些地方、部门和一些党员领导干部当中，党性观念淡薄、组织涣散、纪律松弛的现象，也有一定的表现。必须推进“三转”，聚焦党风廉政建设和反腐败中心工作，这样才能更好地落实中央要求和部署，才能完成党的十八大提出的目标任务。所以，推进“三转”既是回归，也是创新，是在回归本职的基础上，面对新形势新任务进行的开拓创新。

3. “三转”的全面推进

中央纪委率先改革创新，找准职能定位，聚焦党风廉政建设和反腐败斗争的主业。一是认真落实党中央关于中央纪委监察部合署办公的决定，制定中央纪委常委会、办公会议和监察部工作规则，切实实行一套工作机构、两个机关名称，中央纪委履行纪律检查和行政监察两项职能，对纪检监察工作实行统一领导，对党中央全面负责。二是对委部机关领导班子分工进行调整，明确各位副书记分管的工作，常委、副部长分别协助副书记分管工作的机制。三是聚焦中心、突出主业，把 125 个议事协调机构清理至 14 个，把不该管的工作坚决交还给主责部门，改变纪检监察机关涉足一般行政部门的事务，混同一线业务部门工作，“种了别人的田，荒了自己的地”的状况。四是在不增加编制、机构和人员的情况下，中央纪委监察部机关通过盘活存量、内部挖潜，进行机构改革。纪检监察室由 8 个增加到 12 个，明确纪检监察室对联系地区和单位全面履行监督执纪问责三项职能。

职能转变带动方式转变。中央纪委聚焦中心任务，在党风廉政建设和反腐败各项工作中创新方式方法，提高工作质量和实效。在落实中央八项规定的精神上，一个时间节点一个时间节点地抓，一个重点问题一个重点问题地抓，咬住纠正“四风”不放，不断坚持、巩固、深化，以党风政风带动民风社会风气转变。在巡视工作上，克服过去题多面广、重点不突出的问题，聚焦党风廉政建设和反腐败斗争，紧紧围绕“四个着力”，发现问题形成震慑。在查办案件上，对反映中管干部问题线索进行清理，全面摸清底数，认真进行审查，提高办案质量和效率；实施组织制度创新，加强办案全过程监督，明确派驻纪检组长、纪委书记不分管主业以外的其他业务；坚持抓早抓小，治病救人，本着对党的事业负责、对干部负责的态度，对党员干部身上的苗头性问题及时约谈、函询，防止小问题演变成大问题，用习近平的话说，就是要扯扯袖子提个醒。中央纪委领导班子以身作则，继 2013 年约谈纪检组长、纪委书记后，2014 年中央纪委七位副书记按照王岐山同志的要求深入联系单位和地区进行调研，约谈党委（党组）书记、纪委书记和纪检组长，落实党风廉政建设主体责任和监督责任。①

---

① 参见《中央纪委副书记杨晓渡做客中央纪委监察部网站在线访谈》，中央纪委监察部网站 2014 年 5 月 26 日。

转职能、转方式同时也落实到作风转变上。转作风和纠“四风”，与抓内部监督，与抓落实、抓效率、抓精神、抓责任等都深切相关。委部机关着力克服工作飘浮等问题，实施底线思维，强化问题导向、需求导向，推动工作落实。按照“打铁还需自身硬”、“信任不能代替监督”的要求，狠抓自身建设。在全国纪检监察系统开展会员卡专项清退活动，严肃认真查处“灯下黑”的腐败问题，努力打造过硬的纪检监察队伍。

（四）改革完善反腐败体制机制

1. 改革纪检监察体制

党的十二大确立的纪委由同级党委和上级纪委双重领导的体制和纪检监察工作机制在反腐败斗争中发挥了积极作用。但随着时代的发展，也暴露出一些问题。特别是纪委在查办腐败案件、履行党内监督方面，受到牵制的因素比较多，反腐败执纪执法力量分散，对公务人员的监察职能发挥不够充分。改革党的纪律检查和国家监察体制，保证党的纪律检查权和国家监察权的相对独立性和权威性，是全面深化改革的重要任务。

党的十八届三中全会提出，要推动党的纪律检查工作双重领导体制具体化、程序化、制度化，强化上级纪委对下级纪委的领导；明确规定查办腐败案件以上级纪委领导为主，各级纪委书记、副书记的提名和考察以上级纪委会同组织部门为主；明确要求纪委派驻监督机构，对党和国家机关全覆盖，工作经费在驻在部门预算中单列，巡视监督对地方、部门、企事业单位全覆盖，从事权、人权和财权等方面进行了调整和改革。这既坚持了党对反腐败工作的领导，坚持了党管干部原则，又保证了纪委监督权的行使，有利于加大反腐败工作力度，有利于各级党的纪律检查机关更好发挥党内监督专门机关的作用。党的十八届六中全会在研究加强党内政治生活和党内自身监督的同时，根据习近平关于既加强党内监督又加强国家监察①的重要指示，做出了深化国家监察体制改革的重大决策，决定整合行政监察和检察侦查等反腐执法力量，构建权威高效的国家监察体系，实现对国家机器和公务人员监察的全覆盖，“加强党对反腐败工作的统一领导”，“完善党和国家的自我监督”②。

2. 改革落实廉政责任

反腐败体制机制改革，一个很重要的方面是理清责任、落实责任。党委要负主体责任，纪委要负监督责任。习近平明确提出，党委的主体责任是选好用好干部、坚决纠正损害群众利益的行为、从源头上防治腐败、领导和支持执纪执法机关查处违纪违法问题、党委主要负责同志当好廉洁从政的表率等五个方面③。党的组织、宣传、政法、统战等部门要把党风廉政建设的要求融入各自工作，人大、政府、政协和法院、检察院等的党组织都要按照中央要求，履行党风廉政建设主体责任。在纪委的监督责任方面，既要协助党委加强党风建设和组织协调反腐败工作，又要督促检查相关部门落实惩治和预防腐败工作任务，经常进行检查监督，严肃查处腐败问题。各级党委特别是主要领导必须树立不抓党风廉政建设就是严重失职的意识，主要领导是第一责任人，其他领导班子成员按职责分工承担各自责任，都要种好自己的“责任田”，不能当“甩手掌柜”。无论是党委、纪委还是其他相关职能部门，都要对具体承担的党风廉政建设责任行为进行签字背书，都要做到守土有责、守土尽责。出了问题，不管是任现职还是已经调离或者升迁，都要追究责任。

① 参见习近平：《在第十八届中央纪律检查委员会第六次全体会议上的讲话》，《人民日报》2016 年 5 月 3 日。

② 《王岐山在北京、山西、浙江调研监察体制改革试点工作时的讲话》，人民网 2016 年 11 月 26 日。

③ 参见《习近平关于党风廉政建设和反腐败斗争论述摘编》，中央文献出版社、中国方正出版社 2015 年版，第 61 页。

3. 改革凝聚反腐合力

历史的脉络清晰可见,发展的轨迹坚定从容。党的十八大以来,党中央坚持治标与治本相结合,抓住治权这个关键,大力推进反腐败体制机制改革,日益向理清责任、落实责任、追究责任和反腐合力聚焦。2013 年 11 月党的十八届三中全会提出,落实党风廉政建设责任制,党委负主体责任,纪委负监督责任;2014 年 10 月党的群众路线教育实践活动习近平提出,不明确责任,不落实责任,不追究责任,从严治党是做不到的;2016 年 1 月习近平在第十八届中央纪律检查委员会第六次全体会议上强调,各级党组织要担负起全面从严治党主体责任,各级纪委要担负起监督责任。从 2016 年 7 月出台《中国共产党问责条例》明确要追究主体责任、监督责任、领导责任,再到十八届六中全会制定党内政治生活准则、修订党内监督条例,全面从严治党的内涵在不断丰富、范围在不断拓展,责任标准更明确、要求更具体。党委纪委职责硬化了,管党治党任务实化了,严管严治导向强化了。同时,通过改革国家监察体制,建立权威高效的反腐败专责机构,与党的廉政专责机构相对应,实现对党员干部和国家机关工作人员监督的全覆盖。各级党委支持和保证同级人大、政府、监察机关、司法机关等对国家机关及公职人员依法进行监督,人民政协依章程进行民主监督,审计机关依法进行审计监督。支持民主党派履行监督职能,重视民主党派和无党派人士提出的意见、批评、建议。形成以党的领导为核心、以人大监督为保障、以行政管理为基础、以党内监督为先导、以国家监察为主体、以司法监督为支撑、以民主监督和社会监督为动力的反腐败监督体系,推进党的治理、国家治理和社会治理体系和治理能力的现代化。

三、全面依法治国——反腐败基本方略

2014 年 2 月 23 日,习近平在主持中央政治局第四次集体学习时强

调,全面建成小康社会对依法治国提出了更高要求。习近平在《关于〈中共中央关于全面推进依法治国若干重大问题的决定〉的说明》中指出:“全面建成小康社会、实现中华民族伟大复兴的中国梦,全面深化改革、完善和发展中国特色社会主义制度,就必须在全面推进依法治国上作出总体部署、采取切实措施、迈出坚实步伐。”①特别是党的十八届四中全会对全面推进依法治国的重大意义、指导思想、总目标、基本原则,对科学立法、严格执法、公正司法、全民守法,对加强法治工作队伍建设等方面进行了全面论述和部署,为全面建成小康社会提供了有力的支撑和保障,也为反腐败斗争提供了基本遵循,从而使腐败治理走上法制化轨道。

(一)依法治国与反腐败内在联系

1. 依法治国的反腐内涵

依法治国就是依照体现人民意志和社会发展规律的宪法和法律治理国家,国家的政治、经济运作、社会各方面的活动都要依照法律进行。依法治国是中国共产党领导人民治理国家的基本方略,是发展社会主义市场经济的客观需要,是社会文明进步的显著标志,是国家长治久安的必要保障。依法治国,建设社会主义法治国家,是人民当家作主的根本保证。依法治国要求各级领导干部要提高运用法治思维和法治方式深化改革、推动发展、化解矛盾、维护稳定能力,努力推动形成办事依法、遇事找法、解决问题用法、化解矛盾靠法的良好法治环境,在法治轨道上推动各项工作;健全权力运行制约和监督体系,有权必有责,用权受监督,失职要问责,违法要追究,保证人民赋予的权力始终用来为人民谋利益。

依法治国框架下的反腐即法治反腐,包括两层含义:一是用法律制

① 《中共中央关于全面推进依法治国若干重大问题的决定》,人民出版社 2014 年版,第 44 页。

度的有效实施惩治腐败。法治反腐意味着，任何人违反法律规定的腐败行为，都要受到法律的制裁；任何法律制裁的腐败行为都要按照法定程序进行，所受制裁的严重程度都按相同的标准决定。二是通过制定和实施法律有效实施预防腐败，即限制和规范公权力行使的范围、方式、手段和程序，创设公正、透明的运作机制，使公权力执掌者不能腐败、不敢腐败，从而达到减少和消除腐败的目的。法治反腐具有根本性、全局性、稳定性和长期性，法治反腐是反腐败思想观念、体制机制、方式抓手的重大变革，是有效遏制腐败的必由之路，也是今后反腐败的基本方略。

2. 依法治国的反腐功能

在全面建设小康社会过程中，法治通过规范市场和政府的关系为社会主义市场经济提供良好的发展环境；法治规范公共权力以保证其良好运行；法治本身体现了现代的政治文化，有利于塑造公民的文明行为；法治通过规范社会主体行为而使社会有序运行；法治同样也能为生态文明发展保驾护航。因此，依法治国是坚持和发展中国特色社会主义的本质要求，是实现国家治理体系和治理能力现代化的必由之路，是国家长治久安、人民幸福安康的根本举措，与反腐败斗争有着内在的必然联系。

依法治国的前提是依规管党治党建设党。没有党规党法，国法就很难保障。依法治国，既要求我们党依宪治国，又要求国家依法理政，更要求党依规管党治党。长期以来，我们党在探索实践中，已经完善了一套运行有效的党内法规制度，这使我们党有章可循、有规可依。严格遵守党章的总规矩，这不仅体现了中国共产党的先锋队性质和先进性，也彰显了我们党的凝聚力、战斗力。每个党员和党组织必须忠实履行党章规定，尊法、守法、用法，接受党规党纪的约束，只有把党章党规党纪作为工作和党建的根本依据，中国共产党才能把其政治推动力转化为管理国家的效能，示范引领全国人民迈向依法治国的征程。

依法治国的要义是依法治权、依法治吏，这正是推进法治反腐的基本要求。法治反腐通过制定和实施法律，限制和规范公权力行使的范围、方式、手段、条件和程序，为执掌公权力的人创设公平、公正的保障运作机制，使掌权者不能腐败、不敢腐败，从而达到减少和消除腐败的目的。制度反腐即通过健全规章制度来规范和惩处违法违纪行为，营造保障廉政的制度环境，但在实际操作中不能排除人治因素，且缺乏强制性和约束力。法治反腐不仅强调反腐执法的公正性、程序性和规范性，而且强调通过制定和实施法律，限制和规范公权力行使的范围、方式、手段和条件，为公权力执掌者创设公正、透明和保障公正、公平的运作机制，使公权力执掌者不能腐败，从而达到减少和消除腐败的目标。法治反腐要形成完备的法律规范体系和党内法规体系、高效的法治实施体系、严密的法治监督体系和有力的法治保障体系，以实现干部清正、政府清廉、政治清明的最终目标。法治反腐注重严格执法、公正司法，一切以事实为依据，以法律为准绳，坚持法律面前人人平等，一切监督与惩处以程序正义为实质的前置条件，既实现罪刑法定，罚当其罪，又合理保护当事人合法权益，充分发挥依法反腐对于公权力的引导、规范、制约和惩戒作用，从而实现从制度反腐到法治反腐的历史超越。

3. 法治反腐的实践特征

党的十八大以来，随着被查处的腐败官员频频曝光，产生了极具震撼力的冲击波，给人以反腐风暴之感，但仔细分析就会发现，当下反腐败斗争的基本方式与传统思维下的“政治运动”有着很大不同。党中央从部署反腐败斗争开始，就强调法治思维和法治方式。

超常态反腐的表象下体现出明显的法治特征：一是民主性。广大人民群众通过各种方式和渠道将腐败问题和有关情况提供给职能部门，基本形成需求与诉求的良性互动。当下，高密度腐败案件披露所产生的冲击效应，就是执纪执法公开得到落实的必然反应，是满足人民群众反腐诉求和期待的重要方式。二是平等性。从查办的案件中可以看到，纪律法律面前人人平等的原则已得到充分体现。查办腐败案件不搞选择性执法，不搞以人划线，不搞“特赦”。三是程序性。坚持以事实为依据，以纪律法律为准绳，客观公正地查办案件；违纪者受党纪政纪处分，违法者受法律制裁；坚决反对先入为主、主观臆断，打棍子扣帽子，搞扩大化等“运动性”做法。当前，反腐败斗争形势依然严峻复杂，人民群众还有许多不满意的地方，必须继续保持对腐败的高压态势，使反腐败斗争在法治轨道上常态运行。

（二）依法治国推进党纪国法完善

1. 党纪国法实体内容的完善

依法治国强调党纪国法实体内容上的完整性。惩治腐败的法纪规范与约束权力的法律规范要相互衔接、相互配合，形成一个整体。如果只有收受贿赂后如何制裁的法律规范，缺乏如何行使国家权力和公共权力的法律规范，行使公权力的人即使因为制裁的严厉性而不敢腐败，也不知道如何正确地行使手中的权力。如果只有腐败行为构成犯罪的要严厉处罚的规定而没有不构成犯罪的如何处理的规定，就可能给官员们一种暗示，即一旦犯罪了，就掉进了深渊，只要不构成犯罪，就万事大吉。尤其是对那些没有好处就不为民办事的官员，如果没有法律规范的约束，一味强调惩治腐败，是达不到建立廉洁高效政府之目的的。因此，惩治腐败的法律体系，不仅要有如何制裁腐败行为的法律规范，而且要有约束国家权力和公共权力行使的法律规范；不仅要有制裁腐败行为的法律规范，而且要有整治公权力行使过程中不作为、乱作为的法律规范；不仅要有刑事制裁方面的法律规范，而且要有行政处罚、纪律处罚方面的法律规范。不同的法律规范互相协调配合，形成公权力运行的规范体系，才有可能全面地预防和遏制腐败。

2. 党纪国法结构的严密性要求

依法治国强调党纪国法结构上的严密性。法治反腐的法律制度要考虑到腐败现象的方方面面，如在防控腐败上，一是权力法定的规范。特别是要依法界定和规范政府职能权限，防止侵权、越权和滥权；实行政企分开、政事分开、政府公共管理职能与政府履行出资人职能分开；进一步减少和规范行政审批，建设有限政府、法治政府。二是程序法定的规范。通过法定程序规范公权力执掌者行使权力的手段、方式、过程和步骤，要求公权力执掌者在决策时必须信息公开、透明，必须通过听证会、论证会以及有关会议的审议，乃至表决的程序，保证公众参与和领导班子集体的民主参与，防止公权力寻租带来腐败。三是监督法定的规范。建立对公权力和公权力行使者的制约监督机制，有效压缩腐败活动可以利用的“灰色空间”。当前，我国对公权力运行的监督既包括纪检、监察监督的环节，也包括人大监督、司法监督、社会监督和媒体监督的环节，要进一步提高监督的公信度，增强权威性。四是公开法定的规范。2008 年 5 月实施的《政府信息公开条例》以及社会各界呼吁建立的公务人员财产申报制度等，都是利用公开制度预防腐败的重要措施，必须在此基础上完善公开制度，提升政务公开的立法层级，实现公权力全过程的公开。五是问责法定的规范。包括“问什么人的责、什么事可以问责、问责的方式有哪些、按什么程序问责、问责后怎么办”等关键问题，以及对官员复出的时间、程序和事由都要进行统一明确的法律规范。

3. 党纪国法功能价值的合理性要求

依法治国强调党纪国法价值上的合理性。目前，反腐败国家立法仅限于对构成犯罪的腐败行为规制，不构成犯罪的腐败行为属党纪政纪处理，要坚持对腐败的“零容忍”，就必须加强党纪与国法一体建设。解决好党纪与国法、行政规定与法律条文之间还存在的缝隙，以及贪腐行为的法律漏洞和刚性不足等问题。就党内法规而言，应立足于党员的从政道德底线，将相关道德规范上升为纪律规范，加重党员特别是国家工作人员的纪律义务，使党纪更好地发挥“有病早治”的预防作用。2015 年出台的《中国共产党纪律处分条例》，就是执政党正风反腐的戒尺和依据。就国家立法而言，应降低腐败入罪的门槛，将现行由党纪政纪规制的部分腐败问题上升由法律规制，构建刑事法治与非刑事法治紧密衔接的、体现反腐败斗争客观规律的专门法律制度，修改后的刑诉法在特殊侦查手段、讯问时限的特殊规定上有了新的加强，但还存在一些关键性、瓶颈性问题。如腐败犯罪的证明标准问题、建立污点证人与辩诉交易制度问题、特殊侦查手段的执法主体问题、境外腐败资产追回问题、反腐败刑事司法国际协作问题等，均存在运行机理上的"梗阻"。在司法运行上，可考虑立法规范纪检监察、检察、法院三机关各负其责、相互制约、相互配合的工作机制。在强制措施、证据采信、律师会见、辩诉交易等程序设计上，可考虑职务犯罪主体身份的特殊性和高智能、高隐秘特点，作出不同于普通刑事犯罪的法律规定。在腐败犯罪的事实认定上，要尊重党内法规的证据标准，健全完善纪检监察证据与检察侦查证据衔接转换规定，充分体现对腐败犯罪的国家评价、国家确认和国家处罚。

（三）法治反腐必须坚持三大原则

中国特色法治反腐是党纪与国法的共同之治，是党纪反腐与司法反腐的双管齐下。党纪反腐着力于"严格"，体现"从严治党"的精神；司法反腐着力于"公正"，体现公平正义的法治原则，实现严格执法与公正司法的有机衔接，相互配合和相互制约，是党的领导、人民当家作主、依法治国在反腐败领域的有机统一。法治反腐必须坚持以下三大原则。

1. 坚持和依靠党的领导

坚持党对反腐败的领导，就要坚决贯彻党中央决策部署，在各级党委领导下，统筹协调法治反腐工作。反腐执纪与反腐司法既是反腐败斗争的重大政治任务，又是依法治国建设社会主义法治国家的核心内容。因此，必须把反腐执纪与反腐司法纳入各级党委的总体工作规划，与经济社会发展和法治建设、党的建设工作一起部署、一起检查、一起落实、一起考核。要充分体现反腐败协调小组的作用,在整体设计、系统规划、强化治理和对查办重大案件中的重大部署和重大问题的协调会商等方面,进一步明确具体职责和程序,以适应反腐败斗争新形势要求。要正确处理坚持党的领导与依纪依法行使职权的关系。坚持党对反腐败执纪执法工作领导的同时,注意防止和避免地方、部门保护和利益固化对办案工作的影响,勇于冲破阻力干扰和利益固化的藩篱,对非法干扰阻碍案件查办、以权压法或以纪律处理代替刑事处罚的,坚决及时予以纠正。要强化党委核心领导作用,完善要案党内请示报告制度,主动向党委汇报重大部署、重大问题和重大事项。强化纪委的组织协调和政法委工作协调作用,充分发挥政治体制优势,有效整合各方面力量和资源,为反腐执纪与反腐司法创造良好环境。

2. 满足人民的反腐期待

坚持人民当家作主,就要满足人民群众的反腐期待。在反腐败斗争问题上,人民群众和党的意志是高度统一的。这是党敢于向腐败开刀的根本原因,也是党深入推进反腐败斗争、全面深化改革,敢动真碰硬的底气所在。党的十八大以来,党中央站在"不治理腐败就会亡党亡国"的战略高度,顺应社情民意,旗帜鲜明地向腐败宣战,向全社会发出了"对腐败零容忍"的强烈信号。反腐职能部门紧紧扭住腐败不放松,"打虎拍蝇",查办了一大批大案要案,查处了一大批腐败分子。特别是随着周永康、徐才厚、郭伯雄、令计划、苏荣等一批位高权重者"落马",博得人民群众对党的反腐败工作交口称赞,使"反腐无禁区"、"反腐无上限"、"反腐无死角"等观念更加深入人心,党心民心进一步凝聚。正如习近平所说,"全党必须牢记,反对腐败是党心民心所向。有党心民心作力量源泉,反腐败斗争必定胜利。"①只有依靠群众,在反

① 《习近平在十八届中央纪委五次全会上发表重要讲话》,《人民日报》2015 年 1 月 14 日。

腐败斗争中，就没有什么人不能动，没有谁可以有特权和例外。

满足人民群众的反腐期待就要坚持民主公开。腐败是社会健康肌体的“寄生虫”。在权力无法受到有效约束和监督的情况下，腐败现象仍存在着死灰复燃的风险。为此，反腐败斗争注定会是一场持久战，而不会是一场一战而胜的短期斗争。发达的社会网络舆情和人们关注反腐的热情更让反腐执法以透明的形象展现在公民的视野之中，关门办案、神秘诉讼已经成为历史。要自觉贯彻专门反腐工作和群众路线相结合的原则，进一步拓展检务公开的深度与广度。健全民意收集、研究与转化机制，探索建立群众投诉的及时受理、查究反馈机制，高度重视人民群众对检察机关和检察人员的控告、申诉、举报，及时发现和解决职务犯罪侦查等执法活动中存在的突出问题，最大限度满足人民群众的知情权、参与权、表达权与监督权。

3. 把权力关进制度的笼子里

法治反腐意味着把权力关进制度的笼子里。法治反腐从某种意义上说，是“反腐败战略思想”的法纪监督活动，也是强化权力制约和监督的重要环节。要深刻领会习近平“把权力关进制度的笼子里”的科学内涵，牢牢把握形成“不敢腐、不能腐、不想腐”预防机制这个治本之策。坚持源头治理，正确处理惩治腐败与预防腐败的关系。强调通过制度反腐，法治反腐，建立常态化、科学化的惩治和预防腐败体系。坚持零容忍的反腐理念，牢牢把握预防工作法定职责，把查办职务犯罪案件与查找制度漏洞有机结合。推动预防工作法治化，通过修改相关法律或出台司法解释等方式，从职能和工作层面使预防工作的责任主体有法可依、有规可循。

反腐败战略思想要求严格依纪依法办案，提高惩治腐败的法治化水平。司法是公正的象征，公正则是腐败的克星。要以法治思维和法治方式应对和解决腐败问题，就必须毫不动摇地坚持公正司法。办案人员要坚守职业良知，自觉用职业道德约束自己，做到对群众深恶痛绝的事零容忍、对群众急需急盼的事零懈怠。树立惩恶扬善、执法如山的浩然正气。要信仰法治，做知法、懂法、守法、护法的执法者。办案中坚持以事实为依据，以纪律法律为准绳，违纪者受党政纪处分，违法者受法律制裁。坚决防止以党纪处分代替刑事处罚、以刑事处罚代替党纪处分的问题发生，确保反腐职权始终在法治轨道上运行。

四、全面从严治党——反腐败强大动力

全面从严治党是以习近平同志为核心的党中央立足于对国内国际形势的准确洞察与研判，为实现“两个一百年”奋斗目标而作出的重大决策。习近平指出：“党要管党，才能管好党；从严治党，才能治好党……如果管党不力、治党不严，人民群众反映强烈的党内突出问题得不到解决，那我们党迟早会失去执政资格，不可避免被历史淘汰。这决不是危言耸听。”①

习近平从严治党思想，着眼于党的前途命运，国家和民族的前途命运，把全面从严治党纳入战略布局，坚持标本兼治。加强和规范党内政治生活，着力净化党内政治生态；严明党内政治纪律和政治规矩，着力真管真严、敢管敢严、长管长严；严抓中央八项规定精神落实，着力从作风建设环节突破；全面强化党内监督，着力发挥巡视利剑作用；保持战略定力和政治定力，把党风廉政建设和反腐败斗争引向深入；坚持共产党人价值观，不断坚定和提高政治觉悟；依靠文化自信坚定理想信念等，其内涵极为丰富，既与党的优良传统一脉相承，又赋予了党的建设新的时代内涵，对于新的历史条件下管好党、治好党，把党建设成为带领人民实现中华民族伟大复兴中国梦的坚强领导核心，具有重大而深远的意义。正是全面从严治党的战略实施，为反腐败斗争提供了前所

---

① 《十八大以来重要文献选编》(上)，中央文献出版社 2014 年版，第 349—350 页。

未有的巨大动能。

（一）全面从严治党首先尊崇党章

1. 党章是拒腐防变的总规矩

尊崇党章既是全面从严治党的第一要义，又是反腐败斗争的根本要求。习近平指出："全面从严治党首先要尊崇党章。党章总纲明确提出'坚持党要管党、从严治党'，这是党的建设的根本方针。"①党章是全面从严治党和反腐败的总规矩。党章规定了党的理想信念宗旨、组织保障、行为规范和纪律约束，汇聚了党的建设的成功经验和实践成果，是全党必须遵循的根本行为规范。回顾历史，党取得的一切成绩，都离不开党章的规范和指引。协调推进"四个全面"战略布局，坚定不移推进全面从严治党和反腐败斗争，必须把党章高高举起来，全党一体遵循。要把党章作为加强思想政治建设的重要内容。建立健全党内制度体系的根本依据，判断各级党组织和党员、干部表现的重要标准，解决党内问题的基本规则。用党章引领方向，使全党同志在思想上政治上行动上始终同以习近平同志为核心的党中央保持高度一致，使我们党始终成为有理想、有信念的马克思主义政党，切实增强党的创造力、凝聚力、战斗力。

党章凝结着对管党治党规律的不懈探索和深刻把握。党章集中体现了我们党在长期革命、建设、改革伟大实践中，形成的一整套有关管党治党建设党的思想、方针、原则、传统、方法，是管党治党的重要法宝。党的十八大以来，以习近平同志为核心的党中央坚持党要管党、从严治党方针，强调把思想建党和制度治党紧密结合起来，坚持以思想政治建设为根本，补足共产党人的精神之"钙"；从改进作风切入，以优良党风

---

① 习近平：《在第十八届中央纪律检查委员会第六次全体会议上的讲话》，《人民日报》2016 年 5 月 3 日。

政风带动社风民风；坚持以零容忍态度惩治腐败，遏制腐败滋生蔓延势头；强调抓住关键少数，加强对领导干部行使权力的监督；把加强纪律建设作为治本之策，用铁的纪律落实全面从严治党要求；牵牢主体责任这个"牛鼻子"，夯实各级党组织管党治党的政治责任。这一系列新思想、新理念、新实践，既体现了党章的精神和要求，也是着眼于新形势的丰富和发展。

2. 尊崇党章是反腐败的"原动力"

党章处处体现从严治党和拒腐防变的纪律要求。推进全面从严治党，必须以党章为依据和根本，加强党内法规制度建设，全方位扎紧制度的笼子，形成内容科学、程序严密、配套完备、运行有效的党内法规制度体系，把纪律和规矩真正立起来。要狠抓制度执行，不留"暗门"，不开"天窗"，把严明党的政治纪律和政治规矩放在首位。要用纪律和规矩的尺子衡量党员干部的言行，督促党员干部守纪律、讲规矩，知敬畏、存戒惧，在全党形成尊崇党章、遵规守纪的高度自觉。

尊崇党章必须知行合一、勇于担当。党章的生命力在于执行，关键在于各级党组织和党员干部的责任担当。维护党章权威、捍卫党章尊严，必须树立全体党员的党章意识，把学习党章作为基本功，全面、准确、深刻掌握基本内容和精神实质，自觉履行党员的责任和义务，发挥先锋模范作用。党员领导干部要能干事、善作为、敢担当，加强日常监督管理，经常咬耳扯袖、红脸出汗，防止"好同志"变成"阶下囚"。各级党组织要扛起全面从严治党主体责任，运用"四种形态"把纪律挺在前面，敢管敢治、严管严治、长管长治，推动管党治党从"宽松软"走向"严紧硬"。各级纪委要切实履行党章赋予的职责，把维护党章和其他党内法规作为首要任务，加强监督执纪问责，做党章的坚定执行者和忠实捍卫者。

全面从严治党和反腐败斗争永远在路上。自觉尊崇党章、切实维护党章，把8900多万党员的党章意识激发出来，把党的观念、纪律和规矩意识树立起来，把党的优良传统和作风传承发扬下去，我们党就一定能打赢反腐败这场正义之战，带领人民实现伟大复兴的宏伟目标。

（二）全面从严治党坚定反腐信念

全面从严治党。“全面”，就是管全党、治全党，面向8900多万党员、450多万个党组织，覆盖党的建设各个领域、各个方面、各个部门。因此，反腐败与腐败不仅是价值观的较量，更是人心向背、生死存亡的较量。正如习近平尖锐指出的，“腐败是社会毒瘤。如果任凭腐败问题愈演愈烈，最终必然亡党亡国。”①习近平的这种认识高度，这种对反腐败的自觉与自信，是从严治党语境下的历史考量和现实研判。

1. 政权更迭的历史考量

从古今中外政权更迭看，腐败导致人亡政息。2012年11月17日，习近平在十八届中央政治局第一次集体学习时的讲话中引用：“‘物必先腐，而后虫生。’近年来，一些国家因长期积累的矛盾导致民怨载道、社会动荡、政权垮台，其中贪污腐败就是一个很重要的原因。”②纵观中外历史，统治集团严重腐败导致人亡政息的例子很多。在中国历史上，统治者因腐败丧失民心而最终灭亡就是一条铁律。秦始皇好大喜功、横征暴敛，引起民怨沸腾，秦二世骄奢淫逸，江山社稷毁于一旦；唐玄宗沉溺于声色犬马，官员贪污贿赂成风，最终导致政权丧失；而李自成农民起义军推翻明王朝后出现政权得而复失、人亡政息的悲剧，也是因为起义军领袖骄傲自满，权欲膨胀，奢侈腐化，军纪废弛，民怨日甚。正如毛泽东所说：“小胜即骄傲，大胜更骄傲，一次又一次吃亏，如何避免此种毛病，实在值得注意。”③在世界历史上，古罗马帝

---

① 《习近平关于党风廉政建设和反腐败斗争论述摘编》，中央文献出版社、中国方正出版社2015年版，第5页。

② 《习近平谈治国理政》，外文出版社2014年版，第16页。

③ 《毛泽东文集》第三卷，人民出版社1996年版，第227页。

国曾经盛极一时，后来却迅速衰败，毁灭它的不是强大的外敌入侵，而是统治集团内部的腐败奢靡。更为典型的是印度尼西亚总统苏哈托，执政32年曾一度创造经济发展奇迹，但终因社会贪污腐败成风、家族成员和亲信聚敛财富而引起民愤。由此可见，政之所兴在于顺民心，政之所废则在于逆民心。民心是最大的政治。这些历史教训必须引以为戒，以避免重蹈历史的覆辙。

2. 兴衰成败的现实研判

腐败是政治之癌，是世界各国面临的共同难题，无论何种社会制度、何种性质的执政党都无法摆脱其侵蚀。2013年1月13日，习近平在十八届中央纪委二次全会上的讲话中指出，当今世界上由于执政党腐化堕落、严重脱离群众导致失去政权的例子不胜枚举。在世纪之交，世界上一些长期执政的大党老党纷纷失去执政地位，其中一个重要的原因就是党内出现严重的腐败问题。从苏共的历史教训看，很重要的原因是自身腐化变质，党内形成的官僚特权阶层严重影响党和人民群众的关系，损害党在人民心目中的形象和威望，削弱了人民群众对苏共的信任和对社会主义的信仰，动摇了党的执政根基，最终导致苏共大厦垮塌、苏共政权被颠覆。曾经连续执政71年并创造"经济发展奇迹"和"政治稳定奇迹"的墨西哥革命制度党，在2000年大选中失去执政地位，重要根源也是长期忽视自身建设，党内特权现象盛行，高官腐败严重，贪污之风甚至遍布中下级官员。党内一位参议员分析指出："腐败成为革命制度党司空见惯、习以为常的现象，革命制度党几乎成为惯偷和窃贼，是腐败导致党的失败。"

从我们党的执政经验来看，始终注重自身建设，强力反腐肃贪，是长期执政的关键所在。新中国成立之初，严厉打击贪污腐败分子，严肃查处刘青山、张子善等腐败案件，纯洁了党员队伍，保持了党的先进性和肌体健康，赢得了广大人民群众的拥护和支持；改革开放以来，党中央始终把党风廉政建设和反腐败斗争作为重大任务来抓，旗帜鲜明、一以贯之地坚决反对腐败，为党领导改革开放和社会主义现代化建设提供了有力的保证。这些历史经验及教训是极为深刻的。

3. 严重危害的深刻洞察

从党内腐败问题严重性看，反腐是输不起的战争。2012 年 11 月 15 日，习近平在十八届中央政治局常委同中外记者见面会上的讲话中明确指出："新形势下，我们党面临着许多严峻挑战，党内存在着许多亟待解决的问题。尤其是一些党员干部中发生的贪污腐败、脱离群众、形式主义、官僚主义等问题，必须下大气力解决。"①以后他又在多次讲话中强调，近年来我们党内发生的严重违纪违法案件，性质非常恶劣，政治影响极坏，令人触目惊心。这实际上阐述了党内腐败问题的严重性及其危害。

改革开放以来，我们面临国内外各种复杂因素的影响，拜金主义、享乐主义、个人主义膨胀，党的健康肌体也感染了不少病菌，党内的消极腐败现象有所滋长，以权谋私、贪污腐化、贪图享乐等问题突出。尤其在发展社会主义市场经济的条件下，商品交换原则渗透到党内，社会上各种各样的诱惑侵蚀了某些党员、干部。特别是现实社会生活中形形色色的关系网、方方面面的潜规则日益盛行，并逐渐在党内流行起来，有人甚至深谙其道并以此为荣，诸如信奉马列主义对人、自由主义对己，两个嘴巴说话，两张面孔做人；信奉自我批评摆情况，相互批评提希望；信奉遇到黄灯跑过去、遇到红灯绕过去，不求百姓拍手，只求领导点头；信奉不跑不送、降级使用，只跑不送、原地不动，又跑又送、提拔重用；信奉章子不如条子，条子不如面子，有关系走遍天下，没关系寸步难行。这些都成为腐蚀党员和干部、败坏党的风气的沉疴毒瘤，严重危害党的政治纪律和组织原则，甚至使党的规矩成了摆设和"橡皮泥"，给党的事业和自身建设带来了严重的损害。由此可见，党要管党、从严治

---

① 《习近平谈治国理政》，外文出版社 2014 年版，第 4 页。

党的任务十分紧迫,不能有丝毫懈怠。全党必须牢记:廉政建设是共产党人的历史使命,如果我们不能承担起这种历史使命,我们就会失去民心,最终就会导致失败。

(三)全面从严治党坚持纪在法前

全面从严治党,关键在严,要害在治。在全面依法治国条件下,管党治党要靠党规党纪,坚持纪在法前,实现纪法分开,用严明的纪律管住全体党员。大量案例表明,党员"破法",无不始于"破纪"。只有把纪律挺在前面,用纪律这把尺子管党治党,衡量党员的日常行为,才能使每一个党组织、每一名党员都受到纪律的约束,使管党治党从主要盯住少数人向管住大多数转变,使管党治党真正从"宽松软"走向"严紧硬"。

1. 党的纪律是刚性约束

习近平指出:"我们这么大一个政党,靠什么来管好自己的队伍?靠什么来战胜风险挑战?除了正确理论和路线方针政策外,必须靠严明规范和纪律。我们提出那么多要求,要多管齐下、标本兼治来落实,光靠觉悟不够,必须有刚性约束、强制推动,这就是纪律。"①只有把纪律挺在法律前面,管到位、严到位,才能从源头上堵住腐败滋生蔓延的通道。党的十八大以来,党中央出台并完善了一系列党规党纪,党内法规制度的笼子越扎越密。通过更加细化、更加严格的纪律执行,增强纪律的权威性和威慑力,有助于促使党员干部增强纪律意识,促使各单位及时发现和重视问题并健全制度、优化流程、完善机制,不给违纪行为发生的机会,从而实现"不敢腐"、"不能腐"、"不想腐",达到标本兼治的目的。

---

① 《习近平关于严明党的纪律和规矩论述摘编》,中央文献出版社、中国方正出版社2016年版,第5页。

2. 纪律保障作风建设

党的作风关系党的形象，关系人心向背，关系党的生死存亡。作风建设必须持之以恒、锲而不舍，善始善终、善作善成。习近平指出："坚持坚持再坚持，把作风建设抓到底。""要用铁的纪律整治各种面上的顶风违纪行为"，"有多少就处理多少"。"抓作风建设要返璞归真、固本培元，在加强党性修养的同时，弘扬中华优秀传统文化。""每一位领导干部都要把家风建设摆在重要位置，廉洁修身、廉洁齐家"。[①] 作风建设要加强党性修养，党性纯则作风正。加强作风建设，最根本的要从提高党员干部的党性修养抓起。2013 年 8 月 28 日至 31 日习近平在辽宁考察时指出：作风问题根本上是党性问题。改进作风要举一反三，透过作风看党性，在解决作风问题的基础上解决好党性问题。[②] 2013 年 9 月 23 日至 25 日在河北省委常委班子专题民主生活会上，习近平强调，衡量党性强弱的根本尺子是公、私二字。作为党的干部，就是要全心全意为人民服务，就是要诚心诚意为党和人民事业奋斗，就是要讲大公无私、公私分明、先公后私、公而忘私。[③]

作风建设要弘扬中华优秀传统文化。2014 年 10 月习近平在文艺工作座谈会上指出："中华优秀传统文化是中华民族的精神命脉，是涵养社会主义核心价值观的重要源泉，也是我们在世界文化激荡中站稳脚跟的坚实根基。"他反复强调："这是我们民族的'根'和'魂'，丢了这个'根'和'魂'，就没有根基了。"[④]抓作风建设要固本培元，从"根"抓起，从"魂"抓起。中华优秀传统文化仍然是今天中国共产党人进行

---

① 习近平：《在第十八届中央纪律检查委员会第六次全体会议上的讲话》，《人民日报》2016 年 5 月 3 日。

② 参见《习近平关于全面从严治党论述摘编》，中央文献出版社 2016 年版，第 154 页。

③ 参见《习近平关于全面从严治党论述摘编》，中央文献出版社 2016 年版，第 155 页。

④ 《习近平总书记关于文化自信重要论述摘录》，《中国纪检监察》2016 年第 23 期。

文化治理的重要资源。2013 年 4 月 19 日中央政治局第五次集体学习时，习近平指出，我国古代反腐倡廉的许多思想和实践，体现了我国古代思想家、政治家对廉政问题的缜密思考，体现了我国古代政治文明的卓越智慧。“研究我国反腐倡廉历史，了解我国古代廉政文化，考察我国历史上反腐倡廉的成败得失，可以给人以深刻启迪，有利于我们运用历史智慧推进反腐倡廉建设。”①

作风建设要重视领导干部的家风建设。习近平指出，“家庭是社会的基本细胞，是人生的第一所学校。不论时代发生多大变化，不论生活格局发生多大变化，我们都要重视家庭建设，注重家庭、注重家教、注重家风”②。他强调，“每一位领导干部都要把家风建设摆在重要位置，廉洁修身、廉洁齐家”③。实践证明，传承好的家风，必然能影响、促进形成好的政风和社会风气。有良好家风的干部必定有良好的政风，必定是一个清廉的好干部；有良好家风的社会，必定是一个健康向上、文明进步的社会。

3. 巡视制度形成震慑

2015 年颁布的《中国共产党巡视工作条例》，标志着巡视工作制度的完善。作为全面从严治党的重要举措，巡视工作是党中央发现问题、形成震慑的“千里眼”，是反腐败打虎灭蝇的前提和先导。2013 年 4 月 25 日，在中央政治局常委会审议《关于中央巡视工作领导小组第一次会议研究部署巡视工作情况的报告》时，习近平进一步明确了巡视工作的职责定位。他指出：“巡视工作就是要发现和反映问题。”但巡视工作并不是泛泛地发现和反映一般性问题，而是直指党风廉政建设中的突出问题。习近平强调：“巡视工作要明确职责定位，巡视内容

① 《习近平谈治国理政》，外文出版社 2014 年版，第 390 页。

② 习近平：《在 2015 年春节团拜会上的讲话》，新华网 2015 年 2 月 17 日。

③ 习近平：《在第十八届中央纪律检查委员会第六次全体会议上的讲话》，《人民日报》2016 年 5 月 3 日。

不要太宽泛，要围绕党风廉政建设和反腐败斗争这个中心进行。”中央巡视组作为中央直接派的“钦差大臣”，拿着尚方宝剑，就要尽职履责。“要当好中央的‘千里眼’，找出‘老虎’、‘苍蝇’，抓住违纪违法问题线索。”①

党风廉政建设和反腐败问题涉及方方面面，巡视工作不可能面面俱到，更不能平均用力，习近平明确提出要把发现问题、形成震慑作为巡视工作重点，主要体现为“四个着力”，一是“着力发现是否存在形式主义、官僚主义、享乐主义和奢靡之风等违反中央八项规定的问题”；二是“着力发现领导干部是否存在权钱交易、以权谋私、贪污贿赂和腐化堕落等违纪违法问题”；三是“着力发现领导干部是否公开发表违背中央决定的言论、散布违背党的理论和路线方针政策的意见、搞上有政策、下有对策等违反政治纪律的问题”；四是“着力发现是否存在买官卖官、拉票贿选、突击提拔干部等选人用人上的不正之风和腐败行为”。这“四个着力”的对象，涉及“四风”、贪腐、政治纪律和用人选人等问题，可以说都是当前党风廉政建设方面存在的突出问题，也是人民群众反映强烈的突出问题，当然也是巡视要着重发现和反映的问题。特别是对群众反映强烈的党员领导干部，党的十八大以后不收手，为所欲为、自鸣得意的，对现在重要岗位、可能进一步提拔重用的年轻干部等干部问题线索，要重点查处。习近平对巡视工作职责定位的这些重要论述，适应了当前党风廉政建设和反腐败斗争形势的迫切需要，进一步明确了巡视工作的着力点和主攻方向。

（四）全面从严治党明确反腐责任

反腐败作为全面从严治党的重要方面，是协调推进“四个全面”战

① 《习近平关于党风廉政建设和反腐败斗争论述摘编》，中央文献出版社、中国方正出版社2015年版，第107、108页。

略布局的重要保障。“坚决反对腐败，防止党在长期执政条件下腐化变质，是我们必须抓好的重大政治任务。”①肩负这一重大政治任务，必须增强政治定力，坚定信心决心，认清“在实现不敢腐、不能腐、不想腐上还没有取得压倒性胜利，腐败活动减少了但并没有绝迹，反腐败体制机制建立了但还不够完善，思想教育加强了但思想防线还没有筑牢”②这一现实背景，全党必须勇于承担起打赢反腐攻坚战持久战的历史使命和政治责任。

1. 反腐败的历史责任

反腐败是从严治党的历史责任。2014 年 6 月 26 日，习近平在中央政治局常委会听取中央巡视工作领导小组汇报工作时指出：“一年多来，比较一下，已处理了几十个部级干部，比过去多了不少，但不要算这个账，有贪必反，有腐必惩！既然党和国家前途命运交给了我们，就要担当起这个责任。”③反对腐败是党心民心所向，惩治腐败是为了赢得党心民心，这是一场严肃而重大的政治斗争。我们党横下一条心来反腐败，绝非一时兴起，也不是和谁过不去，而是要承担起历史和人民赋予的责任。不得罪成百上千的腐败分子，就要得罪 13 亿多人民。这是一笔再明白不过的政治账，是人心向背的账。党中央横下心坚决反对腐败，就是要承担起历史和人民赋予的责任。

腐败问题对我们党的伤害最大，党面临的最大风险和挑战是来自党内的腐败和不正之风。坚定不移惩治腐败，坚决查处腐败分子，是我们党的重大政治责任，能不能打赢反腐败这场斗争，关系事业的成败和人心向背。腐败对党同人民群众的血肉联系最具杀伤力。人民群众最

① 《习近平关于党风廉政建设和反腐败斗争论述摘编》，中央文献出版社、中国方正出版社 2015 年版，第 7 页。

② 《习近平在十八届中央纪委五次全会上发表重要讲话》，《人民日报》2015 年 1 月 14 日。

③ 《习近平关于党风廉政建设和反腐败斗争论述摘编》，中央文献出版社、中国方正出版社 2015 年版，第 100 页。

痛恨各种消极腐败现象，最痛恨特权现象和特权思想，人民群众是党执政最牢固的根基。执政党要获得人民群众的拥护和支持，就必须旗帜鲜明地反对腐败。为政清廉才能取信于民，秉公用权才能赢得人心，治国必先治党，治党务必从严，有这样的责任意识和勇气担当就一定能够打赢反腐败这场斗争。

2. 反腐败的长期责任

反腐败是从严治党的长期责任。2013 年 6 月 28 日，习近平在全国组织工作会议上的讲话中指出："党要管党，才能管好党；从严治党，才能治好党。""管党治党一刻不能松懈。如果管党不力、治党不严，人民群众反映强烈的党内突出问题得不到解决，那我们党迟早会失去执政资格，不可避免被历史淘汰。这决不是危言耸听。"①当前腐败问题和政治问题相互渗透、相互影响，严重危害党的领导和团结统一。在党内有的人搞官商勾结、上下勾连，搞权钱交易、权色交易，已经到了利令智昏、胆大包天的地步。有人大搞上有政策、下有对策，有令不行、有禁不止，对中央的政策进行变通、选择，甚至打折扣等。

党内和社会上对反腐败存在着模糊或错误的观点，有的人盲目认为反腐败已大功告成；有的人认为反腐败是刮一阵风，搞一段时间就会过去；有的人认为反腐败查下去会打击面过大，影响经济发展，导致消费需求萎缩，甚至把当前经济下行压力增大与反腐败力度加大扯在一起；有的人认为反腐败会让干部变得缩手缩脚、明哲保身，不愿意干事了；还有的人态度暧昧，不敢亮剑，对存在的问题总想捂着盖着，甚至保护错误的力量大过伸张正义的力量。为此，要充分认识反腐败斗争不可能一劳永逸，也不可能一蹴而就。反腐败斗争越是深入，其涉及的矛盾和问题就越复杂，遇到的各方面阻力就越大，牵涉的利益关系就越盘根错节，因此必须坚持反腐败决心不动摇、意志不松懈，锲而不舍、驰而

① 《习近平关于全面从严治党论述摘编》，中央文献出版社 2016 年版，第 4—5 页。

不息地把反腐败斗争进行到底，抓出成效。

3. 反腐败的统筹责任

反腐败是全面从严治党的统筹责任。习近平指出，全党同志特别是高级干部，一定要把思想和行动统一到党中央的决策部署上来，坚定不移把反腐败斗争进行到底。抓好党风廉政建设和反腐败斗争，必须坚持在党中央统一领导下，全党全社会一起抓，党中央已经在党的十八届三中全会通过的《中共中央关于全面深化改革若干重大问题的决定》和《建立健全惩治和预防腐败体系2013—2017年工作规划》中制定了顶层设计方案。2014年1月14日，习近平在十八届中纪委三次全会讲话中强调各项改革举措要体现惩治和预防腐败要求，同防范腐败同步考虑、同步部署、同步实施，堵塞一切可能出现的腐败漏洞，保障改革健康顺利进行。这是党中央首次提出全面深化改革与防范腐败之间“三个同步”关系的思想，找准了两者相互协调促进的突破口和切入点，体现了两者之间的有机统一，充分反映了党中央对新形势下反腐败内在规律的科学认识，表明反腐败斗争不能孤立进行，必须服务于党和国家的核心战略和中心任务。在党风廉政建设和反腐败斗争工作中要务求实效，扎扎实实地加以推进。为此党中央部署了一系列反腐“组合拳”，在反腐败工作中坚持踏石留印、抓铁有痕的劲头，采取零容忍的高压态势，打虎拍蝇猎狐，严惩腐败分子；在深化改革方面，冲破利益固化藩篱，斩断权力寻租链条，向“共腐利益圈”开刀；在纠正党内“四风”上，治病树、拔烂根，净化社会风气，革除陈规陋习、顽瘴痼疾；在推进监督执纪问责方面，强化主体责任和监督责任，扎实推进纪检体制改革，高举巡视利剑实现全覆盖，真正做到让铁规发力、让禁令生威，使聚焦党风廉政建设和反腐败斗争的各项举措初见成效。总之，党风廉政建设和反腐败斗争是全党的重大政治任务，须臾不能动摇，是必须打赢的、输不起的战争。只有全党全民齐心协力，各方面共同行动，铲除腐败滋生蔓延的土壤，我们才能在这场较量中获得全胜。

第 三 章

反腐败战略思想的理论支撑

习近平在哲学社会科学工作座谈会上的讲话中指出:“马克思主义进入中国,既引发了中华文明深刻变革,也走过了一个逐步中国化的过程。在革命、建设、改革各个历史时期,我们党坚持马克思主义基本原理同中国具体实际相结合,运用马克思主义立场、观点、方法研究解决各种重大理论和实践问题,不断推进马克思主义中国化,产生了毛泽东思想、邓小平理论、‘三个代表’重要思想、科学发展观等重大成果,指导党和人民取得了新民主主义革命、社会主义革命和社会主义建设、改革开放的伟大成就。”①马克思主义哲学在当今时代依然有着强大的生命力,依然是指导我们前进的强大的思想武器。

习近平治国理政新理念新思想新战略是马克思主义中国化的最新理论成果,当代中国的伟大社会变革,不是简单延续我国历史文化的母版,不是简单套用马克思主义经典作家设想的模板,不是其他国家社会主义实践的再版,也不是国外现代化发展的翻版,而是中国特色社会主义理论与实践的伟大创新,是毛泽东思想、邓小平理论、“三个代表”重要思想、科学发展观等重大成果的继承和发展。当代中国反腐败战略

① 《习近平:在哲学社会科学工作座谈会上的讲话》,新华网 2016 年 5 月 18 日。

思想以我们正在开展的反腐败实践为中心，从腐败与反腐败斗争的实践中挖掘新材料、发现新问题、提出新观点、构建新理论，从而为新的历史条件下打赢反腐败这场攻坚战、持久战提供了科学有效的行动纲领和思想指南。

一、马克思主义中国化的演进与飞跃

当代中国反腐败战略思想，是以马克思主义中国化的演进与飞跃为理论支撑的。2013 年 12 月 26 日在纪念毛泽东同志诞辰 120 周年座谈会上，习近平指出："马克思主义基本原理是普遍真理，具有永恒的思想价值，但马克思主义经典作家并没有穷尽真理，而是不断为寻求真理和发展真理开辟道路。今天，坚持和发展中国特色社会主义，全面深化改革，有效应对前进道路上可以预见和难以预见的各种困难与风险，都会提出新的课题，迫切需要我们从理论上作出新的科学回答。我们要及时总结党领导人民创造的新鲜经验，不断开辟马克思主义中国化新境界，让当代中国马克思主义放射出更加灿烂的真理光芒。"①我们党在领导中国革命、建设、改革的长期实践中，在新中国成立后两个 30 年的执政"考试"中，不断推进马克思主义中国化，实现了历史性的演进飞跃。

（一）马克思主义中国化第一次飞跃

以毛泽东同志为主要代表的中国共产党人，经过艰苦探索，在总结中国革命正反两方面经验的基础上，找到了中国新民主主义革命的正确道路，并在新民主主义革命胜利后，适时进行社会主义革命，积极探

---

① 习近平：《在纪念毛泽东同志诞辰 120 周年座谈会上的讲话》，人民出版社 2013 年版，第 17 页。

索适合中国国情的社会主义建设道路，创立和发展了毛泽东思想，开启和推动了马克思主义中国化的历史进程。毛泽东思想系统回答了在中国这样一个半封建半殖民地的经济文化十分落后且人口众多的东方大国，到底应该进行什么样的革命、怎样进行革命的问题，系统回答了在无产阶级人数很少而战斗力很强、农民和其他小资产阶级占人口大多数的国家建设什么样的党和军队、怎样建设党和军队的问题，并且在新中国成立后在探索建设社会主义的问题上取得了重要成果。党的七大郑重地把毛泽东思想确立为党的指导思想，这是一个具有重大意义的历史性决策，对于中国革命和建设的胜利发展产生了重要作用。

（二）马克思主义中国化第二次飞跃

以邓小平同志为主要代表的中国共产党人，在总结新中国成立以后正反两方面经验的基础上，在研究国际经验和世界形势的基础上，在改革开放的崭新实践中，开辟了中国特色社会主义道路，创立了邓小平理论，实现了党的指导思想和基本理论的与时俱进。邓小平理论是马克思主义基本原理同当代中国实践和时代特征相结合的产物，是毛泽东思想在新的历史条件下的继承和发展。这个理论围绕什么是社会主义、怎样建设社会主义这个最大的中国课题，在一系列重大问题上形成了一系列相互联系的观点，第一次比较系统地初步回答了在中国这个处于社会主义初级阶段、经济文化比较落后的国家，如何建设、巩固和发展社会主义的一系列基本问题，丰富和发展了马列主义、毛泽东思想。党的十五大把邓小平理论确立为党的指导思想，这同样是一个具有重大意义的历史性决策，有力推进了中国特色社会主义事业的胜利发展。

（三）马克思主义中国化第三次飞跃

在中国这样的东方大国进行无产阶级领导的革命，是马克思主义发展历史上的新课题；在中国这样的东方大国建设社会主义，是马克思主义发展历史上的新课题；在中国这样的东方大国进行成功崛起、实现伟大复兴，在世界大国历史上也是史无前例、独一无二的新课题。中国一个国家的现代化，是要在几十年的时间里，完成全世界发达国家在几百年里走过的道路，把全球进入现代化人口的数量提高一倍以上，这是艰巨的任务，是辉煌的伟业。古今中外的世界大国，没有一个实现复兴、再度辉煌的先例。所以，中华民族的伟大复兴将在世界历史上创造一个奇迹。

马克思主义中国化的过程，是一个与时俱进、不断推进的过程。这个过程在中国共产党过去的 90 多年中，随着中国革命、建设、改革的时代需要而不断深化和创新，已经实现了马克思主义中国化的两次飞跃。在中国今后 30 年成功崛起、胜利复兴的新的伟大斗争的征程中，我们党必将实现马克思主义中国化的第三次飞跃，必将形成和结出新的理论成果。这是中华民族实现伟大复兴的时代需求，是以习近平为主要代表的中国共产党人理论创新必须完成的历史使命。

党的十八大以来，习近平在一系列重要讲话中，深刻阐述了党和国家发展的诸多重大理论和实践问题，全面提出了自己富有创见的执政理念和兴国方略，形成了党中央治国理政新理念新思想新战略。它是中国共产党在当代世界发展中大国群体崛起、国际战略格局酝酿重大转变、大国综合国力竞争和国家地位博弈加剧、中国进入世界政治舞台中心的新的历史条件下，为了更好履行执政使命，围绕“两个一百年”奋斗目标、实现中华民族伟大复兴的中国梦，面对具有许多新的历史特点的伟大斗争，统筹国内国际两个大局，针对坚持和发展中国特色社会主义遇到的若干带有国际性、全局性和长远性的理论与实践问题，作出的一系列战略判断，提出的一系列战略思想，进行的一系列战略决策。这些重要的战略判断、战略思想、战略决策，丰富和发展了党的科学理论，指导和运筹了新的伟大斗争，推进了新的伟大实践，开创了实现民族复兴伟大事业的新局面。当代中国反腐败战略思想,是习近平治国理政的一系列战略思想的重要组成部分,是指引我们在中华民族伟大复兴时代背景下,科学有效防治腐败,巩固党的执政地位,保障人民赋予的权力永远为人民谋利益的指导思想,是引领我们胜利实现中国梦的理论旗帜之一。

二、历史唯物主义的创造性应用

历史唯物主义是当代中国反腐败战略思想的基石。习近平指出:“在革命、建设、改革各个历史时期,我们党运用历史唯物主义,系统、具体、历史地分析中国社会运动及其发展规律,在认识世界和改造世界过程中不断把握规律、积极运用规律,推动党和人民事业取得了一个又一个胜利。历史和现实都表明,只有坚持历史唯物主义,我们才能不断把对中国特色社会主义规律的认识提高到新的水平,不断开辟当代中国马克思主义发展新境界。”①

(一)历史唯物主义的运用

学习和运用社会存在决定社会意识的观点。我们党现阶段提出和实施的理论和路线方针政策,之所以正确,就是因为它们都是以我国现时代的社会存在为基础的。党的十八届三中全会对我国全面深化改革作出了总体部署,是从我国现在的社会存在出发的,即从我国现在的社会物质条件的总和出发的,也就是从我国基本国情和发展要求出发的。

学习和掌握人民群众是历史创造者的观点。习近平指出,“人民是历史的创造者”②。要坚持把实现好、维护好、发展好最广大人民根本利

① 《习近平:推动全党学习和掌握历史唯物主义》,新华网2013年12月4日。

② 《习近平谈治国理政》,外文出版社2014年版,第5页。

益作为推进改革的出发点和落脚点，让发展成果更多更公平惠及全体人民，唯有如此改革才能大有作为。要处理好尊重客观规律和发挥主观能动性的关系。要坚持一切从实际出发，按照客观规律办事，一张蓝图抓到底，抓好打基础利长远的工作。同时，要鼓励地方、基层和群众大胆探索、先行先试，勇于推进理论和实践创新，不断深化对改革规律的认识。

学习和掌握社会基本矛盾分析法的观点。习近平说，要学习和掌握社会基本矛盾分析法，深入理解全面深化改革的重要性和紧迫性。只有把生产力和生产关系的矛盾运动同经济基础和上层建筑的矛盾运动结合起来观察，把社会基本矛盾作为一个整体来观察，才能全面把握整个社会的基本面貌和发展方向①。

学习和掌握生产关系要与生产力相适应的观点。习近平说，坚持和发展中国特色社会主义，必须不断适应社会生产力发展调整生产关系，不断适应经济基础发展完善上层建筑。② 我们提出进行全面深化改革，就是要适应我国社会基本矛盾运动的变化来推进社会发展。社会基本矛盾总是不断发展的，所以调整生产关系、完善上层建筑需要相应地不断进行下去。改革开放只有进行时、没有完成时，这是历史唯物主义态度。

学习和掌握生产力是推动社会发展第一要素的观点。习近平说，生产力是推动社会进步的最活跃、最革命的要素。社会主义的根本任务是解放和发展社会生产力。③ 在全面深化改革中，我们要坚持发展仍是解决我国所有问题的关键这个重大战略判断，使市场在资源配置中起决定性作用和更好发挥政府作用，推动我国社会生产力不断向前发展，推动实现物的不断丰富和人的全面发展的统一。

学习和掌握物质生产是社会历史发展的决定性因素的观点。习近

① 参见《习近平：推动全党学习和掌握历史唯物主义》，新华网 2013 年 12 月 4 日。
② 参见《习近平：推动全党学习和掌握历史唯物主义》，新华网 2013 年 12 月 4 日。
③ 参见《习近平：推动全党学习和掌握历史唯物主义》，新华网 2013 年 12 月 4 日。

平说，物质生产是社会历史发展的决定性因素，但上层建筑也可以反作用于经济基础，生产力和生产关系、经济基础和上层建筑之间有着作用和反作用的现实过程，并不是单线式的简单决定和被决定逻辑。我们提出全面深化改革的方案，是因为要解决我们面临的突出矛盾和问题，仅仅依靠单个领域、单个层次的改革难以奏效，必须加强顶层设计、整体谋划，增强各项改革的关联性、系统性、协同性。①

（二）反腐败战略蕴含的历史唯物主义原理

反腐败战略贯穿了一条核心逻辑主线——坚持执政为民的反腐宗旨。这体现了唯物史观的社会基本矛盾原理同人民群众是历史的主体原理的一致性。只有从坚持执政为民、人民主体地位这一根本的立场、观点、方法出发，才能准确理解"大逻辑"下反腐败战略思想之精髓。

马克思、恩格斯创立的唯物主义历史观与各种形形色色的唯心主义历史观的根本区别之一，就在于它始终坚持人民群众是历史主体。早在 19 世纪 40 年代，他们就在《神圣家族》中明确提出，"历史活动是群众的事业"，决定历史发展的是"行动着的群众"，从而确立了人民群众创造历史的主体地位，实现了历史观上的伟大变革。人民群众始终是我们党的坚实执政基础，只要我们党永不脱离群众，就能无往而不胜，当代中国共产党人深深铭记这一点。面对党风廉政建设和反腐败斗争的艰巨性，作为中共中央总书记的习近平坦露了自己的心迹，反腐败我们"不是没有掂量过。但我们认准了党的宗旨使命，认准了人民的期待"②，"人民把权力交给我们，我们就必须以身许党许国、报党报国，该做的事就要做，该得罪的人就得得罪。不得罪

---

① 参见《习近平：推动全党学习和掌握历史唯物主义》，新华网 2013 年 12 月 4 日。

② 《领航中国，在民族复兴伟大征程上——十八大以来以习近平同志为总书记的党中央治国理政述评》，人民出版社 2015 年版，第 18 页。

腐败分子,就必然会辜负党、得罪人民。”①习近平关于反腐败斗争这番推心置腹的话,不但直观展现了中国共产党人全心全意为人民服务的宗旨意识,体现了中国共产党人执政为民的真实情怀,更是社会基本矛盾原理同人民群众是历史的主体原理的一致性的完美结合。

党的十八大以来,习近平着眼于在新的历史起点上推进中国特色社会主义事业的需要,突出强调“坚持人民主体地位,充分调动人民积极性,始终是我们党立于不败之地的强大根基”②,并以一系列新论断、新观点,深刻阐释了人民主体思想。概括起来主要包括:把人民对美好生活的向往作为自己的奋斗目标,提出实现中华民族伟大复兴的中国梦;以促进人的全面发展为价值取向,提出以人民为中心的发展思想,坚持创新、协调、绿色、开放、共享的发展理念,不断满足人民日益增长的物质文化需要,推进全面小康社会建设;以增进人民福祉为使命追求,提出“人民是改革的主体”的思想,坚持依靠人民、为了人民,让人民群众有更多获得感,推进全面深化改革;以依法维护人民权益为责任担当,坚定不移走中国特色社会主义法治道路,保证人民当家作主,维护人民根本权益,推进全面依法治国;以全心全意为人民服务为根本宗旨,提出“权为民所赋、权为民所用”的权力观,密切党同人民群众的血肉联系,以踏石留印、抓铁有痕的劲头全面从严治党,推进党风廉政建设和反腐败斗争。

从严治党、正风反腐是为了始终保持党与人民群众的血肉联系,做到立党为公、执政为民,真正维护好最广大人民的根本利益。一个政党、一个政权,其前途和命运最终取决于人心向背。党风廉政建设,核心是始终保持党同人民群众的血肉联系,始终保持党的先进性和纯洁性。从严治党、正风反腐不能关门进行,需要人民群众的支持、监督,也

① 《习近平关于协调推进“四个全面”战略布局论述摘编》,中央文献出版社2015年版,第145页。

② 习近平:《在纪念毛泽东同志诞辰120周年座谈会上的讲话》,人民出版社2013年版,第18页。

一定能够得到人民的支持。正如习近平所说:“群众的眼睛是雪亮的,群众的意见是我们最好的镜子。”①正风反腐与党群关系建设呈现明显的正关联。因此,党要始终植根人民、造福人民,始终与人民心心相印、与人民同甘共苦、与人民团结奋斗。

三、辩证唯物主义的创造性应用

唯物辩证法是反腐败战略思想的内核。习近平指出,辩证唯物主义是中国共产党人的世界观和方法论,我们党要团结带领人民协调推进全面建成小康社会、全面深化改革、全面依法治国、全面从严治党,实现“两个一百年”奋斗目标、实现中华民族伟大复兴的中国梦,必须不断接受马克思主义哲学智慧的滋养,更加自觉地坚持和运用辩证唯物主义世界观和方法论,增强辩证思维、战略思维能力,努力提高解决我国改革发展基本问题的本领。②

(一)辩证唯物主义的运用

1. 学习掌握世界统一于物质、物质决定意识的原理

习近平说,要学习掌握世界统一于物质、物质决定意识的原理,坚持从客观实际出发制定政策、推动工作。当代中国最大的客观实际,就是我国仍处于并将长期处于社会主义初级阶段,这是我们认识当下、规划未来、制定政策、推进事业的客观基点,不能脱离这个基点。既要看到社会主义初级阶段基本国情没有变,也要看到我国经济社会发展每

---

① 习近平:《在党的群众路线教育实践活动总结大会上的讲话》,人民出版社2014年版,第28页。

② 参见《习近平在中共中央政治局第二十次集体学习时强调　坚持运用辩证唯物主义世界观方法论　提高解决我国改革发展基本问题本领》,新华网2015年1月24日。

个阶段呈现出来的新特点。①

经过30多年改革开放，我国社会生产力、综合国力、人民生活水平实现了历史性跨越，我国基本国情的内涵不断发生变化，我们面临的国际国内风险、面临的难题也发生了重要变化。我们提出要准确把握、主动适应经济发展新常态，就是适应国际国内环境变化、辩证分析我国经济发展阶段性特征作出的判断。准确把握我国不同发展阶段的新变化新特点，使主观世界更好符合客观实际，按照实际决定工作方针，这是我们必须牢牢记住的工作方法。辩证唯物主义并不否认意识对物质的反作用，而是认为这种反作用有时是十分巨大的。我们党始终把思想建设放在党的建设第一位，强调“革命理想高于天”，就是精神变物质、物质变精神的辩证法。我们必须毫不放松理想信念教育、思想道德建设、意识形态工作，大力培育和弘扬社会主义核心价值观，用富有时代气息的中国精神凝聚中国力量。

2. 学习掌握事物矛盾运动的基本原理

习近平说，要学习掌握事物矛盾运动的基本原理，不断强化问题意识，积极面对和化解前进中遇到的矛盾。问题是事物矛盾的表现形式，我们强调增强问题意识、坚持问题导向，就是承认矛盾的普遍性、客观性，就是要善于把认识和化解矛盾作为打开工作局面的突破口。我们党领导人民干革命、搞建设、抓改革，从来都是为了解决中国的现实问题。对待矛盾的正确态度，应该是直面矛盾，并运用矛盾相辅相成的特性，在解决矛盾的过程中推动事物发展。②

我们强调不能简单以国内生产总值增长率论英雄，提出加快转变

---

① 参见《习近平在中共中央政治局第二十次集体学习时强调　坚持运用辩证唯物主义世界观方法论　提高解决我国改革发展基本问题本领》，新华网2015年1月24日。

② 参见《习近平在中共中央政治局第二十次集体学习时强调　坚持运用辩证唯物主义世界观方法论　提高解决我国改革发展基本问题本领》，新华网2015年1月24日。

经济发展方式、调整经济结构，提出化解产能过剩，提出加强生态文明建设等，都是针对一些牵动面广、耦合性强的深层次的矛盾的。面对复杂形势和繁重任务，首先要有全局观，对各种矛盾做到心中有数，同时又要优先解决主要矛盾和矛盾的主要方面，以此带动其他矛盾的解决。

我们提出要协调推进全面建成小康社会、全面深化改革、全面依法治国、全面从严治党，是当前党和国家事业发展中必须解决好的主要矛盾。我们既要注重总体谋划，又要注重牵住“牛鼻子”。在任何工作中，我们既要讲两点论，又要讲重点论，没有主次，不加区别，眉毛胡子一把抓，是做不好工作的。

3. 学习掌握唯物辩证法的根本方法

习近平说，要学习掌握唯物辩证法的根本方法，不断增强辩证思维能力，提高驾驭复杂局面、处理复杂问题的本领。我们的事业越是向纵深发展，就越要不断增强辩证思维能力。当前，我国社会各种利益关系十分复杂，这就要求我们善于处理局部和全局、当前和长远、重点和非重点的关系，在权衡利弊中趋利避害、作出最为有利的战略抉择。全面深化改革，要突出改革的系统性、整体性、协同性，使改革成果更多更公平惠及全体人民。要反对形而上学的思想方法，看形势做工作不能盲人摸象、坐井观天、揠苗助长、削足适履、画蛇添足。要加强调查研究，坚持发展地而不是静止地、全面地而不是片面地、系统地而不是零散地、普遍联系地而不是单一孤立地观察事物，准确把握客观实际，真正掌握规律，妥善处理各种重大关系。①

4. 学习掌握认识和实践辩证关系的原理

习近平说，要学习掌握认识和实践辩证关系的原理，坚持实践第一的观点，不断推进实践基础上的理论创新。我们推进各项工作，要靠实

---

① 参见《习近平在中共中央政治局第二十次集体学习时强调　坚持运用辩证唯物主义世界观方法论　提高解决我国改革发展基本问题本领》，新华网 2015 年 1 月 24 日。

践出真知。理论必须同实践相统一。必须高度重视理论的作用，增强理论自信和战略定力，对经过反复实践和比较得出的正确理论，要坚定不移坚持。要根据时代变化和实践发展，不断深化认识，不断总结经验，不断实现理论创新和实践创新良性互动，在这种统一和互动中发展21世纪中国的马克思主义。①

（二）反腐败战略蕴含的辩证唯物主义观点

运用“世界统一于物质、物质决定意识”的原理，夯实反腐败思想基础。坚持从反腐败客观实际出发，制定政策和策略，推动工作。从“当前腐败现象多发，滋生腐败的土壤存在”到“一些腐败分子一意孤行，仍然没有收手，甚至变本加厉”的判断；从“空谈误国、实干兴邦”的提出到“踏石留印、抓铁留痕”的要求；从“老虎”、“苍蝇”一起打到对腐败现象“零容忍”；从“有案必查、有腐必反”的基本原则到“刮骨疗毒、壮士断腕”的果敢勇气；从“反腐倡廉必须常抓不懈，拒腐防变必须警钟长鸣”到“把权力关进制度的笼子里，形成不敢腐、不能腐、不想腐的机制”的策略路径等。习近平的系列重要论述，坚持实事求是、求真务实，都是从发展中国特色社会主义的全局和反腐败形势的客观判断所得出的结论，都是“不唯上、不唯书、只唯实”的具体体现。

运用唯物辩证法的根本方法，实现反腐败的科学思维。习近平强调处理好改革与反腐败的各种重大关系，充分体现了“两点论”的辩证法。比如，在改革方面要处理好解放思想和实事求是的关系、整体推进和重点突破的关系、顶层设计和摸着石头过河的关系、胆子要大和步子要稳的关系、改革发展和稳定的关系。在反腐倡廉方面，要处理好作风

① 参见《习近平在中共中央政治局第二十次集体学习时强调　坚持运用辩证唯物主义世界观方法论　提高解决我国改革发展基本问题本领》，新华网2015年1月24日。

建设与惩治腐败的关系、打“苍蝇”与打“老虎”的关系、查处职务犯罪与防控犯罪风险的关系、加大反腐力度与自身反腐的关系、建章立制与制度执行的关系、党委主体责任与纪委监督责任的关系等。他对这一系列重大关系的论述，充分体现了对新形势下反腐败斗争规律的深刻把握，为职能部门辩证思考、缜密分析事物，正确地研究和解决问题，提高反腐败工作的科学化水平，提供了强大思想指南。

运用事物矛盾运动的基本原理，不断强化问题意识。积极面对反腐败工作中遇到的矛盾，提出了一系列相互联系的观点。比如：以“零容忍”的态度惩治腐败，以猛药去疴、重典治乱的决心，以刮骨疗毒、壮士断腕的勇气将反腐败斗争进行到底等论述，确立了新时期反腐理念；保持高压态势的基本定力，“老虎”、“苍蝇”一起打，既坚决查处领导干部违纪违法案件，又切实解决发生在群众身边的不正之风和腐败问题等论述，进一步明确了新时期反腐任务；善于运用法治思维和法治方式反对腐败，加强反腐败国家立法，加强反腐倡廉党内法规建设，让法律制度刚性运行等论述，强调了依法反腐的基本方式；把权力关进制度的笼子里，形成不敢腐的惩戒机制、不能腐的防范机制、不易腐的保障机制等论述，指明了新时期反腐败斗争基本走向；坚持全面从严治党，以更大的政治勇气和智慧，不失时机深化重要领域改革，攻克体制机制上的顽瘴痼疾，突破利益固化的藩篱，构建良好的政治生态，实现干部清正、政府清廉、政治清明等论述，这些都彰显了反腐败的价值目标。

四、马克思主义法律观的创造性应用

（一）马克思主义法律观在新时期的发展

马克思主义法律观认为，法是由国家制定的，也是由国家的强制力保证实施的行为规范体系。国家有阶级性，作为国家意志体现的法也是有阶级性的。而剥削阶级法律观则认为法律与国家没有联系或者至少没有必然联系，因此国家的产生、本质及消亡问题跟法没有关系。在法与国家的关系上，马克思主义法律观认为，法是由国家制定的，也是由国家的强制力保证实施的行为规范体系，国家有阶级性，作为国家意志体现的法也是有阶级性的。

依法治国法律观在坚持马克思主义法律观的基础上，进一步认为，法律可以作为一种治国方略，依法治国是实现人民当家作主的基本保证，是发展社会主义市场经济的客观需要，是社会文明进步的重要标志，是国家长治久安的重要保障。1997 年党的十五大报告明确提出了“依法治国，建设社会主义法治国家”，同时对依法治国的内涵作了准确界定：“依法治国，就是广大人民群众在党的领导下，依照宪法和法律规定，通过各种途径和形式管理国家事务，管理经济文化事业，管理社会事务，保证国家各项工作都依法进行，逐步实现社会主义民主的制度化、法律化，使这种制度和法律不因领导人的改变而改变，不因领导人看法和注意力的改变而改变。”1999 年 3 月 15 日通过的宪法修正案第十三条规定：“中华人民共和国实行依法治国，建设社会主义法治国家。”以根本大法的形式将其确定为一项基本的法律原则。

（二）马克思主义法律观的创造性运用

党的十八大以来，习近平创造性运用马克思主义法律观，提出了一系列有关法治的新论述和新观点，实现了中国特色社会主义法治理论的新发展。

1. 法治中国的基本内涵

习近平全面系统地阐述了中国特色社会主义法治体系的科学内涵和基本内容。指出，建设中国特色社会主义法治体系是全面推进依法治国过程中总揽全局、牵引各方的总抓手。[①] 建设中国特色社会主义法治体系，就是要加快形成完备的法律规范体系、高效的法治实施体系、严密的法治监督体系、有力的法治保障体系，形成完善的党内法规体系[②]。

一是以“人民主体”和“公正是法治的生命线”，揭示当代中国社会主义法治的核心价值，完善了中国法治的价值体系。指出：“坚持人民主体地位，必须坚持法治为了人民、依靠人民、造福人民、保护人民。要保证人民在党的领导下，依照法律规定，通过各种途径和形式管理国家事务，管理经济和文化事业，管理社会事务。要把体现人民利益、反映人民愿望、维护人民权益、增进人民福祉落实到依法治国全过程，使法律及其实施充分体现人民意志。”[③]坚持公正是法治的生命线，加快制定和完善体现权利公平、规则公平、机会公平的法律法规，并保障和监督公正执法和公正司法。在此基础上，党的十八届四中全会完善了当代中国法治的价值体系，论述了当代中国法治的基本价值体系，主要包括：保障和促进社会公平正义、维护社会和谐稳定、确保国家长治久安、推进经济持续发展、维护世界和平。

二是阐述了中国特色社会主义法治道路。全面推进依法治国必须坚持中国共产党的领导，这是社会主义法治最根本的保证。必须坚持人民主体地位，这是我们的制度优势，也是中国特色社会主义法治区别于资本主义法治的根本所在。必须坚持法律面前人人平等，是社会主义法律的基本属性，是社会主义法治的基本要求。必须坚持依法治国和以德治国相结合，法律和道德都具有规范社会行为、维护社会秩序的作用。必须坚持从中国实际出发，同推进国家治理体系和治理能力现

① 参见《习近平关于全面依法治国论述摘编》，中央文献出版社 2015 年版，第 25 页。

② 参见《中共中央关于全面推进依法治国若干重大问题的决定》，人民出版社 2014 年版，第 4 页。

③ 习近平：《加快建设社会主义法治国家》，《求是》2015 年第 1 期。

代化相适应。①

三是丰富和创新了宪法法律实施的理论。习近平指出:宪法以国家根本法的形式,确立了中国特色社会主义道路、中国特色社会主义理论体系、中国特色社会主义制度的发展成果,反映了我国各族人民的共同意志和根本利益,成为历史新时期党和国家的中心工作、基本原则、重大方针、重要政策在国家法制上的最高体现。全面贯彻实施宪法,是建设社会主义法治国家的首要任务和基础性工作。宪法的生命在于实施,宪法的权威也在于实施。中国特色社会主义法治体系的基石是宪法,依法治国,首先是依宪治国;依法执政,关键是依宪执政。②

四是丰富和深化了司法改革的理论。习近平指出:“司法体制改革是政治体制改革的重要组成部分,对推进国家治理体系和治理能力现代化具有十分重要的意义。”③深化司法体制改革,提高司法公信力,着力解决影响司法公正、制约司法能力的深层次问题,破解体制性、机制性、保障性障碍;人民法院、人民检察院依法独立公正行使审判权、检察权,司法人员公正办案,只服从事实、只服从法律。他提出以提高司法公信力为根本尺度推进司法体制改革,提出以审判为中心的诉讼制度等崭新命题。

2. 法治中国建设的基本关系

一是法治与人治的关系。习近平从人类政治文明和现代化的视野深刻分析了法治与人治的关系,深化了厉行法治的理论基础。他指出:“法治和人治问题是人类政治文明史上的一个基本问题,也是各国在实现现代化过程中必须面对和解决的一个重大问题。纵观世界近现代

① 参见习近平:《加快建设社会主义法治国家》,《求是》2015 年第 1 期。

② 参见习近平:《在首都各界纪念现行宪法公布施行 30 周年大会上的讲话》,人民出版社 2012 年版,第 3、5、6、11 页。

③ 《习近平谈治国理政》,外文出版社 2014 年版,第 150 页。

史，凡是顺利实现现代化的国家，没有一个不是较好解决了法治和人治问题的。”①人类社会发展的事实证明，依法治理是最可靠、最稳定的治理。同时，习近平深刻论述了形式法治与实质法治相统一的理论，提出“法律是治国之重器，良法是善治之前提”②。第一句话体现形式法治思想，第二句话体现实质法治思想，二者有机统一成为中国特色社会主义法治。

二是权力与权利的关系。一方面，法治的真谛是尊重和保障人权，保障公民人身权、财产权、基本政治权利等各项权利不受侵犯，保障公民经济、文化、社会等各方面权利得到落实，实现公民权利保障法治化。另一方面，法治的重心在于限制公权，把权力关进制度的笼子里，即依法设定权力、规范权力、制约权力、监督权力。正确认识和处理权力与权利的关系，体现在制度设计上就是两个“清单”制度，即权力清单和权利负面清单。

三是党和法与德和法的关系。党和法的关系、党的领导和依法治国的关系是法治建设和民主政治建设的核心问题、根本问题。从根本上说，党的领导和社会主义法治是一致的，社会主义法治必须坚持党的领导，党的领导必须依靠社会主义法治。必须坚持党领导立法、保证执法、支持司法、带头守法。习近平深刻阐述了依法治国和以德治国的科学内涵和实践价值，指出，国家和社会治理需要法律和道德共同发挥作用。必须坚持一手抓法治、一手抓德治，以法治体现道德理念、强化法律对道德建设的促进作用；以道德滋养法治精神、强化道德对法治文化的支撑作用，实现法律和道德相辅相成、法治和德治相得益彰。③

---

① 《习近平关于全面依法治国论述摘编》，中央文献出版社 2015 年版，第 12 页。

② 《中共中央关于全面推进依法治国若干重大问题的决定》，人民出版社 2014 年版，第 8 页。

③ 参见习近平：《加快建设社会主义法治国家》，《求是》2015 年第 1 期。

四是法治与改革的关系。习近平深刻阐述了法治与改革的理论，指出："改革和法治如鸟之两翼、车之两轮。"①全面推进依法治国，是全面深化改革的有机组成部分，要在全面深化改革的总体框架下全面推进依法治国。全面推进依法治国，就是要深化法治领域的改革，用改革的思维、勇气、智慧来推进法治中国建设。同时，要在法治的轨道上推进改革，善于运用法治思维和法治方法深化改革，以法治凝聚改革共识，以法治引领改革方向，以法治规范改革行为，以法治化解改革风险，以法治确认和发展改革成果。

（三）反腐败战略的社会主义法治思想

党的十八大以来，习近平就法治问题多次发表重要讲话，要求以宪法为统帅，坚持依法治国、依法执政、依法行政共同推进与法治国家、法治政府、法治社会一体建设。这不仅展示了新的法治思维、理念和方略，也为反腐败战略注入了中国特色的法治思想。

1. 依宪治国的执政思维

习近平强调依法治国即依宪治国，表现了对宪法的绝对服从和敬畏。保证宪法的实施，就是维护党和人民的权威和尊严；保证宪法的实施，就是坚持党的领导，保证最广大人民群众的根本利益的实现。在服从宪法的前提下，党具体怎么领导，怎么执政，则应该与时俱进。新形势下，党要执政兴国，必须依据党章国法从严治党，必须首先依据宪法治国理政。这既是对历史经验教训的总结，也是对现实问题的积极回应。国家的治乱兴衰，与执政党特别是其最高层的宪法意识、法治观念密不可分。

中国的改革开放过程，同时也是法制恢复和走向法治的过程。如果没有法制的恢复，没有法治观念的逐步确立，非但改革开放和经济建

① 《习近平在庆祝中国共产党成立95周年大会上的讲话》，《人民日报》2016年7月2日。

设不能成功,恐怕整个国家都还要在黑暗中徘徊。面对世界所谓“民主化”潮流的挑战,面对不能严格执法、带头守法的现实,面对公信力日渐丧失的危险。正是在这个意义上针对这一现实背景,习近平明确指出,“依法治国,首先是依宪治国;依法执政,关键是依宪执政”①,并强调宪法的生命和权威在于实施。这是党的十五大正式将依法治国确定为治国理政的基本方略以来,党的最高领导人充分肯定了宪法的至上性,从宪法的生死存亡的高度来强调宪法实施的重要性。

2. 管住权力的控权思维

现代意义上的法治是以民主为前提,以制约权力和保障权利为核心内容,依法办事是国家社会活动的方式和状态。绝对的权力导致绝对的腐败。法治具有监督性和自我约束的属性。法治首先通过国家根本法对国家权力作出合理的架构,极大地限制了权力的恣意性。习近平关于“把权力关进制度的笼子里”的思想,是对我们历史和现实的深刻教训的总结,体现了限制权力恣意的法治精神。要实现“把权力关进制度的笼子里”,关键在党,主动权也在党。党中央意识到必须把权力关进制度的笼子里,这是巨大的进步。但要兑现承诺,就得下大力气建设好制度、落实好制度。现在我们的制度之所以关不住权力,不是因为“网开一面”,就是因为受非制度因素制约太多。更为重要的是,权力不会自己往笼子里钻;权力更不会老老实实地待在笼子里。面对管不住权力的难题,执政党及其领导核心需要有革新政治、重建权力结构的勇气和智慧,需要克服既得利益者的阻挠,大胆而稳妥地推进政治改革,探索适合中国国情的依法执政之路。

3. 公平正义的规则思维

公平正义是人类美好的追求。权力腐败,是公平正义的天敌。法治

---

① 习近平:《在首都各界纪念现行宪法公布施行30周年大会上的讲话》,人民出版社2012年版,第11页。

的真谛不是用法治民，而是用法限权治官，保障公民自由，实现社会公正。党的十八大以来，习近平多次发表重要讲话，强调加强对权力的制约监督，让人民群众感受到公平正义。党的十八大提出，要在全社会实现公平正义，不论是执法还是司法活动中都要讲求公平正义，处理的结果要经得起公平正义规则的拷问。在我国人民代表大会制度中，国家权力机关的立法职能、行政机关的管理职能、审判机关的审判职能和检察机关的法律监督职能，都是保障在全社会实现公平和正义的国家职能。

立法职能主要通过权利义务的分配，为在全社会实现公平和正义提供规范、程序和制度；行政管理职能主要通过严格执行法律、公平处理行政事务来促进和保障社会的公平和正义；审判职能主要通过公证司法来保障在全社会实现公平和正义；法律监督职能则主要通过对权力的监督制约和对权利的司法救济，通过维护国家法律的统一正确实施来保障在全社会实现公平和正义。

公平正义在现实生活中存在的形式也是多种多样：在资源分配领域，有关于分配的公平正义规则；在权利救济领域，有关于矫正的公平正义规则。由此不难发现，从资源的分配到权利的救济，生活的各个方面、各个层次、各个领域都有它特有的公平正义规则。讲法治思维就是要在各个层面、各个领域都要建立清晰的、可辨认的公平正义规则，实现职权法定、有权必有责、用权受监督、违法要追究。

4.“零容忍”的防“破窗”思维

习近平指出，对违规违纪、破坏法规制度踩“红线”、越“底线”、闯“雷区”的，要坚决严肃查处，不以权势大而破规，不以问题小而姑息，不以违者众而放任，不留“暗门”、不开“天窗”，坚决防止“破窗效应”。[①] 正如美国预防犯罪学专家乔治·凯林所说，“第一扇被打破的玻璃如果

① 参见《习近平：加强反腐倡廉法规制度建设　让法规制度的力量充分释放》，新华网2015年6月27日。

不被修复，就会产生强烈的暗示性纵容，导致整栋建筑的玻璃被打破"。习近平的"破窗"思维，凸显了反对腐败的坚定态度和严防死守的防腐决心。

法规制度的生命力在于执行。贯彻执行法规制度关键在真抓，靠的是严管。加强反腐倡廉法规制度建设，必须一手抓制定完善，一手抓贯彻执行。要强化法规制度意识，在全党开展法规制度宣传教育，引导广大党员、干部牢固树立法治意识、制度意识、纪律意识，形成尊崇制度、遵守制度、捍卫制度的良好氛围，坚持法规制度面前人人平等、遵守法规制度没有特权、执行法规制度没有例外。要加大贯彻执行力度，让铁规发力、让禁令生威，确保各项法规制度落地生根。要加强监督检查，落实监督制度，用监督传递压力，用压力推动落实。

要健全问责机制，坚持有责必问、问责必严，把监督检查、目标考核、责任追究有机结合起来，形成法规制度执行的强大推动力。问责的内容、对象、事项、主体、程序、方式都要制度化、程序化，要把法规制度执行情况纳入党风廉政建设责任制检查考核和党政领导干部述职述廉范围，通过严肃追究主体责任、监督责任、领导责任，让法规制度的力量在反腐倡廉建设中得到充分释放。纪律检查机关要加大监督检查力度，对有令不行、有禁不止的，不仅要严肃查处直接责任人，而且要严肃追究相关领导人员的责任。

五、党的反腐倡廉理论的继承与发展

中国共产党成立 90 多年来，在领导社会主义革命、建设和改革的历史进程中，始终高度重视保持党的先进性和廉洁性，并在长期实践中形成了独具特色的反腐倡廉理论。这一理论是马克思主义反腐倡廉理论在我国实践中的具体运用，是党的建设理论和中国特色社会主义理论的有机组成部分，为反腐败战略思想的理论研究和实际探索奠定了坚实的理论基础。

(一)从社会公仆到执政为民

反腐败战略思想是建立在公共权力只能“为人民服务”的思想基础之上的。“为人民服务”是我们党的根本宗旨,“执政为民”是根本宗旨的具体体现。起源于马克思、恩格斯的“社会公仆”思想,是对旧社会“官吏”与新社会“公务员”之本质区别的深刻揭示。在新的社会,掌权者再也不是高居于社会和人民之上的作威作福的主人,而是“社会公仆”和“人民勤务员”。90 多年来,中国共产党始终倡导和践行“社会公仆”和“人民勤务员”思想,并不断对其进行新的阐释。毛泽东同志明确提出:“共产党人的一切言论行动,必须以合乎最广大人民群众的最大利益,为最广大人民群众所拥护为最高标准。”①他反复告诫各级干部不要滋长官僚主义作风,不要形成一个脱离人民的贵族阶层,要永葆人民公仆的本色。改革开放以来,从邓小平、江泽民、胡锦涛到习近平,都反复强调,党的干部,无论职务高低,都要始终保持同人民群众的血肉联系,努力当好人民公仆。在新的历史时期,我们党提出以人为本、执政为民,是在实践中贯彻党的宗旨的根本体现,是对马克思主义关于“社会公仆”思想的重要继承和发展。“以人为本、执政为民”是反腐倡廉的出发点和归宿,它深刻揭示了一个基本的道理:不是为了反腐败而反腐败,不是为查案子而反腐败,不是为惩治人而反腐败,而是为了促使广大领导干部保持“人民公仆”的本色,防止由“社会公仆”变成“官僚阶级”,真正全心全意为人民服务而反腐败。只有从这个意义上去理解,我们才能真正领会“以人为本、执政为民”是马克思主义政党的生命根基和本质要求。

马克思主义认为,腐败根源于私有制和剥削社会,与共产党和社会主义制度水火不容。腐败不是天然就存在的,也不会永远存在下去。

---

① 《毛泽东选集》第三卷,人民出版社 1991 年版,第 1096 页。

腐败的根源是生产资料的私有制，正是私有制使社会公共权力异化，国家权力变成统治阶级谋取自身利益、维护剥削统治的工具。共产党的最终目标是消除私有制，建立共产主义社会。在未来的共产主义社会，腐败的经济和社会根源将消失，腐败现象也最终消失。因此要防止腐败产生，就必须加强预防腐败的法律制度、管理制度、教育制度建设，坚决惩治贪污腐败，最大限度地防止公共权力的恣意滥用。中国共产党成立90多年来，坚持不懈地同消极腐败现象作斗争。毛泽东同志提出，共产党要依靠民主和监督跳出"执政—腐败—垮台"的历史周期率。邓小平同志讲，如果对腐败"我们党不严重注意，不坚决刹住这股风，那末，我们的党和国家确实要发生会不会'改变面貌'的问题"①。这是对马克思主义关于腐败产生的根源和条件、腐败在两种不同社会制度下具有不同性质和特点的思想的继承和践行，又是结合时代发展和中国实际，在长期实践中将之具体化并创新发展。习近平指出，面对复杂多变的国际形势和艰巨繁重的改革发展稳定任务，实现"两个一百年"奋斗目标，实现中华民族伟大复兴的中国梦，必须坚持党要管党、从严治党。② 必须以更大的政治勇气和智慧，不失时机深化重要领域改革，攻克体制机制上的顽瘴痼疾，突破利益固化的藩篱，进一步解放和发展社会生产力，进一步激发和凝聚社会创造力。通过反腐倡廉建设为党和国家事业发展提供有力保证。通过党和国家事业发展为推进反腐倡廉建设创造良好条件。这一系列重要思想，是我们党与时俱进的理论品质对反腐败工作的必然要求，对执政为民和反腐倡廉建设提供了思想源泉和行动指南。

（二）从惩治贪污到廉政建设

从中华人民共和国成立以来，毛泽东同志在整治贪污腐败问题上

① 《邓小平文选》第二卷，人民出版社1994年版，第403页。

② 参见《习近平谈治国理政》，外文出版社2014年版，第390页。

下了很大功夫。毛泽东同志曾言，贪污和浪费是极大的犯罪。治国就是治吏，礼义廉耻，国之四维。四维不张，国将不国。如果一个个都寡廉鲜耻，贪污无度，胡作非为，国家还没有办法治他们，那么天下一定大乱，老百姓一定要当李自成。国民党是这样，共产党也是这样。问题若是成了堆，就是积重难返了。崇祯皇帝是个好皇帝，可他面对那样一个乱摊子，只好哭天抹泪地去了。我们共产党不是明朝的崇祯，我们决不会腐败到那种程度。不过，谁要搞腐败那一套，我毛泽东就割谁的脑袋。我毛泽东若是搞腐败，人民就割我毛泽东的脑袋。① 在党的作风问题上，毛泽东也实行了一系列整治措施。如 1951 年年底到 1952 年 10 月的“三反”、“五反”运动，在党政机关工作人员中开展的“反贪污、反浪费、反官僚主义”和在私营工商业者中开展的“反行贿、反偷税漏税、反盗骗国家财产、反偷工减料、反盗窃国家经济情报”的斗争的统称。1941 年 5 月至 1945 年 4 月 20 日的延安整风运动，是中国共产党历史上第一次大规模的整风运动。1950 年 1 月，中华人民共和国成立初期，面对错综复杂的形势和任务，中共中央发出《关于在全党全军开展整风运动的指示》，要求各级党组织结合工作总结，开展批评与自我批评，克服党内首先是领导干部中居功自傲情绪，命令主义作风，以及极少数人贪污腐化、政治上堕落颓废、违法乱纪等错误，密切党和人民群众联系。运动于同年冬结束。1957 年 4 月，在社会主义改造基本完成、社会主义建设即将全面展开的历史转折关头，中共中央发出《关于整风运动的指示》，决定在全党进行一次以正确处理人民内部矛盾问题为主题，以及对官僚主义、宗派主义和主观主义为内容的整风运动。在不同时期的整风运动过程中着实取得了很大的成绩，虽引发了一些其他的思想问题，但总体上是好的。对于当今的权力监督和反腐倡廉

---

① 参见吴建雄等著：《“筑牢权力之笼”与预防职务犯罪司法研究报告》，中国方正出版社 2014 年版，第 87 页。

具有一定的借鉴和参考价值。

党的十七大首次提出“反腐倡廉建设”的概念,并将其同党的思想建设、组织建设、作风建设和制度建设并举,成为党的五大建设的有机组成部分,这是对马克思主义反腐倡廉思想及党的建设理论的重大发展。我们党强调,“在坚决惩治腐败的同时,更加注重治本,更加注重预防,更加注重制度建设”,“一个坚决、三个更加注重”思想表明对马克思主义政党反腐倡廉规律的认识和把握更加深刻、科学和完善。同时,制定惩治和预防腐败体系《实施纲要》和《工作规划》,在教育、制度、监督、改革、纠风、惩治等方面扎实推进惩治和预防腐败体系建设。随着党的建设新的伟大工程的持续推进,党的反腐倡廉实践也必将不断开拓创新,不断谱写马克思主义反腐倡廉理论的新篇章。党的十八大报告在党风廉政建设和反腐败工作部署方面,有许多创新。比如第一次在党代会的报告中提出了建设廉洁政治的目标,要求干部清正、政府清廉、政治清明。还在党代会报告中把党的纪律建设作为一个专门的问题来阐述、提出要求,这些都进一步表明,从惩治贪污到廉政建设,是对反腐倡廉理论和实践的丰富和发展。

(三)从最大考验到最大危险

改革开放铸就了中华民族历史上最大的辉煌,也把我们党领导的中国特色社会主义事业推向新的高峰。当前,我国的改革开放已经进入重要的战略机遇期、关键期和攻坚期,既面临难得的历史机遇,也面对诸多可以预见和难以预见的风险和挑战。世纪之交,国际情势对我们的发展总体是有利和友善的。但是,金融危机爆发后,随着全球经济形势逆转,西方国家对我们的态度也发生很大变化。一是贸易保护主义增强,包括将全球经济失衡的责任转嫁给中国,逼迫人民币大幅升值的声浪日益高涨。二是随着我国综合国力的大幅度提升,有些西方国家更多地把我们视为竞争对手而不是战略伙伴。三是经济全球化拓展了我国的发展空间，使我们得以跟上世界新技术革命的步伐，但其负面影响，就是使一些西方敌对的意识形态和黄赌毒等趁机涌入。四是改革中出现的一些矛盾，也成为改革的重要障碍。此外，市场经济是迄今为止人类经济社会活动资源配置的最佳组织方式和制度形态，能够推动生产力的迅速发展，但市场经济所带来的追逐利润最大化、等价交换、拜金主义等价值观，也会对党员、干部的心理行为产生潜移默化的影响。在深刻变化的国内外形势下，我们面对的各种考验更加复杂和严峻，对党的执政能力提出更高要求。“四大考验”是和“四种危险”密切联系在一起的。形势严峻，精神懈怠就会出大事；内外环境复杂，能力不足就难以应对；改革进入攻坚阶段，能否始终站在群众立场上想问题、做工作尤其关键；对外开放和市场经济具有两面性，警惕腐败的危险尤其重要。因此，只有深刻认识最大考验，才能有效防范和消除最大危险。

脱离群众是最大的危险。因为它破坏的是我们党的立身之本和最大政治优势。我们和其他社会主义国家的一个最大不同，曾如邓小平同志所说，我们的群众基础，是几十年的革命战争打出来的。共产党人是和人民群众一起打天下、一起流血牺牲、一起坐天下的，党和人民群众的关系，是名副其实的血肉联系。在改革开放和发展社会主义市场经济的条件下，我们党脱离群众的危险比过去大大增加，这就是党的十八大强调全党要经受住“四大考验”、防止“四种危险”的目的所在。党的十八大之后，党中央决定雷厉风行抓作风建设，出发点和落脚点也在这里。习近平进一步指出：“生于忧患，死于安乐。没有危机感和紧迫感，看不到问题和症结所在，那危险就不远了。”①

（四）从惩防体系到“三不”战略

2005 年中共中央《建立健全教育、制度、监督并重的惩治和预防腐

① 《习近平关于党风廉政建设和反腐败斗争论述摘编》，中央文献出版社、中国方正出版社 2015 年版，第 8 页。

败体系实施纲要》出台，全面总结了新中国成立以来的反腐经验，形成了一个完整的反腐败体系框架。明确了“标本兼治、综合治理、惩防并举、注重预防”的反腐方针。建立起“思想道德教育的长效机制，建成完善的惩治和预防腐败体系”，提出了以教育为基础，以制度为关键，以监督为保障的反腐策略，要求反腐倡廉工作紧紧围绕经济建设这个中心任务，服务于改革发展稳定的大局，加强对党的方针政策贯彻落实情况的监督检查，保证中央关于推动科学发展、促进社会和谐等重大决策部署的贯彻落实；加强领导干部廉洁自律教育，认真解决领导干部作风方面存在的一些突出问题；始终保持惩治腐败的强劲势头，坚决维护党纪国法的严肃性；认真纠正损害群众利益的突出问题，维护最广大人民的根本利益。但是必须清醒地看到，消极腐败现象在一些部门和领域易发多发的状况仍未改变。腐败活动正在向一些关键领域渗透，向一些社会领域扩散。中高级干部违纪违法现象严重，利用职权为特定关系人谋取非法利益问题比较突出。一些腐败分子往往集政治蜕变、经济腐败、生活腐化于一身。违纪违法行为日趋复杂化、隐蔽化、智能化，新兴经济领域案件和运用高新技术手段作案呈上升趋势；损害群众利益的问题仍然比较突出。不少事件和事故背后隐藏着官商勾结、权钱交易等腐败问题。

“党的十八大以来的反腐败斗争，总体上就是从治标入手，治本工作也一直没有放松，有时治本就寓于治标之中。我们强调的不敢腐，侧重于惩治和威慑，让意欲腐败者在带电的高压线面前不敢越雷池半步；强调的不能腐，侧重于制约和监督，让胆敢腐败者在严格监督中无机可乘；强调的不想腐，侧重于教育和引导，着眼于产生问题的深层原因，让人从思想源头上消除贪腐之念。”①这是对“三不”战略内涵的深刻

① 人民日报评论员：《标本兼治，书写反腐倡廉优异答卷——三论学习贯彻习近平总书记十八届中央纪委七次全会讲话精神》，《人民日报》2017 年 1 月 9 日。

揭示。

“反复发生的问题要从规律上找原因，普遍发生的问题要从体制机制上找原因。”党的十八大之后，党中央深刻认识到，我国现阶段存在的腐败现象是在经济体制深刻变革、社会结构深刻变动、利益格局深刻调整、思想观念深刻变化的条件下产生的。教育不扎实、制度不完善、监督不得力，是腐败现象得以滋生蔓延的重要原因，是社会主义初级阶段腐败现象易发多发的土壤和条件尚未消除的客观反映。以习近平同志为核心的党中央深刻认识到，彻底根除腐败是一个世界性难题，也是执政党自身建设中的一项长期的艰巨任务。面对盘根错节的利益链条和错综复杂的利益调整，通过充分论证，制定了目标明确、计划周延、程序科学、方法得当的顶层设计方案。并站在发展中国特色社会主义的战略高度，从基本理念、基本任务、基本方式、基本方向、价值目标等方面对科学有效地开展反腐败斗争提出了明确要求。针对当前腐败猖獗、易发多发的情况，明确提出并实施“以治标为主，为治本赢得时间、打好基础、做好准备、积累经验、赢得主动”的反腐战略，通过强化打击，形成不敢腐的惩戒机制；通过健全制度规章，形成不能腐的防范机制；通过教育监督，形成不想腐的保障机制的“三不”战略，把权力关进制度的笼子里，让权力在阳光下运行，以取得反腐败斗争的不断胜利。

第二编

反腐败战略思想的基本内涵

习近平新时代中国特色社会主义反腐败战略思想的内涵，既是反腐败战略思想框架内一系列相互印证的观点支撑，又是反腐败战略思想系统结构中具有重要作用和密不可分的子系统。它是以基本理念为前提，基本任务为核心，工作重心为关键，法治方式为依托，基本动力为保障的思想体系。这一思想体系的形成和确立，进一步深化了我党对执政规律的认识、对反腐倡廉建设规律的认识、对实现民族复兴新的伟大斗争的客观规律的认识。

第四章

反腐败基本理念

反腐败战略思想的基本理念是对反腐败本质及其规律的理性认识与整体把握而形成的一系列理性的基本观念，是新的历史条件下对腐败现象蔓延、演化规律的理性认识，是以对腐败现象“零容忍”为基础，以“以上率下”的政治示范为关键，以“常”、“长”结合的基本原则为依托的坚定信念。

一、零容忍的反腐理念

习近平指出：“坚持以零容忍态度惩治腐败。对腐败分子，发现一个就要坚决查处一个。要抓早抓小，有病就马上治，发现问题就及时处理，不能养痈遗患。要让每一个干部牢记‘手莫伸，伸手必被捉’的道理。”①“贪似火，无制则燎原；欲如水，不遏必滔天。”②坚持廉洁政治建设、把反腐败当作头等大事来抓，是我们党一贯坚持的方针。但是，在长期反腐实践中，对于反腐败斗争的认识缺乏一致性和统一性，存在法

① 《习近平谈治国理政》，外文出版社 2014 年版，第 394—395 页。

② 《习近平关于党风廉政建设和反腐败斗争论述摘编》，中央文献出版社、中国方正出版社 2015 年版，第 98 页。

律制度执行不到家、失之于宽、失之于软的问题。比如,对重大案件打击力度大,但对一般腐败现象重视不够,"抓大放小"。特别是"把腐败控制在人民群众可以容忍程度"的阶段性目标,在很大程度上成为反腐败斗争的实际标准。习近平总书记关于"零容忍"反腐标准的提出,使反腐败斗争的基本理念得到深化,表明了中国共产党人全心全意为人民服务、与腐败现象水火不容的鲜明立场。"零容忍"是惩治腐败的基本态度与理性化的思维模式,是当下反腐败斗争实践的本质性反映。

(一)零容忍彰显党的根本宗旨

2014 年 1 月,习近平在第十八届中央纪律检查委员会第三次全体会议上的重要讲话中指出:"反腐败高压态势必须继续保持,坚持以零容忍态度惩治腐败。"①这充分表明了中央在反腐败问题上的坚强意志和坚定决心,也说明了零容忍态度是防治腐败的必要条件。我们一定要把思想和行动统一到中央的要求上来,坚持有腐必反、有贪必肃,坚决把反腐败斗争进行到底。

什么是以零容忍态度惩治腐败?就是对腐败现象毫不忍受、毫不宽容,就是有腐必反、有贪必肃。对腐败分子,发现一个坚决查处一个;对腐败行为,发现一起坚决纠正一起;坚持"露头即打",防止滋生蔓延。

中国共产党对腐败零容忍是由自身的马克思主义政党性质决定的。中国共产党是中国工人阶级的先锋队,同时是中国人民和中华民族的先锋队,以全心全意为人民服务为自己的根本宗旨。共产主义理想信念决定我们必须对腐败零容忍。从 1926 年 8 月 4 日中共中央向全党发出关于《坚决清洗贪污腐化分子》的通告,到 1932 年 5 月 9 日中华苏维埃共和国枪决第一个腐败分子谢步升;从新中国成立之初严惩腐败分子刘青山、张子善,到改革开放以来惩治 100 多名省部级贪官,

---

① 《习近平谈治国理政》,外文出版社 2014 年版,第 394 页。

无不表明,不论是在革命战争的艰难岁月,还是在建设改革的和平年代,党始终坚持有腐必反、有贪必肃。

对腐败零容忍,是由党执政条件下腐败的严重危害性决定的。历史上,统治集团的严重腐败历来是导致政权更替的主要原因。新中国成立后,我们党清醒地认识到,腐败现象是侵入党和国家健康肌体的毒瘤。如果掉以轻心、任其泛滥,就会葬送我们的党,葬送我们的人民政权,葬送社会主义现代化事业。面对如此严重的危害,必须以零容忍态度坚决加以惩治。

对腐败零容忍,是由当前反腐败的严峻形势决定的。多年来,尽管我们党不断加大反腐败工作力度,但腐败现象在一些地方和部门仍然易发多发:有的案件涉案金额巨大、涉及人员众多,特别是在高级干部中发生的腐败案件影响恶劣;腐败行为更加复杂化、隐蔽化,监督机制和预防腐败手段还不健全,揭露和查处难度加大;少数领导干部理想信念动摇,宗旨意识淡薄,缺乏艰苦奋斗精神,严重脱离群众,形式主义、官僚主义、享乐主义、奢靡之风问题比较严重。在如此严峻的反腐败斗争形势面前,我们对腐败的态度别无选择,只能是零容忍。

对腐败零容忍,是党的十八大以来反腐败工作成功经验的科学总结。党的十八大以来,我们党一直坚持以零容忍态度抓反腐败工作,坚持有腐必反、有贪必肃。不管是谁,不管地位多高、权力多大,只要触犯国家法律和党的纪律,就一查到底、决不手软。党的十八大以来,中央纪委共立案审查中管干部 240 人,给予纪律处分 223 人;全国纪检监察机关共立案 116.2 万件,给予纪律处分 119.9 万人;为解决发生在群众身边的不正之风和腐败问题,全国共处分乡科级及以下党员、干部 114.3 万人,处分农村党员、干部 55.4 万人,有力推进了党风政风的好转①。如果没

① 参见《十八大以来中央纪委共立案审查中管干部 240 人》,新华网 2017 年 1 月 9 日。

有零容忍的态度，就不可能取得这样大的工作成效。

（二）零容忍防止“破窗效应”

以零容忍态度惩治腐败，是对各级党委、纪委和反腐执法司法机关的基本要求。零容忍，意味着腐败没有“特区”，反腐败没有“禁区”；意味着党纪国法面前没有例外，不论什么人，不论其职务多高，都要一查到底，决不姑息；意味着我们必须采取更加有力的措施，对腐败分子发现一个查处一个，构筑起惩治和预防腐败的高压线与防火墙。这就要求各级党组织把坚决遏制腐败蔓延势头作为重要任务，切实加强对反腐败工作的领导；建立健全查办案件组织协调机制，进一步明确各级反腐败协调小组工作职责，加强同司法、审计等机关协调配合，增强反腐败合力。各级纪委要不辱使命，履行好监督执纪的职责，严格审查和处置党员干部违反党纪政纪、涉嫌违法的行为，严肃查办贪污贿赂、买官卖官、徇私枉法、腐化堕落、失职渎职等案件。坚持运用法治思维和法治方式反腐败。加大国际追逃追赃力度，堵住贪官外逃的“出路”，决不让腐败分子逍遥法外。

零容忍防止“破窗效应”。近年来，有的基层党员干部借口公务活动“小吃小拿”，利用公权之便“小卡小要”，或趁生日节日铺张浪费、红白喜事收受财物。而有些党组织对此并不及时提醒、批评和纠正，认为这是“小问题”，不要吹毛求疵、求全责备。这种认识和态度是非常错误的。从一些案例看，某些党员干部的贪污犯罪就是从笑纳一瓶酒、一条烟，从推推让让收红包、逢年过节收赠礼开始的。这些“小腐败”点多线长、面广多发，离人民群众最近，像白蚁食木一样地啃噬党员干部形象、削弱党的执政根基。如果对这些问题置之不理，或者适度容忍，那么，必然会积小腐成大腐、积小贪成大贪，使一些干部一步步滑向腐败深渊。“网开一面、法外施恩”的结果，很容易养痈成患，最后出大问题。各级党组织特别是基层党组织应切实树立“抓早抓小、治病救人”

的反腐败思路，对问题要早发现、早提醒、早纠正、早查处，对苗头性问题及时约谈或进行诫勉谈话，防止小问题演变成大问题。在惩治腐败问题上，一切“温情”的土政策必须废止，一切“罚酒三杯”式的假惩罚必须摒弃。我们对惩治腐败的决心丝毫不能动摇，惩治这一手始终不能软。只有这样才能有针对性地编织起防治腐败的严密的制度之笼。

（三）零容忍强化理想信念

以零容忍态度惩治腐败，是对党和政府以及各类社会组织的要求，更是对每一个党员干部的要求。反腐败重在治本。“本”在哪里？从个体看，“本”就在人的内心。古往今来，有多少官员为内心的贪欲所害，在腐败泥潭中越陷越深。贪似火，无制则燎原；欲如水，不遏必滔天。每一个党员干部特别是领导干部一定要充分认识贪欲之心对人民、对党和国家的事业、对自己、对家庭的严重危害，切实牢记“手莫伸，伸手必被捉”的道理。“见善如不及，见不善如探汤。”领导干部要心存敬畏，不能心存侥幸。对自己的错误要及时纠正，须知“小洞不补，大洞吃苦”。只有按照零容忍要求自己，做到“坚定廉洁之志、全无贪腐之心”，才能远离腐败。

对腐败零容忍，基础是坚定共产党人的理想信念。理想信念是共产党人精神上的“钙”，没有理想信念，理想信念不坚定，精神上就会“缺钙”，就会得“软骨病”，容易屈服于金钱、美色，沦为腐败分子。大量事实表明，一些党员干部之所以走上违纪违法的道路，说到底是信仰迷茫、精神迷失，思想根源上“想腐败”。

（四）零容忍蕴含固本强基

反腐败是一个系统工程，惩治腐败只是一方面，大量的基础性工作在幕后。如果一系列基础工作做不好，那么，“零容忍”就可能等于零。

教育是基础。要认真学习党章，深入开展党的理想信念和宗旨教育、党风党纪和廉洁自律教育。坚决抵制一切迷惘迟疑的观点、一切及时行乐的思想、一切贪图私利的行为、一切无所作为的作风,使党员干部常怀忧党之心、恪尽兴党之责,始终保持蓬勃朝气、昂扬锐气、浩然正气,始终与人民群众同呼吸、共命运、心连心。如果有了这样的教育效果,以零容忍态度惩治腐败就有了坚实的思想基础。

制度是保证。当前,腐败问题多发的一个重要原因,就是制度不完善、管理不严格,为腐败滋生留下了缝隙、提供了漏洞。深入推进反腐败斗争,必须紧紧围绕对权力的监督和制约这个核心,抓住腐败现象易发多发的关键环节,结合落实惩治和预防腐败体系工作规划,加强法规制度体系建设和反腐败国家立法,健全廉政风险防控、防止利益冲突、领导干部报告个人有关事项等制度,逐步形成内容科学、程序严密、配套完备、有效管用的法律法规制度体系,切实把权力关进制度的笼子里。要认真贯彻落实党的十八届三中全会精神,推动党的纪律检查工作双重领导体制具体化、程序化、制度化,强化上级纪委对下级纪委的领导;明确规定查办腐败案件以上级纪委领导为主,各级纪委书记、副书记的提名和考察以上级纪委会同组织部门为主。缝隙弥补了,漏洞堵住了,腐败产生的可能性就会大大降低。

落实责任是关键。改革、创新反腐败体制机制是重要的,理清责任、落实责任更重要。不讲责任,不追究责任,再好的制度也会成为纸老虎、稻草人。党的十八届三中全会提出,落实党风廉政建设责任制,党委负主体责任,纪委负监督责任。其中,党委能否落实好主体责任,是影响反腐败斗争全局的关键。这就要求各级党委特别是主要负责同志必须树立不抓党风廉政建设就是严重失职的意识,常研究、常部署,抓领导、领导抓,抓具体、具体抓,种好自己的“责任田”,着力在以下方面尽到责任:加强领导,选好用好干部,防止出现选人用人上的不正之风和腐败问题;坚决纠正损害群众利益的行为;强化对权力运行的制约和监督,从源头上防治腐败;领导和支持执纪执法机关查处违纪违法问题;党委主要负责同志要管好班子、带好队伍、管好自己,当好廉洁从政的表率。党委领导反腐败的主体责任、纪委的监督责任落实了,以零容忍态度惩治腐败的工作就能长期坚持,我们党也才能向人民交出合格的执政答卷。①

二、以上率下的政治示范

2012 年 11 月 15 日,习近平当选中共中央总书记后,首次在媒体前亮相,面对全世界新闻媒体,面对我国 8500 多万共产党员和全国 13 亿多人民,他指出:"我们的党是全心全意为人民服务的政党。党领导人民已经取得举世瞩目的成就,我们完全有理由因此而自豪,但我们自豪而不自满,决不会躺在过去的功劳簿上。新形势下,我们党面临着许多严峻挑战,党内存在着许多亟待解决的问题。尤其是一些党员干部中发生的贪污腐败、脱离群众、形式主义、官僚主义等问题,必须下大气力解决。全党必须警醒起来。打铁还需自身硬。我们的责任,就是同全党同志一道,坚持党要管党、从严治党,切实解决自身存在的突出问题,切实改进工作作风,密切联系群众,使我们党始终成为中国特色社会主义事业的坚强领导核心。"②

(一)历史是最好的教科书

习近平指出,历史是最好的教科书。③ 以史为鉴,可明得失、晓大势、见未来。从古到今,领导带头都是最大的带动力、贯彻力、执行力。

① 参见北京市中国特色社会主义理论体系研究中心:《坚持以零容忍态度惩治腐败——深入学习贯彻习近平同志在十八届中央纪委三次全会上的重要讲话》,《人民日报》2014 年 2 月 18 日。

② 《习近平谈治国理政》,外文出版社 2014 年版,第 4—5 页。

③ 参见《习近平主持中共中央政治局第七次集体学习》,新华网 2013 年 6 月 26 日。

新一届中央政治局以上率下落实"八项规定"转变作风，不仅是得民心的务实举措，也是对执政规律的深刻认识和准确把握。以上率下，其力无穷。这是被历史反复证明了的一条真理，也必将在今天被再一次证明。

先哲孔子有句名言："政者，正也。子帅以正，孰敢不正。"道出了一个执政规律：执政者的表率作用，是清廉政治的最好榜样，对下能产生不可替代的感染力、执行力。史载，西汉文帝厉行节俭，使当时社会形成尚俭崇廉风尚，开始出现中国封建社会第一个太平盛世——文景之治。《汉书》称，文帝在位 23 年，宫室、园林、服饰和御用器具等，都没有什么增加。有一次，文帝打算建造一个露台，叫来工匠一计算，要花费黄金 100 斤。文帝说，百斤黄金相当于中等百姓十户的家产，我继承先帝的宫室，常感到恐惧和羞愧，为何还要花费这么多建造这样的露台呢？其实，从当时国力财政来说，建造这样一个露台，规模也不是太大，算不了什么。但文帝觉得劳民伤财而作罢。文帝后元七年（公元前 157 年），天下大旱，蝗虫成灾。文帝下诏，不准诸侯向朝廷进贡，减少供皇帝享用的服饰、用具和狗马，以廉明节俭为天下人特别是各级官吏作出榜样。史学家普遍认为，汉文帝时期"海内安宁，家给人足"局面的形成，与汉文帝躬行节俭，以上率下，示百姓以淳朴的廉政思想和行为是分不开的。

领导者的形象，就是最好的榜样；领导者的行为，就是最有说服力的教科书。春秋时齐国名相晏婴，其睿智善谏的故事几乎家喻户晓，而其"食不重肉、妾不衣帛"的廉政行为，亦对当时的齐国产生了重大影响。史载，晏婴以生活节俭、廉洁自律、德操高尚而著称。一天，齐国大夫田无宇路过晏婴家门，看到晏婴站在大门外，便凑上去打招呼。这时，屋内走出一位满脸皱纹的老妇人，身上穿着粗布衣服。田无宇等她走远后，问晏婴这位老妇人是谁？晏婴说是自己的妻子。田无宇听后笑道：您位至卿大夫，食田七十万，为何不另娶一位妙龄少女，却同一个老太婆厮守在一起？晏婴不屑地回答：我曾听人说，抛弃年老的，是为不守礼义；纳娶年少的，是为淫乱。因富贵而失人伦，简直可称得上是大逆不道。难道你希望看到我不顾人伦而另娶，做那些寡廉鲜耻的事情吗？一席话，说得田无宇面红耳赤。

由于晏婴德高望重，就连为他驾车的车夫也倍觉荣耀。晏婴每次出行，车夫高坐在车篷前赶马驾车，总露出一副得意的神态。车夫的表现引起了车夫妻子的不安，她对车夫说：晏子身为国相，坐在车上神情稳重，衣着朴实，没有一点自满的样子。而你呢，虽然身材高大，但不过是驾车人而已，却那么意气扬扬。你如此妄自尊大，怎么让我跟你过下去啊！一番话说得车夫羞愧不已。从这件事可以看出，领导者的形象对群众具有何等的感染力影响力，以至于司马迁在《史记》中发出这样的感慨：假如晏子还活着，我就是为他执鞭驾马，也是心向往之啊！

不仅如此，以上率下，在历史变革的特殊时期还能产生攻坚克难、扭转乾坤的作用。比如中国历史上最重要的改革之一——北魏孝文帝的汉化改革，就是采取以上率下的方法完成的。正是由于孝文帝的以上率下，改革取得完全成功，使以鲜卑族为主的北方各少数民族向先进的中原文明靠拢，对恢复和发展北方的社会经济、促进各民族的融合以及中华民族的历史发展，作出了重大贡献。

（二）以上率下，以正治政

党的十八大以来，习近平一再强调反腐倡廉要从中央最高领导层做起，各级领导干部要发挥表率作用。他在第十八届中央纪律检查委员会第三次全体会议上深刻指出：“党要管党、从严治党怎么抓？就从中央政治局抓起，正所谓‘子帅以正，孰敢不正’？上面没有先做到，要求下边就没有说服力和号召力。在十八届中央政治局第一次会议上，我就说过，我们党作为马克思主义执政党，不但要有强大的真理力量，而且要有强大的人格力量;真理力量集中体现为我们党的正确理论,人格力量集中体现为我们党的优良作风;中央政治局的同志要带头把党的优良作风继承下来、发扬下去,敏于行、慎于言,降虚火、求实效,实一点,再实一点。全党看着中央政治局,要求全党做到的,中央政治局首先要做到。”①

以上率下,就是以正治政,身体力行。多年来,不少党政部门在党风廉政建设和反腐败斗争中说和做两层皮,说的好,做的差,甚至以各种手法抵制,“纸老虎”、“稻草人”、“样子货”随处可见。“子帅以正,孰敢不正”,“善禁者,先禁其身而后人”,反对腐败首先要从最高层抓起,“全党看着中央政治局,要求全党做到的,中央政治局首先要做到”,“上面没有先做到,要求下边就没有说服力和号召力”。因此,落实零容忍的反腐理念,抓好党风廉政建设和反腐败斗争,必须以上率下,中央要充分发挥其政治示范作用,要在党的群众路线教育实践活动中,以较真找问题的作风和真诚听意见的态度,体现出中央高层的榜样作用,用“顶层推动”与“全党行动”的政治示范理念全面推进反腐败。

以上率下,就是层层传导,示范带动。这是被实践证明最有效的工作方式。面对全面建设小康社会、全面深化改革、全面依法治国、全面从严治党的时代要求和反腐败斗争的严峻形势,各级党委、纪委和反腐职能部门及其领导干部,要以踏石留印、抓铁有痕的劲头把主体责任、监督责任和执纪执法责任扛在肩上、抓在手上、落到实处。特别是主要领导干部,更需要做到以上率下、当好带头人,发挥好“火车头”、“领头羊”的作用,事事带头、时时带头、处处带头,领着大家干、干给下边看,用身影指挥人、用实干带动人,真正把队伍领起来,形成上行下效、狠抓落实的生动局面。

以上率下,就是明白规矩,狠抓落实。一个拥有出色战斗力的团队

---

① 《习近平关于党风廉政建设和反腐败斗争论述摘编》,中央文献出版社、中国方正出版社 2015 年版,第 78 页。

必定严明纪律，按制度、按规矩、按程序决策办事，做到令行禁止。明白纪律规矩，一个最基本的要求就是执行中央决策态度坚决、行动自觉、一以贯之，做到精诚团结，同吹一把号，同唱一个调，一条心、一盘棋，齐心协力干事业谋发展。地方和部门既具有决策职能，又是个执行机构，既要严格按照决策程序科学决策、依法决策，并在落实过程中逐步完善决策，又要提高执行能力，确保党和国家决策部署不折不扣得到贯彻落实。对于贯彻落实党和国家决策的地方党委、政府的工作部署，各级各部门也要以坚决的态度抓落实，以有力的措施办法抓落实，在落实上决不能打折扣、搞变通。只有同心断金，才能捏指成拳，破难闯关。只有层层传导，才能在困难压力大的情况下，步调一致、形成合力。风成于上，俗化于下。"一打纲领不如一步行动"。践行零容忍的反腐理念，必须把落实紧紧抓在手上，在落实上下真功夫、实功夫。

（三）打铁还需自身硬

习近平在十八届中央政治局常委与中外记者见面时说的"打铁还需自身硬"，这句话发人深省。"打铁还需自身硬"是一句中国传统白话，人们常挂嘴边；孔子之言即"其身正，不令而行；其身不正，虽令不从"；明代政治家钱琦在《钱公良测语》中所云："治人者必先自治、责人者必先自责、成人者必须自成。"凡此皆一个意思，讲的是官员自身素质的极端重要性。

打铁还需自身硬体现在中央高层的日常活动中。2012 年 12 月 4 日，新一届中央政治局召开会议，审议中央政治局关于改进工作作风、密切联系群众的八项规定。会议强调，抓作风建设，首先要从中央政治局做起，要求别人做到的自己先要做到，要求别人不做的自己坚决不做，以良好党风带动政风民风，真正赢得群众信任和拥护。如"八项规定"明确要求改进调查研究、精简会议活动、精简文件简报、规范出访活动、改进警卫工作、改进新闻报道、严格文稿发表、厉行勤俭节约，被称为“新八项注意”。特别是推出出访不安排机场迎送、警卫一般不封路、不清场等系列措施让群众拍手叫好。党的高级领导干部无论是在京出席有关活动，还是到基层视察，都严格遵守这些规定。

打铁还需自身硬，就全体党员干部而言，最基本的就是忠于职守，履职尽责。党风廉政建设和反腐败斗争既惩治以权谋私、滥用职权的腐败行为，又反对消极懒政、尸位素餐、不作为的渎职行为。全体党员干部都要明确自己的岗位职责，深刻认识到各级岗位都是党和国家依据我国政体要求和事业发展需要设置的，都有着明确的职责定位。国家工作人员特别是领导干部只有认清了自己的岗位职责，才能知道应该干什么、抓什么、管什么，真正做到身在岗、心在位，司其职、尽到责，把岗位责任履行好，把应有的作用发挥好，这是最基本的要求。只有清楚知道自己的主要职责是什么，清楚自己该干什么、抓什么，才能分清轻重，才能知道缓急，从而把主要精力放在抓大事、抓要害、抓关键上，才不会本末倒置、眉毛胡子一把抓，捡了芝麻丢了西瓜；才能更好地立足岗位职责，主动应对挑战，扛起肩上的责任，积极适应党风廉政建设和经济发展新常态，办实事、出实招、求实效。

打铁还需自身硬，主要体现在“五硬”：一是思想过硬，就是坚持理论自信，自觉用中国特色社会主义理论武装自己的头脑，不断增强自己党性觉悟，坚定理想信念，自觉与党中央保持一致，毫不懈怠，矢志不渝，为共产主义奋斗的信仰毫不动摇，沿着中国特色社会主义道路前进的信念坚定不移。二是作风过硬，就是思想作风要实事求是，公道正派；工作作风高效、务实，拼搏进取；生活作风严肃端正，健康向上。远离高高在上的官僚主义作风，杜绝哗众取宠的形式主义作风，警惕奢侈腐化的享乐主义作风，不当官老爷，不当败家子。三是能力过硬，就是想干、会干、能干、善干，是行家里手，有克服困难、打开工作局面的能力，有开拓进取、锐意创新的能力，有卧薪尝胆、带领群众实现奋斗目标的能力，有与时俱进、掌控全局的能力。放在哪里都胜任工作，干什么都让组织放心。四是学习过硬，就是勤于学习，挤时间学习，把学习当作生命的一部分；善于向书本学习、向群众学习、向实践学习；学理论、学政策、学知识、学科学；做学习的模范，当学习的标兵，成为学习的带头人。五是形象过硬，就是用权上不私不滥，钱财上不贪不占，作风上不吹不拍，女色上不淫不乱，坐在台上敢说硬话率先垂范，走在路上身正心安不怕人指指点点，光明磊落，胸怀坦荡，廉政形象好，群众威信高，让人服气敬佩。

有了这“五硬”，党员干部就可以振臂一呼“我是共产党员，向我看齐，我乃榜样”，而不怕“台上我说人，台下人说我”；就能理直气壮地与腐败背道而驰，以清廉形象示人；就能大刀阔斧地兴利除害，整肃官僚主义作风；就能高标准提高工作效率，多出优秀政绩；就能带出过硬队伍，造就洁净氛围，做到风清气正。这样过硬的党员干部多了，风气的扭转，积弊的清除，信心的重树，自会日见成效；美丽中国的问世，小康社会的建成，便会水到渠成；中华民族的伟大复兴，中国梦的最终实现，就会如期而至。因此，打铁还需自身硬应当成为党员干部的座右铭。

三、“常”、“长”结合理念

习近平在第十八届中央纪律检查委员会第二次全体会议上指出，反腐倡廉必须常抓不懈，拒腐防变必须警钟长鸣，关键就在“常”、“长”二字。此后又在十八届中央纪委七次全会上强调，要继续在常和长、严和实、深和细上下功夫，进一步丰富了“常”、“长”结合的科学内涵，体现了党对腐败问题的清醒认识，表明了党惩治腐败的坚定决心，揭示了“党风廉政建设和反腐败斗争永远在路上”①的真谛。

① 《习近平关于协调推进“四个全面”战略布局论述摘编》，中央文献出版社 2015 年版，第 146 页。

（一）关键就在“常”、“长”二字

对腐败现象的“零容忍”既不是一时一事的短期行为，也不是一两次战役就可结束的。“反腐倡廉必须常抓不懈，拒腐防变必须警钟长鸣，关键就在‘常’、‘长’二字，一个是要经常抓，一个是要长期抓。”①在“常”字上下功夫，就是要做到对腐败不手软、不留情，对腐败分子有一个抓一个，严惩不贷。当前一些重大违纪违法案件影响恶劣，一些领域消极腐败现象仍然易发多发，甚至有些地方党政部门官员依然顶风作案。这就表明，反腐败要在“长”字上下功夫，要常抓不懈，不能一蹴而就。一方面要坚定决心、充满信心，另一方面也要树立恒心、保持耐心。要建立反腐败全国“一盘棋”的机制，全党联动，决不允许对中央决策部署有令不行、有禁不止，或上有政策、下有对策。反腐败斗争是一项长期的、复杂的、艰巨的任务，只有坚持“常”、“长”二字的策略理念，才能使党员干部真正筑牢思想上的权力之“笼”。

“常”、“长”二字，是对全党的一种警示。当前，广大群众对腐败现象已到了深恶痛绝、忍无可忍的地步，对我们党解决腐败问题更是充满期待。但是，对腐败问题的危害性，对反腐败斗争的长期性、艰巨性和复杂性，一些党员干部头脑中并没有非常清醒的认识，置身度外者有之，随波逐流者有之。党的十八大提出建设廉洁政治的重大任务，要求做到干部清正、政府清廉、政治清明。面对人民群众空前高涨的期待，党必须在党风廉政建设和反腐败斗争上有所作为。特别是要实现“两个一百年”目标，实现中华民族伟大复兴的中国梦，更需要抓住“常”、“长”二字，用反腐倡廉建设的实际成效凝聚党心民心。

“常”、“长”二字，相辅相成，有机结合。“常”就是经常抓。当前，

① 《习近平关于党风廉政建设和反腐败斗争论述摘编》，中央文献出版社、中国方正出版社2015年版，第93—94页。

保持惩治腐败高压态势，就得坚持有案必查、有腐必惩，做到有群众举报的及时处理，有具体线索的认真核实，违反党纪国法的严肃处理。对于腐败分子，有一个抓一个，“老虎”、“苍蝇”一起打，防止小错酿成大错、小贪变成巨贪。“长”就是长期抓。根除腐败，不可能毕其功于一役。我们要有惩治腐败的决心、信心，也有长期作战的恒心、耐心。从长远看，在决不放松惩治这一手的同时，应当把更多精力用在预防上。借助当前抓作风的有利契机，狠刹歪风、整肃纪律、清理特权，不断清除腐败滋生的土壤。人们期待各级党委、纪检监察机关和反腐执法机关，时时不忘“常”、“长”二字，不断用反腐败斗争的成果取信于民。应当加强立法和制度建设，加强对权力运行的制约和监督，把权力关进制度的笼子里，让权力在阳光下运行，从源头上有效防治腐败。

（二）在严和实中体现深和细

“常”、“长”结合的反腐倡廉建设，必须在严和实中体现深和细。党的十八大以来，我们党着眼于新的形势任务，把全面从严治党纳入“四个全面”战略布局，把党风廉政建设和反腐败斗争作为全面从严治党的重要内容，正风肃纪，反腐惩恶，着力构建不敢腐、不能腐、不想腐的体制机制。从出台“八项规定”到持之以恒纠“四风”，从发挥巡视利剑到加大追逃追赃力度，从“打虎拍蝇”到扎紧制度笼子，一系列具体而扎实的“组合拳”，从宽松软逐步走向严紧硬，有力净化了党风政风民风，极大增强了人民群众对党的信任和支持，人民群众对此给予高度评价。但是必须看到，从宽松软走向严紧硬是一个长期的过程，增强党的凝聚力和战斗力不可能毕其功于一役，要有韧劲、恒心。如何做到严紧硬？王岐山强调的“从点点滴滴抓起”，“在严和实中体现深和细”，①充分显

① 《中央纪委举办派驻纪检组组长培训班　王岐山出席开班式并讲话》，新华网2016年4月24日。

示了把全面从严治党体现在实实在在行动上的坚定决心和明确要求。

习近平指出，全面从严治党，核心是加强党的领导，基础在全面，关键在严，要害在治。① “关键”和“要害”释放出重在具体的信号。具体的衡量标准在于深和细：首先必须突出一个“深”字，在坚持中深化、在深化中坚持，持之以恒、久久为功、常抓不懈。同时要抓住一个“细”字。天下大事必作于细，“治小者不可以怠，怠则废”，全面从严治党必须落细落小落实。随着全面从严治党形成常态化，腐败变种也越来越隐蔽，识别和查处的难度会越来越大。对此，党的各级纪检部门要拉长耳朵、瞪大眼睛，发现问题、及时处置，让形形色色的腐败行为无处遁形。

严和实是确保深和细的前提，要在严和实中体现深和细。全面从严治党抓深抓细，必须“严”字当头，每名党员干部都要牢固树立“四个意识”，自觉尊崇党章，严肃党内生活，认真对照“三严三实”，坚守防线、把住底线、不越红线，心有所畏、言有所戒、行有所止。必须向“实”处用力，全面从严治党的措施要实、效果要实，一定要以踏石留印、抓铁有痕的决心和行动抓落实。特别是基层党委，如果大而化之、虚与委蛇，不对症下药，歪风邪气就必然大行其道，最后只会贻误党和人民的事业。

“一分部署、九分落实”。在严和实中体现深和细，就是要突出问题导向，在反腐倡廉建设中带着具体问题学，针对具体问题改，把解决问题贯穿秉公用权、廉洁从政的全过程，不断增强党的凝聚力和战斗力，从而为推进全面从严治党提供强大的正能量。

（三）任重道远，反腐只有进行时

党风廉政建设和反腐败斗争永远在路上，只有进行时，“要严字当

① 参见习近平：《在第十八届中央纪律检查委员会第六次全体会议上的讲话》，《人民日报》2016年5月3日。

头、实字托底，步步深入、善作善成”，“要拿出滴水穿石的劲头、铁杵磨针的功夫，在坚持不懈、持之以恒中见常态、见长效。”①习近平的这些谆谆告诫，表明了我们党持之以恒抓好作风建设，坚定不移把反腐败斗争引向深入的态度和要求，是对新时期腐败发生规律与反腐败治理路径认识的进一步深化。

反腐败任重道远。回顾历史，古今中外，国家的衰亡、政权的更替甚至文明的消失，后人在为这些关键节点把脉时，腐败总会成为无法回避的高频词。纵然腐败不一定是某一政权轰然倒下的最后推手，但腐败早已掏空了执政的根基、透支了群众的信赖。现实无论是西方发达国家，还是正在崛起的发展中国家，腐败程度或有不同，但仍然像挥之不去的幽灵，成为所有国家和政党共同的敌人。事实不容置疑：“腐败，自有人类文明史以来就一直存在，古今中外，概莫能外。”腐败危害之大、“生命力”之顽强，谁轻视谁就要栽跟头，这是历史的教训。我党把党风廉政建设和反腐败斗争提到关系党和国家生死存亡的高度来认识，正是深刻总结了古今中外的历史教训得出的科学认识。任何权力都面临被腐蚀的危险，执政党永远会面对与腐败的斗争。从周永康、徐才厚等握有重权的高级别领导干部的腐败，到马超群等权力不大却贪腐上亿的事实，从权力集中部门到清水衙门都不时有腐败分子落马的现实，无不印证有权力就有腐败的古训。腐败长期存在就要长期反腐败，当下存在就要从现在反起。中国共产党与腐败水火不容，党中央对形势的判断没有变、旗帜立场不会变，目标任务就不能变。唯有“严”字当头，“实”字托底，步步深入、善作善成，把反腐败斗争引向深入。

反腐败只有“进行时”是实践与认识的深化。党风廉政建设和反

① 《习近平在十八届中央纪委七次全会上发表重要讲话强调：全面贯彻落实党的十八届六中全会精神　增强全面从严治党系统性创造性实效性》，《人民日报》2017年1月7日。

腐败斗争永远没有终点,并不意味着对腐败束手无策,甚至放任腐败,而是为了更好地认识腐败、治理腐败。反腐败不能讳疾忌医,而要准确把握腐败的新变化新特点,摸清摸透腐败的发生机理,有针对性地制定反腐败战略战术,更加有效地推进党风廉政建设和反腐败工作。靠什么把握规律、深化认识?运用辩证唯物主义和历史唯物主义的世界观和方法论驾驭现实,用历史、哲学和文化的思考支撑信心。规律要把握,认识要深化,实践要跟上。从治标入手,为治本赢得时间;遵循党章规定,聚焦中心任务;严明党的政治纪律、夯实管党治党责任;创新体制机制、扎牢制度笼子;持之以恒纠正"四风"、党风民风向善向上;强化党内监督、发挥巡视利剑作用;严惩腐败分子、加强追逃追赃工作……党的十八大以来,党中央坚定不移推进党风廉政建设和反腐败斗争作出的一系列部署,即是对这句话作出的注解。反腐只有"进行时",就是要拿出滴水穿石的劲头、铁杵磨针的功夫,在坚持不懈、持之以恒中见常态、见长效。

反腐败任重道远,永远在路上是态度与决心的展现。习近平强调,在党风廉政建设和反腐败问题上,"一切何必当真的观念,一切干一下得了的想法,一切得过且过的心态,都是对党和人民事业有大害而无一利的,都是万万要不得的!"①中央政治局常委、中央纪委书记王岐山面对有关"高压反腐不会再持续"等质疑时,坚定而明确回复"反腐败永远在路上"。党的总书记和纪委书记的话意味着反腐败不是一朝一夕之功,不能有一丝一毫的敷衍应付,更传递出一种决心,即要保持坚强政治定力,有静气、不刮风、不搞运动,立足当前、谋划长远,认准正确方向,踩着不变的步伐,以顽强的毅力和不屈的韧劲,把党风廉政建设和反腐败斗争一步步引向深入。方向明确了,就要节奏不变、力度不减,

① 习近平:《在党的群众路线教育实践活动总结大会上的讲话》,人民出版社 2014 年版,第 14 页。

一步一个脚印向前走。反腐败不是“三把火”，烧过去就完了；也不是一阵风，刮了就过去了。将“永远在路上，只有进行时”列入党风廉政建设和反腐败斗争的重要工作议程，给持错误思想和没做好长期作战准备的干部敲响了警钟，也有力回击了社会上各种质疑和猜测。

持续反腐、标本兼治，根本目的在于厚植党执政的政治基础，坚定广大人民群众对党的信心和信任。要以人民高兴不高兴、满意不满意、答应不答应，作为工作的根本标准。正如毛泽东同志在中共七大闭幕式上的致辞所言：“我们一定要坚持下去，一定要不断地工作，我们也会感动上帝的。这个上帝不是别人，就是全中国的人民大众。”①关乎人心向背，坚持下去就是“向”，一旦反弹就会“背”；关乎生死存亡，这个时候松劲就是对腐败的放任，就是对党和人民的不负责任。必须保持定力、坚定信心，以“狭路相逢勇者胜”的勇气，持之以恒地做下去。

① 《毛泽东选集》第三卷，人民出版社 1991 年版，第 1102 页。

第五章

反腐败目标任务

习近平在第十八届中央纪律检查委员会第二次全体会议上指出："实现党的十八大确定的各项目标任务，实现'两个一百年'目标，实现中华民族伟大复兴的中国梦，必须把我们党建设好。"[①]党的十八大报告对全面提高党的建设科学化水平提出了明确要求，突出强调，坚持党要管党、从严治党，不断提高党的领导水平和执政水平、提高拒腐防变和抵御风险能力，增强自我净化、自我完善、自我革新、自我提高能力，确保党始终成为中国特色社会主义事业的坚强领导核心。党风廉政建设和反腐败斗争，是党的建设的重大任务。这一重要论述揭示了新时期反腐败斗争的价值追求和目标任务。

一、正风肃纪，着力解决"四风"问题

解决"四风"问题是反腐倡廉建设的着力点。任何政党的存在和发展，都离不开作风建设，作风建设是一项很重要的任务，需要遵循现代政党自身建设发展的一般规律。习近平说："中央提出抓作风建设，反对形式主义、官僚主义、享乐主义，反对奢靡之风，就是提出了一个抓

① 《习近平谈治国理政》，外文出版社 2014 年版，第 385 页。

反腐倡廉建设的着力点，提出了一个夯实党执政的群众基础的切入点。全党同志一定要从这样的政治高度来认识这个问题，从思想上警醒起来，牢记‘两个务必’，坚定不移转变作风，坚定不移反对腐败，切实做到踏石留印、抓铁有痕，不断以反腐倡廉的新进展、新成效取信于民，确保党和国家兴旺发达、长治久安。”①

（一）“四风”是腐败的重要根源

习近平指出：“我们必须看到，面对世情、国情、党情的深刻变化，精神懈怠危险、能力不足危险、脱离群众危险、消极腐败危险更加尖锐地摆在全党面前，党内脱离群众的现象大量存在，一些问题还相当严重，集中表现在形式主义、官僚主义、享乐主义和奢靡之风这‘四风’上。”②

中央决定集中解决形式主义、官僚主义、享乐主义和奢靡之风这“四风”问题。为什么要聚焦到“四风”上呢？因为这“四风”是违背我们党的性质和宗旨的，也是损害党群干群关系的重要根源。党内存在的其他问题都与这“四风”有关，或者说是这“四风”衍生出来的。“四风”问题解决好了，党内其他一些问题解决起来也就有了更好条件。党的十八大之后，中央政治局首先抓改进工作作风，也是这个考虑。习近平说：“改进工作作风的任务非常繁重，中央八项规定是一个切入口和动员令。中央八项规定既不是最高标准，更不是最终目的，只是我们改进作风的第一步，是我们作为共产党人应该做到的基本要求。‘善禁者，先禁其身而后人。’各级领导干部要以身作则、率先垂范，说到的就要做到，承诺的就要兑现，中央政治局同志从我本人做起。领导干部的一言一行、一举一动，群众都看在眼里、记在心上。干部心系群众、埋头苦干，群众就会赞许你、拥护你、追随你；干部不务实事、骄奢淫逸，群

---

① 《习近平关于党风廉政建设和反腐败斗争论述摘编》，中央文献出版社、中国方正出版社 2015 年版，第 71—72 页。

② 《十八大以来重要文献选编》（上），中央文献出版社 2014 年版，第 310 页。

众就会痛恨你、反对你、疏远你。我们的财力是不断增加了，但决不能大手大脚糟蹋浪费！要坚持勤俭办一切事业，坚决反对讲排场比阔气，坚决抵制享乐主义和奢靡之风。”①

作风问题关系人心向背，关系党的执政基础。习近平说：“对‘四风’问题，必须下大气力惩治。形式主义实质是主观主义、功利主义，根源是政绩观错位、责任心缺失，用轰轰烈烈的形式代替了扎扎实实的落实，用光鲜亮丽的外表掩盖了矛盾和问题。官僚主义实质是封建残余思想作祟，根源是官本位思想严重、权力观扭曲，做官当老爷，高高在上，脱离群众，脱离实际。有些领导干部爱忆苦思甜，口头上说是穷苦家庭出身，是党和人民培养了自己，但言行不一，心里想的是自己当上官了，终于可以扬眉吐气了，要好好享受一下当官的尊荣，摆起官架子来比谁都大。享乐主义实质是革命意志衰退、奋斗精神消减，根源是世界观、人生观、价值观不正确，拈轻怕重，贪图安逸，追求感官享受。奢靡之风实质是剥削阶级思想和腐朽生活方式的反映，根源是思想堕落、物欲膨胀，灯红酒绿，纸醉金迷。‘四风’的后果，就是浪费了有限资源，延误了各项工作，疏远了人民群众，败坏了党风政风，最终会严重损害党的先进性和纯洁性、严重损害党的执政基础和执政地位。如果沉迷在‘四风’之中，还讲什么无数革命先烈流血牺牲打下的红色江山永不变色，那是多么大的讽刺啊！无数革命先烈流血牺牲打下的红色江山就是让一些人去挥霍败坏的吗?！如果领导干部弄不清‘为了谁、依靠谁、我是谁’，如果‘四风’问题蔓延开来又得不到有效遏制，就会像一座无形的墙把党和人民群众隔开，就会像一把无情的刀割断党同人民群众的血肉联系，那后果就严重了。”②

① 《习近平关于党风廉政建设和反腐败斗争论述摘编》，中央文献出版社、中国方正出版社 2015 年版，第 71 页。

② 《习近平关于党风廉政建设和反腐败斗争论述摘编》，中央文献出版社、中国方正出版社 2015 年版，第 75—76 页。

（二）“四风”具有顽固性和反复性

习近平说：“‘四风’问题积习甚深，可谓冰冻三尺非一日之寒。以往的经验告诉我们，纠风之难，难在防止反弹。事物是不断发展变化的，‘四风’问题具有很强的变异性和传染性，这样的问题消失了，那样的问题又会出现。正所谓‘由俭入奢易，由奢入俭难’。目前，在一些地方和部门，作风问题依然突出，但表现形态不一样了，存在一些使歪招、打折扣、搞变通现象。有的楼堂馆所穿上‘创业大厦’、‘研发中心’等马甲，有的以培训为名行游山玩水之实，有的干部红白喜事不请客但收礼，有的大吃大喝转战到私人会所、农家乐、‘内部食堂’。有的送礼和收礼穿上‘隐身衣’，礼品册、电子礼品卡等花样繁多，利用网络、快递进行，双方不见面，十分隐蔽。还有的单位为了应付检查，采取无中生有、移花接木、指鹿为马等手法，看似在表格上完成了考核指标，实际上没有多少改变。如此等等。这就说明，教育实践活动有期限，但贯彻群众路线没有休止符，作风建设永远在路上。”①“四风”积习的顽固性和反复性还表现在基层。习近平说：“基层风气不好，直接损害官兵切身利益，动摇部队建设发展基础。要下大气力整治发生在士兵身边的不良行为，对随意插手基层敏感事务，截留克扣基层物资经费，在入党、考学、转士官上处事不公，吃拿卡要，收受战士钱物、侵占士兵利益等问题，必须严肃查处，决不姑息。”②习近平强调：“同学、同行、同乡、同事等小圈子聚会也值得警惕，搞不好就会形成宗派主义、山头主义、小圈子。到党校学习一段时间，同学之间很自然会形成比较好的关系，但如果刻意说我们是党校第几期、是一个班的，称兄道弟，甚至政治上形成

---

① 《习近平关于党风廉政建设和反腐败斗争论述摘编》，中央文献出版社、中国方正出版社 2015 年版，第 80—81 页。

② 《习近平关于党风廉政建设和反腐败斗争论述摘编》，中央文献出版社、中国方正出版社 2015 年版，第 76 页。

一种互相支持的关系，那就不正常了。有的这种聚会里面有潜规则，大家形成了一种特殊关系，今后在利益交换中是要兑现的。权钱交易有没有？政治上是不是互相提携、互相抱团啊？千万不要搞这些东西，搞这些东西危害很大！我们经常讲，党的干部都是来自五湖四海，为了一个共同的革命目标走到一起来的。党内不允许这种不良风气蔓延，宗派主义必须处理，山头主义必须铲除。”①

（三）对准焦距、找准穴位、抓住要害

习近平说：“反对形式主义，要着重解决工作不实的问题，教育引导党员、干部改进学风文风会风，改进工作作风，在大是大非面前敢于担当、敢于坚持原则，真正把心思用在干事业上，把功夫下到察实情、出实招、办实事、求实效上。反对官僚主义，要着重解决在人民群众利益上不维护、不作为的问题，教育引导党员、干部深入实际、深入基层、深入群众，坚持民主集中制，虚心向群众学习，真心对群众负责，热心为群众服务，诚心接受群众监督，坚决整治消极应付、推诿扯皮、侵害群众利益的问题。反对享乐主义，要着重克服及时行乐思想和特权现象，教育引导党员、干部牢记‘两个务必’，克己奉公，勤政廉政，保持昂扬向上、奋发有为的精神状态。反对奢靡之风，要着重狠刹挥霍享乐和骄奢淫逸的不良风气，教育引导党员、干部坚守节约光荣、浪费可耻的思想观念，做到艰苦朴素、精打细算，勤俭办一切事情。解决‘四风’问题，要从实际出发，抓住主要矛盾，什么问题突出就着重解决什么问题，什么问题紧迫就抓紧解决什么问题，找准靶子，有的放矢，务求实效。”②他强调：“军委的同志身居高位，全军官兵在看着我们，广大人民群众在看着我们。为人是否正派？做事是否干净？这是事关党和军队形象的

① 《习近平关于党风廉政建设和反腐败斗争论述摘编》，中央文献出版社、中国方正出版社 2015 年版，第 76—77 页。

② 《十八大以来重要文献选编》（上），中央文献出版社 2014 年版，第 314 页。

大问题。我们要清廉自律，坚决不搞特殊化，坚决不搞特权，坚决不搞不正之风，坚决不搞腐败。只有给全军作出表率了，我们抓全军作风建设才有底气。自己不检点，不清爽，不干净，让人家在背后指指点点的，怎么去要求人家啊？没法说，说了也没用啊！”①

习近平说：“教育实践活动重点抓什么？要选准目标、集中火力，深入解决形式主义、官僚主义、享乐主义和奢靡之风问题。我们提出‘照镜子、正衣冠、洗洗澡、治治病’的总要求，对存在的问题不回避、不掩饰，不等不靠、立行立改。我们要求开门搞活动，开展批评和自我批评，不绕弯子，直奔主题，真刀真枪提意见，满腔热情帮同志，起到红红脸、出出汗，触及思想、触及灵魂的效果。大家通过查摆问题、整改落实，着力解决违背群众路线的突出问题，针对调查研究、新闻报道、出国访问、干部住房、办公用房、配车上牌、秘书配备、公务接待、警卫规格、楼堂馆所、公款消费、铺张浪费、礼品礼券等方面存在的问题一项一项抓，取得了明显进展。对抓作风问题，广大干部群众高度支持和拥护，说明我们抓对了。”②

清除“四风”积习的根本标准是分清公私界限。习近平说，作风问题起决定作用的是党性，“衡量党性强弱的根本尺子是公私二字。古人说：‘一心可以丧邦，一心可以兴邦，只在公私之间尔。’作为党的干部，就是要讲大公无私、公私分明、先公后私、公而忘私，只有一心为公、事事出于公心，才能坦荡做人、谨慎用权，才能光明正大、堂堂正正。作风问题，很多是因公私关系没有摆正产生的。作风问题有的看起来不大，几顿饭，几杯酒，几张卡，但都与公私问题有联系，都与公款、公权有关系。公款姓公，一分一厘都不能乱花；公权为民，一丝一毫都不能私

① 《习近平关于党风廉政建设和反腐败斗争论述摘编》，中央文献出版社、中国方正出版社2015年版，第74页。

② 《习近平关于党风廉政建设和反腐败斗争论述摘编》，中央文献出版社、中国方正出版社2015年版，第78—79页。

用。领导干部必须时刻清楚这一点，做到公私分明、克己奉公、严格自律。”①

（四）解决“四风”必须行胜于言

解决“四风”问题要行胜于言。习近平说：“我们抓中央八项规定贯彻落实，看起来是小事，但体现的是一种精神。中央八项规定都抓不好、坚持不下去，还搞什么十八项规定、二十八项规定？抓‘四风’要首先把中央八项规定抓好，抓党的建设要从‘四风’抓起。办好一件事后再办第二件事，让大家感到我们是能办成事的，而且是认真办事的。这样才能取信于民、取信于全党。大家担心防范‘四风’的制度能不能建立起来，是不是有用，是不是‘稻草人’？行胜于言。比如，今年中秋节中央纪委抓月饼，看起来是小事，其实是抓这后面隐藏的腐败。抓了中秋节抓国庆节，抓了国庆节抓新年，抓了新年抓春节，抓了春节抓清明节、抓端午节，就这么抓下去，总会见效的，使之形成一种习惯、一种风气。”②

行胜于言要做到标本兼治。习近平说：“治标，就是要着力针对面上‘四风’问题的各种表现，该纠正的纠正，该禁止的禁止。治本，就是要查找产生问题的深层次原因，从理想信念、工作程序、体制机制等方面下功夫抑制不正之风。各地区各部门‘四风’问题表现不尽相同，有的形式主义、官僚主义突出一点，有的享乐主义、奢靡之风突出一点，什么问题突出就着力解决什么问题。”③

---

① 《习近平关于党风廉政建设和反腐败斗争论述摘编》，中央文献出版社、中国方正出版社 2015 年版，第 79—80 页。

② 《习近平关于党风廉政建设和反腐败斗争论述摘编》，中央文献出版社、中国方正出版社 2015 年版，第 77—78 页。

③ 《习近平关于党风廉政建设和反腐败斗争论述摘编》，中央文献出版社、中国方正出版社 2015 年版，第 74 页。

二、"打虎拍蝇",坚决遏制腐败蔓延势头

习近平在第十八届中央纪律检查委员会第六次全体会议上强调:"党中央坚定不移反对腐败的决心没有变,坚决遏制腐败现象蔓延势头的目标没有变。"①两个"没有变"向全党全社会释放的信号是庄严的承诺必须兑现,认准的目标务必实现。反腐败斗争是一场输不起的斗争,也是一场攻坚战、持久战。面对党风廉政建设和反腐败斗争的目标任务,我们必须拿出勇者必胜的信心,持之以恒奋力拼搏,持续保持高压态势,推动反腐败工作深入开展。

(一)坚持有案必查、有腐必惩

有案必查是党纪国法的必然要求。"反对腐败、建设廉洁政治,保持党的肌体健康,始终是我们党一贯坚持的鲜明政治立场。党风廉政建设,是广大干部群众始终关注的重大政治问题。'物必先腐,而后虫生。'近年来,一些国家因长期积累的矛盾导致民怨载道、社会动荡、政权垮台,其中贪污腐败就是一个很重要的原因。大量事实告诉我们,腐败问题越演越烈,最终必然会亡党亡国!我们要警醒啊!"②他明确指出:"要深入抓好反腐倡廉工作,坚持有案必查、有腐必惩,任何人触犯了党纪国法都要依纪依法严肃查处,决不姑息,党内决不允许腐败分子有藏身之地。"③他深刻指出:"坚定不移惩治腐败,是我们党有力量的表现,也是全党同志和广大群众的共同愿望。

---

① 习近平:《在第十八届中央纪律检查委员会第六次全体会议上的讲话》,《人民日报》2016 年 5 月 3 日。

② 《习近平谈治国理政》,外文出版社 2014 年版,第 16 页。

③ 《习近平关于党风廉政建设和反腐败斗争论述摘编》,中央文献出版社、中国方正出版社 2015 年版,第 93 页。

我们党严肃查处一些党员干部包括高级干部严重违纪问题的坚强决心和鲜明态度，向全党全社会表明，我们所说的不论什么人，不论其职务多高，只要触犯了党纪国法，都要受到严肃追究和严厉惩处，决不是一句空话。”①

有腐必惩是从严治党的责任担当。惩腐要有忧患意识。习近平说：“坚持党要管党、从严治党，保持高压态势，坚决遏制腐败现象蔓延势头。一年多来，比较一下，已处理了几十个部级干部，比过去多了不少，但不要算这个账，有贪必反，有腐必惩！既然党和国家前途命运交给了我们，就要担当起这个责任。杜甫有诗：‘新松恨不高千尺，恶竹应须斩万竿。’实现不敢腐、不能腐、不想腐，要把制度篱笆扎起来。放权不是放任，制度要落实，不能是‘样子货’。”②他指出：“滋生腐败的土壤依然存在，反腐败形势依然严峻复杂，一些不正之风和腐败问题影响恶劣、亟待解决。全党同志要深刻认识反腐败斗争的长期性、复杂性、艰巨性，以猛药去疴、重典治乱的决心，以刮骨疗毒、壮士断腕的勇气，坚决把党风廉政建设和反腐败斗争进行到底。”③

遏制腐败蔓延必须强化执法力度。习近平说：“腐败现象蔓延势头尚未有效遏制。我们的目的就是遏制。”“查处惩戒力度还要加大。”④他指出：“我们说‘老虎’、‘苍蝇’一起打，有的群众说‘老虎’离得太远，但‘苍蝇’每天扑面。这就告诉我们，必须着力解决发生在群众身边的腐败问题，认真解决损害群众利益的各类问题，切实维护人民

① 《习近平关于党风廉政建设和反腐败斗争论述摘编》，中央文献出版社、中国方正出版社2015年版，第94页。

② 《习近平关于党风廉政建设和反腐败斗争论述摘编》，中央文献出版社、中国方正出版社2015年版，第99—100页。

③ 《习近平关于党风廉政建设和反腐败斗争论述摘编》，中央文献出版社、中国方正出版社2015年版，第97页。

④ 《习近平关于党风廉政建设和反腐败斗争论述摘编》，中央文献出版社、中国方正出版社2015年版，第99页。

群众合法权益。”①他强调:“我们坚持运用法治思维和法治方式反腐败,查处了一批大案要案,形成了对腐败分子的高压态势。我们注重解决发生在群众身边的不正之风和腐败问题。我在中央纪委第二次全体会议上说过,要坚持党纪国法面前没有例外。我们用行动证明,我们是说到做到的。”②

(二)反对特权思想,惩腐没有例外

反腐倡廉建设必须反对特权思想、特权现象。习近平说:“党章规定:‘中国共产党党员永远是劳动人民的普通一员。除了法律和政策规定范围内的个人利益和工作职权以外,所有共产党员都不得谋求任何私利和特权。’党的十八大强调,各级领导干部决不允许搞特权。为什么要突出提出这个问题?就是因为群众对我们一些干部搞特殊、要特权意见很大。”③习近平还指出:“军队不是生活在真空中的……军委的同志要旗帜鲜明反对腐败……对广大官兵和群众反映的消极腐败问题,一定要认真查处。任何人违反了党纪国法,都要依法惩治,决不能手软。我们说,党内不能有腐败分子的藏身之地,军队是拿枪杆子的,更不能有腐败分子的藏身之地。”④习近平强调:“党纪国法不能成为‘橡皮泥’、‘稻草人’,无论是因为‘法盲’导致违纪违法,还是故意违规违法,都要受到追究,否则就会形成‘破窗效应’。”⑤

严肃党纪国法,反腐没有例外。习近平指出:“贪似火,无制则燎

---

① 《习近平关于党风廉政建设和反腐败斗争论述摘编》,中央文献出版社、中国方正出版社 2015 年版,第 99 页。

② 《习近平关于党风廉政建设和反腐败斗争论述摘编》,中央文献出版社、中国方正出版社 2015 年版,第 97 页。

③ 《十八大以来重要文献选编》(上),中央文献出版社 2014 年版,第 136—137 页。

④ 《习近平关于党风廉政建设和反腐败斗争论述摘编》,中央文献出版社、中国方正出版社 2015 年版,第 93 页。

⑤ 《习近平关于严明党的纪律和规矩论述摘编》,中央文献出版社、中国方正出版社 2016 年版,第 86 页。

原;欲如水,不遏必滔天。一些人在腐败泥坑中越陷越深,一个重要原因是对其身上出现的一些违法违纪的小错,党组织提醒不够,批评教育不力,甚至睁一只眼闭一只眼。网开一面,法外施恩,就可能导致要么不暴露,要么就出大问题。所以,要抓早抓小,有病就马上治,发现问题就及时处理,不能养痈遗患。这是对干部的爱护。要让每一个干部牢记'手莫伸,伸手必被捉'的道理。孔子说:'见善如不及,见不善如探汤。'意思是一见到善要觉得赶不上似地急切追求,见到不善就要像用手试沸水一样赶快躲开。领导干部要心存敬畏,不要心存侥幸。群众说,只有警钟长鸣,才能警笛不响。这些说的都是一个道理。"①"明代冯梦龙在《警世通言》中说:'人心似铁,官法如炉。'意思是任人心中冷酷如铁,终扛不住法律的熔炉。法治之下,任何人都不能心存侥幸,都不能指望法外施恩,没有免罪的'丹书铁券',也没有'铁帽子王'。"②

(三)保持高压反腐的政治定力

惩治这一手始终不能软。习近平说:"党面临的最大风险和挑战是来自党内的腐败和不正之风。权力寻租,体制外和体制内挂钩,形成利益集团,挑战党的领导。我们惩治腐败的决心丝毫不能动摇,惩治这一手始终不能软。'诛一恶则众恶惧。'要保持政治定力,持续强化不敢腐的氛围,使有问题的干部及早收手、收敛,遏制腐败现象蔓延势头。同时也要抓不能腐的制度建设。"③他指出:"巡视中对用人腐败和不正之风问题反映突出,违规用人问题十分普遍,干部制度形同虚设。有的地方拉票贿选、跑官要官、买官卖官问题严重,有的热衷于寻求政治靠

---

① 《习近平关于党风廉政建设和反腐败斗争论述摘编》,中央文献出版社、中国方正出版社2015年版,第98页。

② 《习近平关于严明党的纪律和规矩论述摘编》,中央文献出版社、中国方正出版社2016年版,第86—87页。

③ 《习近平关于党风廉政建设和反腐败斗争论述摘编》,中央文献出版社、中国方正出版社2015年版,第101—102页。

山，搞小圈子，架设‘天线’。吏治腐败是最大的腐败，用人腐败必然导致用权腐败。花钱跑官买官，一定在当权后用权力把钱千方百计捞回来。从严治党，必先从严治吏，要抓住管权治吏的要害，严肃查处用人腐败。”①

“打虎拍蝇”必须保持高压态势。习近平强调：“深入推进反腐败斗争，持续保持高压态势，做到零容忍的态度不变、猛药去疴的决心不减、刮骨疗毒的勇气不泄、严厉惩处的尺度不松，发现一起查处一起，发现多少查处多少，不定指标、上不封顶，凡腐必反，除恶务尽。”②他告诫大家，要牢记“蠹众而木折，隙大而墙坏”的道理，保持惩治腐败的高压态势，做到有案必查、有腐必惩。要严格依纪依法查处各类腐败案件，坚持“老虎”、“苍蝇”一起打，既坚决查处大案要案，严肃查办发生在领导机关和领导干部中的滥用职权、贪污贿赂、腐化堕落、失职渎职案件，又要着力解决发生在群众身边的腐败问题，严肃查处损害群众利益的各类案件，切实维护人民合法权益，努力做到干部清正、政府清廉、政治清明。③ 习近平还深刻指出：“坚决查办案件，不是要和什么人过不去，而是要严肃法纪。如果是你先同党和人民过不去、同党纪国法过不去，而我们不讲原则让你过去了，党和人民、党纪国法是不会答应的。”④“要建立健全违反法定程序干预司法的登记备案通报制度和责任追究制度，对违反法定程序干预政法机关执法办案的，一律给予党纪政纪处分；造成冤假错案或者其他严重后果的，一律依法追究刑事责任。”⑤

① 《习近平关于党风廉政建设和反腐败斗争论述摘编》，中央文献出版社、中国方正出版社 2015 年版，第 102 页。

② 《习近平关于党风廉政建设和反腐败斗争论述摘编》，中央文献出版社、中国方正出版社 2015 年版，第 102—103 页。

③ 参见《习近平关于党风廉政建设和反腐败斗争论述摘编》，中央文献出版社、中国方正出版社 2015 年版，第 96 页。

④ 《习近平关于党风廉政建设和反腐败斗争论述摘编》，中央文献出版社、中国方正出版社 2015 年版，第 96—97 页。

⑤ 《十八大以来重要文献选编》（上），中央文献出版社 2014 年版，第 721 页。

（四）加强反腐败国际追逃追赃

习近平指出："加强反腐败国际追逃追赃工作是坚持党要管党、从严治党，遏制腐败现象蔓延势头的重要举措。"①这一重要论断，深刻揭示了推进反腐败国际追逃追赃的作用和意义，也为这项工作深入务实开展指明了方向。

把国际追逃追赃工作纳入反腐败斗争总体部署。习近平说："国际追逃工作要好好抓一抓，各有关部门要加大交涉力度，不能让外国成为一些腐败分子的'避罪天堂'，腐败分子即使逃到天涯海角，也要把他们追回来绳之以法，五年、十年、二十年都要追，要切断腐败分子的后路。"②习近平强调："加强追逃追赃工作是向腐败分子发出断其后路的强烈信号，能够对腐败分子形成震慑，遏制腐败现象蔓延势头。随着反腐败力度不断加大，一些腐败分子把外逃作为后路。近期处理的这些案件，很多人都是以外逃作为后路，最后未遂，但都有这个打算的。所以要以零容忍态度惩治腐败，不管腐败分子跑到天涯海角，也要把他们绳之以法，决不能让其躲进'避罪天堂'、逍遥法外。要把追逃追赃工作纳入党风廉政建设和反腐败斗争总体部署，把反腐败斗争引向深入。"③

习近平说："要加强对国际规则和国际组织情况的研究，深入了解和掌握有关国家的相关法律和引渡、遣返规则。要及时了解和掌握国际反腐败最新动态，提高追逃追赃工作的针对性。"④"中央媒体要及时

---

① 《习近平关于党风廉政建设和反腐败斗争论述摘编》，中央文献出版社、中国方正出版社 2015 年版，第 23 页。

② 《习近平关于党风廉政建设和反腐败斗争论述摘编》，中央文献出版社、中国方正出版社 2015 年版，第 98 页。

③ 《习近平关于党风廉政建设和反腐败斗争论述摘编》，中央文献出版社、中国方正出版社 2015 年版，第 100 页。

④ 《习近平关于党风廉政建设和反腐败斗争论述摘编》，中央文献出版社、中国方正出版社 2015 年版，第 101 页。

发声，揭露外逃腐败分子违纪违法、逃避惩罚的真面目。对一些证据确凿、定性清晰的外逃腐败分子，可以考虑向全世界公布，点名道姓公开曝光，使之在世界任何一个角落都成为过街老鼠、人人喊打。这样震慑力就会更强。”①“要搭建追逃追赃国际合作平台。加大交涉力度，突破一批重点个案，使企图外逃分子丢掉幻想、望而却步。要加快与外逃目的地国签署引渡条约、建立执法合作。要继续推动在二十国集团、亚太经合组织、《联合国反腐败公约》等多边框架下加强追逃追赃国际合作。”②

三、“破”、“立”并行，构建“三清”政治生态

习近平在十八届中央纪委五次全会上强调：“深入推进党风廉政建设和反腐败斗争，同样要做好‘破’和‘立’这两篇文章。”③反腐败斗争是一场持久战，而要打赢这场战争，必须坚持标本兼治、“破”、“立”并行。如果说高压反腐、“打虎拍蝇”属于“破”，那么建章立制、落实责任就是“立”。没有“破”，就不能遏制腐败蔓延的势头，就不能用治标为治本赢得时间；没有“立”，就不能从源头上制止腐败，就不能做到正本清源。只有坚持“破”、“立”并行，通过“破”来形成不敢腐的惩治机制，通过“立”来形成不能腐的防范机制和不想腐的保障机制，实现干部清正、政府清廉、政治清明的目标任务。

（一）“破”、“立”并行的基本内涵

反腐败“破”、“立”并行包含着深刻的哲学思想，源于辩证唯物主

① 《习近平关于党风廉政建设和反腐败斗争论述摘编》，中央文献出版社、中国方正出版社 2015 年版，第 101 页。

② 《习近平关于党风廉政建设和反腐败斗争论述摘编》，中央文献出版社、中国方正出版社 2015 年版，第 132 页。

③ 《习近平在十八届中央纪委五次全会上发表重要讲话》，《人民日报》2015 年 1 月 14 日。

义的两点论。它是在科学分析现阶段我国反腐败斗争形势和腐败现象的严重情况的基础上，把辩证法同惩治腐败活动实践相结合的体现。首先要承认，“破”与“立”存在着对立性。“破”是以已然的腐败行为人作为对象的，目的在于防止这些人再次危害社会；“立”则是以潜在的腐败行为人和其他党员干部及其公民作为对象的，目的是防止腐败意识转化为腐败行为。减少和遏制腐败是“破”和“立”的共同归宿。其次是功能的互补性。“破”是“立”的前提和基础，“立”是“破”的深化和发展。“破”效果有赖于“立”措施的充分实现，“立”效果有赖于“破”的准确有力。

“破”和“立”是辩证统一的关系，“破”为先，“立”为要。一方面，“破”才能“立”，坏的东西不破除，好的东西就立不起来；另一方面，“破”是为了“立”，用制度管权管事管人，扎紧编密制度的“笼子”，才是治本之策。反腐倡廉建章立制，应该有什么漏洞堵什么漏洞，有什么问题解决什么问题，兵来将挡，水来土掩。现在，我们作了许多禁止性规定，明确了不该做什么，但对什么可以做有的还不够清楚。此外，“立”还要有一定前瞻性，根据新的形势任务，针对“四风”和腐败的新特点，尤其是配合深化改革，超前立规立矩，防止改革进程和新旧体制转换中滋生出新的腐败。把党风廉政建设和反腐败斗争引向深入的过程，必然是反腐倡廉制度建设不断取得成效的过程。

（二）“破”、“立”并行的基本特征

1. 注重“破”的特殊预防作用

在滋生腐败的土壤依然存在，反腐败形势依然严峻复杂，一些不正之风和腐败问题影响恶劣、亟待解决的情况下，必须有“以猛药去疴、重典治乱的决心，以刮骨疗毒、壮士断腕的勇气”来依法查处腐败行为。这是因为，揭露腐败、证实腐败、惩治腐败的执法办案活动，是最有效的预防。腐败分子最大限度地受到法律的制裁，可以震慑心存侥幸

的人不敢腐败，发挥特殊的预防作用。执纪执法机关应坚持有案必查、有腐必惩，“老虎”、“苍蝇”一起打，既突出查办大案要案，又注意查办群众反映强烈的案件。突出办案重点，严肃查办发生在领导机关和领导干部中的腐败行为，严肃查办发生在重点领域和关键环节的案件，严肃查办国家机关工作人员索贿受贿、失职渎职等腐败行为。深入推进查办和预防发生在群众身边、损害群众利益职务犯罪专项工作，坚决惩治危害民生民利的腐败行为。

2. 强调“破”字当头，“立”在其中

在保持高压态势不放松，坚决遏制腐败现象蔓延势头的同时，针对腐败案件暴露出的体制机制问题加强制度建设。反腐倡廉建章立制要着重抓好四个方面的制度建设。一是要着力健全党内监督制度，着手修订党员领导干部廉洁从政若干准则、中国共产党纪律处分条例、巡视工作条例，突出重点、针对时弊。二是要着力健全选人用人管人制度，加强领导干部监督和管理，敦促领导干部按本色做人、按角色办事。三是要着力深化体制机制改革，最大限度减少对微观事务的管理，推行权力清单制度，公开审批流程，强化内部流程控制，防止权力滥用。四是要着力完善国有企业监管制度，加强党对国有企业的领导，加强对国企领导班子的监督，搞好对国企的巡视，加大审计监督力度。国有资产资源来之不易，是全国人民的共同财富。要完善国有资产资源监管制度，强化对权力集中、资金密集、资源富集的部门和岗位的监管①。

3. 着力构建“三不”机制

“破立并行”要求在不敢腐的惩戒机制建设上，强化党的巡视工作机制，纪检监察与刑事侦查衔接机制，侦查预防一体化机制；完善举报实名答复、举报人保护、举报奖励等工作制度，改进和加强举报线索管

① 参见《习近平在十八届中央纪委五次全会上发表重要讲话》，《人民日报》2015 年 1 月 14 日。

理和监督、网络举报和涉腐网络舆情研判处置机制；加强与各国、各地区反腐机构的交流合作，完善境外司法协作和追逃追赃机制。在不能腐的防范机制建设上，健全完善从严治党各项规矩、纪律的同时，加强反腐败国家立法，构建科学严密的反腐败法律规范体系和权力规范运行的制度体系。在不想腐的保障机制建设上，结合办案创新宣传教育内容和载体，增强国家工作人员的廉政意识和法治观念。正如习近平所说："党员、干部必须认真学习马克思列宁主义、毛泽东思想特别是中国特色社会主义理论体系，自觉用贯穿其中的立场、观点、方法武装头脑、指导实践、推动工作，始终不渝为中国特色社会主义共同理想而奋斗。要加强警示教育，让广大党员、干部受警醒、明底线、知敬畏，主动在思想上划出红线、在行为上明确界限，真正敬法畏纪、遵规守矩。"①

（三）"三清"目标的历史溯源

党的十八大提出干部清正、政府清廉、政治清明的"三清"廉洁政治目标。习近平在第十八届中央纪律检查委员会第二次全体会议上强调："为政清廉才能取信于民，秉公用权才能赢得人心，这个道理我们党早就明确提出来了。一九二六年八月，中共中央扩大会议发出通告指出，对腐化分子混入党内的现象必须高度警惕，'应该很坚决的洗清这些不良分子，和这些不良倾向奋斗，才能坚固我们的营垒，才能树立党在群众中的威望'。新中国成立前夕，毛泽东同志在党的七届二中全会上告诫全党务必保持谦虚谨慎、艰苦奋斗的作风，不要在糖弹面前打败仗。新中国成立初期，我们党严肃查处了刘青山、张子善腐化堕落案件，教育了广大干部，在人民群众中树立了共产党人执法如山的形

① 习近平：《在党的群众路线教育实践活动总结大会上的讲话》，人民出版社2014年版，第17—18页。

象。改革开放三十多年来,以邓小平同志为核心的党的第二代中央领导集体、以江泽民同志为核心的党的第三代中央领导集体、以胡锦涛同志为总书记的党中央始终把党风廉政建设和反腐败斗争作为重要任务来抓,旗帜是鲜明的,措施是有力的,成效是明显的,为保持和发展党的先进性和纯洁性发挥了重大作用,为我们党领导改革开放和社会主义现代化建设提供了有力保证。可以说,如果我们党不是一以贯之高度重视党风廉政建设、坚决反对腐败,我国经济社会发展不可能取得这么大的成就,改革发展稳定大局也不可能得到巩固。”①

加强党风廉政建设和不断改进反腐败工作,努力作出经得起群众检验和评判的实际成绩,才能还政治生态以清明。党的十八大报告把党风廉政建设和反腐败工作放在更加突出的位置。在世情、国情、党情发生深刻变化的新形势下,面对执政、改革开放、市场经济、外部环境四大考验,报告中鲜明提出反腐倡廉建设要实现“干部清正、政府清廉、政治清明”的目标。干部清正是建设廉洁政治的基础,政府清廉是建设廉洁政治的关键,政治清明是建设廉洁政治的核心。干部清正、政府清廉与政治清明,三者既有区别,又有内在联系。政治清明必须以干部清正、政府清廉为前提和基础;唯有建立健全政治清明的体制机制制度,才会造就越来越多的清正干部,保持政府清廉。

(四)“三清”目标的价值基础

“三清”是一个继往开来的目标。有其鲜明的时代背景。近年来,一些国家或地区因长期积累的矛盾导致民怨载道、社会动荡、政权跨台,其中贪污腐败是一个很重要的原因。习近平指出:“腐败是社会毒

① 《习近平关于党风廉政建设和反腐败斗争论述摘编》,中央文献出版社、中国方正出版社 2015 年版,第 4—5 页。

瘤。如果任凭腐败问题愈演愈烈,最终必然亡党亡国。”①从查处腐败案件的实际情况来看,解决党内、国内存在的种种难题,尤其如腐败问题,必须营造一个良好的从政环境,也就是要有一个好的政治生态。习近平对廉洁政治生态建设目标的强调是一种“倒逼”思维:好的政治生态的最终实现,意味着必须首先遏制住腐败蔓延的势头,从而让良性政治生态成为一种“势头”。习近平同志关于廉洁政治生态构建的建设目标是一个以结果为导向的、正确的、科学的反腐败战略目标。

“三清”是一个切合实际的目标。干部清正、政府清廉、政治清明和良好的政治生态,对“四个全面”的伟大实践具有决定性意义。“三清”和优化政治生态,是“全面建成小康社会”的政治基础,是“全面深化改革”的政治保障,是“全面依法治国”的核心内容,是“全面从严治党”的价值体现,是民心所系,民意所向。习近平对廉洁政治生态目标“三清”内容的倡导和强调具有很强的现实意义。一方面,反对腐败、建设廉政生态是我们党根据人民群众的新要求新期待,对人民群众所作出的庄严承诺;另一方面,反对腐败、建设廉政生态是对社会关切的有力回应,能够坚定人民群众与腐败现象作斗争的信心、耐心和恒心。廉洁政治生态构建目标及其“三清”内涵把我们党执政的阶段性目标与长远目标结合了起来,不仅有助于我们党和国家从战略层面来谋划、部署、推进反腐倡廉工作,而且能够从社会关切层面来及时应对党风廉政建设所面临的新情况、新问题,以适应新的历史条件下我国治理的新要求。

“三清”是一个极富挑战性的目标。“广大人民群众最痛恨腐败现象,腐败现象对我们党的伤害最大”。中华文明数千年,腐败现象一直是一个挥之不去的梦魇,以致于让我们的文明始终处于“掌权—腐

① 《习近平关于党风廉政建设和反腐败斗争论述摘编》,中央文献出版社、中国方正出版社2015年版,第5页。

败—垮台”的历史周期率之中。我们党和国家大力推进党风廉政建设和反腐败斗争的实践表明:敢于提出建设廉洁政治生态这样一个具体、明确的目标是极大的自我挑战。重构政治生态,实现廉洁政治,需要开展许多具有新的历史特点的伟大斗争。这意味着我们党要借助问题“倒逼”之势,坚决革除那些已相沿成习的陈旧体制机制,始终以“刮骨疗毒”的决心和意志,毫不手软地剜除自身肌体上的腐败恶瘤。斗争越是深入展开,就越有可能全面挑战我们党及其领导骨干的认知力、领导力和意志力,意味着我们共产党人应该强化自我修炼、自我约束、自我塑造,在廉洁自律上作出表率。有了全心全意为人民服务的理想信念,站位就高了,眼界就宽了,心胸就开阔了,就能经受住各种风险包括腐败风险的考验,就能成功构建清正廉洁的政治生态。

“三清”是一个坚持共产党人价值观,不断坚定和提高党员干部政治觉悟的目标。全面从严,从根本上说要靠内因,同时也要靠外因促进内因起变化。觉悟看似无形,关键时就会明心见性。在革命、建设、改革各个历史时期,一代又一代共产党人为了党和人民事业英勇奋斗,甚至献出生命,靠的就是觉悟。战场上共产党人冒着枪林弹雨勇往直前、冲锋陷阵,刑场上共产党人视死如归、从容就义,危难时共产党人豁得出来、冲得上去,都是靠觉悟。我们入了党,就认定了马克思主义,认定了社会主义和共产主义,认定了全心全意为人民服务的宗旨。坚守这份理想信念,是拒腐防变的思想根基。坚守这份理想信念,不是一朝一夕的事,需要一辈子学习进步,一辈子改造提高。做不到这一点,就可能随时掉队、名节不保,甚至身败名裂。面对公和私、义和利、是和非、正和邪、苦和乐的矛盾,是选择前者还是后者,靠的就是觉悟,最终检验的是对党和人民的忠诚。修身立德是为政之基,从不敢腐、不能腐到不想腐,要靠铸牢理想信念这个共产党人的魂。因此,坚持共产党人价值观,是实现干部清正、政府清廉、政治清明,构建政治生态青山绿水的根本所在。

第 六 章

反腐败基本战略

党的十八大以来，习近平总书记洞察时代风云、把握前进方向，面对反腐败盘根错节的利益链条和错综复杂的反腐形势，着眼于目标明确、计划周延、程序科学、方法得当的顶层设计，确立了现阶段以治标为主，为治本赢得时间、赢得主动的战略重心和构建"不敢腐"的惩戒机制、"不能腐"的防范机制、"不易腐"的保障机制的"三不"反腐败基本战略。

一、反腐败战略重心的确定

习近平在十八届中央政治局第二十四次集体学习时，用通俗易懂的语言阐明了当下我国反腐败斗争的战略重心和基本战略。他指出："中医有一句话，叫'急则治其标，缓则治其本'。在反腐倡廉工作中，我们一直强调标本兼治。治标，对腐败分子能够起到惩治、震慑、遏制作用，突出'惩'的功能。治本，对权力进行制约和监督，对腐败现象能够起到预防、阻拦作用，重在'防'的功能。在腐败存量比较大的情况下，只有以治标为先，才能遏制腐败现象滋生蔓延的势头。同时，这也倒逼我们加强反腐倡廉法规制度建设。"①

① 《习近平关于严明党的纪律和规矩论述摘编》，中央文献出版社、中国方正出版社2016年版，第62页。

（一）对腐败现状的深刻体察

“明者因时而变，知者随事而制。”现阶段反腐败斗争的战略重心是以治标为主，“治标可为治本赢得时间、赢得主动”，这一战略思想解决了“标本兼治”总体战略下现阶段反腐败斗争战略重心问题，强化了高压反腐的战略定力，指明了现阶段“治标”与“治本”的逻辑关系，适应了反腐败斗争的客观要求。

2013 年 1 月 23 日，在中央纪委委员学习贯彻党的十八大精神研讨班上，王岐山说：“要深刻认识党风廉政建设和反腐败斗争的长期性、复杂性和艰巨性。坚持标本兼治，当前要以治标为主，为治本赢得时间。”把坚决遏制腐败蔓延势头作为全面推进惩治和预防腐败体系建设的重要任务，保持惩治腐败的高压态势。加大查办违纪违法案件力度，充分发挥惩治震慑作用。

党中央明确提出现阶段以治标为主，是反腐斗争严峻形势和腐败现象蔓延势头所决定的。习近平在中央政治局常委会听取中央巡视工作领导小组二〇一四年中央巡视组首轮巡视情况汇报时的讲话中指出：“现在矿产资源、土地出让、房地产开发、工程项目、惠民资金、科研经费管理等方面腐败问题频发。领导干部插手工程项目、亲属子女经商办企业问题突出。有的地方扶贫、涉农、医保、低保资金都敢贪敢挪，而且拿这些钱来行贿买官，群众的‘保命钱’成了干部的‘买官钱’，发达地区通过工程项目搞权钱交易，贫困地区贪扶贫救济的钱，恶行令人发指！”①从 2014 年中央巡视组第二轮巡视反馈的情况来看，土地和城建领域腐败问题突出，领导干部插手工程项目、为亲友经商谋利现象普遍，国企经营和国资监管中问题频出，“小官巨腐”问题严重，一些领导

① 《习近平关于党风廉政建设和反腐败斗争论述摘编》，中央文献出版社、中国方正出版社 2015 年版，第 99 页。

干部官商勾结，权钱权色交易问题较为突出，有的贱卖国有资产、向关系人输送巨额利益，有的亲属子女在其管辖范围内经商办企业谋利，有的生活腐化、为情妇经商谋利提供方便，有的利用婚丧嫁娶和亲属生病收礼敛财。据此，习近平强调，要把握一项重点即是实现不敢腐，坚决遏制腐败现象滋生蔓延势头。惩治腐败这一手必须紧抓不放、利剑高悬，坚持无禁区、全覆盖、零容忍。①

（二）对人民期待的现实回应

腐败损害人民群众的利益，人民群众深恶痛绝，反腐败是民心所向。习近平说："腐败问题对我们党的伤害最大，严惩腐败分子是党心民心所向，党内决不允许有腐败分子藏身之地。这是保持党同人民群众血肉联系的必然要求，也是巩固党的执政基础和执政地位的必然要求。"②这就告诫我们，在当前腐败普遍存在而且危害严重的情况下，人民群众更为关注的是严惩既存的腐败行为，有效减少腐败的存量，关心的是打了多少祸国殃民的"老虎"，拍了多少吸食民脂民膏的"苍蝇"，如何有效遏制腐败蔓延的势头。

党的十八大以来，新一届中央领导集体全面深入谋划反腐败的顶层设计，一系列"治标"的有力举措相继出台并实施，一些社会关注的大案要案得到坚决惩治，有的案件立案查处速度被誉为"秒杀"，人民群众拍手称快。人民群众高度关注对腐败的打击和处理，并积极主动地参与进来，自发举报腐败案件的数量不断增加，而且实名举报的比例也在上升。人民群众积极主动举报贪腐分子，是因为他们对党和政府反腐败有坚定的信心，对反腐败取得实效有殷切的期待。我国正处在

---

① 参见习近平：《在第十八届中央纪律检查委员会第六次全体会议上的讲话》，《人民日报》2016 年 5 月 3 日。

② 《习近平关于党风廉政建设和反腐败斗争论述摘编》，中央文献出版社、中国方正出版社 2015 年版，第 7 页。

全面建成小康社会的关键时期，随着经济社会的发展，人民群众对美好生活的向往和需求提高，群体利益诉求多元，民生建设问题日益凸显，这些都决定了党和政府要用更多精力和更大努力实现发展成果由人民共享。而解决好与群众息息相关的诸如医疗、养老、教育、就业、食品药品安全等民生问题，是让群众有更多获得感，是反腐败最直接的关键所在。反腐治标既要在政治和全局意义上取得压倒性胜利，又要在高压反腐、破立并行成为新常态的形势下，实现反腐败斗争向基层延伸，让人民群众有更多的反腐败获得感，这是对群众期盼反腐、支持反腐、关心反腐的最好回应。

（三）反腐败战略的辩证思维

“惩治腐败的决心丝毫不能动摇，惩治这一手始终不能软”，“要持续强化不敢腐的氛围，使有问题的干部及早收手、收敛，遏制腐败现象蔓延势头。”习近平的重要论述表明，惩治与预防是反腐败斗争的两个基本要素，反腐斗争是以惩治为主要特征的执纪执法活动，其内在机理是以“惩”促“防”，以“防”固“惩”。“治标”是“惩”，“治本”是“防”。只有充分发挥“治标”功能，分析案件犯罪成因，梳理监管漏洞，才能建立、健全和完善反腐制度，制定廉政措施；只有强化党纪国法的警示作用，才能使可能犯罪的人不敢伸手，止步不前，真正实现“办理一案、教育一片、治理一方”的目的。

反腐败的战略重心，是一个重大的实践问题。确定反腐败的战略重心，需要运用科学的思维方法。把“治标”确定为现阶段反腐败的战略重心，是辩证思维方法在反腐败问题上的具体运用。首先，它体现了事物之间相互联系的辩证思维。“标”与“本”固有不同，但绝非对立，二者密切相关。“治标”有助于“治本”，“治本”可促进“治标”。因此，现阶段的“治标为主”不是孤立的，不是与“治本”割裂的，而是要通过“治标”为“治本”赢得时间、赢得主动。同时，它体现了一种整体性的辩证思维。在反腐败的问题上，“治标”与“治本”是两种不同的方式，但它们都有利于反腐败最终目标的达成。因此反腐败既要“治标”也要“治本”，形成“标本兼治”的总体态势，而不是予以偏废。“治标”作为现阶段反腐败的战略重心，是在标本兼治的框架内展开的，绝不是只管“治标”而不管“治本”。而且，它体现了“矛盾论”的辩证思维。在分析和解决问题时，应该抓住主要矛盾及矛盾的主要方面，这是“矛盾论”的基本要求。“治标”这一反腐败战略重心的确定，抓住了反腐败这一主要矛盾，并抓住了反腐败中“治标”这一矛盾的主要方面。

反腐倡廉是一个复杂的系统工程，不可能毕其功于一役，甚至还会出现局部地方、部门腐败现象的反复性。反腐败要保持政治定力，保持严厉惩处的尺度不松。习近平关于反腐败的政治定力表明，在查办腐败案件方面，没有特区、没有禁区，也不能有盲区。“发现一起查处一起，发现多少查处多少，不定指标、上不封顶，凡腐必反，除恶务尽。”①针对有人认为反腐败影响了经济发展，习近平指出反腐并不会影响经济发展，反而有利于经济发展持续健康。可见反腐败是一场输不起的斗争，是巩固党的执政地位和群众基础的必然要求。

“标本兼治”是反腐败斗争总体工作思路的重要内容，当腐败现象的“存量”超出社会承载，惩治腐败将处于反腐中心地位；反之，如果腐败高发态势得到基本控制，预防腐败就会成为反腐总体工作思路的战略重点。习近平指出，“扬汤止沸，不如釜底抽薪”②，要从源头上有效防治腐败，“把权力关进制度的笼子里，形成不敢腐的惩戒机制、不能

---

① 《习近平关于党风廉政建设和反腐败斗争论述摘编》，中央文献出版社、中国方正出版社2015年版，第102—103页。

② 出自陈寿《三国志·魏书·刘廙传》。比喻处理问题应抓住主要矛盾，从根本上解决。《习近平关于党风廉政建设和反腐败斗争论述摘编》，中央文献出版社、中国方正出版社2015年版，第121页。

腐的防范机制、不易腐的保障机制”。① 习近平关于反腐战略重心调整的策略表明，加强预防，才能巩固反腐败斗争成果，使“前腐后继”无以持续。反腐重心调整的科学路径模式是，以高压反腐（不敢腐）为重心的重点治标→以建制反腐（不能腐）为重心的标本兼治→以文化反腐（不愿腐）为重心的重点治本。无论处于哪一阶段，反腐惩治、反腐制度、反腐文化都是不可或缺的战略要素，只是重心不同而已。

二、反腐败战略重心的实现

以治标为主、为治本赢得时间的反腐败战略部署，要求我们坚持全面从严治党、依规治党，忠诚履行党章赋予的职责，聚焦监督执纪问责，深化标本兼治。创新体制机制，健全法规制度。强化党内监督，把纪律挺在前面，持之以恒落实中央八项规定精神。依纪依法查办腐败案件，着力解决群众身边的不正之风和腐败问题。坚决遏制腐败蔓延势头，不断取得党风廉政建设和反腐败斗争新成效。

（一）坚持不懈抓好作风建设

作风就是形象，作风就是力量。习近平指出：“作风问题本质上是党性问题。对我们共产党人来讲，能不能解决好作风问题，是衡量对马克思主义信仰、对社会主义和共产主义信念、对党和人民忠诚的一把十分重要的尺子。我们既要用铁的纪律整治各种面上的顶风违纪行为，更要睁大火眼金睛，任凭不正之风‘七十二变’，也要把它们揪出来，有多少就处理多少。抓作风建设要返璞归真、固本培元。”“对那些盘根错节的复杂问题、年代久远的遗留问题、长期形成的惯性问

① 《习近平关于党风廉政建设和反腐败斗争论述摘编》，中央文献出版社、中国方正出版社 2015 年版，第 121 页。

题，要以燕子垒窝的恒劲、蚂蚁啃骨的韧劲、老牛爬坡的拼劲，坚持不懈，攻坚克难，善作善成”①。有了好的作风我们党才能够做到在掌握权力的同时，继续不忘人民群众的要求和期盼，永葆党与人民的血肉联系。

抓好作风建设，必须把纪律挺在前面，《中国共产党章程》开宗明义阐明：中国共产党是中国工人阶级的先锋队，同时是中国人民和中华民族的先锋队，是中国特色社会主义事业的领导核心，代表中国先进生产力的发展要求，代表中国先进文化的前进方向，代表中国最广大人民的根本利益。这个定位决定了中国共产党和其他政党的区别，决定了中共党员和中国公民的区别，由此可看出党纪严于国法。2015 年 10 月 18 日，中共中央印发的《中国共产党纪律处分条例》，将原条例中与法律法规重复的内容删除，增加“拉帮结派”等违纪条款，明确体现纪与法分开、纪在法前、纪严于法。通过综合运用各种措施，抓早抓小，着力解决极少数党员干部要么是“好同志”，要么是“阶下囚”的问题。

在作风建设上，习近平十分重视家风问题。他指出，从近年来查处的腐败案件看，家风败坏往往是领导干部走向严重违纪违法的重要原因。不少领导干部不仅在前台大搞权钱交易，还纵容家属在幕后收钱敛财，子女等也利用父母影响经商谋利、大发不义之财。有的将自己从政多年积累的“人脉”和“面子”，用在为子女非法牟利上，其危害不可低估。古人说：“将教天下，必定其家，必正其身。”“莫用三爷，废职亡家。”“心术不可得罪于天地，言行要留好样与儿孙。”干部子弟也要遵纪守法，不要以为是干部子弟就谁都奈何不了了。触犯了党纪国法都要处理，而且要从严处理，做给老百姓看。②

---

① 习近平：《在第十八届中央纪律检查委员会第六次全体会议上的讲话》，《人民日报》2016 年 5 月 3 日。

② 参见习近平：《在第十八届中央纪律检查委员会第六次全体会议上的讲话》，《人民日报》2016 年 5 月 3 日。

（二）依纪依法查办腐败案件

习近平指出："只要谁敢搞腐败，就必须付出代价。一棵参天大树，如任蛀虫繁衍啃咬，最终必会逐渐枯萎。惩治腐败这一手必须紧抓不放、利剑高悬，坚持无禁区、全覆盖、零容忍。要重点查处政治问题和腐败问题交织，不收敛不收手，问题线索反映集中、群众反映强烈、现在重要岗位且可能还要提拔使用的领导干部。"①

用好巡视这把反腐利剑。巡视是党章赋予纪检机关的重要职责，是党内监督的战略性制度安排。巡视组要当好中央的"千里眼"，找出"老虎"、"苍蝇"，抓住违纪违法问题线索。要落实监督责任，敢于碰硬，真正做到早发现、早报告，促进问题解决。②"巡视工作就是要发现和反映问题。要着力发现是否存在形式主义、官僚主义、享乐主义和奢靡之风等违反中央八项规定的问题，着力发现领导干部是否存在权钱交易、以权谋私、贪污贿赂、腐化堕落等违纪违法问题，着力发现领导干部是否公开发表违背中央决定的言论、散布违背党的理论和路线方针政策的意见、搞'上有政策、下有对策'等违反政治纪律的问题，着力发现是否存在买官卖官、拉票贿选、突击提拔干部等选人用人上的不正之风和腐败行为。"③

坚持有腐必反，增强法律威慑力。2015年8月29日通过、2015年11月1日起施行的《刑法修正案（九）》增加了贪污和受贿犯罪终身监禁的规定，即贪污、受贿数额特别巨大，并使国家和人民利益遭受特别重大损失而被判处死刑缓期执行的，人民法院根据犯罪情节等情况，可以决定在其死刑缓期执行二年期满依法减为无期徒刑后，终身监禁，不

① 习近平：《在第十八届中央纪律检查委员会第六次全体会议上的讲话》，《人民日报》2016年5月3日。

② 参见《习近平关于党风廉政建设和反腐败斗争论述摘编》，中央文献出版社、中国方正出版社2015年版，第108页。

③ 《习近平关于党风廉政建设和反腐败斗争论述摘编》，中央文献出版社、中国方正出版社2015年版，第107—108页。

得减刑、假释,从立法上体现了重典惩腐刑事政策。执法实践中,要通过反腐执纪与反腐执法的有机衔接和有效实施,建立健全腐败违法犯罪案件发现、揭露、查处机制,增强惩处的及时性、确定性和严厉性。"要加大国际追逃追赃力度,推动二十国集团、亚太经合组织、《联合国反腐败公约》等多边框架下的国际合作,实施重大专项行动,把惩治腐败的天罗地网撒向全球,让已经潜逃的无处藏身,让企图外逃的丢掉幻想。"①查办案件的同时,要深入剖析严重违纪违法干部的典型案例,发挥警示、震慑、教育作用。

(三)反腐败要向基层延伸

我们党一直重视基层干部队伍建设,一直从提高党的执政能力、巩固党的执政地位、实现党的执政使命的战略高度来认识基层干部队伍建设的重要性。习近平指出,当前,基层干部队伍主流是好的,但在一些地方、部门、单位,基层干部不正之风和腐败问题还易发多发、量大面广。有的搞雁过拔毛,挖空心思虚报冒领、克扣甚至侵占惠农专项资金、扶贫资金;有的在救济、补助上搞优亲厚友、吃拿卡要;有的高高在上,漠视群众疾苦,形式主义、官僚主义严重;有的执法不公,甚至成为家族势力、黑恶势力的代言人,横行乡里、欺压百姓。这告诫我们:相对于"远在天边"的"老虎",群众对"近在眼前"嗡嗡乱飞的"蝇贪"感受更为真切。"微腐败"也可能成为"大祸害",它损害的是老百姓切身利益,啃食的是群众获得感,挥霍的是基层群众对党的信任。对基层贪腐以及执法不公等问题,要认真纠正和严肃查处,维护群众切身利益,让群众更多感受到反腐倡廉的实际成果。②

---

① 习近平:《在第十八届中央纪律检查委员会第六次全体会议上的讲话》,《人民日报》2016 年 5 月 3 日。

② 参见习近平:《在第十八届中央纪律检查委员会第六次全体会议上的讲话》,《人民日报》2016 年 5 月 3 日。

在基层反腐的问题上，习近平提示各级党委、政府“对基层干部中存在的问题，我们要高度重视，既要加强教育引导，又要强化监督管理，决不能姑息损害群众利益的事，决不能让一些害群之马损害基层干部的良好形象”①。为解决发生在群众身边的不正之风和腐败问题，必须抓好重点督办，把压力传导到县乡、责任落实到基层，坚决防止“不作为”，强化执纪问责，激发党员、干部担当和创业精神。要坚持以抓好党建促脱贫攻坚，快查严处扶贫领域突出问题，对敢在群众“救命钱”上动心眼、下黑手的绝不放过。“加强基层组织和干部队伍建设，把基层党组织建设成坚强战斗堡垒，充分发挥广大党员、干部先锋模范作用”。②

（四）标本兼治净化政治生态

习近平指出，政治生态好，人心就顺、正气就足；政治生态不好，就会人心涣散、弊病丛生。当前，有的地方和部门正气不彰、邪气不祛；“明规矩”名存实亡，“潜规则”大行其道；求真务实、埋头苦干的受到排挤，好大喜功、急功近利的如鱼得水。这种风气不纠正、不扭转，对干部队伍杀伤力很大。“浇风易渐，淳化难归。”净化政治生态同修复自然生态一样，绝非一朝一夕之功，需要综合施策、协同推进。各级领导干部特别是高级干部要从自身做起，给下级带个好头。中华民族历来都有珍惜名节、注重操守、干净为官的传统，历来都讲“为政以德”、“守土有责”，领导干部要秉公用权、廉洁用权，做遵纪守法的模范，同时要坚持原则、敢抓敢管。要坚持正确用人导向，把好干部选出来、用起来，促进能者上、庸者下、劣者汰。要抓住建章立制，立“明规矩”、破“潜规则”，围绕发生的腐败案例，查找漏洞，吸取教训，着重完善党内政治生

---

① 习近平：《之江新语》，浙江人民出版社 2007 年版，第 90 页。

② 习近平：《在第十八届中央纪律检查委员会第六次全体会议上的讲话》，《人民日报》2016 年 5 月 3 日。

活等各方面制度，压缩消极腐败现象生存空间和滋生土壤，通过体制机制改革和制度创新促进政治生态不断改善。①

三、反腐败战略走势的推进

在庆祝全国人民代表大会成立 60 周年大会讲话、在美国会见《华尔街日报》记者的谈话等多种场合中，习近平对标本兼治的反腐败战略做了进一步阐释说明。他指出，我们要抓紧形成不敢腐、不能腐、不想腐的有效机制，坚持用制度管权管事管人，让人民监督权力，让权力在阳光下运行，把权力关进制度的笼子里。②

（一）以“不敢腐”推进“不能腐”

“不敢腐”就是通过对既存腐败的查处，减少腐败的存量，利用惩罚的威慑，降低腐败的增量，所以对于防治腐败具有十分重要的作用，特别是在腐败形势严峻的形势下，只有集中力量依法查办案件，形成反腐败高压态势，才能在一定时期内取得比较明显的遏制腐败效果，从而为构筑“不能腐”的制度之笼创造条件。党的十八大以来的实践表明，高压治标形成“不敢腐”的社会氛围，是加强“不能腐”的制度建设的重要前提，制度反腐必须以高压反腐为依托。同时高压反腐又必须结合制度反腐来开展，做好“破”与“立”两篇文章，以“不敢腐”推进“不能腐”。

“不敢腐”必须推进“不能腐”，是高压治标功能的局限性决定的。一方面，“治标”的威慑效能受制于威慑对象的感受性。“治标”的内容

---

① 参见习近平：《在第十八届中央纪律检查委员会第六次全体会议上的讲话》，《人民日报》2016 年 5 月 3 日。

② 参见习近平：《在庆祝全国人民代表大会成立 60 周年大会上的讲话》，人民出版社 2014 年版，第 12 页。

主要是惩罚,惩罚的威慑效能不仅与惩罚本身(如其严厉性、及时性和确定性)相关,而且与威慑对象的感受性密不可分。威慑的形成机理是:威慑对象感受到惩罚的危险——判断受到惩罚可能性的大小及惩罚的轻重——与实施越轨行为可能得到的利益进行权衡——打消实施越轨行为的意念。因此,如果威慑对象没有感受到惩罚的危险、低估受到惩罚的可能性或者权衡之后认为实施越轨行为之利更大,那么他仍然会实施越轨行为,惩罚的威慑功能就会降低或丧失。同时,“治标”与腐败产生的原因不具有对应性。腐败产生的原因是复杂多样的,人们的认识并不统一,如有人认为,“公共权力运用缺乏规范是腐败产生的前提,公共权力的垄断性、稀缺性是腐败产生的客观原因,人性的不完善是腐败产生的主观原因”;也有人认为,“腐败现象滋生蔓延的原因,首先是新旧体制转轨、市场经济体制的不完善,其次是法律法规建设滞后及执法实践存在问题,最后是权力缺乏有效的监督和制约”。但是,“治标不力”不是腐败产生的原因,至少不是腐败产生的主要原因,应该是大家的共识。因此,单纯的“治标”之策并不能消除腐败滋生的原因,自然无法实现根除腐败的效果。

“不敢腐”推进“不能腐”注重制度治本的必要性。制度治本与腐败的原因具有对应性,能够从源头上减少腐败的产生。同时,有效制度治本可以大大减少反腐治标的工作量,并能够通过制度意识的强化、制度体系的健全进一步调动人民群众反腐败的积极性,从而对反腐治标起到积极的推动作用。但是,单纯的“治本”对防治腐败的作用也是存在局限性的,因为制度治本之策涉及体制、机制及文化等因素,建设相对困难,发挥作用的周期较长,在腐败高发的态势下更加不易建构,且效能的发挥会受到制约。因此,对于腐败的治理,既要反腐治标也要制度治本,也即“标本兼治”,这是我们任何时候都要坚持的原则,仅“治标”不“治本”是错误的,反之亦然。

但是,“标本兼治”并不意味着在任何时候都将“治标”和“治本”

等而视之，不分轻重，在不同的社会发展阶段，针对不同的反腐败斗争形势，应当确立不同的反腐败战略重心。现阶段以“治标”为重心有合理性，但是，随着“治标”任务的基本完成，我国反腐败的态势发生变化，“治本”的重要性将越来越突出，这就需要将“治本”作为反腐败战略的重心，实现由“治标”向“治本”的战略调整。

（二）从“不敢腐”走向“不能腐”

党的十八大以来，习近平多次强调要健全权力运行制约和监督体系，“把权力关进制度的笼子里，形成不敢腐的惩戒机制、不能腐的防范机制、不易腐的保障机制”①的重要论述，不仅深刻阐述了我国社会转型时期强化权力制约和监督的重要性和紧迫性，而且指明了反腐败战略的发展走向。我国现阶段反腐败的战略重心是以“不敢腐”为特征的高压治标与破立并行，当“不敢腐”成效显著，即腐败的存量大大减少，腐败的增量大幅降低，反腐败斗争取得压倒性胜利之后，反腐败战略重心就会从“不敢腐”走向“不能腐”，而走向“不能腐”的基本任务，就是筑牢制度反腐的权力之笼。

从“不敢腐”走向“不能腐”就是从以惩治为战略重心走向以预防为战略重心。预防腐败从制度意义上说，是“筑牢权力之笼”的职能活动，也是强化权力制约和监督的重要环节。因而必须深刻领会“把权力关进制度的笼子里”的科学内涵，牢牢把握“不敢腐、不能腐、不想腐”的内在联系，坚持源头治理，正确处理惩治腐败与预防腐败的关系，通过制度反腐，建立常态化、科学化的惩治和预防腐败体系。

1. 完善“不能腐”的管理机制

习近平说：“要把围绕为民务实清廉建立健全工作制度、管理制度、考核制度作为重要内容。对已有相关制度进行梳理，经实践检验行

---

① 《十八大以来重要文献选编》（上），中央文献出版社 2014 年版，第 136 页。

之有效、群众认可的，要予以重申，继续坚持、抓好落实，严肃纪律，形成刚性约束；不适应新形势新任务要求的，该修改完善的就修改完善，该废止的就废止，该制定新的就制定新的。要总结新的实践经验，建立新的制度。”①他明确指出：“制度不在多，而在于精，在于务实管用，突出针对性和指导性。如果空洞乏力，起不到应有的作用，再多的制度也会流于形式。牛栏关猫是不行的！要搞好配套衔接，做到彼此呼应，增强整体功能。要增强制度执行力，制度执行到人到事，做到用制度管权管事管人。制定制度要广泛听取党员、干部意见，从而增加对制度的认同。要坚持制度面前人人平等、执行制度没有例外，不留‘暗门’、不开‘天窗’，坚决维护制度的严肃性和权威性，坚决纠正有令不行、有禁不止的行为，使制度成为硬约束而不是橡皮筋。”②他多次强调：“没有健全的制度，权力没有关进制度的笼子里，腐败现象就控制不住。在这次教育实践活动中，建章立制非常重要，要把笼子扎紧一点，牛栏关猫是关不住的，空隙太大，猫可以来去自如。”③

2. 完善“不能腐”的监督机制

习近平说：“要加强对干部经常性的管理监督，形成对干部的严格约束。没有监督的权力必然导致腐败，这是一条铁律。组织上培养干部不容易，要管理好、监督好，让他们始终有如履薄冰、如临深渊的警觉。对干部经常开展同志式的谈心谈话，既指出缺点不足，又给予鞭策鼓励，这是个好传统，要注意保持和发扬。”④他深刻指出：“只有让人民监督权力、让权力在阳光下运行，做到依法行政，才能更好把政府

---

① 《习近平关于党风廉政建设和反腐败斗争论述摘编》，中央文献出版社、中国方正出版社 2015 年版，第 125 页。

② 习近平：《在党的群众路线教育实践活动总结大会上的讲话》，人民出版社 2014 年版，第 18 页。

③ 《习近平关于党风廉政建设和反腐败斗争论述摘编》，中央文献出版社、中国方正出版社 2015 年版，第 125 页。

④ 《十八大以来重要文献选编》（上），中央文献出版社 2014 年版，第 342 页。

职能转变过来。要推进法治政府建设,坚持用制度管权管事管人,完善政务公开制度,做到有权必有责、用权受监督、违法要追究。”①他多次强调:“要加强党内监督、人大监督、民主监督、行政监督、司法监督、审计监督、社会监督、舆论监督,努力形成科学有效的权力运行和监督体系,增强监督合力和实效。”②完善“不能腐”的监督机制的一个重要方面,就是建立公职人员财产申报制度,这是被世界反腐败斗争证明的行之有效的重要立法,因而是世界各国公认的重要的反腐败“阳光立法”。我国应吸收国外先进有益的立法经验和技术,及早出台“财产公开申报办法”,在申报主体、申报范围、申报时间、相关责任等方面作出具体切实的规定。

3. 完善“不能腐”的问责机制

习近平说,有权就有责,权责要对等。问责不能感情用事,不能有怜悯之心,要“较真”、“叫板”,发挥震慑效应。任何地方、部门、单位,发生了党的领导作用不发挥、贯彻党的路线方针政策走样、管党治党不严不实、选人用人失察、发生严重“四风”和腐败现象、巡视整改不力等问题,就要抓住典型严肃追责。既追究主体责任、监督责任,又上查一级追究领导责任、党组织责任。要完善和规范责任追究工作,建立健全责任追究典型问题通报制度,把问责同其他监督方式结合起来,以问责常态化促进履职到位,促进党的纪律执行到位。③ 他明确指出:“中央纪委要抓紧完善并严格执行责任追究办法,对每一个具体问题都要分清党委负什么责任、有关部门负什么责任、纪委负什么责任,健全责任分解、检查监督、倒查追究的完整链条,有错必究,有责必问。对那些领

① 《习近平关于党风廉政建设和反腐败斗争论述摘编》,中央文献出版社、中国方正出版社 2015 年版,第 123 页。

② 《习近平关于党风廉政建设和反腐败斗争论述摘编》,中央文献出版社、中国方正出版社 2015 年版,第 132 页。

③ 参见习近平:《在第十八届中央纪律检查委员会第六次全体会议上的讲话》,《人民日报》2016 年 5 月 3 日。

导不力、不抓不管而导致不正之风长期滋长蔓延，或者屡屡出现重大腐败问题而不制止、不查处、不报告的，无论是党委还是纪委，不管是谁，只要有责任，都要追究责任。”①2016 年 7 月，党中央制定的《中国共产党问责条例》出台，对现行各类规定中十多种问责方式进行整合规范，规定对党组织问责采取检查、通报、改组等方式；对党的领导干部问责采取通报、诫勉、组织调整或者组织处理、纪律处分等多种方式。目前，我国追究国家公职人员责任的规范性文件很多，但原则性较强，操作性不足，应通过立法对有关规定加以“整合”，形成一套全国统一的问责法律体系，着力解决国家公职人员权责不清、问责主体缺位、惩治措施不到位、问责范围狭小等问题，使问责机制覆盖公共权力运行的各个方面。

（三）从“不敢腐”、“不能腐”到“不想腐”

“不敢腐”的惩戒机制、“不能腐”的防范机制和“不想腐”的保障机制，既是反腐倡廉建设的有机整体，又是反腐败斗争发展的战略走向。从“反腐败斗争永远在路上”的战略判断看，“不敢腐”、“不能腐”、“不想腐”这三项机制在反腐败斗争中必须同时发力，以不同的功能实现防止腐败发生的价值。

“不敢腐”是“不能腐”、“不想腐”的前提和基础。“不能腐”是“不敢腐”的巩固和发展。“不想腐”是“不敢腐”和“不能腐”的结果和保障。三者相互联系，相互促进，缺一不可。当反腐败已经取得压倒性胜利、反腐败制度建设进一步完善、腐败存量得以清除、腐败势头有效遏制的时候，反腐败的战略重心最终将定位于“不想腐”的廉政文化建设。之所以如此，并非因为“不想腐”较之于“不敢腐”和“不能腐”效

① 《习近平关于党风廉政建设和反腐败斗争论述摘编》，中央文献出版社、中国方正出版社 2015 年版，第 62—63 页。

果更佳,而是因为其层次更高。

应该看到,“不敢腐”的威慑虽然及于人的内心,但属于强制;“不能腐”以制度约束行为,不及于人的内心;“不想腐”则以文化浸润人的心灵,让人自愿、主动而非勉强、被动地远离腐败。如果说“高压反腐”所追求的“不敢腐”是“压服”,“建制反腐”所追求的“不能腐”是“制服”,那么“文化反腐”所追求的“不想腐”则是“折服”,理应将其作为反腐中最高层次的目标。因此,在反腐制度建设比较完备,执行能力较强、执行效果较好的情况下,反腐败的战略重心应由“制度反腐”转向“文化反腐”。“文化反腐”就是通过坚持不懈的廉政教育,筑牢拒腐防变的思想道德防线。习近平指出:“思想纯洁是马克思主义政党保持纯洁性的根本,道德高尚是领导干部做到清正廉洁的基础。我们强调坚持德才兼备、以德为先,就是说要把思想道德建设放在十分突出的位置。我们要坚持从教育抓起,教育引导广大党员、干部坚定理想信念、坚守共产党人精神家园,不断夯实党员干部廉洁从政的思想道德基础,筑牢拒腐防变的思想道德防线。”①习近平同志在一系列关于党风廉政建设的讲话中对如何筑牢思想道德防线的问题提出了明确要求。

一是抓好思想理论建设。习近平说:“教育引导广大党员、干部认真学习和实践马克思列宁主义、毛泽东思想、中国特色社会主义理论体系,做共产主义远大理想和中国特色社会主义共同理想的坚定信仰者和忠实实践者,以理论上的坚定保证行动上的坚定,以思想上的清醒保证用权上的清醒。”②并强调,思想教育要突出重点,加强党性和道德教育,引导党员、干部坚定理想信念,坚守共产党人精神追求。党员、干部必须认真学习马克思列宁主义、毛泽东思想特别是中国特色社会主义

---

① 《习近平关于党风廉政建设和反腐败斗争论述摘编》,中央文献出版社、中国方正出版社 2015 年版,第 141 页。

② 《习近平关于党风廉政建设和反腐败斗争论述摘编》,中央文献出版社、中国方正出版社 2015 年版,第 141 页。

理论体系，自觉用贯穿其中的立场、观点、方法武装头脑、指导实践、推动工作，始终不渝为中国特色社会主义共同理想而奋斗。要加强警示教育，让广大党员、干部受警醒、明底线、知敬畏，主动在思想上划出红线、在行为上明确界限，真正敬法畏纪、遵规守矩。①

二是抓好党性教育和党性修养。习近平说："教育引导广大党员、干部牢固树立正确的世界观、权力观、事业观，始终站稳政治立场，不断增强宗旨意识，弘扬党的光荣传统和优良作风，真正经受住权力、金钱、美色的考验。"②并强调，坚定理想信念，坚守共产党人精神追求，始终是共产党人安身立命的根本。对马克思主义的信仰，对社会主义和共产主义的信念，是共产党人的政治灵魂，是共产党人经受住任何考验的精神支柱。形象地说，理想信念就是共产党人精神上的"钙"，没有理想信念，理想信念不坚定，精神上就会"缺钙"，就会得"软骨病"。现实生活中，一些党员、干部出这样那样的问题，说到底是信仰迷茫、精神迷失。党员干部要讲党性、重品行、作表率，矢志不渝为实现中国特色社会主义共同理想而奋斗。③

三是抓好道德教育和廉政文化建设。习近平说："教育引导广大党员、干部模范践行社会主义荣辱观，树立良好道德风尚，争做社会主义道德的示范者、诚信风尚的引领者、公平正义的维护者，始终保持共产党人的高尚品格和廉洁操守。"④他强调从历史文化中吸取营养。他说，历朝历代的统治者为了维护自己的统治地位，都高度重视道德建设特别是为政者的道德建设。古人认为："才者，德之资也；德者，才之帅

① 参见习近平：《在党的群众路线教育实践活动总结大会上的讲话》，人民出版社 2014 年版，第 17—18 页。

② 《习近平关于党风廉政建设和反腐败斗争论述摘编》，中央文献出版社、中国方正出版社 2015 年版，第 141 页。

③ 参见《习近平谈治国理政》，外文出版社 2014 年版，第 15 页。

④ 《习近平关于党风廉政建设和反腐败斗争论述摘编》，中央文献出版社、中国方正出版社 2015 年版，第 141 页。

也。""为政以德，譬如北辰，居其所而众星共之。"所以要"格物、致知、诚意、正心、修身、齐家、治国、平天下"。中国历史上形成和留下了大量这方面的思想遗产，虽然这里面有封建社会的糟粕，但很多观点至今仍然富有启发意义。比如，"政者，正也。子帅以正，孰敢不正"，"富贵不能淫，贫贱不能移，威武不能屈"，"克勤于邦，克俭于家"，"儆戒无虞，罔失法度。罔游于逸，罔淫于乐"，"直而温，简而廉"，"公生明，廉生威"，"无教逸欲有邦，兢兢业业"，等等。对此，我们要坚持古为今用、推陈出新，使之成为新形势下加强反腐倡廉教育和廉政文化建设的重要资源。①

四是坚持依法治国和以德治国相结合。习近平说，规范人们的行为，规范社会秩序，不仅要确立与之相适应的法律体系，而且要形成与之相适应的思想道德体系。儒法并用，是我国历史上常用的社会治理方式，只有思想教育手段和法制手段并用才能相得益彰。这是因为，法是他律，德是自律，自律和他律结合才能达到最佳效果。正所谓"道之以政，齐之以刑，民免而无耻；道之以德，齐之以礼，有耻且格"。反腐倡廉是一个复杂的系统工程，需要多管齐下、综合施策，但从思想道德抓起具有基础性作用。② 并强调，各级领导干部都要树立和发扬好的作风，既严以修身、严以用权、严以律己，又谋事要实、创业要实、做人要实。严以修身，就是要加强党性修养，坚定理想信念，提升道德境界，追求高尚情操，自觉远离低级趣味，自觉抵制歪风邪气。严以用权，就是要坚持用权为民，按规则、按制度行使权力，把权力关进制度的笼子里，任何时候都不搞特权、不以权谋私。严以律己，就是要心存敬畏、手握戒尺，慎独慎微、勤于自省，遵守党纪国法，做到为政清廉。③

---

① 参见《习近平关于党风廉政建设和反腐败斗争论述摘编》，中央文献出版社、中国方正出版社 2015 年版，第 139—140 页。

② 参见《习近平关于党风廉政建设和反腐败斗争论述摘编》，中央文献出版社、中国方正出版社 2015 年版，第 140 页。

③ 参见《习近平关于党风廉政建设和反腐败斗争论述摘编》，中央文献出版社、中国方正出版社 2015 年版，第 143 页。

第七章

反腐败基本方式

方式是思想理念支配下的手段。习近平说："我们党是执政党，能不能坚持依法执政，能不能正确领导立法、带头守法、保证执法，对全面推进依法治国具有重大作用。"①"要善于用法治思维和法治方式反对腐败，加强反腐败国家立法，加强反腐倡廉党内法规制度建设，让法律制度刚性运行。"②习近平的重要论断，明确了反腐败斗争的法治方式。党的十八届四中全会通过的《中共中央关于全面推进依法治国若干重大问题的决定》，突出了运用法治思维治党治国、全面推进法治反腐的常态化。

一、完善反腐败法规制度

习近平指出，反腐倡廉法规制度既"禁于未然之前"，又"禁于已然之后"，为党员、干部拉起了高压线、划出了警戒线，在党风廉政建设中具有规范引导、控制约束、警戒告诫、惩罚威慑的作用。法规制度带有

① 《习近平关于全面依法治国论述摘编》，中央文献出版社2015年版，第110页。

② 《习近平关于党风廉政建设和反腐败斗争论述摘编》，中央文献出版社、中国方正出版社2015年版，第121页。

根本性、全局性、稳定性、长期性。他援引邓小平同志的话说,“要解决思想问题,也要解决制度问题。”“这种制度问题,关系到党和国家是否改变颜色,必须引起全党的高度重视”。①

(一)完善反腐败法规制度的提出

习近平说:“小智治事,中智治人,大智立法。治理一个国家、一个社会,关键是要立规矩、讲规矩、守规矩。法律是治国理政最大最重要的规矩。推进国家治理体系和治理能力现代化,必须坚持依法治国,为党和国家事业发展提供根本性、全局性、长期性的制度保障。”②这一论述深刻揭示了完善反腐败法规的必要性。

1. 从反腐败立法规律看

由于腐败的产生有其深刻的政治、经济、文化和社会根源,因此,作为惩治腐败工具的法规制度也必然涉及政治、经济、文化、社会等各个方面和领域,一项科学的反腐败法规制度,必定是在认真研究和把握新形势下反腐倡廉工作的特点和规律,不断总结反腐倡廉的成功经验和借鉴国外有益做法的基础上制定出来的。这也是反腐倡廉法规制度不断创新和完善的重要规律。正如习近平指出的,“改革开放和发展社会主义市场经济,改变了原有的资源配置方式和组织管理模式,越来越多的单位人变成社会人,各种复杂的人际关系和利益关系对党内生活带来不可低估的影响,引发了种种问题”③。“中外经验告诉我们,只有坚持依法严厉惩治、形成不敢腐的惩戒机制和威慑力,坚持完善法规制度、形成不能腐的防范机制和预防作用,坚持加强思想教育、形成不想

---

① 《习近平关于严明党的纪律和规矩论述摘编》,中央文献出版社、中国方正出版社2016年版,第61页。

② 《习近平关于党风廉政建设和反腐败斗争论述摘编》,中央文献出版社、中国方正出版社2015年版,第132页。

③ 《十八大以来重要文献选编》(上),中央文献出版社2014年版,第765页。

腐的自律意识和思想道德防线，才能有效铲除腐败现象的生存空间和滋生土壤。要贯彻全面深化改革、全面依法治国的要求，加大反腐倡廉法规制度建设力度，把中央要求、群众期盼、实际需要、新鲜经验结合起来，本着于法周延、于事有效的原则制定新的法规制度、完善已有的法规制度、废止不适应的法规制度，努力形成系统完备的反腐倡廉法规制度体系。"①

2. 从反腐败立法现状看

我国现行的一些反腐倡廉法规制度对党政干部的从政行为作出了很多原则性规定，但具体可操作的实施细则较少；不少制度过多地使用"禁止"、"不准"等原则性语言，缺乏对落实制度的程序性规定，执行制度的随意性和弹性大。这就导致在现实生活中仍然存在"上有政策、下有对策"和"合意的就执行，不合意的就不执行"的问题，不依制度行事的酌情处理、"视情况而定"等现象屡见不鲜。正如习近平指出的："这些年来，从中央到地方搞了不少制度性规范，但有的过于原则、缺乏具体的量化标准，形同摆设；有的相互脱节、彼此缺乏衔接和协调配合，形不成系统化的制度链条，产生不了综合效应；有的过于笼统、弹性空间大，牛栏关猫，很多腐败问题不仅没有遏制住，反而愈演愈烈。要把反腐倡廉法规制度的笼子扎细扎密扎牢，必须做到前后衔接、左右联动、上下配套、系统集成。"②

3. 从反腐败法治要求看

目前，反腐倡廉法规制度体系虽然包括了纲要、条例、暂行规定、通知、意见、办法等各个层面，许多法规制度还处于政策规定性的层面，并没有出台相应细化的程序性细则，以至在某些方面规定得很具体、很详

---

① 《习近平关于严明党的纪律和规矩论述摘编》，中央文献出版社、中国方正出版社2016年版，第62页。

② 《习近平关于严明党的纪律和规矩论述摘编》，中央文献出版社、中国方正出版社2016年版，第64页。

细，在另外一些方面却无章可循，存在法规制度建设方面的盲区。在现行一些涉及惩治腐败分子法律内容的基础上，还需要制定一部系统的、全面的、涵盖各个领域的反腐败法，界定反腐败的内容，体现公民反腐败的权利义务和奖励、保护制度；规定对腐败分子的严厉处罚条文，例如清除出公务员队伍，永不录用，规定对包庇、怂恿腐败分子的责任追究制度，等等。正如习近平指出的："有纪可依是严明纪律的前提，党的纪律规定要根据形势和党的建设需要不断完善，确保系统配套、务实管用，防止脱离实际、内容模糊不清、滞后于实践。"①"要坚持宏观思考、总体规划。要抓紧完善反腐倡廉的基本法规制度，修订廉政准则、党内监督条例、纪律处分条例、巡视工作条例、行政监察法，研究制定派驻纪检机构工作条例、纪律审查工作条例等。既要注意体现党章的基本原则和精神，符合国家法律法规，也要同其他方面法规制度相衔接，使实体性法规制度和程序性法规制度、综合性规定和专门性规定、下位法规制度和上位法规制度相互协调、相辅相成，提升法规制度整体效应。"②

（二）完善反腐败法规制度的实现

习近平指出："要完善立法规划，突出立法重点，坚持立改废并举，提高立法科学化、民主化水平，提高法律的针对性、及时性、系统性。要完善立法工作机制和程序，扩大公众有序参与，充分听取各方面意见，使法律准确反映经济社会发展要求，更好协调利益关系，发挥立法的引领和推动作用。"③这一论述明确了完善反腐败法规制度要坚持科学立

---

① 习近平：《在党的群众路线教育实践活动总结大会上的讲话》，人民出版社 2014 年版，第 27 页。

② 《习近平关于严明党的纪律和规矩论述摘编》，中央文献出版社、中国方正出版社 2016 年版，第 63 页。

③ 《习近平关于全面依法治国论述摘编》，中央文献出版社 2015 年版，第 43—44 页。

法，既要注重解决实际问题，更要发挥立法的引领和推动作用的实现路径。

1. 反映经济社会发展要求

从经济社会发展的要求出发，把那些经过实践检验、适应形势发展的党纪政纪规定和行政规章上升为法律法规，尽快形成较为完整的反腐倡廉法规制度体系。对现有的法规制度，过时的要及时废止，不完善的要适时修订完善，需要细化的要尽快制定实施细则，需要制定配套制度的要抓紧制定。不断完善惩治和预防腐败的各项专门法律法规。如健全腐败案件揭露、查处机制，畅通来信来访和网络等各种信访举报渠道，完善保护证人、举报人制度；完善惩治贪污贿赂和渎职侵权犯罪法律法规，对腐败实行零容忍政策；规范国家工作人员从政行为方面的法律规定，健全完善防止利益冲突法律法规，着力整合预防腐败各项法规制度；开展反腐败国际合作，完善反洗钱法律法规，健全防范腐败分子外逃和追逃追赃机制，逐步形成与坚决惩治腐败和有效预防腐败要求相适应的法律法规体系。

2. 满足人民群众的立法期待

对人民群众普遍关注的反腐立法要抓紧实施。如健全领导干部报告个人有关事项等制度。推行新提任领导干部配偶子女从业、财产、出国（境）等有关事项公开制度的试点，抓紧制定领导干部个人有关事项报告抽查核实办法，加强报告核查结果的运用和违规惩戒力度；建立健全对国家工作人员配偶子女移居国（境）外的管理制度，制定配偶移居国（境）外的国家工作人员任职岗位管理办法，强化对党员、干部特别是领导干部的监督。又如健全防止利益冲突制度。要进一步完善市场机制，重点解决公共资源配置、公共资产交易、公共产品生产等领域中利益冲突问题。要进一步完善利益冲突回避制度，重点完善公务回避、任职回避、地域回避制度；进一步完善并严格执行公职人员行为限制和领导干部亲属经商、担任公职和社会组织职务等相关制度规定，防止领导干部利用公共权力或自身影响为亲属和其他特定关系人谋取私利。

3. 发挥立法的引领和推动作用

“建设中国特色社会主义法治体系，必须坚持立法先行，发挥立法的引领和推动作用”①。法治包括立法、执法、司法、守法等基本环节。立法是法治的首要和重点环节。发挥立法对改革的引领和推动作用，关键是实现立法与改革决策相衔接。在法治框架内推进改革，更加注重从制度上、法律上解决改革发展中带有根本性、全局性和长期性的问题，有利于把顶层设计同先行先试、探索创新有机结合起来，保障改革顺利进行。对于实践证明比较成熟的改革经验和行之有效的改革举措，应当尽快将其上升为法律，为改革提供支持和保障；对于改革决策与现行法律规定不一致的情况，应当抓紧修改法律使其适应改革需要；对于实践条件还不成熟、需要先行先试的改革决策，应当按照法定程序作出授权，既不允许随意突破法律底线，也不允许简单以现行法律没有依据为由阻碍改革。

当前，改革发展对立法的要求，已经不仅仅是对实践经验的总结，更要借助立法做好顶层设计、引领改革进程、推动科学发展；不仅仅是对实践的被动回应、事后总结和局部反映，更要对改革进程和社会现实进行主动谋划、前瞻规划和先导推进。因此，要打破“改革先行，立法确认”的思维定势，改变“边抓牌边定规则”的老习惯，确立“定好规则再抓牌”的新模式，充分发挥立法的导向功能和推动、保障作用。

（三）反腐败“法”与“规”的关系

反腐败法规即国家法律与党规党纪。党规党纪是管党治党的重要法宝，正确认识党纪和国法的关系，必须放在中国特色社会主义制度下

---

① 《中国共产党第十八届中央委员会第四次全体会议公报》，人民网 2014 年 10 月 23 日。

来审视和处理，决不能套用西方的模式和标准，这是由中国国情决定的，也是历史和现实的必然选择。习近平指出："法是党的主张和人民意愿的统一体现，党领导人民制定宪法法律，党领导人民实施宪法法律，党自身必须在宪法法律范围内活动，这就是党的领导力量的体现。""党和法、党的领导和依法治国是高度统一的。"①党纪与国法在反腐败斗争中是相辅相成，以不同的功能实现惩治和预防腐败的法治价值。

1. 党纪严于国法

党的纪律和规矩体现党的性质和宗旨，对党组织和党员的要求必然高于法律规定的公民、法人和其他组织的一般性义务。在全面从严治党的新常态下，纪律和规矩的标准和要求应当更加严格。其主要表现在：

一是体现全面从严精神。"全面"是基础。党的纪律之网要覆盖党组织和党员活动的方方面面，不能留死角、有盲区。当前，党的政治、组织、作风、工作、生活、财经等各方面纪律要求总体上较为全面，但也还存在一些空缺，例如规范领导干部出版著作、领导干部的生活待遇等，还有一些纪律要求则需要与时俱进，如规范党员领导干部辞职的规定、问责规定和配偶子女从业规定等。纪律和规矩只有覆盖全方位，才能管住大多数，要尽快把紧缺的纪律和规矩立起来，使党的纪律更加明确、规范、完整、系统。

二是体现纪律的硬性和刚性。纪律对党组织和党员的要求必须是明确而不含糊、坚定而不容商量、理直气壮而不畏首畏尾的刚性约束。当前，少数纪律和规矩对党员特别是党员领导干部的要求不断后退，有的在规范约束党员行为方面"隔靴搔痒"、形同虚设，有的回避关键问题，有的"原则上"太多而导致失去原则。纪律硬性刚性还要求遵守纪

① 《习近平关于全面依法治国论述摘编》，中央文献出版社 2015 年版，第 36 页。

律没有特权、执行纪律没有例外，特别是执行纪律不能因为同时违纪的党员数量众多而搞“纪不责众”、“下不为例”。

三是体现纪律约束性。习近平指出：“规矩是起约束作用的，所以要紧一点。紧一点自然就不舒服了，舒适度就有问题了，就是要不舒服一点、不自在一点，我们不舒服一点、不自在一点，老百姓的舒适度就好一点、满意度就高一点，对我们的感觉就好一点。”①可见，要严格规范权力行使，不能松松垮垮，使党员特别是党员领导干部履职用权时随心所欲，自由裁量权过大导致“牛栏关猫、来去自如”。对党员干部而言，收紧纪律的绳子也是对党员干部的爱护，党规党纪不仅是戴在头上的“紧箍”，也是远离违法犯罪的“安全阀”，严明党的纪律和规矩，把好党规党纪底线，是对党员干部的及时教育提醒，严管中体现了厚爱。

2. 党纪先于国法

在抵御腐败病毒的侵蚀进攻中，道德防线、纪律防线、法律防线共同构成党员干部强大的免疫系统。党纪和国法作为防治腐败的两道防线，在防线构筑和作用发挥两个层面存在先后顺序，两者都体现了纪在法前的要求。

第一，在部分规范的生成上，纪律在先。纪律和法律具有方向上的一致性，两者都是党和人民共同意志的反映和共同权威的体现，这一根本属性契合客观上要求我们做好党纪与国法的衔接。党的政策、主张和要求可以适时通过法定程序转化为国家法律，一些暂时不适合在国家层面实施的要求也可以在党内先行先试，条件成熟后上升为法律，成为全社会共同遵守的规范。

第二，在触发机制上，纪律在前。纪律和法律具有作用效力上的时序性，纪律红线失守，往往是法律底线失守的预警信号，而法律底线被

① 《习近平关于党风廉政建设和反腐败斗争论述摘编》，中央文献出版社、中国方正出版社 2015 年版，第 67 页。

践踏,纪律红线必然荡然无存。因此,对党员违反规则的行为,纪律应率先反应,法律则是最后响应的机制。有的地方在执行党的纪律时,把纪律要求降低到法律的普适层面(例如把法律规定的贪污贿赂5000元起刑点作为给予纪律处分的最低数额标准),使违纪等同于违法。要杜绝这种现象,必须严格执纪,对苗头性、倾向性问题不放任自流,该提醒的提醒,该诫勉谈话的诫勉谈话,该组织处理的组织处理,该纪律处分的纪律处分,对任何违反纪律的行为"零容忍",不能等到法律底线被突破后才有所反应。

第三,在价值功能上,党纪和国法作为中国特色社会主义法治体系的重要组成部分,从各自不同的角度出发,在党治国理政中发挥着不同的效用。全面从严治党,把纪律和规矩挺在法律前面,需要严明党纪、从严执纪,这就要求我们明确党纪和国法的边界,不能将两者混同,该用党纪的时候用党纪,该用国法的时候用国法;同时,把握两者的联系,做好衔接和配套,充分发挥纪律和法律两道防线在治理腐败工作中的应有作用。

3. 党纪须遵从国法

党必须在宪法和法律的范围内活动是党章的明确规定,全面从严治党必须在法治的框架下开展,党的纪律必须符合法律规定。党纪的调整对象是党员和党组织,法律的调整对象是自然人、法人和其他组织。尽管党纪和国法在调整对象上泾渭分明,但党员的社会行为(如侵犯他人人身权利、民主权利等)同时受到党纪和法律的调整。因此,纪律必须要遵从法律规定,不能突破法律的原则性、禁止性规范。

在效力范围上,党纪有自身的效力范围,不能突破应有范围,侵入法律的规范事项。如涉及犯罪和刑罚、国家机构及其组织制度、基本经济制度以及财政、税收、海关、金融和外贸的基本制度等《立法法》规定的十项法律保留事项。

在义务设定上,党纪往往体现更高更严的要求,但这种要求不能违反法律的基本原则，即要求党员实施违反法律强制性规定的行为。比如，纪律不能强制要求党员捐献个人财产给国家，也不能要求党员在个人房屋拆迁补偿中服从大局、无条件接受补偿安置方案等。

在行为评价上，党纪和法律在限制自由和权利方面各有侧重，法律侧重对人身自由和财产权的限制和剥夺，如拘留、罚款、判处刑罚等，党内法规则侧重对身份资格等党员权利的限制和剥夺，如取消评选评优资格、撤销党内职务、限制选举权被选举权和参与党内事务决策权利等。纪律不能设定属于法律特有的行为评价方式，如规定经济处罚、拘留、剥夺生命等。

二、反腐败党纪与国法的实施

中国特色的反腐法治是党纪与国法的共同之治。习近平说："反腐倡廉法规制度一经建立，就要让铁规发力、让禁令生威，确保各项法规制度落地生根。好的法规制度如果不落实，只是写在纸上、贴在墙上、编在手册里，就会成为'稻草人'、'纸老虎'，不仅不能产生应有作用，反而会损害法规制度的公信力。我们要下大气力建制度、立规矩，更要下大气力抓落实、抓执行，坚决纠正随意变通、恶意规避、无视制度等现象。"①习近平总书记要求我们必须强化法治意识，真正做到在党纪国法面前没有例外。

（一）反腐败法规治理的特征

反腐败法规治理具有完备性。习近平说："中外经验告诉我们，只有坚持依法严厉惩治、形成不敢腐的惩戒机制和威慑力，坚持完善法规

① 《习近平关于严明党的纪律和规矩论述摘编》，中央文献出版社、中国方正出版社2016年版，第89页。

制度、形成不能腐的防范机制和预防作用，坚持加强思想教育、形成不想腐的自律意识和思想道德防线，才能有效铲除腐败现象的生存空间和滋生土壤。要贯彻全面深化改革、全面依法治国的要求，加大反腐倡廉法规制度建设力度，把中央要求、群众期盼、实际需要、新鲜经验结合起来，本着于法周延、于事有效的原则制定新的法规制度、完善已有的法规制度、废止不适应的法规制度，努力形成系统完备的反腐倡廉法规制度体系。”①

反腐败法规治理具有严谨性。习近平指出，“制度问题更带有根本性、全局性、稳定性、长期性”②，“牛栏关猫是不行的！要搞好配套衔接，做到彼此呼应，增强整体功能”③，“制定制度要广泛听取党员、干部意见”④。法律是对腐败犯罪行为的规制，不构成犯罪的腐败行为则由党纪政纪处理。只有具备健全的制度，才能将权力关进笼子里。反腐制度的规范性和科学性决定了党纪与国法的一体化建设，是解决好党纪与国法之间缝隙问题的必然途径，弥补惩治贪腐的法律和制度漏洞及刚性不足等。要找出制度原因，对症下药，设计科学的可操作的制度和程序，是阻隔腐败滋生蔓延的环境和客观条件。要瞄准腐败现象易发多发、涉及“权、钱、人”的关键部门和重点领域，结合实际制定重点防范措施，不留死角、堵住暗道，坚决维护法治权威。

反腐败法规治理具有开放性。当下腐败的蔓延愈来愈呈现出超国界、超制度、超文化特征。中国反腐从某种意义上说，是全球腐败治理

---

① 《习近平关于严明党的纪律和规矩论述摘编》，中央文献出版社、中国方正出版社2016年版，第62页。

② 《习近平关于党风廉政建设和反腐败斗争论述摘编》，中央文献出版社、中国方正出版社2015年版，第124页。

③ 习近平：《在党的群众路线教育实践活动总结大会上的讲话》，人民出版社2014年版，第18页。

④ 习近平：《在党的群众路线教育实践活动总结大会上的讲话》，人民出版社2014年版，第18页。

的重要组成部分。党的十八大以来，以习近平同志为核心的党中央将反腐败提高到跨国事务和全球性战略的高度，积极参与并不断提升在全球腐败治理中的地位和作用。习近平指出："不能让外国成为一些腐败分子的'避罪天堂'，腐败分子即使逃到天涯海角，也要把他们追回来绳之以法，五年、十年、二十年都要追，要切断腐败分子的后路。"① 任何人触犯了党纪国法都要依纪依法严肃查处，决不姑息，决不允许腐败分子有任何藏身之地。这就要求我们要加强法治框架下中国反腐与全球反腐的紧密合作，加强与《国际反腐败公约》的衔接和跨国刑事司法协助，及时把握国际反腐败最新动态，深入研究国际上有关国家的法律及引渡、遣返规则，有针对性地开展追逃追赃工作。认真落实 APEC 会议上二十国集团峰会签订的反腐合作协议，使《2015—2016 年 G20 反腐败行动计划》、《北京反腐败宣言》的相关规定和原则精神得到遵行，为广阔的国际反腐败网络的编织成型打下坚实的基础。

（二）把纪律和规矩挺在法律前面

在全面依法治国和全面从严治党的大背景下，习近平提出了"把纪律挺在前面"②的重要理念，体现了从严治党的更高标准、更严要求和更实举措。纪在法前、纪严于法，抓住管党治党的主要矛盾和主要方面，找到了依法治国和依规治党互动关系的"黄金分割线"，对法治框架下正纪反腐的实践进程产生了正本清源的深远影响。

1. 挺纪在前的提出

2015 年 10 月 8 日，十八届中央政治局常委会第一百一十九次会议召开，习近平就关于审议中国共产党廉政准则、党纪处分条例修订稿

---

① 《习近平关于党风廉政建设和反腐败斗争论述摘编》，中央文献出版社、中国方正出版社 2015 年版，第 98 页。

② 习近平：《在第十八届中央纪律检查委员会第六次全体会议上的讲话》，《人民日报》2016 年 5 月 3 日。

时作了重要讲话，明确提出了纪严于法、纪在法前的思想。习近平说："过去就存在纪法不分问题，把公民不能违反的法律底线作为党组织和党员的纪律底线，降低了对党员要求，最后造成的结果就是'违纪只是小节、违法才去处理'，'要么是好同志、要么是阶下囚'的不良后果。这次对两项法规的修订，去除了与国家法律法规重复的内容，不是说不要法了，而是法早就在那挺着了、立着了，纪律就是纪律，纪在法前，这应该说是十八大以来制度创新的又一成果。"[①]习近平多次强调："依规治党，首先是把纪律和规矩立起来、严起来，执行起来。党的性质、宗旨都决定了纪严于法、纪在法前。要把党的纪律和规矩挺在前面，用纪律和规矩管住大多数，使所有党员干部严格执行党规党纪、模范遵守法律法规。"[②]挺纪在前、纪在法前的提出和实施，是反腐倡廉理论与实践的重大创新，是从严治党实践成果转化为体现纪律和道德要求的法治反腐的制度成果。

2. 挺纪在前的内涵

挺纪在前就是突出纪严于法。习近平说："明制度于前，重威刑于后。各级党组织要把严守纪律、严明规矩放到重要位置来抓，努力在全党营造守纪律、讲规矩的氛围。对政治纪律和政治规矩，要十分明确地强调、十分坚定地执行，不要语焉不详、闪烁其词。各级领导干部特别是高级干部要牢固树立纪律和规矩意识，在守纪律、讲规矩上作表率，自觉做政治上的'明白人'。特别是要加强对年轻干部的教育引导，让他们从进入干部队伍起就知道守纪律、讲规矩的重要性和严肃性，明白在党内不守纪律、不讲规矩，跟组织玩小聪明，权欲膨胀、利欲熏心，不择手段往上爬，为了自己什么事都敢干，总有一天是会自己毁了自己

① 《习近平关于严明党的纪律和规矩论述摘编》，中央文献出版社、中国方正出版社2016年版，第65页。

② 《习近平关于严明党的纪律和规矩论述摘编》，中央文献出版社、中国方正出版社2016年版，第60页。

的。各级党委要加强监督检查,对不守纪律的行为要严肃处理。"①他还明确指出:"党纪就是红线,处分就是惩戒。党纪处分条例要体现从严治党、加强纪律建设的要求。现行党纪处分条例一共一百七十八条,其中七十多条同刑法等国家法律重复。修订党纪处分条例,要体现党规党纪严于国家法律的要求,突出党纪特色,重点对违反党的政治纪律、组织纪律、财经纪律、工作纪律和生活纪律的行为作出处分规定。"②

3. 挺纪在前的实现

实现挺纪在前必须严肃党纪。习近平说:"执行党的纪律不能有任何含糊,不能让党纪党规成为纸老虎、稻草人,造成'破窗效应'。凡是违反党章和党的纪律特别是政治纪律、组织纪律、财经纪律的行为,都不能放过,更不能放纵。对存在一般性作风问题的,要立足于批评教育、促其改进;对群众意见大、不能认真查摆问题、没有明显改进的,要进行组织调整;对顶风违纪的,要严肃处理。要抓住典型案例开展警示教育,惩处一个,教育一片。对那些软弱涣散、问题比较突出的领导班子,要先进行组织整顿,再开展活动。要在解决党员队伍出口问题上探索出一些经验来,把从严治党要求落到实处。"③他明确指出,要严格党的纪律,坚持党纪面前党员人人平等,对党内一切消极腐败现象认真查处、严肃执纪,不允许有不受纪律约束的特殊党员存在。任何一名党员,不论职务高低、资历深浅、成就大小,都必须自觉遵守党内政治生活准则,各级党员领导干部要率先垂范。④

---

① 《习近平关于严明党的纪律和规矩论述摘编》,中央文献出版社、中国方正出版社 2016 年版,第 85—86 页。

② 《习近平关于严明党的纪律和规矩论述摘编》,中央文献出版社、中国方正出版社 2016 年版,第 58 页。

③ 《习近平关于严明党的纪律和规矩论述摘编》,中央文献出版社、中国方正出版社 2016 年版,第 79—80 页。

④ 参见《习近平关于严明党的纪律和规矩论述摘编》,中央文献出版社、中国方正出版社 2016 年版,第 81—82 页。

把纪律和规矩挺在法律前面，就是要让每个党员都明白，国有国法，党有党规，国因法而治，党因规而强。习近平说，身为党员，铁的纪律就必须执行。毛泽东同志说，路线是“王道”，纪律是“霸道”，这两者都不可少。如果党的政治纪律成了摆设，就会形成“破窗效应”，使党的章程、原则、制度、部署丧失严肃性和权威性，党就会沦为各取所需、自行其是的“私人俱乐部”。[①] 习近平说：“要让每个干部都明白，七十二行，每行有每行的规则。既然选择了当干部，就要自觉遵守当干部的规矩。没有规矩，不成方圆。按党章等党内法规办，按党确定的干部标准办，按党的纪律办，是天经地义的事，不存在对干部进行苛求的问题。对干部要求严一点，是党和人民事业发展的必然要求，也是我们改进作风、管理队伍的基本着眼点。”[②]

（三）坚持严格执法公正司法

依纪依法严惩腐败必须坚持严格执法公正司法。习近平说：“我们党严肃查处一些党员干部包括高级干部严重违纪问题的坚强决心和鲜明态度，向全党全社会表明，我们所说的不论什么人，不论其职务多高，只要触犯了党纪国法，都要受到严肃追究和严厉惩处，决不是一句空话。从严治党，惩治这一手决不能放松。要坚持‘老虎’、‘苍蝇’一起打，既坚决查处领导干部违纪违法案件，又切实解决发生在群众身边的不正之风和腐败问题。要坚持党纪国法面前没有例外，不管涉及到谁，都要一查到底，决不姑息。”[③]

1. 反腐败必须严格执法

强化严的观念。在腐败犯罪高发多发、反腐败形势依然严峻的情

① 参见《十八大以来重要文献选编》(上)，中央文献出版社 2014 年版，第 134 页。

② 《习近平关于严明党的纪律和规矩论述摘编》，中央文献出版社、中国方正出版社 2016 年版，第 80 页。

③ 《十八大以来重要文献选编》(上)，中央文献出版社 2014 年版，第 135 页。

况下，严格执法、查办腐败案件这一手在任何时候都不能放松。对违规违纪、破坏法规制度踩“红线”、越“底线”、闯“雷区”的，要坚决严肃查处，不以权势大而破规，不以问题小而姑息，不以违者众而放任，不留“暗门”、不开“天窗”，坚决防止“破窗效应”。强化严的观念，就要“严”字当头。深刻认识以人为本并不排斥严格监管，文明执法也并不排斥严格执法，“认罪态度较好”、“有自首情节”等不应简单地成为从轻从宽处理的砝码，如果我们心怀慈悲放松惩处尺度，就可能成为对腐败分子的放纵。只有通过严厉惩治，让腐败分子承担政治、经济上的高昂代价，才能达到有效遏制腐败的目的。

落实严的要求。习近平说：“党纪国法不能成为‘橡皮泥’、‘稻草人’，无论是因为‘法盲’导致违纪违法，还是故意违规违法，都要受到追究，否则就会形成‘破窗效应’。明代冯梦龙在《警世通言》中说：‘人心似铁，官法如炉。’意思是任人心中冷酷如铁，终扛不住法律的熔炉。法治之下，任何人都不能心存侥幸，都不能指望法外施恩，没有免罪的‘丹书铁券’，也没有‘铁帽子王’。”①习近平还强调：“法规制度的生命力在于执行。‘盖天下之事，不难于立法，而难于法之必行。’现在，我们有法规制度不够健全、不够完善的问题，但更值得注意的是已有的法规制度并没有得到严格执行。”②

加强严的措施。当下，要重点查办党的十八大后不收敛、不收手，问题严重、群众反映强烈、现在重要岗位而且可能还要提拔使用的领导干部职务犯罪，发生在群众身边，严重危害民生、侵害群众利益的职务犯罪，换届选举中拉票贿选、买官卖官、权钱交易等腐败违法犯罪案件；深入扶贫开发领域，开展查办腐败违法犯罪专项执法活动，以专项工作

---

① 《习近平关于严明党的纪律和规矩论述摘编》，中央文献出版社、中国方正出版社 2016 年版，第 86—87 页。

② 《习近平关于严明党的纪律和规矩论述摘编》，中央文献出版社、中国方正出版社 2016 年版，第 88—89 页。

带动整体办案工作。“严格按照纪律和法律的尺度，把执法和执纪贯通起来，使全面从严治党的任务真正得到落实。”①

2. 反腐败必须公正司法

司法是社会公平正义的最后一道防线，也是反腐败的刑事法治手段。司法治理是以国家刑事法律为依据的执法活动，关乎人的财产权、自由权、生命权等基本权利，因而必须以执法公正为要义，通过程序严谨、公开透明的执法办案，让群众从每一个反腐案件中感受到公平正义。

坚持程序正义。规范执纪执法的真谛是确保反腐的公正性，彰显纪律法律的正义性。习近平说，“要强化程序观念，该报告的必须报告，该打招呼的必须打招呼，该履行的职责必须履行，该承担的责任必须承担”②。程序正义是“看得见的正义”，腐败案件的查办不仅要公正、合理、合法，还要让当事人感受到判决过程的客观、公平、公正。首先，强化依法履职的责任感，并通过改进执纪执法办案的评价标准，完善执纪执法人员的行为规范，确保查办腐败案件工作始终在法治轨道上运行。

坚持实体公正。执纪执法机关掌握和行使职权的目的，在于公正而准确地查明腐败事实，运用纪律法律恢复被腐败扭曲的法律秩序和社会关系。党纪政纪、执法司法都要以执法对象的平等性和追求案件的真实性为价值目标。要强调纪律法律面前人人平等，不论什么人，不论其职务多高，只要触犯了纪律法律，都要受到纪律法律的追究和惩处。办案活动要以纪律法律为准绳，重事实、重证据、重调查研究，客观公正地查办案件，尊重和保障嫌疑人的合法权利。要认真研究和准确

① 《习近平关于严明党的纪律和规矩论述摘编》，中央文献出版社、中国方正出版社2016年版，第87页。

② 《习近平关于严明党的纪律和规矩论述摘编》，中央文献出版社、中国方正出版社2016年版，第14页。

把握法律政策界限，增强办案的客观性和准确性，确保案件经得起历史检验。

提高执法水平。健全完善反腐执纪执法体制机制，提高发现和证实腐败行为能力，提高惩治和防控腐败违纪违法效率。增强初核初查、询问讯问取证能力，增强运用信息化平台全面取证能力，增强反腐败国际合作能力，增强境外取证、追逃、追赃、遣返、移交、引渡以及预防等务实合作能力。完善查办腐败违纪违法案件的程序措施和工作机制，遵循调查、侦查工作规律，提高调查、侦查工作的科技含量，明晰违纪调查与司法侦查的法律边界，健全执纪执法衔接机制，完善司法机关与纪检监察机关各司其职、相互配合、相互制约的有效机制，提高反腐败司法公信力。

三、反腐败法规治理的要义

加强权力制约是反腐败法规治理的要义。法治反腐强调权力监督制约的顶层设计，包括法治方式、法治机制和法律制度为公共权力创设的公正、透明机制，使公共权力在行使过程中的程序、条件、范围、方式和手段，更加符合法治规范，促使权力执掌者不敢贪、不能腐，促使人民赋予的权力为人民谋利益。

（一）夯实监督制约的基础

习近平在十八届中央政治局第二十四次集体学习时的讲话中指出："腐败的本质是权力出轨、越轨，许多腐败问题都与权力配置不科学、使用不规范、监督不到位有关。反腐倡廉法规制度建设要围绕授权、用权、制权等环节，合理确定权力归属，划清权力边界，厘清权力清单，明确什么权能用、什么权不能用，强化权力流程控制，压缩自由裁量空间，杜绝各种暗箱操作，把权力运行置于党组织和人民群众监督之下，最大限度减少权力寻租的空间。”[①]这一论述阐明了加强权力制约的价值基础。

加强权力的监督制约必须坚持依法执政。习近平说：“我们党是执政党，能不能坚持依法执政，能不能正确领导立法、带头守法、保证执法，对全面推进依法治国具有重大作用。要坚持党的领导、人民当家作主、依法治国有机统一，把党的领导贯彻到依法治国全过程。各级党组织必须坚持在宪法和法律范围内活动。各级领导干部要带头依法办事，带头遵守法律，对宪法和法律保持敬畏之心，牢固确立法律红线不能触碰、法律底线不能逾越的观念，不要去行使依法不该由自己行使的权力，也不要去干预依法自己不能干预的事情，更不能以言代法、以权压法、徇私枉法，做到法律面前不为私心所扰、不为人情所困、不为关系所累、不为利益所惑。”[②]

加强权力的监督制约必须解决领导干部违法违规干预问题。习近平指出，一些党政领导干部出于个人利益，打招呼、批条子、递材料，或者以其他明示、暗示方式插手干预个案，甚至让执法司法机关做违反法定职责的事。在中国共产党领导的社会主义国家里，这是绝对不允许的！如果领导干部不遵守法律，怎么让群众遵守法律？对来自群众反映政法机关执法办案中存在问题的举告，党政领导干部可以依法按程序批转，但不得提出倾向性意见，更不能替政法机关拍板定案。要把能不能依法办事、遵守法律作为考察识别干部的重要标准。[③]

（二）抓住监督制约的关键

党的十八大以来，我们党以执行中央八项规定打开作风建设的突

---

① 《习近平关于严明党的纪律和规矩论述摘编》，中央文献出版社、中国方正出版社2016年版，第63页。

② 《习近平关于党风廉政建设和反腐败斗争论述摘编》，中央文献出版社、中国方正出版社2015年版，第122—123页。

③ 参见《十八大以来重要文献选编》（上），中央文献出版社2014年版，第720—721页。

破口,强化落实党委纪委的主体责任和监督责任,不断将党的纪律和规矩立起来、严起来,注重党内法规同国家法律的衔接和协调,管党治党取得了显著成效、积累了新的经验。新修订的《关于新形势下党内政治生活的若干准则》和《中国共产党党内监督条例》以党章为根本遵循,既做“减法”,大刀阔斧砍掉与法律重复的内容,凸显党纪严于国法的鲜明特色;又做“加法”,把党的十八大以来管党治党实践经验化为道德和纪律要求,树立了标准、标定了规矩和底线,实现了党内法规建设与时俱进,为全面从严治党提供了重要制度保障。

监督制约要靠制度管用、发力。习近平说,制度不在多,而在于精,在于务实管用,突出针对性和指导性。如果空洞乏力,起不到应有的作用,再多的制度也会流于形式。牛栏关猫是不行的!要搞好配套衔接,做到彼此呼应,增强整体功能。要增强制度执行力,制度执行到人到事,做到用制度管权管事管人。制定制度要广泛听取党员、干部意见,从而增加对制度的认同。要坚持制度面前人人平等、执行制度没有例外,不留“暗门”、不开“天窗”,坚决维护制度的严肃性和权威性,坚决纠正有令不行、有禁不止的行为,使制度成为硬约束而不是橡皮筋。①

习近平多次强调:“我们的制度不少,可以说基本形成,但不要让它们形同虚设,成为‘稻草人’,形成‘破窗效应’。很多情况没有监督,违反了也没有任何处理。这样搞,谁会把制度当回事呢?我们党的制度是从党章开始的,学习党章学了半天,最后还是视而不见、听而不闻,这不行!我们的制度有些还不够健全,已经有的铁笼子门没关上,没上锁。或者栅栏太宽了,或者栅栏是用麻秆做的,那也不行。现有制度都没执行好,再搞新的制度,可以预言也会是白搭。所以,我说一分部署还要九分落

① 参见习近平:《在党的群众路线教育实践活动总结大会上的讲话》,人民出版社2014年版,第18页。

实。制定制度很重要，更重要的是抓落实，九分气力要花在这上面。”①

监督制约要突出关键少数。习近平认为，我们查处的腐败分子中，方方面面的一把手比例不低。这说明，对一把手的监督仍然是一个薄弱环节。由于监督缺位、监督乏力，少数一把手习惯了凌驾于组织之上、凌驾于班子集体之上。“权力导致腐败，绝对权力导致绝对腐败。”如果权力没有约束，结果必然是这样。各级领导干部都要牢记，任何人都没有法律之外的绝对权力，任何人行使权力都必须为人民服务、对人民负责并自觉接受人民监督。要加强对一把手的监督，认真执行民主集中制，健全施政行为公开制度，保证领导干部做到位高不擅权、权重不谋私。加强对权力运行的制约和监督，会影响到领导干部的舒适度。问题是，领导干部手中的权力都是党和人民赋予的，领导干部使用权力，使用得对不对，使用得好不好，当然要接受党和人民监督。不想接受监督的人，不能自觉接受监督的人，觉得接受党和人民监督很不舒服的人，就不具备当领导干部的起码素质。②

（三）完善监督制约的机制

习近平指出，马克思、恩格斯说过：一切公职人员必须“在公众监督之下进行工作”，这样“能可靠地防止人们去追求升官发财”和“追求自己的特殊利益”。从查处的腐败案件看，权力不论大小，只要不受制约和监督，都可能被滥用。要强化制约，合理分解权力，科学配置权力，不同性质的权力由不同部门、单位、个人行使，形成科学的权力结构和运行机制。纪委派驻监督要对党和国家机关全覆盖，巡视监督要对地方、部门、企事业单位全覆盖。要强化公开，推行地方各级政府及其工作部门权力清单制度，依法公开权力运行流程，让权力在阳光下运行，

---

① 《习近平关于严明党的纪律和规矩论述摘编》，中央文献出版社、中国方正出版社 2016 年版，第 81 页。

② 参见《十八大以来重要文献选编》（上），中央文献出版社 2014 年版，第 136 页。

让广大干部群众在公开中监督,保证权力正确行使。①

在健全监督制约体系的问题上,习近平多次强调,要加强党纪监督、行政监察、审计监督、司法监督和国家机关内部各种形式的纪律监督。要拓宽人民监督权力的渠道,公民对于任何国家机关和国家工作人员有提出批评和建议的权利,对于任何国家机关和国家工作人员的违法失职行为有向有关国家机关提出申诉、控告或者检举的权利。要健全申诉控告检举机制,加强检察监督,切实做到有权必有责、用权受监督、侵权要赔偿、违法必追究。② 他说:"我们的先人们早就认识到,反腐倡廉的核心是制约和监督权力。我国古代很早就有监察、御史、弹劾、谏官等方面的制度。这些制度有不少在历代反腐倡廉中发挥了重要作用,对我们推进反腐倡廉制度建设具有借鉴意义。"③我们要健全权力运行制约和监督体系,让人民监督权力,确保国家机关按照法定权限和程序行使权力。要从源头上有效防治腐败,加强对典型案例的剖析,从中找出规律性的东西,深化腐败问题多发领域和环节的改革,最大限度减少体制障碍和制度漏洞。

四、反腐败法规治理的超越

习近平强调,要善于用法治思维和法治方式反对腐败,加强反腐败国家立法,加强反腐倡廉党内法规制度建设,让法律制度刚性运行。用法治思维和法治方式反对腐败,科学有效反腐败,需要实现多方面超越。

① 参见《习近平关于党风廉政建设和反腐败斗争论述摘编》,中央文献出版社、中国方正出版社 2015 年版,第 128 页。

② 参见习近平:《在庆祝全国人民代表大会成立 60 周年大会上的讲话》,人民出版社 2014 年版,第 11—12 页。

③ 《习近平关于党风廉政建设和反腐败斗争论述摘编》,中央文献出版社、中国方正出版社 2015 年版,第 124 页。

（一）超越“农民起义”的反腐局限

中国是世界历史上农民起义最多、规模最大、持续最长的国家。农民反腐败，没有别的办法，就是起义。农民起义，是中国古代反腐败的最高形式，是封建社会最彻底的反腐败形式。农民起义反腐败的最大成果，就是改朝换代。改朝换代，是农民起义彻底反腐败的成功标志，也是新一轮腐败的开始。农民起义打倒旧皇帝，农民领袖自己当皇帝。李自成进了北京就腐败，洪秀全进了南京就腐败，起义领袖当皇帝比被他打倒的皇帝腐败更快。但是共产党人反腐败确实有一个超越“农民起义”局限性的问题，毛泽东的名言是“我们不学李自成”，他组织全党学习《甲申三百年祭》，防止重蹈李自成农民起义反腐败、胜利之后又腐败的覆辙。

（二）超越“无产阶级革命”的反腐局限

封建社会彻底反腐败的最高形式是农民起义，资本主义社会彻底反腐败的最高形式是无产阶级革命，就是无产阶级通过革命来反资产阶级的腐败。但是无产阶级革命反腐败，并不能保证无产阶级在革命胜利以后就不腐败，不能保证共产党人在执政以后不腐败。创造了第一个社会主义国家的十月革命，以革命反了别人的腐败，74 年后，又由于自身的腐败，而导致失败。74 年前坚决反腐败的革命党成为 74 年后被自身腐败搞垮的腐败党、失败党。这又是一个循环，就是革命和腐败的循环。超越“无产阶级革命”反腐败的局限，超越以阶级斗争为纲反腐败的思维，依靠民主和法制，才能科学反腐败、彻底反腐败。

（三）超越“轮流执政”的反腐局限

西方国家鼓吹说，一党执政是腐败之源，只有多党轮流执政，才能彻底反腐败。这是一个政治陷阱。因为多党制在中国，首先是一个乱中国、败中国、垮中国的制度。中国反腐败,第一条规律,就是要在共产党领导下反腐败。共产党内的腐败现象要反,但是共产党的执政地位不能反。反腐败不是要动摇共产党的执政地位,而是要巩固、加强、捍卫共产党的执政地位。中国反腐败,决不能走“大民主”和多党政治的道路。中国只能在稳定的环境下反腐败,不可能在动乱中反腐败。中国的反腐败,将在吸收古今中外有益做法的基础上,改革创新,走出一条“不搞轮流执政,也能成功反腐”的新路,为世界贡献出一个治理腐败的奇迹。

第八章

反腐败基本动力

动力即一切力量的来源。党的十八大以来,习近平总书记紧紧围绕执政为了谁,执政依靠谁,如何执好政掌好权等重大课题,发表了一系列关于"坚持人民主体地位"、"落实党委主体责任和纪委监督责任"、"从严治党必须依靠人民"等重要论述,丰富了我们党执政为民的理念内涵,增强了党自我净化、自我完善、自我革新、自我提高的历史责任和使命担当,焕发出反腐倡廉建设的巨大动能。

一、动力之源:人民群众的主体地位

马克思主义认为,人民群众是历史的创造者、社会物质财富和精神财富的创造者以及社会变革的决定性力量。中国共产党人历来尊重人民作为主体的历史地位和社会地位,将实现人民的主体地位作为一以贯之的执政理念和执着追求。作为党的新一届最高领导人,习近平不仅坚持了人民主体地位这一中国共产党和社会主义国家的根本政治理念,更为它增添了全新的内涵。

（一）人民主体地位的思想概念

1.“以民为本”的执政理念

党的十八届四中全会通过的《中共中央关于全面推进依法治国若干重大问题的决定》指出，“要恪守以民为本、立法为民理念，贯彻社会主义核心价值观，使每一项立法都符合宪法精神、反映人民意志、得到人民拥护。”党的十七大从科学发展观的角度，针对“以物为本”、物重人轻，提出了“以人为本”的理念，注重人和生态环境相协调、和谐发展，解决人与自然的关系问题。十八届四中全会又提出了“以民为本、立法为民”的执政新理念。“以民为本”的“民”直接针对“官”，习近平强调，实现人民群众的主体地位，拉近领导与群众的距离，就要求领导干部不做“以官压人”的事情，真正克制“官本位”思想，不搞“以官为本”、“官贵民贱”，树立正确的民生权力观，切实解决好人民群众最现实、最关心、最直接的民生问题，他吸收和借鉴了传统文化中“民为邦本、本固邦宁”、“水可载舟，亦可覆舟”的民本思想，“加强对权力运行的制约和监督，把权力关进制度的笼子里”，做到为人民执好政、掌好权，达到稳定人心，赢得人心。与“以人为本”相比，“以民为本”的政治色彩更为浓厚，只有坚持“以民为本”，反映人民的意志，得到人民的拥护，才称得上是真正实现了人民的主体地位。

2. 以“民生为重”的政绩观

习近平指出，“人民对美好生活的向往，就是我们的奋斗目标。”①共产党人的责任就是要担当起该担当的责任，共产党员要树立正确的政绩观，不要劳民伤财，一味搞“形象工程”和“政绩工程”。“我们要随时随刻倾听人民呼声、回应人民期待，保证人民平等参与、平等发展权利，维护社会公平正义，在学有所教、劳有所得、病有所医、老有所养、住

---

① 《习近平谈治国理政》，外文出版社 2014 年版，第 4 页。

有所居上持续取得新进展，不断实现好、维护好、发展好最广大人民根本利益，使发展成果更多更公平惠及全体人民，在经济社会不断发展的基础上，朝着共同富裕方向稳步前进。”①党的十八大以来，党中央一直坚持民生优先和以民为本的原则，从解决教育、医疗、户籍、社会保障等一系列人民群众最关心、最直接的问题入手，大力改善民生，致力于建立更为完备的民生安全保障网络。

3. 开发和尊重民智的情怀

毛泽东曾指出：“没有满腔的热忱，没有眼睛向下的决心，没有求知的渴望，没有放下臭架子、甘当小学生的精神，是一定不能做，也一定做不好的。”②习近平更加注重继承党的“尊重群众、相信群众、向群众学习”的优良传统和优良作风，并将其形象比喻为“接地气”。习近平指出，“坚持人民主体地位，发挥人民首创精神，着力解决好人民群众最关心最直接最现实的利益问题，不断让人民群众得到实实在在的利益，充分调动人民群众的积极性、主动性、创造性。”③“要自觉拜师人民、尊重人民、依靠人民”，“要始终坚持问政于民、问计于民、问需于民”。④ 他嘱咐我们，只有发自内心尊重群众的智慧和创造，才能真正体会群众工作的真谛，赢得群众的理解与支持。

（二）人民主体地位的思想内涵

习近平坚持人民主体地位的思想，涵盖了始终把人民放在心中最高位置、坚持群众路线和人民观点以及努力实现共享人生精彩的中国梦等内容。

---

① 《习近平谈治国理政》，外文出版社 2014 年版，第 41 页。

② 《毛泽东选集》第三卷，人民出版社 1991 年版，第 790 页。

③ 《对照检查中央八项规定落实情况　讨论研究深化改进作风举措》，《人民日报》2013 年 6 月 26 日。

④ 转引自吴贤德：《做好“五个强化”》，《学习时报》2016 年 7 月 7 日。

1. 始终把人民放在心中最高位置

在党的十八大后的首次公开讲话中，习近平就鲜明宣示："人民对美好生活的向往，就是我们的奋斗目标。"这篇1500余字的讲话，19次提到"人民"二字。在接受外国记者专访时，他深情地说："我的执政理念，概括起来说就是，'为人民服务，担当起该担当的责任'，人民把我放在这样的工作岗位上，我就要始终把人民放在心中最高的位置，牢记责任重于泰山，时刻把人民群众的安危冷暖放在心上。"党的十八大以来，习近平在不同场合讲话中提到最多的就是人民群众，在基层调研中接触最多的也是人民群众，在决策部署中关注最多的还是人民群众。这一重要理念与我们党为人民服务、为人民执政的根本价值追求一脉相承，同时又具有了新的时代内涵和要求。坚持人民至上的为民理念，就要坚持党的群众路线，坚持人民主体地位，时刻把群众安危冷暖放在心上，及时准确了解群众所思、所盼、所忧、所急，把群众工作做实、做深、做细、做透；就要正确处理最广大人民根本利益、现阶段群众共同利益、不同群体利益的关系，切实把人民群众利益维护好、实现好、发展好，就要做到检验我们一切工作的成效，最终都要看人民是否真正得到了实惠，人民生活是否真正得到了改善。纵观党的十八大以来的各项举措，从改进作风密切联系群众，把人民对美好生活的向往作为我们的奋斗目标，到深化改革激发民生红利，再到全党上下的群众路线教育实践活动，强化人民观念、人民至上的为民理念可以说是一以贯之。坚持这一理念，国家、民族和每个人的未来必将更加美好，党同人民群众的联系必将更加密切，党的执政基础必将更加牢固。

2. 坚持群众路线，密切联系群众

坚持群众路线的核心是"为民"，即任何时候都要把人民利益放在首位。无论革命时期、社会主义建设时期乃至中国特色社会主义新时期，群众路线都是党的生命线和根本工作路线。在十八届中央政治局第一次集体学习时习近平讲道："密切党群、干群关系，保持同人民群众的血肉联系，始终是我们党立于不败之地的根基。一个政党，一个政权，其前途和命运最终取决于人心向背。”①习近平高度重视这条党的“生命线”、“根本工作路线”。在几十年的工作岁月里，他始终践行着这样的人民观，并把其作为开展一切工作的根本原则、出发点和落脚点。习近平强调：“把群众工作做深做细做实，增强群众工作的亲和力和感染力，提高群众工作的针对性和实效性。”②为此，他时常出现在田间地头，深入群众，了解民声，与百姓促膝长谈、与群众同甘共苦、与人民群众保持着密切联系。2012 年岁末，习近平冒着严寒来到地处太行山深处的河北省阜平县看望困难群众。他在讲话中强调，对于困难群众要格外关注、格外关心、格外关爱。广大党员干部只有真心实意为群众谋福利，与群众同甘苦，放下架子，从思想和情感深处与群众打成一片、融为一体，在与群众的近距离接触中增进感情，才能真正赢得群众的尊重和信赖。也正是如此，十八大以来党中央组织开展党的群众路线教育实践活动，要求广大党员干部紧紧扭住反对“四风”，从群众最关心、最迫切的问题入手，真正让群众受益，努力取得人民群众满意的实效。

3. 坚持以人为本的科学发展原则

习近平对解决民生问题的原则和途径进行了有益的探索，解决民生问题必须坚持以人为本的原则。以人为本，就是以最广大人民的根本利益为一切工作的根本出发点和落脚点。习近平系统阐述了共产党人的政绩观，提出衡量领导干部的政绩观、发展观的标准是能否坚持求真务实，为人民群众真心诚意办实事，坚持不懈做好事，尽心竭力解难事。习近平强调领导干部树政绩的根本途径是将人民群众的眼前利益和长远利益结合起来，尊重客观规律，按客观规律办事，脚

---

① 《十八大以来重要文献选编》（上），中央文献出版社 2014 年版，第 81 页。

② 中央直属机关工委理论学习中心组：《新形势下党的群众工作的根本指南》，《人民日报》2014 年 7 月 22 日。

踏实地工作。领导干部树政绩的根本目的是为人民谋利益。他还强调:“要把中央各项惠民政策落到实处,各级领导干部要更多关爱生产、生活、工作和学习等方面有困难的群众,让人民群众切实感受到党和政府的关怀和温暖。”①

4. 实现共享人生精彩的中国梦

“中国梦”是习近平对理想中国价值追求的深刻阐释,以其通俗的形式和清新的理念迅速得到中国社会认同,成为激荡神州大地、承载亿万海内外中华儿女理想追求和责任重托的热门词汇。习近平 2012 年 11 月 29 日在参观《复兴之路》展览时,提出了实现中华民族伟大复兴的中国梦,此后又多次对“中国梦”进行阐述。习近平指出:“中国梦是民族的梦,也是每个中国人的梦。”②“实现中华民族伟大复兴的中国梦,就是要实现国家富强、民族振兴、人民幸福”。③ 可见,中国梦归根结底是全体中国人民的梦,必须要紧紧依靠人民才能实现。同时,要实现中国梦,必须要实实在在地解决民生问题,为人民谋福祉,使人民都能过上相对富裕的生活,都能获得质量相对高的公共服务,都能公平地分享发展成果。习近平对“中国梦”的阐释体现了高度的历史责任感和历史自觉,对凝聚民族力量、引领社会共识、激励全体人民努力奋斗具有重要意义。

(三)人民主体地位的理性分析

综观人类发展的历史进程,人们对于反腐败主体地位的认识是受社会发展阶段以及人们的认识能力制约的。在封建社会,尽管民众作为腐败的受害者和强烈反对者,都是反腐败的最强大动力,但除了采取农民起义这种极端形式来对腐败宣战外,始终没有能够成为反腐败的

---

① 《习近平的民生思想:始终把人民放在最高的位置》,中国网 2016 年 5 月 11 日。

② 《习近平谈治国理政》,外文出版社 2014 年版,第 40 页。

③ 《习近平谈治国理政》,外文出版社 2014 年版,第 39 页。

主体力量。马克思主义从“人民主体论”的全新视角来解释社会发展动力。按照历史唯物主义的观点,社会系统的有效运转是各种综合动力共同推动的结果,但从主体看,人民群众是历史的创造者,是推动社会发展的真正动力,同样也是制约国家权力的主体。马克思在《黑格尔法哲学批判》①等著作中明确提出,现代社会的运转是在政治国家和市民社会相分离的基础上进行的,这种与政治国家相分离的市民社会对于社会的发展和运转具有决定性的作用。正如恩格斯所指出的:“决不是国家制约和决定市民社会,而是市民社会制约和决定国家”②。我们党历来重视动员和依靠人民群众反腐败,始终强调必须把对权力的监督与发扬党内民主和发展人民民主联系起来。毛泽东关于执政党跳出历史周期率的最重要经验就是依靠群众,让群众来监督政府。党的十八大以来,习近平多次强调反腐败工作的重要经验之一,就是必须依靠人民群众的支持和参与。为保障人民反腐败的主体地位,各级党委要负起主体责任,各级纪委要负起监督责任,在自我净化、自我完善、自我革新的过程中,有效利用和开发反腐败动力资源。

二、动力之本:执政党的责任担当

反腐败战略的基本动力表现为我们党的责任担当。习近平严肃指出:“我们党把党风廉政建设和反腐败斗争提到关系党和国家生死存亡的高度来认识,是深刻总结了古今中外的历史教训的。”③“生于忧患,死于安乐”④,这充分体现了中国共产党人的忧患意识和责任担当。

---

① 《黑格尔法哲学批判》又名《克罗茨纳赫手稿》,中国社会科学出版社 2009 年版。

② 《马克思恩格斯选集》第 4 卷,人民出版社 1995 年版,第 196 页。

③ 《习近平关于党风廉政建设和反腐败斗争论述摘编》,中央文献出版社、中国方正出版社 2015 年版,第 5 页。

④ 出自《孟子·告子下》,阐述了忧患则生、安乐则亡的道理。习近平:《在纪念毛泽东同志诞辰 120 周年座谈会上的讲话》,人民出版社 2013 年版,第 24 页。

特别是党委主体责任和纪委监督责任的提出,抓住了党风廉政建设和反腐败斗争的关键环节,成为十八届三中全会关于全面深化改革部署的一个重点。

(一)改革领导体制落实“两个责任”

1.“两个责任”的提出

2014 年 1 月 14 日召开的第十八届中央纪律检查委员会第三次全体会议上,习近平深刻阐述了落实党委主体责任和纪委监督责任的问题。“按照党章规定,党的中央纪律检查委员会在党的中央委员会领导下进行工作,党的地方各级纪律检查委员会和基层纪律检查委员会在同级党的委员会和上级纪律检查委员会双重领导下进行工作。从总体上讲,这种双重领导体制自党的十二大确立以来发挥了积极作用,是基本符合党情国情的。同时,实践中也出现了一些不适应、不协调问题,特别是查办腐败案件时受到的牵制比较多。有的地方担心查办案件会损害形象、影响发展,有时存在压案不办、瞒案不报的情况。大家在一口锅里吃饭,很难监督别人。对地方纪委来说,同级监督忌讳也不少,这些年发生的一把手腐败问题,很少有同级纪委主动报告的。有的地方纪委领导甚至对反映同级党委领导干部问题的同志说:你不要讲了,我什么也没有听见。这种现象很不正常,必须有所改变。”①他强调指出,要落实党委的主体责任和纪委的监督责任,党委、纪委或其他相关职能部门都要对承担的党风廉政建设责任做到守土有责。②

“两个责任”的提出,牵住了党风廉政建设的“牛鼻子”,为有效解决反腐败机构职能分散、形不成监督合力、有些案件受到各种因素的影

① 《习近平关于党风廉政建设和反腐败斗争论述摘编》,中央文献出版社、中国方正出版社 2015 年版,第 59 页。

② 参见《习近平关于党风廉政建设和反腐败斗争论述摘编》,中央文献出版社、中国方正出版社 2015 年版,第 62 页。

响难以得到坚决查办、有的地方腐败案件频发却追究责任不力等影响反腐败成效发挥的问题，为各级党委、纪委各司其职、各负其责指明了方向，确保党风廉政建设和反腐败工作各项任务落到实处。

2.“两个责任”的内涵

为什么要强调党委负主体责任？习近平认为：“党委能否落实好主体责任直接关系党风廉政建设成效。现在，有的党委对主体责任认识不清、落实不力，有的没有把党风廉政建设当作分内之事，每年开个会、讲个话，或签个责任书就万事大吉了；有的对错误思想和作风放弃了批评和斗争，搞无原则的一团和气，疏于教育，疏于管理和监督，放任一些党员、干部滑向腐败深渊；还有的领导干部只表态、不行动，说一套、做一套，甚至带头搞腐败，带坏了队伍，带坏了风气。”①

党委的主体责任是什么？习近平指出：“主要是加强领导，选好用好干部，防止出现选人用人上的不正之风和腐败问题；坚决纠正损害群众利益的行为；强化对权力运行的制约和监督，从源头上防治腐败；领导和支持执纪执法机关查处违纪违法问题；党委主要负责同志要管好班子，带好队伍，管好自己，当好廉洁从政的表率。各级党委特别是主要负责同志必须树立不抓党风廉政建设就是严重失职的意识，常研究、常部署，抓领导、领导抓，抓具体、具体抓，种好自己的责任田。”②

纪委的监督责任是什么？习近平指出：“各级纪委要履行好监督责任，既协助党委加强党风建设和组织协调反腐败工作，又督促检查相关部门落实惩治和预防腐败工作任务，经常进行检查监督，严肃查处腐败问题。”③习近平认为：“增强权力制约和监督效果，必须保证各级纪

① 《习近平关于党风廉政建设和反腐败斗争论述摘编》，中央文献出版社、中国方正出版社 2015 年版，第 60—61 页。

② 《习近平关于党风廉政建设和反腐败斗争论述摘编》，中央文献出版社、中国方正出版社 2015 年版，第 61 页。

③ 《习近平关于党风廉政建设和反腐败斗争论述摘编》，中央文献出版社、中国方正出版社 2015 年版，第 61—62 页。

委监督权的相对独立性和权威性。这次三中全会提出,推动党的纪律检查工作双重领导体制具体化、程序化、制度化,强化上级纪委对下级纪委的领导;明确规定查办腐败案件以上级纪委领导为主,各级纪委书记、副书记的提名和考察以上级纪委会同组织部门为主。这既坚持了党对反腐败工作的领导,坚持了党管干部原则,又保证了纪委监督权的行使,有利于加大反腐败工作力度。”①

3.“两个责任”的落实

习近平在第十八届中央纪律检查委员会第三次全体会议上的讲话中强调:“各级党委要把思想统一到三中全会精神上来,认真落实反腐败体制机制改革举措,自觉接受纪委监督,支持和保障纪委履行职责。这种体制机制改革既是党和人民对各级纪委的信任,更是纪委沉甸甸的政治责任。各级纪委要坚持党委统一领导,更好发挥党内监督专门机关作用。”②

落实“两个责任”必须领导带头。习近平要求:“全党同志特别是高级干部,一定要把思想和行动统一到党中央的决策部署上来,坚定不移把反腐败斗争进行到底。各级党委(党组)要落实好主体责任,不抓党风廉政建设是严重失职。各级纪委要履行好监督责任,更好发挥党内监督专门机关作用。党委(党组)书记作为党风廉政建设第一责任人,既要挂帅又要出征,对重要工作亲自部署、重大问题亲自过问、重要环节亲自协调、重要案件亲自督办。”③针对一些地方主体责任不落实的问题,习近平强调:“整改工作必须要跟上。一些地方发生窝案串案,有的地方成为腐败重灾区,主要负责人的责任是怎么履行的?不能

---

① 《习近平关于党风廉政建设和反腐败斗争论述摘编》,中央文献出版社、中国方正出版社 2015 年版,第 59—60 页。

② 《习近平关于党风廉政建设和反腐败斗争论述摘编》,中央文献出版社、中国方正出版社 2015 年版,第 60 页。

③ 《习近平关于党风廉政建设和反腐败斗争论述摘编》,中央文献出版社、中国方正出版社 2015 年版,第 63—64 页。

‘新官不理旧账’。出了事，要追责。我们有的地方、单位管理失之于宽、无能为力，主要负责人是干什么的？要履责，要抓党风廉政建设！凡是整改不力的，都要严肃追责。巡视整改落实的情况都要‘回头看’，要揪住不放。”①

落实“两个责任”必须强化问责。习近平要求：“中央纪委要抓紧完善并严格执行责任追究办法，对每一个具体问题都要分清党委负什么责任、有关部门负什么责任、纪委负什么责任，健全责任分解、检查监督、倒查追究的完整链条，有错必究，有责必问。对那些领导不力、不抓不管而导致不正之风长期滋长蔓延，或者屡屡出现重大腐败问题而不制止、不查处、不报告的，无论是党委还是纪委，不管是谁，只要有责任，都要追究责任。”②习近平指出：“有权就有责，权责要对等。无论是党委还是纪委或其他相关职能部门，都要对承担的党风廉政建设责任进行签字背书，做到守土有责。出了问题，就要追究责任。”③

4.“两个责任”的保障

保障“两个责任”落实必须深化改革。坚决惩治腐败，遏制腐败蔓延势头，要适应形势和任务的发展变化，有针对性地加强反腐败体制机制改革和制度创新，其中一个很重要的方面就是理清责任、落实责任。党风廉政建设主体责任和监督责任是党章赋予各级党委和纪委的重要职责，是深入推进党风廉政建设和反腐败斗争的动力所在。如果责任不明确，出了问题不追究责任，反腐败这个艰巨的任务就缺乏动力，就会严重影响任务的完成，党要管党、从严治党就会成为一句空话。因此，习近平强调：“健全反腐败领导体制和工作机制，改革和完善各级

① 《习近平关于党风廉政建设和反腐败斗争论述摘编》，中央文献出版社、中国方正出版社2015年版，第63页。

② 《习近平关于党风廉政建设和反腐败斗争论述摘编》，中央文献出版社、中国方正出版社2015年版，第62—63页。

③ 《习近平关于党风廉政建设和反腐败斗争论述摘编》，中央文献出版社、中国方正出版社2015年版，第62页。

反腐败协调小组职能，规定查办腐败案件以上级纪委领导为主；体现强化上级纪委对下级纪委的领导，规定线索处置和案件查办在向同级党委报告的同时必须向上级纪委报告；全面落实中央纪委向中央一级党和国家机关派驻纪检机构，改进中央和省区市巡视制度，做到对地方、部门、企事业单位全覆盖。”①

纪检监察机关转职能、转方式、转作风，是履行监督责任的重要保证，是全面深化改革的重要内容。转职能要聚焦主业，通过机构改革，把更多的机构和力量调配到党风廉政建设和反腐败斗争主业上来。转方式要强化监督，进一步明晰内设机构的工作职责，减少职能交叉，转变工作方式方法，立足于抓早抓小，治病救人；查办腐败案件以上级纪委领导为主，在巡视工作中要更加注重发现问题，形成震慑，做到“情况明、数字准、责任清、作风正、工作实”，进一步形成监督合力。转作风要加强自身监督，加强和完善内部监督机制，用铁的纪律打造一支忠诚可靠、服务人民、刚正不阿、秉公执纪的纪检监察干部队伍。

（二）改革司法体制强化法律责任

党的十八大以来，习近平先后在中央政法工作会议，党的十八届三中、四中全会等重要会议上，就政法工作的地位作用、司法改革的重要性必要性等重大问题进行了深刻阐述，提出了一系列新思想、新观点、新要求，形成了指导新形势下政法工作和司法改革的纲领性文献，使司法机关在反腐败斗争中的法律责任更加明确。

1. 强化司法责任的基础

强化司法（政法）责任的基础在于其重要的地位与作用。习近平指出，政法工作做得怎么样，直接关系广大人民群众切身利益，直接关

① 《十八大以来重要文献选编》（上），中央文献出版社 2014 年版，第 505—506 页。

系党和国家工作大局，直接关系党和国家长治久安，直接关系实现“两个一百年”奋斗目标和中华民族伟大复兴的中国梦。这些重要论述，把政法工作和党、国家、人民紧密联系在一起，深刻揭示了政法工作的本质特征，明确了政法工作的历史方位，指出了做好政法工作的重大意义。① 充分发挥政法工作的作用必须明确基本任务。习近平指出，没有稳定的社会政治环境，一切改革发展都无从谈起，再好的规划和方案都难以实现，已经取得的成果也会失去；维护社会大局稳定是政法工作的基本任务；要处理好维稳和维权的关系，把群众合理合法的利益诉求解决好；要处理好活力和秩序的关系，发动全社会一起来做好维护社会稳定工作。这些重要论述，深刻阐述了维护社会大局稳定的特殊重要性，集中揭示了维护社会稳定规律，明确提出了政法工作的基本要求。② 为政法机关准确把握维护社会稳定规律，着力提升维护社会稳定能力和水平，为反腐倡廉建设和经济社会持续健康发展创造稳定的社会环境提供了遵循。

强化司法（政法）责任的基础在于其肩负的法治使命。习近平深刻指出，中国特色社会主义最本质的特征是坚持中国共产党领导，党的领导与社会主义法治是一致的，既要坚持党对政法工作的领导不动摇，又要加强和改善党对政法工作的领导。这些重要论述，深刻揭示了党的领导和中国特色社会主义、党的领导和社会主义法治、加强党对政法工作的领导和改善党对政法工作的领导的关系，对于确保政法工作沿着正确政治方向前进，意义重大。政法机关作为人民民主专政的国家政权机关，必须置于党的绝对领导之下。各级政法机关要以坚定的政治立场、高度的政治清醒、强烈的政治自觉，在思想上政治上行动上同

① 转引自孟建柱：《深入学习贯彻习近平同志在中央政法工作会议上的重要讲话》，《法制日报》2014 年 1 月 29 日。

② 转引自孟建柱：《深入学习贯彻习近平同志在中央政法工作会议上的重要讲话》，《法制日报》2014 年 1 月 29 日。

党中央保持高度一致，坚定不移地走中国特色社会主义政治发展和法治建设道路，在政法工作中牢牢把握这一坚定正确的政治方向。各级党委政法委要善于议大事、抓大事、谋全局，善于运用法治思维和法治方式领导政法工作，不断提高领导政法工作能力和水平。①

强化司法（政法）责任的基础在于其核心价值追求。习近平指出，实现社会公平正义是我们党的一贯主张，公平正义是中国特色社会主义的内在要求；促进社会公平正义是政法工作的核心价值追求；从一定意义上说，公平正义是政法工作的生命线，司法机关是维护社会公平正义的最后一道防线。这些重要论述，把中国特色社会主义的内在要求和政法工作的核心价值追求有机联系在一起，既赋予了政法工作新的内涵，也对政法工作提出了新的要求。各级政法机关要把促进社会公平正义的核心价值追求贯穿于政法工作全过程，体现在处理的每一项工作和办理的每一起案件中，以严格执法、公正司法的实际行动，肩负起维护社会公平正义的神圣使命，让人民群众切实感受到公平正义就在身边。②

2. 强化司法责任的基本路径

强化法律责任必须深化司法体制改革，司法体制改革是实现依法治国方略的重大举措，是一项系统工程。习近平强调，深化司法体制改革，建设公正高效权威的社会主义司法制度，是推进国家治理体系和治理能力现代化的重要举措。公正司法事关人民切身利益，事关社会公平正义，事关全面推进依法治国。要坚持司法体制改革的正确政治方向，坚持以提高司法公信力为根本尺度，坚持符合国情和遵循司法规律相结合，坚持问题导向、勇于攻坚克难，坚定信心，凝聚共识，锐意进取，

① 转引自孟建柱：《深入学习贯彻习近平同志在中央政法工作会议上的重要讲话》，《法制日报》2014 年 1 月 29 日。

② 转引自孟建柱：《深入学习贯彻习近平同志在中央政法工作会议上的重要讲话》，《法制日报》2014 年 1 月 29 日。

破解难题，坚定不移深化司法体制改革，不断促进社会公平正义。①

深化司法体制改革必须坚持党的领导。习近平强调，司法制度是上层建筑的重要组成部分，我们推进司法体制改革，是社会主义司法制度自我完善和发展，走的是中国特色社会主义法治道路。党的领导是社会主义法治的根本保证，坚持党的领导是我国社会主义司法制度的根本特征和政治优势。深化司法体制改革，完善司法管理体制和司法权力运行机制，必须在党的统一领导下进行，坚持和完善我国社会主义司法制度。要把党总揽全局、协调各方，同审判机关和检察机关依法履行职能、开展工作统一起来。②

深化司法体制改革必须坚持问题导向。习近平指出，我国司法制度是党领导人民在长期实践中建立和发展起来的，总体上与我国国情和我国社会主义制度是适应的。同时，由于多种因素影响，司法活动中也存在一些司法不公、冤假错案、司法腐败以及金钱案、权力案、人情案等问题。这些问题如果不抓紧解决，就会严重影响全面依法治国进程，严重影响社会公平正义。③ 他既揭示了存在的问题，也说明了问题的严重性。我们要紧紧抓住影响司法公正、制约司法能力的重大问题和关键问题，增强改革的针对性和实效性。党的十八届三中、四中全会提出的司法体制改革任务，为进一步深化司法体制和社会体制改革绘就了具体的路线图和时间表。中央政法委和各牵头单位要规划好各项改革出台的时机、方式、节奏，不断推出一批群众认可的硬招实招。中央政法单位要带好头，无论是制度、方案的设计，还是配套措施的推出，都要从党和国家事业发展全局出发，从最广大人民根本利益出发。各地

① 参见《习近平：以提高司法公信力为根本尺度　坚定不移深化司法体制改革》，《人民日报》2015 年 3 月 26 日。

② 参见《习近平：以提高司法公信力为根本尺度　坚定不移深化司法体制改革》，《人民日报》2015 年 3 月 26 日。

③ 参见《习近平：以提高司法公信力为根本尺度　坚定不移深化司法体制改革》，《人民日报》2015 年 3 月 26 日。

区各部门要大力支持司法体制改革，抓好工作任务落实。对已经出台的改革举措，要加强改革效果评估，及时总结经验，注意发现和解决苗头性、倾向性、潜在性问题。要下功夫凝聚共识，充分调动一切积极因素，形成推进改革的强大力量。①

3. 强化司法责任的根本尺度

强化司法责任必须以提高司法公信力为根本尺度。习近平指出，司法体制改革必须为了人民、依靠人民、造福人民。司法体制改革成效如何，说一千道一万，要由人民来评判，归根到底要看司法公信力是不是提高了。司法是维护社会公平正义的最后一道防线。公正是司法的灵魂和生命。深化司法体制改革，要广泛听取人民群众意见，深入了解一线司法实际情况、了解人民群众到底在期待什么，把解决了多少问题、人民群众对问题解决的满意度作为评判改革成效的标准。②

提高司法公信力关键在于完善司法责任制。习近平强调，要紧紧牵住司法责任制这个牛鼻子，凡是进入法官、检察官员额的，要在司法一线办案，对案件质量终身负责。法官、检察官要有审案判案的权力，也要加强对他们的监督制约，把对司法权的法律监督、社会监督、舆论监督等落实到位，保证法官、检察官做到"以至公无私之心，行正大光明之事"，把司法权关进制度的笼子，让公平正义的阳光照进人民心田，让老百姓看到实实在在的改革成效。③

强化司法责任，提高司法公信力必须发挥我国制度优势。习近平指出，司法体制改革必须同我国根本政治制度、基本政治制度和经济社

① 参见《习近平：以提高司法公信力为根本尺度　坚定不移深化司法体制改革》，《人民日报》2015 年 3 月 26 日。

② 参见《习近平：以提高司法公信力为根本尺度　坚定不移深化司法体制改革》，《人民日报》2015 年 3 月 26 日。

③ 参见《习近平：以提高司法公信力为根本尺度　坚定不移深化司法体制改革》，《人民日报》2015 年 3 月 26 日。

会发展水平相适应，保持我们自己的特色和优势。我们要借鉴国外法治有益成果，但不能照搬照抄国外司法制度。完善司法制度、深化司法体制改革，要遵循司法活动的客观规律，体现权责统一、权力制约、公开公正、尊重程序的要求。司法体制改革事关全局，要加强顶层设计，自上而下有序推进。要坚持从实际出发，结合不同地区、不同层级司法机关实际情况积极实践，推动制度创新。①

习近平关于政法工作和司法改革的一系列重要论述，是我们党与时俱进的理论品质对政法工作的必然要求，以时代发展的要求审视自己、以改革创新的精神提高和完善自己，用新理念提出新思路、用新举措应对新情况、用新办法解决新问题，实现政法工作和法治反腐工作的长足发展，对强化司法反腐的职能责任具有巨大推动作用。

（三）改革监察体制明确试点责任

1. 监察体制改革的思想内涵

2015 年 12 月，习近平在中纪委十八届六中全会上指出："要坚持党对党风廉政建设和反腐败工作的统一领导，扩大监察范围，整合监察力量，健全国家监察组织架构，形成全面覆盖国家机关及其公务员的国家监察体系。"并强调："要做好监督体系顶层设计，既加强党的自我监督，又加强对国家机器的监督。"②这一论述深刻阐明了构建中国特色社会主义国家监察制度的基本思路，指明了法治框架下反腐败体制机制改革的方向。

从"健全国家监察组织架构"的基本思路看，要坚持党的统一领导，扩大监察范围、整合监察力量，形成全面覆盖国家机关及其公务员

① 参见《习近平：以提高司法公信力为根本尺度　坚定不移深化司法体制改革》，《人民日报》2015 年 3 月 26 日。

② 习近平：《在第十八届中央纪律检查委员会第六次全体会议上的讲话》，《人民日报》2016 年 5 月 3 日。

的国家监察体系。在我国人民代表大会制度和“一府两院”的权力结构中,监察组织隶属政府,国家监督职能是通过行政权派生的监察权、检察权派生的侦查权来实现的。健全国家监察体系,就要改变监督权的配置模式,将行政监察、预防和检察侦查等执法权能从行政权和检察权中分离出来,提升整合为集中统一的国家监督权,在国家层面上拓展和丰富监督对象和监督内容,构建独立于行政权和司法权的高效权威的反腐败专门机关。

从“健全国家监察组织架构”的基本职能看,国家监察体系设计既要体现党的绝对领导,从组织体制上确保国家监察职能在纪委负责的框架下开展;又要体现人民主权原则和人民代表大会制度,由人民代表大会选举产生。建立国家监察机构,意味着进一步调整现行纪检监察合署办公体制,明确监察机构的国家职能。纪律检查职能属于党内监督,在参与党的领导过程中实施,以保证党的先进性、纯洁性;国家监察职能属于国家监督,在对国家机器运行中实施监督、调查、处置等基本职权,及时发现和查处违反行政规章和制度规范的职务行为,及时揭露和查处贪污贿赂、滥用职权等腐败违法犯罪问题,并同步跟进相关教育预防和日常监督工作,以确保国家机关和公务员廉政勤政。

从“健全国家监察组织架构”的目标要求看,是党中央着眼于建设廉洁政治、坚决反对腐败,推进国家治理体系和治理能力现代化重大战略决策。当下,政府之下的监察职能,其监督对象、手段、方式均不适应反腐败工作需要,加上现行纪检监察合署办公模式,行政监察职能很容易被遮蔽是不争的事实。检察机关查处贪污贿赂、失职渎职以及预防职务犯罪等工作力量的转隶,理论界早就有人主张。在香港特别行政区,由廉政公署来行使职务犯罪侦查权就是经实践证明了的非常成功的做法。现行政府的预防腐败机构基本上名不符实,主要从事有关协调、转办工作;而检察机关预防机构长期以来也是职能定位不准,职责权限不清。改革监察体制,将政府监察、预防和检察反贪、反渎、预防等力量整合,有利于推进惩治和预防腐败的一体化、程序化和法治化,破解反腐权力分散、惩治腐败不力、预防腐败虚化的困局,为深入推进反腐败斗争提供有力的体制机制和组织保障。

2. 监察体制改革的试点要求

2016年11月,中共中央办公厅印发《关于在北京市、山西省、浙江省开展国家监察体制改革试点方案》,部署在三省市设立各级监察委员会,从体制机制、制度建设上先行先试、探索实践,为在全国推开积累经验。

《方案》强调,国家监察体制改革是事关全局的重大政治改革,是国家监察制度的顶层设计。深化国家监察体制改革的目标,是建立党统一领导下的国家反腐败工作机构。要实施组织和制度创新,整合反腐败资源力量,扩大监察范围,丰富监察手段,实现对行使公权力的公职人员监察全面覆盖,建立集中统一、权威高效的监察体系,履行反腐败职责,深入推进党风廉政建设和反腐败斗争,构建不敢腐、不能腐、不想腐的有效机制。

《方案》指出,党中央决定,在北京市、山西省、浙江省开展国家监察体制改革试点工作。由省(市)人民代表大会产生省(市)监察委员会,作为行使国家监察职能的专责机关。党的纪律检查委员会、监察委员会合署办公,建立健全监察委员会组织架构,明确监察委员会职能职责,建立监察委员会与司法机关的协调衔接机制,强化对监察委员会自身的监督制约。

《方案》要求,要加强对试点工作的统一领导。中央成立深化监察体制改革试点工作领导小组,对试点工作进行指导、协调和服务。试点地区党组织要担负起主体责任,对试点工作负总责,成立深化监察体制改革试点工作小组,由省(市)委书记担任组长。要把思想和行动统一到中央精神上来,牢固树立"四个意识",强化担当精神,密切联系实际,创造性开展工作,坚决把党中央决策部署落到实处。试点地区纪委要细致谋划、扎实推进，做好试点方案的组织实施和具体落实。试点地区要加强调查研究，审慎稳妥推进改革，整合资源、调整结构，实现内涵发展，使改革取得人民群众满意的实效。

3. 监察体制改革的试点责任

2016 年 11 月 25 日，中共中央政治局常委、中央深化国家监察体制改革试点工作领导小组组长王岐山到北京、山西、浙江就开展国家监察体制改革试点工作调研。他强调，要深入贯彻党的十八届六中全会精神。六中全会是全面从严治党的再动员、再出发，落实全面从严治党战略部署，国家监察体制改革试点是落实全会精神的重大举措。国家监察体制改革是事关全局的重大政治改革，体现了全面深化改革、全面依法治国和全面从严治党的有机统一。要深化国家监察体制改革的决策部署，构建权威高效的国家监察体系，推进国家治理体系和治理能力现代化。

王岐山指出，监察委员会实质上是反腐败机构，监察体制改革的任务是加强党对反腐败工作的统一领导，整合行政监察、预防腐败和检察机关查处贪污贿赂、失职渎职以及预防职务犯罪等工作力量，成立监察委员会，作为监督执法机关与纪委合署办公，实现对所有行使公权力的公职人员监察全覆盖。他强调，党的领导是中国特色社会主义最本质特征，深化监察体制改革要坚定“四个自信”。在坚持党的领导问题上必须旗帜鲜明，决不能含糊其辞、语焉不详。我国正处在深化改革、实践探索的变革时期，凡是有利于党的领导的就必须坚持和加强。加强党的建设、全面从严治党，严肃党内政治生活、强化党内监督是最重要的标本兼治，深化国家监察体制改革目的正是完善党和国家的自我监督，不断增强自我净化、自我完善、自我革新、自我提高能力。

王岐山强调，在北京、山西、浙江先行先试，充分体现了中央的信任。信任就是鞭策和考验，考验的是“四个意识”和担当精神。党委要担负起主体责任，一把手负总责，纪委是专责，要把认识统一到中央的要求上来，联系本地区实际，发现问题、解决问题，为改革全面铺开和制定国家监察法提供实践基础。有理想但不能理想化，要聚焦试点方案确定的任务，把握好动态平衡，防止过犹不及。他提出，在全国人大常委会就试点工作作出有关决定后先完成检察机关反贪等部门的转隶，确保思想不乱、工作不断、队伍不散，推动人员融合和工作流程磨合。监察委员会履行监督、调查、处置职责，与执法、司法机关有机衔接、相互制衡，实现依规治党和依法治国有机统一。

（四）反腐败责任担当的理性分析

从改革反腐败领导体制，落实"两个责任"，到改革司法体制，强化法律责任，鲜明地体现了我们党全心全意为人民谋利益的执政观。人类社会发展的规律告诉我们，无论是封建社会、资本主义社会，还是社会主义社会；无论是资产阶级政党，还是无产阶级政党，只要你执政，都摆脱不了一个共同的难题——权力的腐蚀。权力具有整合性和强制性，权力又具有利益性和诱惑力。统治者既可以利用它治国安邦，为民造福，实现宏伟的志向和社会价值；又可以利用它祸国殃民，巧取豪夺，为自己、为少数人获取并垄断高官厚禄，甚至不义之财。从权力的两重性的特点出发，就必须深化"执政为民"的观念，将其具体化为有权必有责的担当意识。它包含以下三层含义：一是权为民所属。国家的一切权力都是人民的，人民是国家的主人，人民是权力的所有者。历史上，资产阶级思想家在批判和反对"神权至上"和"君主至上"的封建专制意识的斗争中，针锋相对地提出大自然所赋予每个人的生命权、自由权与财产权是生而就有的，是不可剥夺、不可侵占的。这一思想中所体现出来的精华，即"一切权力属于人民"的理念，已为我国宪法吸收。二是权为民所授。人民当家作主，不可能 13 亿多人都掌权，只有将自己的主权让渡给能代表自身利益的人来行使。三是有权必有责。权力是人民赋予的，就必须对人民负责，正如习近平指出的，"决不允许出现底下问题成串、为官麻木不仁的现象！不能事不关己、高高挂起，更不能明哲保身。自己做了好人，但把党和人民事业放到什么位置上了？如果一个地方腐败问题严重，有关责任人装糊涂、当好人，那就不是党和人民需要的好人！你在消极腐败现象面前当好人，在党和人民面前就当不成好人，二者不可兼得。”①

三、动力之基：人民群众的反腐合力

人民群众作为腐败的受害者和强烈反对者，是反腐败最强大的动力基础。充分发挥人民群众在反腐败中的动力作用，需要构建一种相应的机制，将潜在的反腐动力转换成现实动力，形成职能反腐与社会反腐、权力反腐与权利反腐、法治反腐与道德反腐的良性互动，最大限度地开发执政党拒腐防变的动力资源。

（一）依靠人民群众的基本理念

习近平指出：“核心的问题是党要始终紧紧依靠人民，始终保持同人民群众的血肉联系，一刻也不脱离群众。要做到这一点，就必须坚定不移把党风廉政建设和反腐败斗争深入进行下去。人民群众最痛恨各种消极腐败现象，最痛恨各种特权现象，这些现象对党同人民群众的血肉联系最具杀伤力。一个政党，一个政权，其前途和命运最终取决于人心向背。我们必须下最大气力解决好消极腐败问题，确保党始终同人民心连心、同呼吸、共命运。”②政党政治的实践已经反复证明，执政党仅仅依靠自身的健康力量很难有效遏制腐败，必须从外在方面寻找一

① 《习近平关于党风廉政建设和反腐败斗争论述摘编》，中央文献出版社、中国方正出版社 2015 年版，第 62 页。

② 《习近平关于党风廉政建设和反腐败斗争论述摘编》，中央文献出版社、中国方正出版社 2015 年版，第 6—7 页。

种相对独立的力量去对执政权力进行监督制约。站在反腐败的角度看，人民群众是腐败的最大受害者，反腐败与人民群众的根本利益息息相关；人民群众对腐败现象最痛恨，是反腐败的主体和主力军；人民群众对反腐败的成果感受最真切，是反腐败工作成效最权威的评判者。依靠人民群众的力量来监督制约执政权力，是执政党防止权力腐败和变质的最现实的动力源泉。因此，构建反腐败动力机制必须始终坚持相信群众、依靠群众这个基本的战略方针，充分调动群众反腐败的积极性，从更广泛的层面推动反腐败斗争的深入开展。

依靠群众反腐败是一个历史范畴。在封建社会，上层动力论是诠释反腐败动源占统治地位的理论。中国封建社会主要是通过上层的清廉和决心来推动反腐败，因而形成所谓“清官政治”。这种反腐败体制尽管看到了解决权力腐败必须依靠权力，但如同“用自己的刀削自己的把”一样，最终只能陷入“坚决反腐，越反越腐”的怪圈，说明依靠既得利益者反腐败不可能得到真正的结果。在封建社会，尽管民众作为腐败的受害者和强烈反对者，是反腐败的最强大动力，但除了采取农民起义这种极端形式来对腐败宣战而外，始终没有能够成为反腐败的主体力量，他们反对腐败的态度、要求和呼声，始终难以构成中国政治文化的主旋律，对封建社会的权力行为也难以构成任何有效的监督制约。

马克思主义从“人民主体论”的全新视角来解释社会发展动力。按照历史唯物主义的观点，社会系统的有效运转是各种综合动力共同推动的结果。但从主体看，人民群众是历史的创造者，是推动社会发展的真正动力，同样也是制约国家权力的主体。现代政党政治的实践证明，保持公共权力的廉洁要靠公众支持和参与，也就是“廉政殿堂”应是民众所建造，由民主来支撑，没有公众的参与和支持，没有民主政治的基础，就如沙滩上的建筑，经不起腐败的邪风恶浪。

（二）建立健全党内外民主机制

民主是腐败的天敌。只有发展党内民主和人民民主，才能真正形成反腐败的天罗地网。习近平说："我们都知道，一九四五年，毛泽东同志在回答黄炎培提出中国共产党如何跳出中国历代王朝兴亡的历史周期率时说：只有让人民来监督政府，政府才不敢松懈；只有人人起来负责，才不会人亡政息。"①因此，必须正视执政党历史方位的重大变化，把健全党内外民主机制作为深入开展反腐败斗争的突破口。

坚持民主集中制是强化党内监督的核心。习近平明确指出：当前，党内集中不够和民主不够的问题同时存在。有的软弱涣散，我行我素、各行其是，党的路线方针政策落实不到位；有的独断专行，搞家长制、"一言堂"，个人凌驾于组织之上，党内民主得不到充分保障，领导干部特别是一把手的权力受不到有效制约。不能"你有你的关门计，我有我的跳墙法"。强化党内监督，必须坚持、完善、落实民主集中制，把民主基础上的集中和集中指导下的民主有机结合起来，把上级对下级、同级之间以及下级对上级的监督充分调动起来，确保党内监督落到实处、见到实效。② 广大党员是加强党风廉政建设的内在动力源泉，有效调动党内反腐败的积极性，必须以发展党内民主为基础，通过建立健全充分反映党员主体地位的党内民主制度，形成执政党反腐败的内在动力机制。

推进社会各界监督的组织化专业化。习近平说："强化党内监督是为了保证党立党为公、执政为民，强化国家监察是为了保证国家机器依法履职、秉公用权，强化群众监督是为了保证权力来自人民、服务人

---

① 《习近平关于党风廉政建设和反腐败斗争论述摘编》，中央文献出版社、中国方正出版社 2015 年版，第 6 页。

② 参见习近平：《在第十八届中央纪律检查委员会第六次全体会议上的讲话》，《人民日报》2016 年 5 月 3 日。

民。要把党内监督同国家监察、群众监督结合起来，同法律监督、民主监督、审计监督、司法监督、舆论监督等协调起来，形成监督合力，推进国家治理体系和治理能力现代化。”①这就要求我们在社会主义民主建设上，要立足中国国情，探索建立以民主参与和民主监督为核心的中国特色的民主政治模式。人民群众参与反腐败斗争的“权利”具有间接性和潜意识性，需要通过一定的组织形式启动，有相应的程序和体制保证。为此，必须把群众参与的组织化、专业化建设作为重中之重。把它作为人大监督体系的一个重要方面，使人民群众能够通过权威性机构、以有组织的形式参与反腐败；要使群众有组织的参与逐步走上专业化轨道，在相关行业和居民聚集的地方应设立民间调查维权组织，建立民间申诉专员制度和人民调查员制度，畅通人民群众举报和监督渠道，发挥舆论监督包括互联网监督作用，把群众参与变为一种组织化和专业化行为。

（三）党对群众参与的领导和引导

营造良好的反腐败社会心理文化氛围。腐败的滋生和蔓延既是一种政治现象，也是一种文化现象。研究表明，在具有不同文化传统的国家和地区，腐败的发生与表现形式会呈现出明显的差异。实践证明，在党风廉政建设中，社会文化心理氛围是一种软环境，潜移默化地渗透于党员和群众的思想意识之中，从而形成心理调控机制，主导着人们对腐败的认识和反腐败的态度。目前我国正处于体制转型时期，传统的思想道德规范体系受到冲击，与市场经济体制相适应的道德规范体系尚未完全构建成熟，因而在腐败加速蔓延的情况下，各种羡腐、纵腐、从众等消极心态出现，当这些腐败心态变成一种“文化”氛围时，就会渗透

① 习近平：《在第十八届中央纪律检查委员会第六次全体会议上的讲话》，《人民日报》2016 年 5 月 3 日。

到社会意识形态领域，致使腐败行为被淡化、被认同、被怂恿、被放纵，从而助长腐败的社会增强效应。为此，完善反腐败动力机制必须与加强廉政文化建设有机统一起来，在社会各个层面努力形成一种崇尚廉洁从政、贬斥贪污腐败的社会评价，营造“崇尚廉政、褒扬廉政”、“以廉为荣、以贪为耻”的崭新社会风尚，为群众参与反腐败创造良好的社会心理文化氛围。

健全激发人民群众参与的激励机制。执政党的拒腐防变能力与党内外反腐败主体的主观动机直接相关。按照现代激励理论，需要产生动机，动机决定行为。健全执政党的反腐败动力机制，必须主动创立与执政党反腐倡廉需要相关的激励机制，有效激活反腐败的各种要素，达到提高腐败成本，抑止腐败动机，遏制腐败行为的综合效果。我国现行反腐败激励机制的严重缺陷是抑制群众参与动机的重要原因。为此，要建立反腐败表彰体系，针对改革开放以来反腐败表彰机制存在的欠缺，应加大树立廉政典型和反腐标兵的力度。在舆论导向上，要大张旗鼓地表彰反腐败先进典型，弘扬正气，营造舆论氛围。要建立利益激励机制，针对长期存在的利益激励缺位问题，应建立适应市场经济准则的实名举报奖励制度，对监督举报属实、为国家挽回重大政治和经济损失者，根据挽回损失的数额，按一定比例予以重奖，使举报由高风险无收益的行为变为有收益低风险的行为。

做好反腐败中的群众工作，总结历史经验教训，使群众参与始终在理性化、法制化的范围内有序进行，是构建反腐败动力机制的关键所在。要把依靠群众反腐败融入建立惩治和预防腐败体系的整体布局中，从法律和制度上明确各级党委在组织引导群众参与方面的目标和责任，既要充分调动广大人民群众参与的积极性，又要规范群众参与的严密操作程序，形成“党委统一领导，人民群众有序参与和监督”的社会化大预防格局。要根据人民群众广泛参与对党的领导体制和工作机制提出的新要求，在党组织的工作定位上实现重大转变，即各级党组织要从传统的以“做好群众工作”为导向的工作模式转变为以“代表群众利益”为导向的新型工作方式，以党组织的名义为群众鼓与呼，成为最广大人民群众根本利益的忠实代表。各级纪检监察机关也要实现从间接“信访举报”和“封闭化”的办案方式到直接“组织群众参与”的转变，不断推进党的群众工作机制的创新。

第三编

反腐败战略思想的理论品格

习近平新时代中国特色社会主义反腐败战略思想，贯穿着马克思主义的世界观、人生观和价值观。它在对党同腐败现象作斗争的历史考量中，阐明了共产党人对人生目的、意义的认识和对人生的态度；它在对反腐败斗争目的归宿的根本看法中，鲜明体现了我们党执政为民、建设廉洁政治的思想和理念。正是这些基本观念所形成的关于党的执政宗旨、执政使命、执政基础、执政方法和执政方式的根本态度，筑成了反腐败战略思想博实而丰厚的理论品格。

第九章
“不能发财”的“从政观”

“从政就不要想发财”，这是习近平的一句名言。这一朴素的“从政观”来自他对党的宗旨的坚定信仰。中国官场自古以来就有“当官发财”、“升官发财”的说法。共产党人的根本宗旨是为人民服务，共产党执政不是为了发财，共产党人当官不是为了发财。共产党人从政、掌权不能发财，这是由党的性质和宗旨所决定的。习近平总书记用“不能发财”来要求自己、警示全党，这对于执政党经受社会主义市场经济考验，抵制腐败的诱惑，防止脱离人民群众，具有重要意义。

一、“从政观”的形成确立

2000 年出版的第 7 期《中华儿女》杂志中曾刊登了一篇记者对时任福建省省长习近平的专访文章。习近平在谈到自己的从政理念时说，“若你既要从政，又想发财，那就只能去当让人指脊梁骨的脏官、贪官。”[①]该杂志给出的评价是：从谈话中，读者可以看到一个共产党人的

① 《习近平：我是如何跨入政界的》，《中华儿女》2000 年第 7 期，转引自《领导文萃》2000 年第 11 期。

胸襟气度以及形成这种胸襟与气度的大致历史过程。①

（一）“从政观”的形成背景

习近平出身于革命家庭，受到严格的家风熏陶。父亲习仲勋曾多次对他说，不管你当多大的官，不要忘记勤勤恳恳为人民服务，真真切切为百姓着想，要联系群众，要平易近人。早在任河北省正定县委书记时，他就秉持“为正定县 42 万人谋利益”的从政初心严格要求自己。他生活简朴，与大家一起排队吃食堂的“大锅饭”。每逢上级来视察，习近平都是用正定的传统饭菜招待。工作中他坚决反对议而不决、决而不行、唱高调、尚空谈等官僚习气，大力提倡说短话，开短会，切忌空话、套话，集中力量抓大事、抓实事。

习近平在福建省宁德地区担任近两年的地委书记期间，推行“四下基层”作风，强调“弱鸟先飞”，提倡“滴水穿石”精神。在接任福州市委书记之后，大力提倡“马上就办”的工作作风，充分体现了为人民群众谋利益的紧迫感、责任感。1990 年 7 月 15 日，习近平追思焦裕禄，有感而发：“百姓谁不爱好官？把泪焦桐成雨。生也沙丘，死也沙丘，父老生死系。暮雪朝霜，毋改英雄意气！依然月明如昔，思君夜夜，肝胆长如洗。路漫漫其修远矣，两袖清风来去。为官一任，造福一方，遂了平生意。”②他的出自内心的感叹充分体现了他为官的目的，就是为了造福一方百姓。

习近平在任福建省省长后，对于怎样当一个好官，如何树立正确的从政观念有了更明确的认识。他的目标是“当‘公仆’、做大事”，“两袖清风，一身正气”，他认为即便个人本事再大、背景再大，也未必就能升迁。对于政治前途，习近平有周到的思考，他只想踏实做好手头上的事

---

① 参见高雷：《一篇专访揭秘习近平的从政观：立志当“公仆”做大事》，人民网 2015 年 1 月 12 日。

② 习近平：《念奴娇 · 追思焦裕禄》，《福州晚报》1990 年 7 月 16 日。

情,不愿把心思都花费在考虑个人的发展上。他虽然领导一方,但他“不去尝试办不到的事情,不去追求得不到的东西,不居于不能持久的地位,不推行不可重复的政策”。习近平深知,从政存在风险和挑战,但是他愿意迎难而上,并在自己的岗位上持之以恒地坚持干下去。

(二)“从政观”的基本内涵

从政观是每一位党员干部对“为什么从政、如何去从政”等一系列重要问题所持的根本观念和思想认识。它既是每一位党员干部从事各项政治管理活动的内在化的行为准则,又是每一位党员干部政治思想素质的外在化的综合体现,是在市场经济条件下拒腐蚀永不沾的思想基础。“从政是一种事业的追求。若你既要从政,又想发财,那就只能去当让人指脊梁骨的脏官、贪官。”谈到自己的从政目标,习近平说:“我认为在第一步跨入政界之前,首先要在思想上弄清楚两个问题,这就是你要走的是什么路?你所追求、需求的是什么?我当时对自己定了这么几条:一是要立志当‘公仆’,做大事。熊掌和鱼不可兼得,从政就不要想发财。正如孙中山讲的,要立志做大事,不要做大官。你如果想发财,现在合法致富的路很多,那种合法致富既发财又光荣,将来税务部门还要给你授奖,因为你促进了社会主义市场经济发展。而你既要从政,又想发财,就只能去当让人指脊梁骨的脏官、贪官,既名声不好,又胆颤心惊,总怕被人捉住,最后落个不好的下场。所以,要从政,就是一种事业的追求,就得舍弃个人的私利,不能什么好处都想得。一个人也许一辈子成就不了什么大的事业,但最起码他是两袖清风,一身正气。二是在从政的整个过程之中,不要把个人的发展、升迁作为志在必得的东西。因为这是不可能的,没有这种公式,没有这种规律。升迁并不是因为你这个人有多大本事,或者你这个人有多大背景,就可以必得的。本事也罢,或者是强烈的责任心、非凡的智慧也罢,它只是其中的一个因素,而且它还要和当时的天时、地利、人和条件相配合,看哪一个起主要的作用,哪一个起配合作用。这些都不是一种定数,不是用数字可能推算出来的。譬如讲,你要想当将军,首先必须能够打胜仗,因为只打败仗的军人非但当不了将军,还有可能会出师未捷身先死。同时,你具有了打胜仗的本领,也不可能天天有仗打,特别是在和平时期更是如此。有了仗打,就有了机遇。这也就是说,只有你将机遇和成功的要素集于一身的时候,你的追求才有可能实现,这是很难的。如果你主动去追求,终生不得志,将会很失望、很痛苦的!这就要对升迁问题怀平常心,像古人管子所说的那样,'不为不可成,不求不可得,不处不可久,不行不可复。'三是要有不怕艰难险阻,持之以恒干工作的准备。从政是一条风险很大、自主性不是很强的路。尤其是受了挫折以后,一些人极容易产生自怨自艾的想法:我为谁啊,我这么干还要受到这么多的冷遇,这么多的不理解,何必呢!一些当时跟我们一起从政的人就因此而离去了。在一个地方干下去,只要你坚持下去,最后都会有所成就。成功的规律就是一以贯之地干下去。所以,既然走上这条路,那你不论遇到多少艰难险阻,都要像当过河卒子那样,拼命向前。我的从政道路中也有坎坷、艰辛、考验和挑战,没有这些是不可能的。"①

要持之以恒干工作就必须正确认识和对待升职,习近平说:"升职只是一种表象。这种表象如果不失真,是衡量干部本人事业是否成功的一个方面标志。因为在这种情况下,一个干部的升职,可以反映出上级和群众对他的综合肯定。但是,也必须看到,仅凭升职并不能完全真实地反映出干部本人的全部情况。因为目前我们评价体系还不是很完善,考察识别干部又是一项十分复杂的工作,受主客观各种复杂因素的影响,难免会在考察评价干部方面出现一些失真现象。在用干部方面,我离开一个地方以后,都要回顾一下,总结一下,感到也有用错人的时

① 《习近平:我是如何跨入政界的》,《中华儿女》2000 年第 7 期,转引自《领导文萃》2000 年第 11 期。

候。在用错的人中，既有看不准的好人，也有看不准的坏人。因为在他的表现里，某一政绩和暂时的一种进步与他的动机的内在联系，有的时候还不能很清楚地联结起来，凭一时的政绩和表现来选拔干部，就有可能会用错人。所以，无论从组织还是从干部个人来讲，都不能将升职作为评价干部工作优劣和事业是否成功的根本标准。”①

二、“从政观”的价值取向

早在2004年，习近平就在《用权讲官德，交往有原则》一文中指出：“做共产党的‘官’，就是要全心全意为人民服务，注定是不能发财的。”“我刚当干部时就想明白了一个道理，鱼和熊掌不可兼得，当干部就不要想发财，想发财就不要当干部。”②这一从政观和执政观，是他对自己个人的要求，也是他对执政党官员的要求。他按照“不能发财”的原则和铁律，严于律己，站在了从政、执政价值观的制高点上，就具有了雄辩的政治说服力和强大的道义感召力。

（一）当官不能发财是从政选择

共产党人的根本宗旨是为人民服务，共产党人执政不是为了发财，共产党人当官也不是为了发财。其实，我国自古以来就有“为官发财，应当两道”之说。民族英雄岳飞说：“文官不爱钱，武将不怕死，则天下太平。”清朝名臣曾国藩的文治武功为世人所皆知，而其为官清廉的一生则更令人敬佩，他曾立下誓言：“此生决不靠做官发财，为后人敛集财富。”民族英雄吉鸿昌将军有个“碗铭”——“做官即不许发财”，含义很明确，就是不许利用官位抑或职位来聚金敛财。方志敏烈士在《清贫》里也说：

① 《习近平：我是如何跨入政界的》，《中华儿女》2000年第7期，转引自《领导文萃》2000年第11期。

② 习近平：《办公厅工作要做到“五个坚持”》，《秘书工作》2014年第6期。

“清贫洁白的生活，正是我们革命者能够战胜许多困难的地方。”

“发财致富”是人类本能的欲望之一。追求发财本身并非罪恶，个人的存在和社会的发展，都要以财富的增值为重要条件。但对于领导干部来说，由于党的性质所决定，领导干部都是人民的勤务员，都应当全心全意为人民服务，一个称职的政府官员、一个遵纪守法的政府官员，是没有发财的途径和机会的，是不可能发大财的，“当官”与“发财”是水火不相容的。如果谁因当官发了大财，那他发的很可能是不义之财，是不光明正大之财。

从中国历史上来看，那些发了大财的官员，最终都是没有好结果的。“人不能把金钱带入坟墓，金钱却可以把人送入坟墓。”这些年不断查处的腐败案件，就是由于一些人在“当官”和“发财”的价值观和权力观上出了问题，最后让人生轨迹跑偏了道。“当官”、“发财”须两道，对今天的党员干部来说，尤为重要。在我们党长期执政的条件下，各级党员干部必须要划清“当官”与“发财”的界限，做到权为民所用、情为民所系、利为民所谋，而不能整天以聚敛钱财、封妻荫子为能事，更不能把当官、掌权、发财作为一个等式，掉进钱眼儿里，成为金钱的奴隶。既然自己选择了从政，就该把钱财等身外之物看得淡一些、再淡一些，把人民赋予的权力用来为国家和人民谋利益，而不能把它变成谋取个人或少数人利益的工具。必须时刻牢记“当官”、“发财”须两道的道理，守住底线，坚持不义之财不取、不法之物不拿、不净之地不去，做一个让老百姓称赞的清官。

（二）从政清廉是安身立命之本

从政为官，必然会面临很多诱惑，只有树立坚定信仰的从政观，才能秉持初心，在“鱼”和“熊掌”中作出正确的抉择。党的各级领导干部是党的事业的中坚和骨干，是实现党的领导、巩固党的组织、调动广大党员群众积极性、充分发挥党的战斗力的决定性力量。毛泽东同志指出:“政治路线确定之后,干部就是决定的因素。”①没有多数德才兼备的领导干部,是不能完成其历史任务的。邓小平同志强调:“正确的政治路线要靠正确的组织路线来保证。中国的事情能不能办好,……从一定意义上说,关键在人。”②习近平表示:“提升道德境界,追求高尚情操,自觉远离低级趣味,自觉抵制歪风邪气。严以用权,就是要坚持用权为民,按规则、按制度行使权力,把权力关进制度的笼子里,任何时候都不搞特权、不以权谋私。严以律己,就是要心存敬畏、手握戒尺,慎独慎微、勤于自省,遵守党纪国法,做到为政清廉。”③

三、“从政观”的实现路径

践行当官“不能发财”的从政观,最根本的是要做共产主义远大理想和中国特色社会主义共同理想的坚定信仰者和忠实践行者。正如习近平 2013 年 1 月 5 日在新进中央委员会的委员、候补委员学习贯彻党的十八大精神研讨班上讲话时指出的:“对马克思主义的信仰,对社会主义和共产主义的信念,是共产党人的政治灵魂,是共产党人经受住任何考验的精神支柱。”④

(一)要有坚定的理想信念

习近平 2012 年 6 月 28 日在全国创先争优表彰大会上讲话指出:“坚定崇高的政治理想和政治信念以及由此产生的百折不挠的革命意志,始终是中国共产党人战胜各种艰难险阻,不断夺取革命、建设、改革胜利的强大力量源泉,也是我们党的巨大政治优势。革命战争年代,千

① 《毛泽东选集》第二卷,人民出版社 1991 年版,第 526 页。
② 《邓小平文选》第三卷,人民出版社 1993 年版,第 380 页。
③ 《习近平谈治国理政》,外文出版社 2014 年版,第 381 页。
④ 《十八大以来重要文献选编》(上),中央文献出版社 2014 年版,第 115 页。

千万万的共产党人不为官、不为钱,不怕艰苦、不怕坐牢,慷慨赴难、从容就义,真正做到了为主义和信仰而奋斗而献身。正如邓小平同志所说的:‘过去我们党无论怎样弱小,无论遇到什么困难,一直有强大的战斗力,因为我们有马克思主义和共产主义的信念。有了共同的理想,也就有了铁的纪律。无论过去、现在和将来,这都是我们的真正优势。’现在我们党执政的条件好了,有些党员和领导干部却在矛盾面前畏缩不前,在困难面前悲观失望,有的甚至抵挡不住权力、金钱、美色的诱惑而堕落为腐败分子,根本原因就是政治理想、政治信念出了问题。各级党组织一定要加强对党员和干部的思想政治教育,使他们坚定对马克思主义的信仰,坚定对中国特色社会主义的信念,坚定对改革开放和社会主义现代化建设的信心。每个共产党员都要志存高远,把远大理想落实到脚踏实地做好本职工作上,满怀信心地为中国特色社会主义事业不懈奋斗。”①

坚定理想信念,对于党的高级干部来说,就是要按照马克思主义政治家的标准严格要求自己。习近平 2012 年 11 月 15 日在党的十八届一中全会上的讲话指出,作为党的高级干部,我们必须始终保持对马克思主义的坚定信仰、对共产主义和中国特色社会主义的坚定信念,按照马克思主义政治家的标准严格要求自己,始终把人民放在心中最高位置,把为党和人民事业贡献力量作为自己的最高追求,为坚持和发展中国特色社会主义不懈奋斗,以此来开阔胸襟和眼界,以此来增强政治定力和政治敏锐性,以此来提高抵御各种风险和经受住各种考验的能力。②

(二)要时刻防止得“软骨病”

政治上精神上得了“软骨病”,当官发财的思想就会滋长,腐败自

① 习近平:《始终坚持和充分发挥党的独特优势》,《求是》2012 年第 15 期。

② 参见中央文献研究室:《习近平总书记这样要求党的高级干部》,中新网 2017 年 1 月 20 日。

然会乘虚而入。因此,提高干部素质,防止得“软骨病”,第一位的任务是坚定理想信念。建设高素质干部队伍,首先要加强理想信念教育。对马克思主义的信仰,对社会主义和共产主义的信念,是共产党人的政治灵魂。提高干部素质,第一位的任务是坚定理想信念。理想信念攸关国家和政党的兴衰存亡。习近平强调:“一定要看清我们的历史方位,看清我们为之奋斗的现实目标和远大目标。我们处在社会主义初级阶段,要全力为现阶段的目标而奋斗,但如果丢失了我们共产党人的远大目标,就会迷失方向,变成功利主义、实用主义。”①“一些人认为共产主义是可望而不可及的,甚至认为是望都望不到、看都看不见的,是虚无缥缈的。这就涉及是唯物史观还是唯心史观的世界观问题。我们一些同志之所以理想渺茫、信仰动摇,根本的就是历史唯物主义观点不牢固。”②

习近平在2013年5月4日同各界优秀青年代表座谈时指出:“理想指引人生方向,信念决定事业成败。没有理想信念,就会导致精神上‘缺钙’。”③这些论述,说明中国作为世界上最大的社会主义国家,只有成为一个马克思主义信仰大国,才能真正在世界上顶天立地,经受住各种风浪考验,应对各种严峻挑战。

(三)要有为党为人民的情怀

习近平在2003年7月17日发表的《树立五种崇高情感》一文中指出,一个领导干部要真正做到情为民所系,就要以党的先进人物为榜样,培养和增强对人民群众的深厚感情,学习和树立五种崇高的情感。一要学习邓小平同志的情怀感。他说:“我是中国人民的儿子,我深情地爱着我的祖国和人民。”二要学习雷锋同志的幸福感。他虽然只活

① 《中国共产党怎样解决作风建设问题》,人民网2014年6月3日。
② 《十八大以来重要文献选编》(上),中央文献出版社2014年版,第116页。
③ 《十八大以来重要文献选编》(上),中央文献出版社2014年版,第278页。

了22年,但他说:“什么是幸福?为人民服务是最大的幸福。”三要学习孔繁森同志的境界感。他有一句名言:“爱的最高境界就是爱人民。”四要学习郑培民同志的责任感。他始终把“做官先做人,万事民为先”作为自己的行为准则。五要学习钱学森同志的光荣感。他把群众的口碑当作自己无上的光荣。习近平强调,只有学习和树立这五种崇高的情感,才能心里装着群众,凡事想着群众,工作依靠群众,一切为了群众,切实解决好“相信谁、依靠谁、为了谁”的根本政治问题,努力为人民掌好权、用好权。①

习近平2012年12月29、30日在河北省阜平县考察扶贫开发工作时指出:“我们讲宗旨,讲了很多话,但说到底还是为人民服务这句话。我们党就是为人民服务的。中央的考虑,是要为人民做事。各级干部也不能眼睛总是向上。任何事情都要向上看看,向下看看。要经常问问自己,我们是不是在忙着与党的根本宗旨毫不相关的事情?有没有一心一意在为老百姓做事情?是不是在围绕党和国家中心任务而工作?古时候讲,食君之禄,忠君之事。现在就是要服务人民,多想想我们干的事情是不是党和人民需要我们干的?”②

习近平严肃批评那种“你是站在党的一边还是站在群众的一边”、“你是替党讲话还是替老百姓讲话”的荒谬言论,让共产党员和各级领导干部明确,必须把“与党中央保持一致”和“与人民保持一致”统一起来。既要防止“理论脱离实际”,更要防止“理论脱离人民”。与党中央在思想上、政治上、组织上保持高度一致,是对每一个共产党员、每一个领导干部、每一个革命军人的根本政治要求,而与广大人民在思想上、感情上、利益上保持高度一致,同样是对共产党人、领导干部和革命军人的根本政治要求。人民的利益需要党的领导来代表、来实现,而党的

① 参见习近平:《树立五种崇高情感》,转引自《西部大开发》2013年第6期。

② 《习近平对扶贫干部有话说》,党建网微平台2017年1月5日。

领导在本质上是为实现人民利益而进行的一种服务。中国共产党是立党为公、执政为民、始终与中国人民保持高度一致的政党。每一个共产党员之所以要与党中央保持一致,是因为党中央是与人民保持一致的,党中央的路线、方针、政策与人民的利益是一致的,而不是背离的。与党中央保持一致,既是与人民保持一致的内在要求,也是与人民保持一致的重要保证。

第十章

勇于担当的“使命观”

忠诚使命，勇于担当，是习近平治国理政思想的重要特征，也是其铁腕反腐的力量源泉。习近平用“先天下之忧而忧，后天下之乐而乐”、“苟利国家生死以，岂因祸福避趋之”、“铁肩担当道义”、“心底无私天地宽”等前人的修身警语，来表达自己的担当情怀，并且以此要求共产党员尤其是各级领导干部要勇于担当、不辱使命。他指出：“何其为领导干部？说得直白一点，组织上让我们当领导干部，就是派我们在这里站岗放哨，这叫守土有责。”①

一、“使命观”的形成确立

勇于担当的“使命观”既是守土有责的使命意识，又是拎着“乌纱帽”勇于干事的勇气。习近平指出：“拎着‘乌纱帽’为民干事，就要把党和人民的事业放在第一位，把自己担任的领导职务看做是党和人民赋予的重托和责任，如履薄冰、如临深渊，兢兢业业、殚精竭虑，时刻把人民的安危和贫富挂在心上；随时准备为党的事业和人民的需要舍弃

① 习近平：《之江新语》，浙江人民出版社2007年版，第115页。

随着领导职务而来的个人权力、待遇和荣耀。”①

（一）“使命观”的形成背景

习近平在陕北农村插队时就深刻认识到，人民对美好生活的向往，就是我们的奋斗目标。他与老乡们甘苦与共，增进了对基层群众的感情。他在河北省正定县当领导时，骑着自行车往乡下跑，深入基层调查研究，殚精竭虑推进县域经济社会发展。他认为，领导班子执行着国家的各项政策，决定着一方百姓的幸福安康。领导班子的作风建设问题，事关领导干部为人民服务的责任意识的增强与自身使命的实现。领导班子的作风问题，主要集中体现在如下四个方面：一是政治路线、政治立场问题；二是全心全意为人民服务的问题；三是党的组织生活不健全、不正常问题，要充分发扬党内民主，坚持民主集中原则；四是班子涣散、软弱问题，要敢于坚持原则，敢于抵制、纠正不良倾向和歪风邪气。

习近平在福建工作生活了 17 年半。在宁德地委当书记，他倡导开展“四下基层”，即信访接待下基层、现场办公下基层、调查研究下基层、宣传党的方针政策下基层，全力推动闽东地区摆脱贫困。在福州市当领导，他大力倡导开展“四个万家”活动，即进万家门、知万家情、解万家忧、办万家事，要求各级领导干部到群众中去，与群众交朋友，为群众送温暖、办实事，努力做到廉政、勤政。他坚持以人民利益为根本出发点和工作重心，狠抓领导班子作风建设。“廉政建设是我们共产党人的历史使命，如果我们不能承担起这种历史使命，我们就会失去民心”②。这一时期，习近平撰写的《从政杂谈》，其中首先讲的就是县委书记的责任。他认为县委书记虽被认为是“芝麻官”，但实际有千钧担。③ 这一系列论述反映出习近平对自身使命的深刻认识，即无论官

① 习近平：《之江新语》，浙江人民出版社 2007 年版，第 50 页。

② 习近平：《摆脱贫困》，福建人民出版社 1992 年版，第 26 页。

③ 参见习近平：《摆脱贫困》，福建人民出版社 1992 年版，第 31 页。

职高低，理应时刻秉承为人民服务、敢于为人民服务的责任意识。他的这些实践和情感，日久而凝结成为牢固的品格。

2004 年 5 月 12 日，时任浙江省委书记的习近平在《要拎着“乌纱帽”为民干事》一文中指出，每一个领导干部都要拎着“乌纱帽”为民干事，而不能捂着“乌纱帽”为己做“官”。他指出，捂着“乌纱帽”为己做“官”，就是一事当前先为自己打算，对权力、荣耀和利益津津乐道，而把党和人民的希望和重托放在次要位置上。无事时工作得过且过，一旦遇到事关群众利益和生命财产安全的重大事故，首先不是想着人民群众的冷暖安危，而是千方百计强调客观原因，推卸责任，保全自己。

习近平强调，现在与过去相比，领导干部的工作条件要好得多，权力也大得多，个人待遇也有很大提高。但权力不是一种荣耀，而是一副担子，意味着领导责任。它要求各级领导干部必须恪尽职守，勇于负责。特别是出了事要有严于责己和承担责任的勇气。①

（二）“使命观”的基本内涵

习近平说：“我们的领导干部要时刻牢记：党和人民把我们放在领导岗位上是为人民干事，而不是做‘官’的；人的生命最为宝贵，群众利益高于一切，领导责任重于泰山。”②对领导干部的勇于担当要求的内容，不应是狭义的，而是在勇于担当的同时，更要求能够担当并且善于担当。勇于担当、能够担当、善于担当不是抽象空洞的口号，而是蕴含着丰富内涵，渗透在国家各项具体工作实践中的精神养分。

1. 领导干部要“勇于担当”

勇于担当的内涵在于全体党员同志、领导干部在建设中国特色社会主义中要讲实话、干实事，敢作为、勇担当，言必信、行必果。习近平

---

① 参见习近平：《之江新语》，浙江人民出版社 2007 年版，第 50—51 页。

② 习近平：《之江新语》，浙江人民出版社 2007 年版，第 50—51 页。

告诫大家：“空谈误国，实干兴邦。”①领导干部无论官职高低，无论供职于何处，都要牢记自己的使命——为人民服务。在反腐败斗争中要细微细致，对群众提的要求敢于尽责，对反腐败过程中遇到的难办事项敢负责，出现职务过错敢担责。正所谓：在其位，谋其政；任其职，谋其责。领导干部在反腐败斗争的过程中要敢于揭发腐败现象，在反腐倡廉工作中要攻坚克难，要充分有效利用自己的职权为国家效力、为人民服务，树立强烈的责任意识。不可擅断弄权，愚弄百姓，更不可架不住物质利益诱惑，走上贪污腐败的不归路。勇于担当的使命观要求领导干部对身边的歪风邪气、贪污腐败，不能睁一只眼闭一只眼，要敢抓敢管，形成干部之间相互监督，使“老虎”和“苍蝇”都有所畏惧，不敢贪腐，从而形成廉政之风。

2. 领导干部要“能够担当”

能够担当要求领导干部在反腐败工作中有能力担负起党和人民交予的重任，领导干部要从自身的实际能力出发尽职尽责，不可为了建功而逞匹夫之勇。能够担当的另一层含义则是领导干部，特别是高级领导干部，不可因身处高位而一劳永逸，不思进取，认为抓作风问题只是纪律检查组织的责任。正所谓：知屋漏者在宇下，知政失者在草野。为政者无论身负何职，都应始终坚持群众路线，从群众中来，到群众中去。有能力担负起反腐败斗争而逃避责任的，是脱离群众、违背使命的表现。正因为领导干部职务的特殊要求，干部同志之间更应该紧抓身边的作风问题，规范作风，预防贪腐。在工作中要持续注重保持学习、接受知识的能力，关注国家的时政热点，关注社会百态，坚持实践出真知的思想要求，在预防贪腐上有创新性意识。在实践中不断践行理论，对待工作中出现的千姿百态的难题，要从社会现状出发，坚持理论联系实际，立足长远利益，运用创新性、辩证性、战略性思维解决反腐败斗争中

① 《习近平谈治国理政》，外文出版社2014年版，第36页。

的困难。总结经验,正确对待工作失误,深入民心,问计于民。

3. 领导干部要“善于担当”

提出善于担当的使命要求意义在于担负反腐败重任时要坚持技巧性、科学性的方法。在惩治腐败问题上,坚持法治反腐,善于运用马克思主义原理和辩证性思维来解决实际操作中遇到的各种问题。

勇于担当的深刻内涵,是各级领导干部要勇于担负起廉政文化建设和反腐败斗争的责任,坚持为民务实清廉,切实转变工作作风。习近平指出:“责任重于泰山,事业任重道远。我们一定要始终与人民心心相印、与人民同甘共苦、与人民团结奋斗,夙夜在公,勤勉工作,努力向历史、向人民交出一份合格的答卷。”①党员干部在现实的学习、工作、生活中,要有敢于担当的理念、敢于担当的境界、敢于担当的胸怀和敢于担当的行动,要坚持真理,坚持原则,真抓实干,对党的事业和人民负责,全体干部同志要“守土有责、守土负责、守土尽责”,真正明白敢于担当是共产党人的历史使命,形成一股巨大的担当力量。

习近平早在2010年任中央党校校长时就强调,看一个领导干部,很重要的是看有没有责任感,有没有担当精神。中国共产党作为领导着13亿多人口的国家的执政党,是实现中华民族伟大复兴的核心,党员和领导干部是团结和带领人民群众为之奋斗的骨干力量,对他们课以担当精神是责任要求,这既是对干部同志的必然要求,又是干部同志应尽的职责和历史赋予的使命使然。

(三)“使命观”的深刻含义

勇于担当的使命观蕴含“守土有责”的政治责任意识。2005年2月16日,习近平在《领导干部必须做到“守土有责”》的文章中指出,何其为领导干部?说得直白一点,组织上让我们当领导干部,就是派

① 《习近平谈治国理政》,外文出版社2014年版,第5页。

我们在这里站岗放哨，这叫守土有责。古时候，刘邦的《大风歌》说：“大风起兮云飞扬，威加海内兮归故乡，安得猛士兮守四方！”意思就是说要有一批人来守土，负责站岗放哨。当年，明成祖迁都到北京，就说是“天子守国门”，就是皇帝不能坐在中间享福，要守国门。清代守钱塘大堤的塘官，是四品官，与知府享受一样待遇，待遇很高，责任也大，如果决了堤，不等皇帝找他算账，他就跳塘自尽了。古代的封建官吏尚且如此，共产党的领导干部更应该具有强烈的责任感，明白责任，敢于负责，保一方平安，强一方经济，富一方百姓，真正做到守土有责。

勇于担当的使命观蕴含奋斗历程中的“接力赛”精神。2007 年 3 月 23 日，习近平在《新官上任要善于“瞻前”、注意“顾后”》一文中说：现代化建设好比马拉松接力赛，需要领导干部一任接一任地带领群众跑下去，而每一任领导干部接过的只不过是漫长的接力赛中的短暂一棒而已。所以，领导干部上任伊始，一定要保持清醒头脑，培养“接力意识”，团结带领本地本部门的干部群众在科学发展轨道上奋力奔跑。2012 年 11 月 15 日，习近平在党的十八届一中全会讲话中，代表新一届中央领导机构郑重宣布：“在中国特色社会主义道路上实现中华民族伟大复兴，是无比壮丽的崇高事业，需要一代又一代中国共产党人带领人民接续奋斗。今天，历史的接力棒传到了我们手中。历史和人民既赋予我们重任，也检验我们的行动。崇高信仰始终是我们党的强大精神支柱。人民群众始终是我们党的坚实执政基础。只要我们永不动摇信仰、永不脱离群众，我们就能无往而不胜。我们十八届中央委员会一定要不负重托，忠于党、忠于祖国、忠于人民，以自己的最大智慧、力量、心血，做出无愧于历史、无愧于时代、无愧于人民的业绩。”

勇于担当的使命观蕴含忧党忧国的底线思维。党的十八大后当选为总书记的习近平，上任伊始就深刻地指出：“大量事实告诉我们，腐败问题越演越烈,最终必然会亡党亡国!我们要警醒啊!”①此后他又多次强调反腐败对巩固党的执政地位的极端重要性,并着重阐明一个道理:由于领导我们国家的核心是中国共产党,所以在亡党亡国的危险中,亡国必先亡党,亡党必然亡国。防止党的执政地位被动摇、被颠覆是最关键的问题,也是强力推进反腐败斗争的重要原因。底线思维是一种预见性思维,就是凡事要预见到最好和最坏两种极端的结果,要从最坏处做准备,向最好的结果去努力、去争取。底线思维也是一种原则性思维,就是坚持原则性与灵活性的统一,以灵活性赢得主动性,但是又坚决守住原则性的底线不动摇。

勇于担当的使命观蕴含共产党人的政治觉悟和政治胆识。勇于担当、善于担当是对领导干部使命感的内在要求,是全党以及全体领导干部应当具备的基本素质,是其为人民服务的政治本色的体现。习近平强调,“是否具有担当精神,是否能够忠诚履责、尽心尽责、勇于担责,这是检验每一个领导干部身上是否真正体现了共产党人先进性和纯洁性的重要方面。”②党的干部要坚持为人民服务的基本原则、对待工作要事无巨细的认真负责,面对大是大非要敢于亮剑,面对矛盾要敢于迎难而上,面对危机要敢于挺身而出,面对失误要敢于承担责任,面对歪风邪气要敢于坚决斗争。党的十八届三中全会把“敢于担当”作为党员干部的重要品格写进了大会决定。

二、“使命观”的价值意义

树立勇于担当的使命观,是坚定不移地推进反腐败斗争的力量源泉,是中国共产党执政为民宗旨的重要体现,是我们党自我净化、自我

① 《习近平谈治国理政》,外文出版社2014年版,第16页。

② 习近平:《扎实做好保持党的纯洁性各项工作》,《求是》2012年第6期。

完善、自我革新、自我提高的责任担当，是我们党在反腐败斗争中敢于动真格、敢于硬碰硬的底气所在。

（一）体现了执政党的根本宗旨

树立勇于担当的使命观，是党对全体党员特别是领导干部在反腐败斗争中敢于亮剑、敢于负责、敢于担当的内在要求，体现了执政党全心全意为人民服务的根本宗旨。腐败是污染党风、政风、民风的根源，是人民群众深恶痛绝的社会毒瘤，反腐败是人民群众对廉洁政治的期待。习近平说，铁腕反腐不是没有掂量过，但我们认准了党的宗旨使命，认准了人民的期盼。这是我们党的奋斗目标，更是中国共产党执政的动力所在。十八大以来，党中央顺应民意，“对腐败零容忍”，坚决向腐败亮剑。反腐败所向披靡，人民群众交口称赞，反腐败斗争深入人心。党敢于向腐败大力开刀，其根本原因是党的利益和人民群众的利益高度契合，意志高度统一。敢于担当就是要做到“对大是大非问题要有坚定立场，对背离党性的言行要有鲜明态度，不能听之任之、置身事外。发现违反政治纪律的苗头性倾向性问题要及时提醒和纠正，对违反政治纪律的行为要坚决制止。”①

（二）体现了执政党的责任担当

勇于担当的使命观强调执政党的责任担当。历史上，因统治阶级贪腐导致政息人亡的例子很多，当今世界上因腐化堕落、严重脱离群众而政权瓦解的执政党也不在少数。针对这种情况，习近平严肃指出，“我们党把党风廉政建设和反腐败斗争提到关系党和国家生死存亡的高度来认识，是深刻总结了古今中外的历史教训的”②，“生于忧患，死

---

① 《十八大以来重要文献选编》（上），中央文献出版社 2014 年版，第 134 页。

② 《习近平关于党风廉政建设和反腐败斗争论述摘编》，中央文献出版社、中国方正出版社 2015 年版，第 5 页。

于安乐”,[①]以习近平同志为核心的党中央的忧患意识,是忧党、忧国、忧民意识,是一种责任和担当。人民群众之所以历史性地选择中国共产党,就是因为中国共产党从建党开始就高度重视党风廉政建设、一以贯之地反对腐败。否则,有着13亿多人口的国家就不可能取得这么大的发展,国家改革大局就不可能得到巩固和稳定,我们党在执政过程中也就不可能顶住种种挫折和“风波”。习近平的忧患意识,是对解决党内存在的突出问题、加强新形势下党的建设、始终保持党的领导核心地位的安危之思。“苟利国家生死以,岂因祸福避趋之。”面对严峻复杂的反腐败斗争形势,是选择做“太平官”还是选择担当责任,这种责任担当的选择是中国共产党人反腐败的动力之源。

(三)体现了执政党的价值追求

新形势下,团结带领全国各族人民,实现中华民族伟大复兴重任的中国共产党,面临执政考验、改革开放考验、市场经济考验、外部环境考验“四大考验”和精神懈怠的危险、能力不足的危险、脱离群众的危险、消极腐败的危险“四种危险”。解决这些考验和化解这些危险,就必须要切实加强党风廉政建设,而反腐败斗争则是应对、解决这样两项重大任务的切入点和着力点。习近平指出:“我们的人民热爱生活,期盼有更好的教育、更稳定的工作、更满意的收入、更可靠的社会保障、更高水平的医疗卫生服务、更舒适的居住条件、更优美的环境,期盼孩子们能成长得更好、工作得更好、生活得更好。人民对美好生活的向往,就是我们的奋斗目标。”[②]现实中腐败现象的蔓延势头是人民群众追求美好生活的现实“拦路虎”。不反腐败要亡党,而反腐败则不仅不会亡党,反而会使我们党更增强自我净化、完善、革新和提高的能力,促进党同

---

① 出自《孟子·告子下》,阐述了忧患则生、安乐则亡的道理。习近平:《在纪念毛泽东同志诞辰120周年座谈会上的讲话》,人民出版社2013年版,第24页。

② 《习近平谈治国理政》,外文出版社2014年版,第4页。

人民群众密切的血肉关系，使我们党在执政过程中变得更加坚强、更有力量。习近平关于人民利益至上的思想，代表了执政的中国共产党的价值追求，不仅为新时期的反腐败斗争赢得最终胜利提供了强劲的精神动力，而且为反腐败斗争的最终胜利赢得了坚强的人民群众基础。

三、“使命观”的实现路径

党的十八大以来，习近平围绕改革发展稳定、内政外交国防、治党治国治军，发表了一系列重要讲话，为团结带领全党全军全国各族人民进行新的伟大斗争，提供了强大思想武器和科学指南。习近平在索契接受专访时谈道：“我的执政理念，概括起来说就是：为人民服务，担当起该担当的责任。”①这两句话既是习近平执政理念的“两大基石”，也是学习理解习近平系列重要讲话精神的线索和路径。

（一）坚守为人民服务的宗旨

坚守为人民服务的宗旨，就是要做到人民群众期盼什么就努力实现什么，人民群众拥护什么就始终坚持什么，人民群众反对什么就坚决改进什么，切实做到为人民服务，担当起该担当的责任。

把人民对美好生活的向往作为奋斗目标。“人民对美好生活的向往，就是我们的奋斗目标”。这是新一届中央领导集体对全体人民的郑重承诺，是对党和国家未来发展的政治宣言。在习近平系列重要讲话中，既有把国家、民族和个人紧紧联系起来，表达中华民族万众一心、接续奋斗的中国梦，又有让人民共享人生出彩的机会，让劳动者实现体面工作，以及学有所教、劳有所得、病有所医、老有所养、住有所居等现实目标。他要求全党要自觉践行立党为公、执政为民的执政理念，回应

① 《习近平关于全面从严治党论述摘编》，中央文献出版社 2016 年版，第 61 页。

和满足广大人民群众的需求，引导人民群众建设美好的新生活。

把党性和人民性相统一作为基本立场。习近平针对当前在这一重大问题上存在的思想困惑和错误观点，旗帜鲜明地指出，党性和人民性从来都是一致的、统一的。① 强调要把体现党的主张和反映人民心声统一起来，要求各级领导干部要和老百姓一起干、一起苦，坐在一条板凳上。这些重要论述，表明了鲜明立场，回应了时代关切，是新的历史条件下对党的全心全意为人民服务根本宗旨的坚定捍卫和创新发展。坚持党性和人民性相统一，就要以抓铁有痕、踏石留印态度，将反腐败斗争落实到基层，以老百姓认同的获得感取信于民。

把群众路线作为工作的生命线。习近平着眼于防止和克服脱离群众这个党执政后面临的最大危险，从事关党和国家前途命运的战略高度，就进一步密切党群、干群关系，保持党同人民群众的血肉联系，作了许多重要论述。党的十八大以来，中央在加强党的自身建设上立的第一个规矩，就是改进工作作风、密切联系群众的八项规定；在全党自上而下开展的第一个重大活动，就是群众路线教育实践活动。坚定不移践行党的群众路线，就要转变政府职能，简政放权，保障和改善民生，真正做到一切为了人民、紧紧依靠人民，为人民群众监督国家机关及其工作人员勤政廉政创造有利条件，为社会公众参与反腐败斗争创造良好的法治环境，凝聚起党风廉政建设和反腐败斗争磅礴的正能量。

把为民务实清廉作为为官从政的行为准则。习近平强调，加强党的先进性、纯洁性建设，共产党人要补好精神之“钙”，炼就“金刚不坏之身”；要着力培养选拔党和人民需要的好干部，好干部要做到信念坚定、为民服务、勤政务实、敢于担当、清正廉洁；要深入群众，打掉隔在党和群众之间无形的“墙”。坚持为民务实清廉的准则，就要坚决反对腐败，对腐败“零容忍”，坚持“老虎”、“苍蝇”一起打，把权力关进制度的

① 参见《习近平谈治国理政》，外文出版社 2014 年版，第 154 页。

笼子里，从理论和实践层面保持共产党人公仆本色，保持党和人民群众的血肉联系。

（二）担当起该担当的责任

习近平认为：“是否具有担当精神，是否能够忠诚履责、尽心尽责、勇于担责，是检验每一个领导干部身上是否真正体现了共产党人先进性和纯洁性的重要方面。”①担当大小，体现着干部的胸怀、勇气、格调，有多大担当才能干多大事业。正是在党“担当起该担当的责任”的理念下，以习近平同志为核心的党中央以跑好历史接力赛的冲锋姿态，开启了中华民族伟大复兴的新征程。

担当体现为高举旗帜的坚定信念。秉持“我们的目的一定要达到，我们的目的一定会达到”的坚定信念和历史担当，习近平强调新民主主义革命的胜利成果决不能丢，社会主义革命和建设的成就决不能否定，改革开放和社会主义现代化建设的方向决不能动摇。坚定信念，高举旗帜就要始终坚定中国特色社会主义道路自信、理论自信、制度自信、文化自信，不走封闭僵化的老路，不走改旗易帜的邪路；就要牢牢掌握意识形态工作主动权，抢占主阵地，打好主动仗。在打赢反腐败这场输不起的战争中，保持政治自信和政治定力。

担当体现为应对“大考”的清醒忧患。“进京赶考去，我们绝不当李自成”，这是新中国成立前夕毛泽东离开西柏坡进北平时发出的誓言。以习近平同志为核心的党中央踏着老一辈“赶考”的足迹来到西柏坡，指出“党面临的‘赶考’远未结束，要努力交出优异的答卷”。尤其是针对我国由大到强前进道路上遇到的风险和绕不过的坎，他要求全党“强化底线思维，凡事从坏处准备，努力争取最好的结果”；告诫全党“要高度警惕国家被侵略、被颠覆、被分裂的危险，高度警惕改革发

① 《习近平出席中央党校 2012 春季学期开学典礼》，人民网 2012 年 3 月 1 日。

展稳定大局被破坏的危险，高度警惕中国特色社会主义进程被打断的危险”，避免苏共垮台、甲午惨败的历史悲剧重演。我们要以清醒的忧患意识，大抓作风建设、强力反腐肃贪、全面深化改革，以实际行动应对“大考”检验，交出优异答卷。

担当体现为大无畏的胆识气魄。在全面深化改革上，提醒全党时刻牢记邓小平同志不改革开放“只能是死路一条”的嘱托，聚焦全面深化改革总目标，向顽瘴痼疾开刀，向利益藩篱宣战，攻坚克难，闯关夺隘，坚定不移地把改革开放继续推向前进；在维护国家利益问题上，决不拿国家核心利益作交易，决不屈服于任何压力而吞下损害我国主权、安全和发展的苦果；在大是大非问题上，强调要敢于亮剑、敢于发声，不当“墙头草”、不当“圆滑官”、不当“开明绅士”；在纠治歪风邪气问题上，以雷霆万钧之势，激浊扬清、惩恶扬善。全党要学习和追随习近平同志公而忘私、爱憎分明、敢做敢为、知行合一的革命精神和硬气骨气，在“四个全面”战略布局中发挥核心领导和先锋队作用。

（三）真学、真信、真抓、真改

追寻“为人民服务、担当起该担当的责任”这两条脉络，深刻理解敢于担当的使命观，就要把蕴含其中的立场方法和责任担当学到手、掌握住，真正做到跟得上、跟得紧，不断推进新形势下反腐倡廉建设创新发展。

在坚定政治信仰上下功夫。坚定正确的政治信仰是共产党人的精神支柱。要毫不动摇地高举旗帜，在坚持中国共产党的领导、坚持社会主义制度上做到“千磨万击还坚劲，任尔东西南北风”；坚决听从党中央指挥，任何时候任何情况下都做到绝对忠诚、绝对纯洁、绝对可靠；在大是大非面前立场坚定，牢固树立社会主义核心价值观，做到守土有责、守土尽责；加强组织纪律性，做守纪律的老实人，对党中央的决策部署，必须不折不扣地贯彻执行。

在改造世界观上下功夫。践行敢于担当的使命观，思想观念要跟上，不能停留在“唯上、唯书”的僵化思维上，准确深刻领会习近平治国理政新理念新思想新战略；善于运用马克思主义世界观方法论来认识问题、分析问题、解决问题，坚决剔除那些与客观实际相悖的形式主义、弄虚作假、好大喜功等，始终围绕贯彻党中央的方针政策，想问题、做决策、抓落实；思想作风上严格按照习近平提出的“严以修身、严以用权、严以律己，谋事要实、创业要实、做人要实”的要求，老老实实做、认认真真改、扎扎实实干，让好的作风落地生根。

在联系实际上下功夫。坚持学以致用，推动“为人民服务、担当起该担当的责任”落地生根。决不能学归学、用归用，甚至是穿新鞋走老路，拿老黄历说事，凭老经验办事。从制度机制层面对敢于担当的使命责任和要求细化、量化、具体化，使之进入工作评价体系、进入选人用人标准，成为检验工作落实的硬杠杆。要进入末端落实，防止层层递减，通过接地气、上下联动，把历史使命和责任担当的要求落实到改革发展的实践中。履行公共权力职能要围绕党和国家各个时期的重大战略部署的实施来进行；围绕全面推进依法治国的实施来进行；围绕与人民群众利益密切相关的问题来进行；围绕中央关于各项工作的总体部署来进行。把国家机关及其工作人员的责任担当落实到为经济建设、精神文明建设、党风廉政建设和改革开放的服务之中。

第十一章
心系百姓的“人民观”

毛泽东同志曾讲过:“我们应当相信群众,我们应当相信党,这是两条根本的原理。如果怀疑这两条原理,那就什么事情也做不成了。”①与人民群众同呼吸、共命运,是当代中国反腐败战略思想的价值基础,也是人民群众信赖、热爱、拥戴的根本所在。人民群众的支持和参与,是党的各项工作取得成功的法宝,也是党风廉政建设和反腐败斗争取得实效的力量源泉。

一、“人民观”的形成确立

中国封建社会,老百姓以皇帝为天,以官府和官员为天,好官、清官被百姓呼为“青天大老爷”。共产党人执政以后,政府是人民政府,官员是人民公仆,共产党的官,是“以民为天”。2013 年 3 月 17 日在十二届全国人大一次会议上,习近平 25 分钟的大会发言中,有 44 次提到“人民”。习近平执政风格和领导气派能够让老百姓信赖、喜爱、拥戴,就在于习近平的世界观和执政观中,有一个闪闪发光的“人民观”。

① 《毛泽东文集》第六卷,人民出版社 1999 年版,第 423 页。

（一）“人民观”的形成背景

20 世纪八九十年代，闽东地区腐败现象滋生，时任宁德地委书记的习近平认为，根本原因在于部分党员同志削弱了与人民群众的紧密联系。他说：“近年来，党内一些意志薄弱者经受不住执政和改革开放的考验，腐败现象有所滋生和蔓延，官僚主义作风有所发展，从而不同程度地削弱了党同人民群众的血肉联系，损害了党在人民群众中的威信，甚至让敌对分子乘机钻了空子。我们应当从中警醒地认识到密切联系群众的重要性。”①他认识到，反腐败是维系民心的内在要求，“我们中国共产党人靠什么来得民心呢？靠的就是廉洁奉公，全心全意为人民服务。这是一条真理。”“廉政建设是我们共产党人的历史使命，如果我们不能承担起这种历史使命，我们就会失去民心。”②

21 世纪初，时任福建省省长的习近平，在接受《中华儿女》杂志社专访时谈道：“对于我们共产党人来说，老百姓是我们的衣食父母，我们必须牢记全心全意为人民服务的宗旨，党和政府的一切方针政策都要以是否符合最广大人民群众的利益为最高标准。要时刻牢记自己是人民的公仆，时刻将人民群众的衣食冷暖放在心上，把‘人民拥护不拥护、人民赞成不赞成、人民高兴不高兴、人民答应不答应’作为想问题、干事业的出发点和落脚点，像爱自己的父母那样爱老百姓，为老百姓谋利益，带着老百姓奔好日子，绝不能高高在上，鱼肉老百姓，这是我们共产党与那些反动统治者的根本区别。封建社会的官吏还讲究‘为官一任，造福一方’，我们共产党人不干点对人民有益的事情，还说得过去吗？”③无论是在福建宁德、福州任职，还是担任省领导，习近平始终践

① 习近平：《摆脱贫困》，福建人民出版社 1992 年版，第 209 页。

② 《习近平在福建：铁腕治吏得民心》，人民网 2014 年 11 月 6 日。

③ 《习近平 14 年前受访谈如何跨入政界：立志当公仆做大事》，人民网 2015 年 1 月 9 日。

行心系百姓的人民观。从倡导实施“四下基层”到倡导开展“四个万家”，从访贫问苦到“三进下党乡”，成为习近平心怀百姓的一个缩影。

在浙江省任职时期，习近平对反腐败与人民群众的关系，有了更进一步认识。他认为，反腐败不仅要求党员干部保持与人民群众的紧密联系，认识到人民群众的“同盟军”地位，更要进一步破除“官本位”思想，树立正确的“主仆”观念。“党员领导干部是人民的公仆，人民是领导干部的主人。这个关系任何时候都不容颠倒。如果不把人民群众当主人，不愿躬身做‘仆人’，那就不配当一名领导干部。是否牢记主仆关系、践行执政宗旨，是否做到心系群众、服务人民，是否恪守为民之责、履行为民之职，始终是我们党加强作风建设的重要内容，是衡量一个领导干部作风是否端正的试金石。”①

习近平常以“当官不为民做主，不如回家卖红薯”、“德莫高于爱民，行莫贱于害民”自醒，认为“各级领导干部要一切从人民的利益出发，站在人民群众的立场上立身、处世、从政，真正做到权为民所用、情为民所系、利为民所谋。要破除‘官本位’思想，克服和纠正那种‘当官做老爷’的封建习气，始终坚持党的根本宗旨和群众工作路线，同人民群众保持血肉联系，把智慧奉献于人民、力量根植于人民、情感融解于人民，把解决民生问题放在一切工作的首位，尽心尽力地为群众出主意、想办法、谋利益。”②

在“主仆”观念的践行上，习近平认为，重在解决与人民群众息息相关的问题，要“办实事，见实效”，“坚持以人为本、执政为民，最终要落实在一件一件的实事之中。这些实事，既体现于推动经济社会发展和惠及全社会的‘大事’，也体现在与老百姓日常生活息息相关的家门口的‘小事’。‘群众利益无小事’。抓好为民谋利的‘小事’，必须要

① 习近平：《之江新语》，浙江人民出版社2007年版，第257页。
② 习近平：《之江新语》，浙江人民出版社2007年版，第257页。

像抓‘大事’那样，把求真务实的精神贯彻到为民办实事的具体工作之中。做好为民办实事工作，关键在于用好的作风来办好事，用实在的项目来办实事。最实在的事就是要着力解决民生问题，特别是关心困难群体，多做、大做‘雪中送炭’的事，多搞一些直接造福于民的‘满意工程’、‘民心工程’，切实把老百姓家门口的事情办好。实事必须实干，要改进工作方法，转变工作作风，脚踏实地、稳扎稳打，尽力而为、量力而行，决不喊空口号、搞花架子。实事还要见实效，最大的实效就是真正使广大群众得到实惠、感到幸福，产生良好的社会效益和人文效应。群众最能体验为民办实事工作的成效，要让群众来评判为民办实事工作的成效。总之，‘乐民之乐者，民亦乐其乐；忧民之忧者，民亦忧其忧’。我们把为民办实事的工作做好了，群众的幸福感就会提升，人民群众与党委、政府心相系、情相连，构建和谐社会的基础就会更加扎实。”①

（二）“人民观”的基本内涵

党的十八大以来，习近平先后作了一系列关于人民群众的地位与作用、党对待人民的立场、方法和态度等方面的重要讲话，深刻体现了心系百姓的人民观念。

1. 强化人民群众的主体地位

习近平深刻地认识到目前中国发展过程中存在的脱离人民群众的问题，担任党的总书记后，在全党上下组织开展了党的群众路线教育实践活动，从 2013 年 6 月到 2014 年 10 月，全党全国各级党组织紧密围绕如何在新时期保持和发展党的先进性和纯洁性，把“为民、务实、清廉”作为活动主题，按照“照镜子、正衣冠、洗洗澡、治治病”的总要求，以十八大会议精神为指导思想，从思想观念上在全党同志中牢固确立

① 习近平：《之江新语》，浙江人民出版社 2007 年版，第 247 页。

人民主体地位。习近平指出:“我们要坚持党的群众路线,坚持人民主体地位,时刻把群众安危冷暖放在心上,及时准确了解群众所思、所盼、所忧、所急,把群众工作做实、做深、做细、做透。要正确处理最广大人民根本利益、现阶段群众共同利益、不同群体特殊利益的关系,切实把人民利益维护好、实现好、发展好。要认真贯彻落实中央各项惠民政策,把好事办好、实事办实,让群众时刻感受到党和政府的关怀。”①

习近平深刻意识到人民在社会革命、建设和改革开放时期表现出来的伟大力量,多次强调人民才是历史的创造者,决定着历史发展的方向,群众才是真正的英雄,人民群众是我们力量的源泉。在新时期,检验我们一切工作的成效,最终都要看人民是否真正得到了实惠,人民生活是否真正得到了改善,人民权益是否真正得到了保障。人民群众是我们力量的源泉。习近平深情地说:“我们深深知道,每个人的力量是有限的,但只要我们万众一心、众志成城,就没有克服不了的困难;每个人的工作时间是有限的,但全心全意为人民服务是无限的。责任重于泰山,事业任重道远。我们一定要始终与人民心心相印、与人民同甘共苦、与人民团结奋斗,夙夜在公,勤勉工作,努力向历史、向人民交出一份合格的答卷。”②

2. 树立正确的权力观

习近平在中央党校2010年秋季学期开学典礼讲话时强调,权力观是关于国家和社会权力的根本观点。马克思主义权力观概括起来是两句话:权为民所赋,权为民所用。前一句话指明了权力的根本来源和基础,后一句话指明了权力的根本性质和归宿。全心全意为人民服务,是我们党的唯一宗旨,也是马克思主义权力观同资产阶级权力观的根本区别。领导干部不论在什么岗位,都只有为人民服务的义务,都要把人

① 习近平:《全面贯彻落实党的十八大精神要突出抓好六个方面工作》,《求是》2013年第1期。

② 《习近平谈治国理政》,外文出版社2014年版,第5页。

民群众利益放在行使权力的最高位置，把人民群众满意作为行使权力的根本标准，做到公道用人、公正处事。2012 年 12 月 7 日，当选党的总书记不久的习近平同志在广东考察工作时强调，领导干部是人民的公仆，必须始终牢记宗旨、牢记责任，自觉把权力行使的过程作为为人民服务的过程，自觉接受人民监督，做到为民用权、公正用权、依法用权、廉洁用权。

习近平认为，树立马克思主义权力观，必须从理论上弄清楚和掌握以下几条：一是我们社会主义国家的一切权力，都是我们党领导全国各族人民经过新民主主义革命和社会主义革命取得和实现的，都是属于人民的；二是我们党作为执政党是代表工人阶级和全体人民在全国执掌政权，共产党员和领导干部手中的权力都是人民赋予的；三是我们所有党员和领导干部手中的权力，只能用来为人民谋利益，而绝不允许搞任何形式的以权谋私。他明确指出，六十多年长期执政，历史条件和党的执政环境、执政方式都发生了重大变化，现在确有一些领导干部不能正确对待和使用权力。有的认为权力是上级给的，想问题、办事情不怕群众不满意，只怕领导不注意，逢迎拍马、唯上是从；有的认为权力来源于个人努力、个人奋斗，把“有权不用、过期作废”奉为信条，滥用权力甚至以权谋私。这些思想和行为同马克思主义权力观背道而驰。如果奉行这样的权力观，不可能不出问题、不犯错误。

3. 自觉践行群众路线

群众路线是我们党的生命线和根本工作路线。只有在实践中不断贯彻和强化，才能持之以恒，发挥应有的作用。在改革开放和发展社会主义市场经济的新时期，中国共产党作为执政党，面临着国内外复杂环境的严峻考验，面临着“四大危险”的挑战，其中脱离群众是最大的危险。正是由于为人民服务宗旨意识的淡薄和人民观点的缺失，一些党员干部产生了形式主义、官僚主义、享乐主义以及奢靡之风等不良风气，严重影响了党同人民群众的关系，影响了党的形象和威信。

得民心者得天下,失民心者失天下。习近平在党的群众路线教育实践活动总结大会上的讲话中强调:“人民拥护和支持是党执政最牢固的根基。人民群众中蕴藏着治国理政、管党治党的智慧和力量,从严治党必须依靠人民。”“让人民支持和帮助我们从严治党,要注意畅通两个渠道,一个是建言献策渠道,一个是批评监督渠道。在这两方面,这些年我们总的是做得越来越好,但还有不足,主要是围绕经济社会发展听意见多、围绕从严治党听意见少,请上来听意见多、走下去听意见少。群众的很多想法,往往不是在那些很正式的场合、当着很多人的面会讲出来的,而是要同他们身挨身坐、心贴心聊才能听得到。各级干部要多沉下身子、走近群众,就从严治党问题多向群众请教。”“群众的眼睛是雪亮的,群众的意见是我们最好的镜子。只有织密群众监督之网,开启全天候探照灯,才能让‘隐身人’无处藏身。各级党组织和党员、干部的表现都要交给群众评判。群众对党组织和党员、干部有意见,应该欢迎他们批评指出。群众发现党员、干部有违纪违法问题,要让他们有安全畅通的举报渠道。群众提出的意见只要对从严治党有好处,我们就要认真听取、积极采纳。”①开展群众路线教育实践活动,就是要让全党同志深入到群众中去,了解群众的疾苦,并解决人民群众在生活中面临的实际问题,在实践中端正自己的人民观。

(三)“人民观”的深刻含义

1. 中国传统文化的思想精髓

心系百姓的“人民观”蕴含着传统文化的思想精髓。中国“民本”思想渊源深远,中华民族第一部古典文集——《尚书》中即有关于“民本”思想的记载。《尚书·五子之歌》最先提出“民为邦本”思想:“皇

① 习近平:《在党的群众路线教育实践活动总结大会上的讲话》,人民出版社 2014 年版,第 27—28 页。

祖有训:民可近,不可下。民为邦本,本固邦宁”。春秋战国时期,儒家从诸侯战争的胜负、霸主的更替中认识到,政治兴亡的根本在于民心向背。孔子提出重民、富民思想。孟子提出“民贵君轻”、“道在不扰”、“阜民之财”的主张,创造了比较完整的“民本”思想体系。荀子是先秦“民本”思想的集大成者,他提出富国富民思想,还从多方面论证了君民关系,认为君是为民而存在的。自此,传统“民本”思想初步形成,并逐步发展和成熟。中国传统政治思想中“民本”思想的优秀成果,为“人民观”的形成和发展提供了丰厚的历史文化和思想理论滋养,对于中国共产党更好地担负起执政兴国的历史重任,实现十八大提出的“两个一百年”目标具有重要的借鉴意义。

2. 党的群众路线的历史传承

群众路线是人民观的体现,群众路线是我们党的传家宝。早在建党初期、大革命和土地革命时期,毛泽东同志就围绕着党和革命的依靠力量以及党的工作方法等重大问题,提出了一系列关于群众、群众工作的观点。他指出:“真正的铜墙铁壁是什么?是群众,是千百万真心实意地拥护革命的群众。”①针对党内对农民和农民运动的一些模糊认识,他从中国社会各阶级的经济状况入手,分析了敌我友的问题,回答了中国无产阶级最广大和最忠实的同盟军就是占人口绝大多数的农民。他一再强调,中国共产党只有为人民谋利益,才能得到广大群众的支持和拥护。抗战爆发后,毛泽东提出“兵民是胜利之本”②,战争伟力之最深厚的根源在于民众之中,依靠民众则一切困难能够克服,任何强敌能够战胜,离开民众则将一事无成。他从我们党的根本性质和宗旨出发,提出把“和最广大的人民群众取得最密切的联系”作为党的三大优良作风之一,系统地提出了“从群众中来,到群众中去”的根本工作

---

① 《毛泽东选集》第一卷,人民出版社 1991 年版,第 139 页。

② 《毛泽东选集》第二卷,人民出版社 1991 年版,第 509 页。

方法，并深刻地揭示了这一工作方法的马克思主义认识论基础。新中国成立后毛泽东群众路线思想得到进一步发展，深刻阐述了党的群众路线在政治、经济和社会等领域的主要表现形式，对执政后党内滋生的脱离群众的现象进行了批判。在领导中国革命和建设的过程中，毛泽东把马克思主义基本原理与中国实际相结合，形成了丰富的群众路线思想。党的十一届六中全会通过的《关于建国以来党的若干历史问题的决议》，将这一思想确定为毛泽东思想活的灵魂之一。

以邓小平同志为核心的中国共产党第二代中央领导集体，在领导改革开放和现代化建设的实践中，既继承了毛泽东群众路线的基本精神，又准确把握新时期的脉搏。邓小平同志深刻总结正反两方面历史经验，在大力倡导恢复党的实事求是的思想路线的同时，投入了很大的精力来推动恢复群众路线等党的优良传统和作风。他强调："毛泽东同志倡导的作风，群众路线和实事求是这两条是最根本的东西。""如果哪个党组织严重脱离群众而不能坚决改正，那就丧失了力量的源泉，就一定要失败，就会被人民抛弃。"①他把反对干部特殊化作为恢复和坚持群众路线的重要一环来抓，强调干部搞特殊化必然脱离群众。"现在有少数人就是做官当老爷，有些事情实在不像话！脱离群众，脱离干部，上行下效，把社会风气也带坏了。"②1979 年 11 月，邓小平同志在《高级干部要带头发扬党的优良传统》的讲话中，提出了切实解决干部特殊化问题三条措施：一是高级干部要带好头；二是加强制度建设，对高级干部的生活待遇作出明确规定；三是必须恢复和发扬党的艰苦朴素、密切联系群众的优良传统。面对改革开放、建设中国特色社会主义这一全新历史课题，还需要不需要继续坚持和发扬党的群众路线等传统作风？邓小平明确指出，群众路线不但不能丢，而且要经常地、反复地加

① 《邓小平文选》第二卷，人民出版社 1994 年版，第 45、368 页。

② 《邓小平文选》第二卷，人民出版社 1994 年版，第 218 页。

以强调，并结合新的实际加以坚持和发展。“党只有紧紧地依靠群众，密切地联系群众，随时听取群众的呼声，了解群众的情绪，代表群众的利益，才能形成强大的力量，顺利地完成自己的各项任务。”①邓小平同志热爱人民，对人民群众怀着无比深厚的感情，时刻关注人民群众的根本利益，始终把人民群众的利益放在心中最高位置，放在一切工作的首位。坚守一条准则：看“人民拥护不拥护”、“人民赞成不赞成”、“人民高兴不高兴”、“人民答应不答应”。在领导改革开放的进程中，邓小平同志特别重视尊重人民群众的首创精神，真心实意地相信人民、依靠群众的实践，善于概括群众的经验和创造。

以江泽民同志为核心的中国共产党第三代中央领导集体，把群众路线与党的建设结合起来，提出“三个代表”重要思想，使群众路线在新的历史条件下得到了升华。其主要观点包括：一是树立正确的利益观。中国共产党始终代表最广大人民的根本利益，“在任何时候任何情况下，都必须坚持党的群众路线，坚持全心全意为人民服务的宗旨，把实现人民群众的利益作为一切工作的出发点和归宿。”②二是树立正确的权力观。“三个代表”重要思想的本质在于执政为民，所有党员干部都要明确手中的权力是人民赋予的，“必须始终用来为国家和人民谋利益，而绝不能把它变成牟取个人或少数人私利的工具”。③ 三是告诫全党时刻警惕脱离群众的危险。他认为党执政后的最大危险就是脱离群众，要牢记历史兴亡的规律，始终保持党与人民群众的密切联系。

进入 21 世纪以来，以胡锦涛同志为总书记的党中央，面对复杂的国际国内形势，把群众路线与发展观结合起来，进一步丰富和发展了人民观。其基本思想体现为：一是以人为本的发展观。要求在科学发展观的指导下，实现以人为本的科学发展，在发展中做到，发展为了人民，发

---

① 《邓小平文选》第二卷，人民出版社 1994 年版，第 342 页。

② 《江泽民文选》第三卷，人民出版社 2006 年版，第 572 页。

③ 《江泽民文选》第三卷，人民出版社 2006 年版，第 420 页。

展依靠人民,发展的成果由人民共同享有。二是人民满意的政绩观。就是要实践党的宗旨,做到“权为民所用、情为民所系、利为民所谋”,真正把“人民拥护不拥护、赞成不赞成、高兴不高兴、答应不答应”作为衡量政绩的最终标准。三是为民谋利的民生观。就是要把解决民生问题放在各项工作的首位,从解决人民群众最现实的利益问题入手,真正为群众排忧解难,努力让人民群众得到实实在在的利益,共享改革发展的成果。

纵观中国共产党几代领导人的“人民观”,从毛泽东的“立民”情怀,领导人民在政治上翻身做主;到邓小平的“富民”理论,领导人民摆脱贫穷;再到江泽民和胡锦涛的“敬民”、“惠民”思想,“人民观”既一脉相承,又不断发展。

二、“人民观”的现实意义

心系百姓的“人民观”是反腐倡廉建设的思想武器,反腐倡廉是践行“人民观”的重要保障。我们党的执政地位和执政能力从根本上说取决于人民,取决于人心向背,人民观是党的工作的根本出发点和落脚点。

(一)践行人民主体地位的理念支撑

在马克思主义经典作家看来,坚持人民主体观,实现人民主体性是社会主义社会生存发展的必然要求,也是共产主义社会必将实现的崇高理想。中国共产党的执政地位在客观上已经使党和群众处于领导与被领导、管理与被管理的关系,但是我们党在密切党群关系、尊重人民主体地位的理念上,必须改变党的各级组织和各级领导者是“支配者”和“主导者”,人民群众是“被支配”和“被领导者”的错误观念和错误认识。必须正确地认识到,人民群众是社会发展的主体,共产党领导的本质就是要保证实现人民当家作主的政治地位。今天,我们要实现中华民族伟大复兴的中国梦,就必须清楚地认识到:中国梦归根到底是人民的梦，必须紧紧依靠人民来实现；必须充分尊重人民主体地位；必须充分发挥人民主体力量。因为人民主体性的提升是实现中国梦的内在需要和衡量指标，实现中国梦也以不断提升人民主体性为价值导向与实践思路，二者共同统一于中国特色社会主义的伟大实践。当今中国社会呈现出一种“金字塔”型的社会结构，这与实现“中国梦”涉及的经济、政治、文化、社会等全方位改革所需要的人民群众的广泛参与和主动性的积极发挥之间有着一定的矛盾。解决这一矛盾的关键，就是坚持以人民根本利益为标准，尊重人民群众的首创精神，创造有利的环境和条件，最大限度地激发人民群众的创造活力和创造热情，必须彻底破除各种体制和机制上的壁垒，使一切有利于社会进步的创造愿望得到尊重，创造活动得到支持，创造才能得到发挥，创造成果得到肯定，为进一步发挥人民群众的主体作用开辟广阔的道路。

（二）增强决策民主性的思想基础

社会主义政治在本质上是人民群众当家作主的政治，民主执政已经成为我们党最基本的执政方式。为了保证人民群众当家作主的民主政治权利，我们必须完善社会主义的民主形式以促进公共决策参与的广泛性，让人民群众在更加广泛的领域，在更深的层面，在更多的形式上有序地参加国家和社会事务的管理，参与经济、文化和社会建设等事业的管理。因此，党和政府的有关决策部门，应该加快制度改革的力度和幅度，拓宽并规范人民群众广泛的政治参与，如继续改革并完善城乡居民政治参与的制度化渠道——人民代表大会制度和村民自治制度，应该努力规范并疏导体制外的政治参与形式，诸如上访、抗议、网络维权等。应该强调的是，民主是建立在特定的经济关系和利益关系之上的一种政治形式，是以一定的社会经济为基础的上层建筑。我们要实现“中国梦”，就必须确保人民群众当家作主的政治权利，就必须坚持以公有制为主体、多种所有制经济共同发展的基本经济制度，改革现行的一切不利于人民享受当家作主权利的经济体制，在改革过程中增强决策的科学性和民主性，确保每项改革符合人民群众的根本利益。

（三）强化解决民生问题的民本思维

习近平指出："我们要坚持党的群众路线，坚持人民主体地位，时刻把群众安危冷暖放在心上，及时准确了解群众所思、所盼、所忧、所急，把群众工作做实、做深、做细、做透。"①当前，人民最突出的利益问题就是民生问题，特别是住房、教育和医疗问题，是社会群体和社会成员贫富差距严重扩大的问题等。作为执政党，中国共产党只有把民生问题放在国家战略的高度，脚踏实地地为人民群众解决实际困难，执政为民的宗旨才能够得到老百姓的认可。因此，改善民生必须着力解决群众生产和生活中的实际问题，必须减轻民负，必须使贫困群众的基本生活得到保障，必须坚决反对损害群众利益的行为，必须继续完善群众的利益表达机制，拓宽并疏通民意表达的渠道，使广大的人民群众特别是困难群众能够理性有序地表达自己的利益诉求。同时，还要转变政府职能，使政府尽快履行公共服务者的职能，从政策、制度、职能方式和队伍等方面加强和加快建设，防止政府有些部门与民争利，防止利于民生的政策走样变形。因此，检验我们每一项改革政策的成败得失的关键，就是看改革是不是符合人民群众的利益。符合人民群众利益的，改革就是正确的，就要继续坚持；不符合人民群众利益的，改革就是错误的，就要坚决改正。只要我们党为人民利益而坚持真理，为人民利益而修正错误，始终以人民之痛为痛，以人民之乐为乐，全心全意为人民服务，我们党就一定能够永远立于不败之地。

---

① 习近平：《全面贯彻落实党的十八大精神要突出抓好六个方面工作》，《求是》2013年第1期。

三、“人民观”的实践路径

2014年8月,福建人民出版社收录了习近平从1988年至1990年在宁德工作期间的部分讲话和文章,编辑出版了《摆脱贫困》一书。全书围绕闽东地区如何脱贫致富、加快发展这一主题,提出了一系列的制度、理念、观点和方法,如“滴水穿石”的精神、“弱鸟先飞”的意识、“四下基层”的工作作风等,深刻回答了推进闽东地区经济社会发展的重大理论和实践问题,展示了身体力行,践行“人民观”的奋斗精神和实践路径。

(一)树立无愧于民的理念

“一切为民者,则民向往之”——2006年7月24日,习近平在《一切为民者,则民向往之》一文中讲了一个例子:一个偏僻的小村庄,因为他们的支部书记生病了,一天之内村民自发筹集了数万元为他治病,村民们说,“就是讨饭了也要救他”。当地就有一些干部不由地发出了“假如我病倒了,会有多少村民来救我”这样的感慨!这个例子深刻揭示了“老百姓在干部心中的分量有多重、干部在老百姓心中的分量就有多重”的丰富内涵。古人说:“一切为民者,则民向往之”,离开了人民,我们将一无所有、一事无成;背离了人民的利益,我们这些公仆就会被历史所淘汰。

不求“官”有多大,但求无愧于民——习近平2003年6月18日在《不求“官”有多大,但求无愧于民》一文中指出,做人要有人品,当“官”要有“官德”。当干部,不求“官”有多大,但求无愧于民。当干部的,要真正在思想上解决“入党为什么,当官做什么,身后留什么”的问题。习近平多次强调,在任何时候任何情况下,与人民同呼吸共命运的立场不能变,全心全意为人民服务的宗旨不能忘,群众是真正英雄的历史唯物主义观点不能丢，始终坚持立党为公、执政为民。

“视民为根，利归天下”——习近平2006年2月20日在《激浊扬清正字当头》一文中指出，在各种利益冲突和矛盾面前，党员干部就应该坦荡做人，一心为民，视民为根，具有“利归天下，誉属黎民”的淡泊情怀，努力造福一方、平安一域。党员干部如果失去律己之心，随波逐流，趋利媚俗，放纵自己，就会混淆是非，走上邪路，使国家陷入“政怠宦成，人亡政息”的历史周期率。所以，我们一定要始终保持先进性，以“富贵不能淫，贫贱不能移，威武不能屈”的大丈夫气节，做到身在顺境而不骄纵，身处逆境而不失志，宠辱不惊，处变不乱，扎实工作。

（二）客观认识现存问题

形式主义、官僚主义的客观存在。形式主义是中国共产党执政的大敌，开几个座谈会，就算走了群众路线，往下走一走就是深入基层，与群众谈几句话就是深入群众。这种不求实效、不干实事的形式主义，造成了资源的浪费，妨碍了政令的畅通，损害了党群、干群关系。官僚主义就是脱离群众，站在群众之上。现阶段的官僚主义种种表现，如贪图虚名、摆官架子、铺张浪费、追名逐利、以权谋私等，这些现象不仅破坏了党和政府在人民群众中的良好形象，也使得人民群众对廉洁、务实、为民政府的建设产生了怀疑。另外，在反腐倡廉建设中不免有官员继续实行形式主义和官僚主义，以不实的消息损害了群众的知情权，以不作为和多一事不如少一事的作风堵住和压制了群众的参与权和监督权，阻碍群众路线的实施。

群众反腐的积极性发挥有待加强。新时期反腐败斗争中，广大人民群众的力量发挥了重要作用，但是在一些地方和一定范围内，还存在反腐意识不强、信心勇气不足、反腐能力欠缺等问题。中国长期的封建社会缺少政治参与的文化氛围，传统文化中的“顺民”思想压制和束缚了群众的政治参与意识，使一些群众在政治参与上处于强烈自保的消极状态，如“反腐败是党和政府的事，与自己没有关系”、“好民不同官斗，得罪人的事少出头”等，这些消极自保的思想阻碍了群众自觉地成为反腐倡廉同盟军和基本力量的积极性。在政治意识上，需要增强政治警觉性和政治辨别力，了解和掌握党和国家的大政方针及政策；克服看待问题的片面性和偏激性，坚决抵制和防止错误思想的影响及不法分子以及敌对势力的利用；在法治意识上，需要强化遵纪守法的自觉性，参与国家和社会治理的积极性，运用权利监督权力的主动性，克服事不关己，高高挂起的心态；在民主意识上，需要增强必备的人民主权知识，明确公民的权利和义务，了解民主参与的内容与形式，了解依法参与反腐的途径和方法，提高社会反腐特别是网络反腐的能力，为“把权力关进制度的笼子里”提供强有力的监督保障。

体制机制性的障碍制约。我们党强调走群众路线的重要性，但现行的体制中，群众路线主要是依靠思想教育，缺乏科学严谨的制度保障。实践中，由于没有建立起科学有效的民主监督制度而导致了不少违法行政的事情发生。如群众无法在有序的框架内实现反腐诉求，就会采取非理性的、无序的甚至较极端的途径来实现其目的。反馈机制不健全，使群众对参与反腐失去信心。虽然各级地方政府都设立了“举报箱”、“举报电话”、“接待日”等，但在实践中往往群众的反映意见会被置之不理，极大地打击了群众参与政治的热情，也严重影响政府的权威，为社会的良性发展埋下隐患；对于群众举报问题的处理也缺乏程序化、规范化，再加上我国没有完善的保护检举人权益的制度，腐败官员通过各种手段对其进行恐吓威逼利诱等，举报人的人身安全受到威胁，从而减弱反腐的信心，助长了腐败分子更加猖狂的行为。

（三）着力强化具体措施

我们党的执政地位和执政能力从根本上说取决于人民的信赖与支持，人民观是党的工作的根本出发点和落脚点。反腐倡廉工作的开展，维护了党的纪律和行政纪律，其出发点和归宿都是维护广大人民群众的根本利益。面对群众对反腐败期望值日益上升的新形势，只有牢固树立人民观，紧紧依靠人民群众支持和参与，才能不断推进反腐倡廉建设。

思想先行，调动人民群众参与反腐的积极性。腐败直接损害的是人民群众的利益，所以要充分调动人民群众参与反腐倡廉建设的积极性和责任感。

1. 开展群众性教育

在群众中大力开展中国特色社会主义理论体系的教育，在全社会弘扬社会主义核心价值观，尤其是大力倡导“八荣八耻”，强调贪污腐败的危害性和可耻性，强化群众是反腐倡廉建设的基本力量意识，强化群众路线是反腐倡廉的制胜法宝和必经之路，让群众明白积极参与反腐倡廉的重要性，树立“反腐倡廉人人有责、个个参与”的主体观念。要加强群众参与反腐倡廉能力的培育。通过开展社区活动等形式开展政治敏锐性和鉴别力的培养、了解反腐倡廉的民主参与渠道和监督渠道、学习有关反腐倡廉的法律法规，积极投身反腐倡廉的实践中去，在实践中提升群众的政治参与水平，同违法乱纪的行为做斗争。

2. 组织引领，发挥各级党组织的核心领导作用

组织建设是践行人民观的基础。执政考验、改革开放考验、市场经济考验、外部环境考验都对党组织提出了新的要求。在新时期加强党的执政能力建设，必须从组织建设入手，以更好地满足为人民服务的需要。加强党的组织建设，最根本的就是把党建设成为坚强的领导核心，充分发挥党的组织优势。要坚持党管干部的原则，造就一支高素质的干部队伍。要按照习近平“四个全面”的战略布局，着重全面从严治党，从多方面强化对党员干部的监督，在党内发扬民主集中制，构建适应社会主义市场经济要求的党内监督制度体系，提高监督的科学化、规范化和法制化水平，这是大力贯彻习近平人民观、维护人民群众切身利

益的关键举措。要加强党的基层组织建设，充分发挥基层党组织的战斗堡垒作用。没有一支高素质的基层党组织带头人队伍，基层党组织就不能更好地贯彻国家的基本政策，就不能将全部的热情投入到为人民服务的工作中去。

3. 制度保障，着力维护人民群众依法享有的各种权利

要保障人民群众的知情权。将权力运作的全过程向群众公开，让群众知情；将公开政务信息纳入法律的范围，对瞒报或者谎报政务消息的机关给予党纪法律的制裁；要保障人民群众的参与权，完善和健全群众参与反腐的法律途径，完善和健全政务决策听证、信息发布等群众参与机制，通过各种形式，让群众充分发表意见，利用网络技术促进公共决策参与的广泛性，打开公共政治参与的新方式和主力场。要畅通人民群众的监督渠道。利用信息手段拓宽群众监督平台，把群众监督与网络媒体监督结合起来。采取经常性走访、暗访，收集群众的监督信息，深入乡镇、农村，及时发现问题和处理问题。要完善群众举报机制，健全责任追究、案件处理、案件回馈机制，建立和完善举报人的保密制度，对打击报复行为进行严厉的法律追究。鼓励群众的举报行为，设立“监督”专项奖励基金，对于为反腐倡廉作出积极贡献的举报人，在授予荣誉称号的同时给予一定的物质奖励。

4. 文化润育，着力营造廉荣贪耻的社会氛围

以文化建设促进群众反腐，最好的形式就是利用电视、报刊、网络等大众传媒来营造良好的文化氛围。可利用廉政漫画、公益广告和广场演出等多种传播手段形成强大合力来发展面向社会大众的廉政文化；可借鉴历史中千古流传的廉政故事、现实中人民群众积极反腐的成功案例来制作优秀的影视，以优秀的影视文化营造反腐倡廉建设；可借鉴“3·15消费者权益保障”一系列维权活动，建设群众反腐的文化氛围，强化廉洁文化对公众潜移默化的教育作用，增强反腐倡廉教育的辐射力和渗透力。廉政教育要深入到社会的方方面面。如在中学阶段的

政治课和大学阶段的公共课中增加和融入更多的反腐倡廉和公民的政治意识内容，树立公民当家作主的主人翁意识；教育和培养党政领导干部家属的廉洁意识，树立“莫伸手，伸手必被捉”的危机意识，不利用家人的职权为自己谋私利，严格要求自己，不给违法乱纪留下突破口；要大力宣传党和政府反腐倡廉的最新进展，展示新一代领导集体敢于啃硬骨头、打“大老虎”的重大决心，增加人民群众对反腐倡廉工作的信心，形成腐败人人喊打的社会风气，有力制约和震慑违法乱纪行为，真正敢于靠群众反腐，营造开放的、有序的反腐社会氛围。

第十二章

身体力行的“实践观”

言必行，行必果的“实践观”是当代中国反腐败战略思想的理论特质。马克思主义具有实践性。其实践性：一是表现为“实践认识论”——实践是科学认识的源泉。实践出真知，离开实践，就不可能认识规律、把握真理；二是表现为“实践改造论”——认识世界是为了改造世界。马克思主义不满足于认识世界的真理性，而是追求改造世界的彻底性；三是表现为“实践标准论”——实践是检验真理的唯一标准。实践是判断真理和谬误的最权威的裁判；四是表现为“实践创造论”——实践的最高境界是创造。马克思主义所讲的实践，不是消极被动、循环重复的实践，而是能动的、革命的、批判的、与时俱进的实践，是创造性的实践，是在实践中不断开辟认识真理的道路，开创事业发展的新局面。习近平治国理政的实践观，是反腐败战略思想的坚实基础。

一、“实践观”的形成和确立

“咬定青山不放松，立根原在破岩中。千磨万击还坚劲，任尔东西南北风”，这是清代著名诗人郑燮的一首名作。习近平多次引用这首诗。而习近平治国理政的实践观，也可以用这首诗来表述，那就是“立根原在实践中”,“咬定落实不放松”。他在领导工作中,之所以能够接地气、有定力,是因为他有“千磨万击”的实践经历,经受过“东西南北风”的吹打,具有坚实全面的实践功底。

(一)“实践观”的形成背景

习近平的“实践观”起源于他在陕北下乡插队时求真务实的工作态度。据当地村民石春阳回忆,习近平在报纸上看到四川绵阳一些农村在搞沼气,用来做饭、照明,既方便,又廉价,便自费跑到四川绵阳地区实地考察沼气池建造技术,回来后用事实来说服社员建成几十口沼气池,基本上解决了社员做饭、照明的问题,给人们的生活带来了极大的便利。作为人生的一个坐标,习近平在农村基层的工作经历最大的收获是让他懂得了什么叫实际,什么叫实事求是,什么叫群众。他将郑燮《竹石》改了几个字,作为自己上山下乡的体会:“深入基层不放松,立根原在群众中。千磨万击还坚劲,任尔东西南北风。”

1988年习近平任宁德地委书记。当时,闽东经济总量在全省排行老末,发展条件也不好,交通闭塞,成了“黄金海岸的断裂带”。对于新上任的书记,大家充满期待。一些干部群众希望,他能凭借自身丰富的人脉资源和在经济特区及中央机关任职的经历资历,新官上任烧它“三把火”,迅速改变宁德落后面貌。习近平却没有急着烧“三把火”,而是带领地委行署一班人,深入全区9个县以及毗邻的浙南,开展为期近一个月的调查研究,初步确立了闽东的发展思路。他认为,闽东的老百姓连温饱都成问题,区情、区力根本不具备跨越式发展、大规模开发条件,不能一味地谋求超常规发展,而应当把解决吃饭穿衣住房为内容的“摆脱贫困”作为工作主线,为下一步实现跨越发展打基础、创条件、蓄能量。

在宁德地委工作期间,习近平始终注重调研、思考。他先后撰写了《提倡经济大合唱》、《对闽东经济发展的思考》、《正确处理闽东经济发展的六个关系》等文章,进一步理清了闽东经济发展思路,既实事求是，又凝聚人心，使闽东人保持了清醒的头脑，振奋了士气，经济发展进入了快车道。习近平离开宁德时，全区已有94%的贫困户基本解决了温饱问题。1985年6月，国务院批准厦门特区扩大到厦门全岛和鼓浪屿，并逐步实行自由港的某些政策。时任厦门市副市长的习近平牵头，研究制定《1985—2000年厦门经济社会发展战略》，对厦门经济特区制定长远规划、近期实施策略，具有指导意义。同时也为其他地区制定区域性发展战略，提供了有益的经验。调任福州市委书记后，习近平着眼长远，1992年主持编制了《福州市20年经济社会发展战略构想》（简称“3820”工程），科学谋划了福州3年、8年、20年发展的蓝图。

习近平在浙江任职时，对腐败问题更为关注，主张官员办事力求求真务实，要讲实话办实事，不弄虚作假。2005年4月29日习近平在省委学习贯彻胡锦涛重要讲话精神专题学习会结束时提到，大兴求真务实之风，必须牢固树立和全面落实科学发展观和正确政绩观，按照客观规律和科学规律谋划发展，一切从实际出发，立足当前，着眼长远，积极进取，量力而行，不搞主观臆断、违背客观规律的“拍脑袋”决策，不追求脱离实际的高指标和盲目攀比，不喊哗众取宠的空口号；察实情、讲实话、办实事，不搞形式主义、官僚主义，不搞劳民伤财的“形象工程”、“政绩工程”。必须狠抓各项决策部署落实，坚决杜绝抓而不紧、抓而不实、“上有政策、下有对策”、弄虚作假的不良现象。必须模范践行“三个代表”重要思想，把实现最广大人民的根本利益作为追求政绩的根本目的，把促进经济社会全面协调可持续发展作为创造政绩的基本内容，把重实效、求实绩作为实现政绩的根本途径，真正从思想上解决什么是政绩，为什么要创造政绩和怎样创造政绩的问题，自觉做到权为民所用，情为民所系，利为民所谋，始终保持党同人民群众的血肉联系。①

---

① 参见《习近平主政浙江时如何开篇“干在实处走在前列”》，中国新闻网2016年5月5日。

党的十八大以后，身体力行的“实践观”贯穿于习近平治国理政新理念、新思想、新战略之中。全面建成小康社会、全面深化改革、全面依法治国、全面从严治党的战略布局，就是建立在对当代中国的党情、国情、民情客观、准确、全面、透彻把握基础上的英明决策。习近平把反腐败与求是观紧密联系在一起。他认为，只有实事求是地做好每一件事情，才不会有腐败的机会。他多次强调：领导干部一定要求真务实，大力弘扬我们党优良的思想作风和工作作风，讲老实话、办老实事、做老实人，这是坚持实事求是的作风保证。坚持求真务实，既要在“求真”上下功夫，更要在“务实”上做文章，尤其要做到讲实情、出实招、办实事、求实效。①

（二）“实践观”的基本元素

1. 调查研究是实践的起点

2006 年 1 月 9 日习近平在《调查研究要点面结合》一文中指出：“调查研究是一门致力于求真的学问，一种见诸实践的科学，也是一项讲求方法的艺术。”他强调，“对过去蹲点调查、‘解剖麻雀’等方法，要学习、要弘扬，同时又要不断改进方法和手段。既要抓点、搞好典型调查，也要注重调查研究对象的广泛性，不能以点盖面，以偏概全，只见树木，不见森林。”

2006 年 3 月 1 日，习近平在《求知善读，贵耳重目》一文中指出，古人讲“纸上得来终觉浅，绝知此事要躬行”，“耳闻之不如目见之，目见之不如足践之”。领导干部科学决策，需要向实践求知，善读社会这部书，进一步加强调查研究，问计于基层，问计于群众，在耳闻、目见、足践之中见微知著、管窥全豹，获得真知灼见，形成正确思路，作出科学判

① 参见《习近平谈坚持实事求是　强调力戒官僚主义》，中国新闻网 2012 年 5 月 28 日。

断。学之思之、闻之见之,领导干部对一方的情况就有了话语权。

2. 实践重在实干,难在落实

2006年2月27日,习近平在《做人做事要力戒浮躁》一文中指出,力戒浮躁,要大力倡导实干精神,大兴求真务实之风。工作靠实,事业靠干。讲实话是硬本事,干实事是真功夫。2006年12月4日习近平在《不兴伪事兴务实》一文中指出,务实之与工作,就是要抓好各项任务的落实。习近平在这篇文章中提出了抓落实四字经——深、新、韧、实。即在落实的认识上,要讲求一个“深”字。落实要深入,认识先深化。要深刻认识到不抓落实,再美好的蓝图也不过是蓬莱仙境、空中楼阁,从而切实把抓落实的过程贯穿于践职履责的始终。在落实的要求上,要讲求一个“新”字。落实工作不能照抄照搬。要把上级精神与本地实际结合起来,把对上负责与对下负责结合起来,创造性地开展工作,努力在结合中出思路、出特色、出成效。在落实的步骤上,要讲求一个“韧”字。要有一股韧劲,持之以恒抓落实,一项一项地督促,一件一件地落实,一年一年地见效。在落实的举措上,要讲求一个“实”字。“牡丹花好空入目,枣花虽小结实成。”为政之道,贵在实干。求真务实,真抓实干,才能真正干出有益于党和人民事业发展的实事,真正建立经得起历史检验的实绩。

3. 发扬“钉钉子”精神,踏石留印、抓铁有痕

2006年12月6日习近平在《抓落实如敲钉子》一文中指出,抓落实是领导工作的一个基本环节,也是各级领导干部的一项重要职责。抓落实就好比在墙上敲钉子:钉不到点上,钉子要打歪;钉到了点上,只钉一两下,钉子会掉下来;钉个三四下,过不久钉子仍然会松动;只有连钉七八下,这颗钉子才能牢固。这就说明,抓落实首先要抓到点上、以点带面。要盯住事关全局的重点工作,把力量凝聚到点上,着力解决涉及全局的突出问题,以点带面,推动全局。其次,要一抓到底,长抓不懈。同时,抓落实还要结合实际,因地制宜。

4.“功成不必在我”,创造泽被后人的“潜绩”

2005年1月17日习近平在《“潜绩”与“显绩”》一文中强调要正确认识创造政绩中的“潜绩”与“显绩”的关系问题。他指出,后人的工作总是建立在前人基础之上的,如果大家都不去做铺路石,甘于默默无闻地奉献,“显绩”就无从谈起。即使有“显绩”,也只是急功近利的“形象工程”。河南林县的红旗渠,是几代干部群众艰苦奋斗的结果;福建东山县的县委书记谷文昌之所以一直受到广大干部群众的敬仰,是因为他在位时不追求轰轰烈烈的“显绩”,而是默默无闻地奉献,带领当地干部群众通过几十年的努力,在沿海建成了一道惠及子孙后代的防护林,在老百姓心中树起了一座不朽的丰碑。这种“潜绩”,是最大的“显绩”。一定要树立正确的政绩观,多做埋头苦干的实事,不求急功近利的“显绩”,创造泽被后人的“潜绩”。

2013年9月23日至25日,习近平在参加河北省委常委班子专题民主生活会时的讲话中指出,我们应该从制度上防止急功近利和短期行为。树立正确的政绩观,切实抓好打基础利长远的工作。要一张蓝图抓到底,不仅需要科学决策,也需要思想境界。什么思想境界?就是“功成不必在我”。“功成不必在我”,是一种有宽阔胸怀的建功立业思想理念。

二、“实践观”的思想基础

实践观是实事求是的具体体现,实事求是是实践观的思想基础。2012年5月16日,在中央党校春季学期第二批入学学员开学典礼上,习近平深刻阐述了“实践观”的思想基础即实事求是的思想路线。他强调说,毛泽东同志曾对“实事求是”作过精辟的概括,他指出:“‘实事’就是客观存在着的一切事物,‘是’就是客观事物的内部联系,即规律性,‘求’就是我们去研究。”①

---

① 习近平:《坚持实事求是的思想路线》,《学习时报》2012年5月28日。

（一）了解实际、掌握实情

坚持实事求是，最基础的工作在于搞清楚“实事”。习近平指出，搞清楚“实事”，就是了解实际、掌握实情。这就要求我们必须不断对实际情况作深入系统而不是粗枝大叶的调查研究，使思想、行动、决策符合客观实际。只有通过调查研究，努力掌握全面、真实、丰富、生动的第一手材料，真正搞清楚本地区本部门本单位的实际情况，真正搞清楚影响改革发展稳定的突出问题，真正及时了解人民群众的所思所盼，我们才能真正掌握客观实际中的“实事”，做到耳聪目明、心中有数。而这始终是我们进行一切科学决策所必需的也是唯一可靠的前提和基础。①

习近平强调，了解实际、掌握实情，最重要的是要清醒认识和准确把握我国社会主义初级阶段的基本国情。我们现在的基本国情，主要是人口多，底子薄，发展很不平衡。经过新中国 60 多年的发展，现在人口总量已达到 13 亿多。要解决这么多人口的小康和富裕问题，是非常艰巨复杂的历史任务。“底子薄”，就是旧中国留给我们的基础非常落后。新中国成立以来特别是改革开放以来，我国社会主义事业取得举世瞩目的伟大成就，但底子薄的状况还未得到根本改变，要达到发达国家的经济文化发展水平，将是一个相当长的奋斗历程。始终牢记和准确把握这个基本国情非常重要。我们想问题、作决策、办事情，都不能忘记、忽视我国社会主义初级阶段的基本国情和基本特点。②

（二）勇于实践、探求规律

坚持实事求是，关键在于“求是”。习近平指出，“求是”就是探求

---

① 参见习近平：《坚持实事求是的思想路线》，《学习时报》2012 年 5 月 28 日。
② 参见习近平：《坚持实事求是的思想路线》，《学习时报》2012 年 5 月 28 日。

和掌握事物发展的规律。对事物客观规律的认识，只能在实践中完成。勇于实践、善于实践，在实践中积累经验、进行理论升华，再用以指导实践、推动实践，在实践中使认识得到检验、修正、丰富和发展，这是认识客观规律的根本途径，也是把握客观规律的必由之路。我们作决策、办事情、谋发展，都要认识规律、遵循规律。从这个意义上说，能否坚持实事求是，能否按客观规律办事，这是决定我们的工作特别是领导工作有无主动权和得失成败的关键所在。①

习近平强调，坚持实事求是，必须始终坚持一切为了群众、一切依靠群众，从群众中来、到群众中去的群众路线。群众路线是我们党的根本工作路线，它同党的实事求是的思想路线是相辅相成、在本质要求上完全统一的。人民的伟大实践是认识的真正源泉。只有切实尊重人民首创精神，倾听人民呼声，反映人民意愿，及时发现、总结、概括人民创造的新鲜经验，才能获得正确反映客观规律的真理性认识，才能制定出符合客观规律的科学决策。人民是历史的创造者，是改造世界的主体和力量源泉。党的奋斗目标与人民的根本利益、经济社会发展规律是根本一致的。马克思主义政党只有充分调动和发挥人民的积极性和创造性，才能实现自己的历史使命。这就必须把从群众中集中起来的意见、办法，拿到群众中去实践和验证，使正确的意见和真理性认识为群众所掌握，成为群众实践的思想武器，转化为改造世界的实际行动。所有这些说明，只有坚持群众路线，才能真正做到实事求是。②

（三）实事求是、发展之本

“实践观”就是实事求是。中国共产党90多年的事业是靠实事求

① 参见习近平：《坚持实事求是的思想路线》，《学习时报》2012年5月28日。

② 参见习近平：《坚持实事求是的思想路线》，《学习时报》2012年5月28日。

是起家和兴旺发展起来的。习近平说，正如邓小平同志所指出的：“过去我们搞革命所取得的一切胜利，是靠实事求是；现在我们要实现四个现代化，同样要靠实事求是。”实事求是作为党的思想路线，它始终是马克思主义中国化理论成果的精髓和灵魂，即是毛泽东思想的精髓和灵魂，是包括邓小平理论、“三个代表”重要思想以及科学发展观在内的中国特色社会主义理论体系的精髓和灵魂；它始终是中国共产党人认识世界和改造世界的根本要求，是我们党的基本思想方法、工作方法和领导方法，是党带领人民推动中国革命、建设、改革事业不断取得胜利的重要法宝。①

“实干”、“实践”是党和人民事业发展的根本。习近平说，回顾我们党 90 多年的历史可以清楚地看到，什么时候坚持实事求是，党就能够形成符合客观实际、体现发展规律、顺应人民意愿的正确路线方针政策，党和人民事业就能够不断取得胜利；反之，离开了实事求是，党和人民事业就会受到损失甚至严重挫折。胡锦涛同志在庆祝中国共产党成立 90 周年大会上的讲话中对坚持实事求是的重要性作了精辟论述。他说：“在历史上的一些时期，我们曾经犯过错误甚至遇到严重挫折，根本原因就在于当时的指导思想脱离了中国实际。我们党能够依靠自己和人民的力量纠正错误，在挫折中奋起，继续胜利前进，根本原因就在于重新恢复和坚持贯彻了实事求是。”实践反复证明，坚持实事求是，就能兴党兴国；违背实事求是，就会误党误国。②

（四）求真务实、决策之基

“求真务实”是想问题、做决策的基本前提。习近平说：坚持实事求是，就必须坚持一切从实际出发。为什么想问题、作决策、办事情必须从

① 参见习近平：《坚持实事求是的思想路线》，《学习时报》2012 年 5 月 28 日。

② 参见习近平：《坚持实事求是的思想路线》，《学习时报》2012 年 5 月 28 日。

实际出发，而不能从本本出发呢？因为实际事物是具体的，而本本是对实际事物研究、抽象的结果，不能成为研究问题和作决策的出发点，出发点只能是客观实际。要了解客观实际，就必须深入群众、深入实践进行调查研究，把客观存在的事实搞清楚，把事物的内部和外部联系弄明白，从中找出能够解决问题、符合群众要求的办法来。所以，调查研究是从实际出发的中心一环。没有调查就没有发言权，没有调查也没有决策权。①

求真务实必须理论联系实际。习近平说，为什么理论与实际必须联系而不能互相脱离呢？因为理论是从实践中产生的，理论是否正确还要接受实践检验并要在实践中得到丰富和发展；同时，理论只有与实际紧密联系，才能发挥对实践的指导作用，实现自身的价值和意义。理论如果脱离了实际，就会成为僵化的教条，就会失去其活力与生命力。理论家如果脱离了社会实践，只是从书本上来到书本上去，就会成为空洞的理论家，而不可能成为党和人民所要求的实际的理论家。党和人民希望我们的理论工作者，能够对当今中国和世界的经济、政治、文化、社会等领域的重大问题给予科学的理论说明，能够提供解决问题的正确方案，真正成为理论联系实际的理论家。对待马克思主义经典著作和世界社会主义运动的历史经验，要坚持学习和运用，但决不能脱离中国具体实际而盲目照抄照搬。在这方面，我们党的历史上是有过沉痛教训的。对待西方经济学、政治学等方面的理论著作和资本主义经济发展的经验，要注意分析、研究并借鉴其中于我们有益的成分，但决不能离开中国具体实际而盲目照搬照套。②

三、“实践观”的贯彻落实

贯彻落实“实践观”就是要坚持求真务实。习近平说，领导干部坚

① 参见习近平：《坚持实事求是的思想路线》，《学习时报》2012年5月28日。

② 参见习近平：《坚持实事求是的思想路线》，《学习时报》2012年5月28日。

持求真务实，既要在“求真”上下功夫，更要在“务实”上做文章，尤其要做到讲实情、出实招、办实事、求实效。要做到求真务实，就必须从两个方面努力。

（一）注重学习，增强党性

落实“实践观”必须加强理论学习和党性修养。习近平说，领导干部一定要打牢马克思主义理论功底，这是坚持实事求是的理论基础。道理很清楚，没有科学理论功底，不掌握科学的世界观和方法论，就不能透过事物的现象看本质，就不能把握事物的内在联系，就容易陷于盲目性、片面性、被动性，也就很难做到实事求是。因此，领导干部必须努力学习马克思主义理论，在学习中国特色社会主义理论体系特别是在学习实践科学发展观上下功夫，牢牢掌握认识世界、认识客观规律的思想武器。要弘扬理论联系实际的学风，善于运用马克思主义立场、观点、方法分析和解决面临的实际问题，借鉴历史经验和总结新鲜经验，不断增强工作的原则性、系统性、预见性、创造性。习近平强调，领导干部一定要加强党性修养，坚持一切以人民利益和党的事业为重，这是坚持实事求是的思想基础。敢不敢坚持实事求是，考验着我们的政治立场，考验着我们的道德品质，始终是领导干部党性纯不纯、强不强的一个重要体现。要做到实事求是，不仅要有正确的思想方法和工作方法，还必须有公而忘私和不计个人得失的品格。所以，领导干部必须带头加强党性修养，带头践行全心全意为人民服务的根本宗旨，为了人民利益敢于坚持真理、修正错误，自觉为党分忧、为国尽责、为民奉献，以坚强的党性来保证做到实事求是。①

落实“实践观”必须改进思想工作作风。习近平说，大力弘扬我们党优良的思想作风和工作作风，讲老实话、办老实事、做老实人，这是坚

① 参见习近平:《坚持实事求是的思想路线》,《学习时报》2012 年 5 月 28 日。

持实事求是的作风保证。① 他强调指出，各级领导干部都要树立和发扬好的作风，既严以修身、严以用权、严以律己，又谋事要实、创业要实、做人要实。严以修身，就是要加强党性修养，坚定理想信念，提升道德境界，追求高尚情操，自觉远离低级趣味，自觉抵制歪风邪气。严以用权，就是要坚持用权为民，按规则、按制度行使权力，把权力关进制度的笼子里，任何时候都不搞特权、不以权谋私。严以律己，就是要心存敬畏、手握戒尺，慎独慎微、勤于自省，遵守党纪国法，做到为政清廉。谋事要实，就是要从实际出发谋划事业和工作，使点子、政策、方案符合实际情况、符合客观规律、符合科学精神，不好高骛远，不脱离实际。创业要实，就是要脚踏实地、真抓实干，敢于担当责任，勇于直面矛盾，善于解决问题，努力创造经得起实践、人民、历史检验的实绩。做人要实，就是要对党、对组织、对人民、对同志忠诚老实，做老实人、说老实话、干老实事，襟怀坦白，公道正派。要发扬钉钉子精神，保持力度、保持韧劲，善始善终、善作善成，不断取得作风建设新成效。②

（二）干在实处，走在前列

贯彻落实“实践观”必然要求党员干部干在实处，走在前列。2013年，中共中央党校出版社辑录了习近平2002年至2006年担任中共浙江省委书记期间的重要报告、讲话、文章和批示，出版了《干在实处 走在前列：推进浙江新发展的思考和实践》一书，对领导干部系统学习领会习近平同志的思想和作风，对提高理论素养、提升领导能力、转变工作作风进而推进各地区建设和发展大有裨益。文稿全面反映了习近平同志十六大后对推进浙江新发展的战略思考和实践探索，以及在浙江的工作经历和心得体会，展现了浙江省在全面建设小康社会、加快推

① 参见习近平：《坚持实事求是的思想路线》，《学习时报》2012年5月28日。

② 参见《习近平谈治国理政》，外文出版社2014年版，第381—382页。

进社会主义现代化进程中干在实处、走在前列的成功探索和宝贵经验，是把中央精神和地方实际紧密结合的典范，是执政为民、真抓实干的典范。

干在实处，走在前列体现了解放思想、与时俱进的时代精神。习近平说，解放思想，开拓进取，这是坚持实事求是的内在要求。解放思想与实事求是是辩证统一的，就是要求我们的思想认识符合客观实际，冲破落后的传统观念和主观偏见的束缚，改变因循守旧、不接受新事物的精神状态，与时俱进地把我们的事业和各项工作不断推向前进。只有解放思想，才能真正做到实事求是；只有实事求是，才是真正解放思想。改革开放30多年来的伟大实践充分证明，只有把二者有机统一起来，不唯书、不唯上、只唯实，才能冲破教条主义和经验主义的禁锢，才能纠正僵化的形而上学的思维方式，正确认识和把握客观事物的内在联系、本质和规律，也才能制定正确的政策，作出正确的决策。客观实际是不断发展变化的，我们对客观事物及其规律的认识是不断深化的，实事求是永无止境，解放思想也永无止境。当前，世情、国情、党情继续发生深刻变化，前进中还会遇到各种可以预见和难以预见的矛盾和问题。各级领导干部要继续解放思想、坚持实事求是，以科学态度对待马克思主义，用发展着的马克思主义指导新的实践，始终坚持真理、修正错误，勇于变革、勇于创新，永不僵化、永不停滞，不为任何风险所惧，不被任何干扰所惑，在深入研究新情况、不断解决新问题的实践中努力开创各项工作新局面。①

① 参见习近平：《坚持实事求是的思想路线》，《学习时报》2012年5月28日。

第十三章

知行合一的“法治观”

习近平关于“把权力关进制度的笼子里”①的权力制约思想,既是反腐败战略的基本走向,又是法治反腐的根本之策;既体现了我国国家治理体系和治理能力现代化的新发展,又体现了我们党顺应民意潮流,实行“自我限权”、“自我革命”的高度清醒和自觉。只有把权力关进制度的笼子里,才能管好权、用好权,保证权力不被滥用,让权力真正为人民服务、为人民造福。

一、“法治观”的形成确立

中国社会是一个“熟人社会”,在现实生活中,权力、金钱、人情、关系等因素,对法律的有效实施干扰极大。经常出现“明法则”硬不过“潜规则”的问题,导致法规制度成为“纸老虎”、“稻草人”。究其原因,就是法制的权威没有真正树立起来,人们对宪法和法律缺乏敬畏。习近平同志从走上地方领导岗位开始,到担任党和国家最高领导人,都

① 《习近平关于党风廉政建设和反腐败斗争论述摘编》,中央文献出版社、中国方正出版社 2015 年版,第 121 页。

把维护社会主义法治的权威,依照宪法和法律行使权利和权力,作为工作的职责。

(一)执纪必严的从政思维

严格执纪执法不能怕得罪人,这是习近平在从政之初处理涉腐问题的鲜明态度。他在福建省宁德任地委书记时,一些党政干部盖私房成风,其中有些干部是因为缺钱,以权谋私,违纪违法去盖房,严重影响了党和政府的形象。习近平一到任,就下决心解决"摆在马路边的腐败"问题,刹住这种不良风气。但是,要实现这个目标却面临着诸多梗阻,最大的难题就是"清房"涉及数千名干部的利益,如果查处势必得罪一些人。是人情大还是法纪大?对此,习近平毅然决然地选择了后者,并主持制定和实施了"敢于碰硬,敢攻难点,抓反面典型,拔钉子户"的工作方案。他后来在一次记者采访中谈道:"我问当时的一个纪委副书记,300 万人该得罪,还是这二三千人该得罪?他说那当然宁肯得罪这二三千人。"

当时,习近平坚定地认为,反腐倡廉必须严格执行制度和纪律。在制度建设上要有"开弓没有回头的箭"的决心和勇气,他指出:"我们还必须动手从根本上铲除腐败现象赖以生存的温床。什么是温床呢?滥用权力,这就是一个温床。""建立一整套系统、全面的制度以制约和监督权力的使用,这是杜绝腐败的根本性措施。"①为此,宁德地委制定了"公务接待 12 条"②,严格接待标准,严禁公款吃喝,违令重罚。20 世纪 90 年代初在福州任市委书记时,习近平倡导"马上就办,特事特办"以提高工作效率。但他认为,即便是"特事特办",也不能无视制度,随意乱办,而是改革落后的制度,创新制度。以创新制度的办法,实现

① 习近平:《摆脱贫困》,福建人民出版社 1992 年版,第 28—29 页。

② 《习近平福建 18 年执政轨迹》,凤凰网 2015 年 10 月 8 日。

“马上就办”。[①] 这些以制定规则为核心的决策和举措显现出习近平知行合一的法治态度。

（二）民主法制的深刻见解

1989年4月，时任宁德地委书记的习近平在福建省七届人大二次会议小组讨论会上的发言，表明了他的法治观。习近平说：“社会主义建设，不仅需要民主与科学，更需要法制。”他将法制与民主、科学相提并论，并提升到了更为重要的层面，体现了他对法制的重视。他还辩证地分析了民主与法制的关系：“民主与法制是相互依存、相互制约的，二者不可偏废。”习近平还指出，政治体制改革需要“不断健全、完善人民代表大会制度，推进社会主义民主与法制建设的步伐，逐步把我国的政治生活纳入法制化、制度化、民主化的轨道。”特别是他一针见血，以独特的视角提出社会主义初级阶段法制存在的问题：“现在普遍反映法制不健全，这里既有立法的不健全，也有执法不力的问题，解决这些问题不能脱离现阶段的国情。执法不力要认真分析，哪些是属于徇私舞弊，哪些应从立法的适度性去考虑执法不力的原因？”这些对法制的论述，表明了习近平对于制度的认识升华到了法治层面。[②]

知行合一的法治观在习近平任福建省委常委后得到充分体现，时任福建省省长的习近平在2001年福建省政府工作报告中，提出：“加强精神文明和民主法制建设。”“坚持‘两手抓’，切实维护社会稳定。将依法治省和以德治省结合起来”，“依法行政，推进政府各项工作走上法制化轨道。”“进一步加强政府法制宣传教育，完善领导干部和政府工作人员经常性学法制度，全面推进行政执法责任制，加大行政执法监督力度，建立健全依法行使权力的制约机制，加强财政、审计监督和行

---

① 参见《习近平同志在福州工作期间倡导践行“马上就办”纪实》，人民网2015年3月11日。

② 参见《习近平法治思维的“三个高度”》，中国青年网2014年10月24日。

政监察，提高政府工作人员特别是各级领导干部的法制观念和依法办事的能力与水平。”这些论述，从依法治省和以德治省相结合的层面，注重培养领导干部的法制意识，使领导干部主动而非被动地依法办事，树立法制观念。

（三）反腐倡廉的法治思维

2002 年在浙江担任省委书记后，习近平把加强对权力的监督制约摆在重要位置，坚持用制度管住权力，用监督制约权力，确保人民赋予的权力为人民谋利益。习近平强调：“各项制度制定了，就要立说立行、严格执行，不能说在嘴上，挂在墙上，写在纸上，把制度当‘稻草人’摆设，而应落实到实际行动上，体现在具体工作中。”①“要遵守权力使用的纪律规定，严格执行民主集中制”，通过制约权力和惩治滥用权力行为来保证权力的正确运行，是监督和纪律的最主要功效。《中国共产党党内监督条例》侧重从加强事前、事中监督的角度，强化正面教育，预警在先，对领导干部的从政行为加以限制和规范。《中国共产党纪律处分条例》则从事后查处的角度，加强反面教育，使党员领导干部充分认识到违法违纪的危害。要深入推进这两个《条例》的学习教育，不断提高党员领导干部的思想境界、监督意识和纪律观念。我们要不断强化“不能为”的制度建设，“不敢为”的惩戒警示和“不想为”的素质教育，努力把反腐倡廉的工作抓实抓细。

习近平在浙江主政时的一系列工作决策与改革举措，与他在福建以制度防止权力滥用的决心和态度一脉相承。他在一系列讲话和论述中，不仅仅是从宏观上描述了制度对于控制权力的作用，更进一步提出了“不能为”、“不敢为”与“不想为”的法治反腐策略。在习近平所著《之江新语》一书中，涉及依纪依法反腐治权问题的有 36 篇，足见此时

① 习近平：《之江新语》，浙江人民出版社 2007 年版，第 71 页。

已具有丰富执政经验的习近平对干部监督管理的高度重视。习近平曾语重心长地与浙江省党员领导干部说:“要拎着‘乌纱帽’为民干事,而不能捂着‘乌纱帽’为己做‘官’。”①正是这种知行合一、敢于担当的坚定立场和鲜明态度,使依法治省工作得到全面推进。2006 年 7 月,上海爆发震惊中外的社保基金案,包括时任市委书记陈良宇在内的一批政府官员纷纷落马。习近平被党中央派往上海任市委书记,稳住这艘中国经济大船的舵。他在上海履新大会上发表就职感言时强调:“反腐倡廉是一项长期任务,必须坚持不懈抓下去,反腐倡廉要突出重点,尤其要加强对领导干部的监督、教育和作风建设。”为了保证上海良好的发展环境,习近平在各种场合特别强调反腐的重要性。他告诫领导干部,要以“君子检身,常若有过”的态度,始终不忘全心全意为人民服务的宗旨,确保“大道”不偏离,“小节”不丧失。习近平圆满完成了中央交付给他在上海的各项使命。

二、“法治观”的主要内容

习近平走上党和国家最高领导岗位后,以知行合一为特色的“法治观”成为他治国理政方法论的重要内容。2012 年 12 月 4 日在首都各界纪念现行宪法公布施行 30 周年大会上,习近平首次提到“法治思维”这一概念,“各级领导干部要提高运用法治思维和法治方式深化改革、推动发展、化解矛盾、维护稳定能力,努力推动形成办事依法、遇事找法、解决问题用法、化解矛盾靠法的良好法治环境,在法治轨道上推动各项工作。”②知行合一的“法治观”在本质上是合法性思维、理性思维和实践性思维。它是主体以法治基本内涵为约束和指引,正确运用

① 习近平:《之江新语》,浙江人民出版社 2007 年版,第 50 页。

② 习近平:《在首都各界纪念现行宪法公布施行 30 周年大会上的讲话》,人民出版社 2012 年版,第 12 页。

法律方法想问题、作决策、办事情的思维方式。

（一）“法治观”的规则思维

规则思维是“法治观”的核心要义。习近平指出：“小智治事，中智治人，大智立法。治理一个国家、一个社会，关键是要立规矩、讲规矩、守规矩。法律是治国理政最大最重要的规矩。”①缺乏规则意识，不善于根据规则进行思维，就不可能有法治思维和法治方式。党的十八大以来，习近平在许多重要场合特别强调要求党员和领导干部要有规矩意识，要讲规则、守规矩。可见，对于规则思维的科学认识和研究，确立规则意识、运用规则思维是理解、培育和运用法治思维的重要内容，也是提高公权力机关及其公职人员以及普通公民法治思维和依法办事能力的重要保障。

规则思维是以法律规则为基准，遵守规则、尊重规则、依据规则、运用规则对所遇到的问题进行理性规范认识、分析、评判、推理和形成结论的思维方式。规则思维强调只能以现存法规为基础，以忠实于法律文本载明的规则进行思维，不能动辄以价值判断和利益衡量等方法来替代规则作为思维依据。规则思维反对以贬损、弱化规范的方式进行的所谓“创新思维”，它同样不能是随意性的、个人性的、散发式的、想象性的形象思维。在法治国家中，规则思维是基础性思维，具有公共性和通用性。规则思维要求公民将规则作为自己的行为规范，依据规则预测自己行为的后果，依据规则来调整自己与他人的权利义务关系，依据规则理解、判断他人行为。对于政府及公职人员来说，规则思维内含的规则意识、依据规则的思维，既是对公权力行使的一种约束，又是对公职人员的有效保护。规则思维对于深化改革、推动发展、化解矛盾、维护稳定都具有特别重要的意义。

---

① 《习近平关于全面依法治国论述摘编》，中央文献出版社 2015 年版，第 12 页。

（二）“法治观”的权利保障思维

权利保障思维是“法治观”的重要内容。习近平指出：“我们要依法保障全体公民享有广泛的权利，保障公民的人身权、财产权、基本政治权利等各项权利不受侵犯，保证公民的经济、文化、社会等各方面权利得到落实，努力维护最广大人民根本利益，保障人民群众对美好生活的向往和追求。”①以习近平同志为核心的党中央在推进全面建成小康社会的伟大征程中，始终把实现好、维护好、发展好最广大人民根本利益作为一切工作的出发点和落脚点，让发展成果更多惠及全体人民，以实现人的全面发展。

权利保障思维包括三个方面：

一是尊重和保障人权。2004 年 3 月 14 日，第十届全国人大二次会议通过宪法修正案，首次将“人权”概念引入宪法，明确规定“国家尊重和保障人权”。时任浙江省委书记的习近平将人权保障与推动经济社会发展紧密相联，他尤其重视对以人为本的科学发展观的哲学解读并付诸实践。习近平指出，科学发展观坚持了以人为本的思想，重视人的全面而自由的发展。以人为本，是科学发展观的本质和核心。在习近平的权利保障思维中，他还将尊重和保障人权与宪法实施直接联系起来。他说，只有保证公民在法律面前一律平等，尊重和保障人权，保证人民依法享有广泛的权利和自由，宪法才能深入人心，走入人民群众，宪法实施才能真正成为全体人民的自觉行动。

二是保障最广大人民群众的根本利益。“政绩之本，在于为民”。2004 年习近平在浙江工作时提出，各级干部要把为党和人民的事业而奋斗作为人生的最高目标，把为人民服务作为人生的最大追求，把实现好、维护好、发展好最广大人民的根本利益作为工作的最高目的。牢固

---

① 齐彪：《加强法治建设，是中国共产党的不懈追求》，党建网 2014 年 9 月 1 日。

树立正确的群众观,切实做好关心人民群众切身利益的工作。贯彻落实科学发展观,必须坚持正确的群众观,树立民本意识,把实现人民的愿望、满足人民的需要、维护人民的利益,作为我们一切工作的出发点和落脚点。2012 年 12 月 4 日,习近平在出席首都各界纪念现行宪法公布施行 30 周年大会上发表重要讲话时指出:“我们要依法保障全体公民享有广泛的权利,保障公民的人身权、财产权、基本政治权利等各项权利不受侵犯,保证公民的经济、文化、社会等各方面权利得到落实,努力维护最广大人民根本利益,保障人民群众对美好生活的向往和追求。”[①]历史实践证明,实现好、维护好、发展好人民根本利益,法治是必由之路,也是根本保障。

三是无救济即无权利。权利的救济是因权利人的权利受到侵犯而由有关机关或个人在法律规定的范围内,依据一定的程序而采取的补救措施,以维护权利人的合法权益。权利救济本身也是一种权利,权利救济是在权利人的权利受到侵害的情况下发生的,是对权利人权利的保障。2012 年 12 月 4 日,在首都各界纪念现行宪法公布施行 30 周年大会上,习近平明确要求,“我们要依法公正对待人民群众的诉求,努力让人民群众在每一个司法案件中都能感受到公平正义”。[②] 2013 年 2 月 23 日,他在十八届中央政治局第四次集体学习时指出:“公正司法是维护社会公平正义的最后一道防线。”“法律本来应该具有定分止争的功能,司法审判本来应该具有终局性的作用,如果司法不公、人心不服,这些功能就难以实现。”[③]他同时指出:“政法战线要肩扛公正天平、手持正义之剑,以实际行动维护社会公平正义,让人民群众切实感受

① 习近平:《在首都各界纪念现行宪法公布施行 30 周年大会上的讲话》,人民出版社 2012 年版,第 10 页。

② 习近平:《在首都各界纪念现行宪法公布施行 30 周年大会上的讲话》,人民出版社 2012 年版,第 10 页。

③ 《习近平关于全面依法治国论述摘编》,中央文献出版社 2015 年版,第 67 页。

到公平正义就在身边。要重点解决好损害群众权益的突出问题，决不允许对群众的报警求助置之不理，决不允许让普通群众打不起官司，决不允许滥用权力侵犯群众合法权益，决不允许执法犯法造成冤假错案。”①

（三）“法治观”的权力制约思维

权力制约与监督是“法治观”的基本要求。习近平高度重视党风廉政建设与反腐败斗争，强调党要管党、从严治党，并提出了一系列新的理念、思路、举措：要让权力在阳光下运行，确保国家机关按照法定权限和程序行使权力；要善于用法治思维和法治方式反对腐败；要加强对权力运行的制约和监督，把权力关进制度的笼子里。这一系列有关权力制约与监督的重要论述，对于我们深刻理解反腐败斗争、依法治国，推进国家治理体系和治理能力现代化，形成科学的权力结构和运行机制，具有重要的理论与实践意义。

权力是政治生活的核心。权力的规范行使是依法执政、建设社会主义法治国家的重要内容，是现代政治文明的必然要求。党的十一届三中全会强调，必须构建决策科学、执行坚决、监督有力的权力运行体系，形成科学有效的权力制约和协调机制。这表明权力制约与监督机制建设是完善中国特色社会主义政治制度的重要内容，也是推进国家治理体系和治理能力现代化的制度保障。权力制约思维是将权力制约的精神理念、基本原则、实践要求运用于权力行使过程的思维方式和习惯，它是对权力结构科学化、权力行使法治化的理性认知过程，也是权力主体认识、分析、处理问题的思维活动。从认知规律的角度来看，权力制约思维是一种有关权力有限性的认识，一种权力必须受到制约的观念，一种权力必须受到监督的理念。只有强化监督，“把权力关进制

① 《习近平出席中央政法工作会议并发表重要讲话》，人民网 2014 年 1 月 9 日。

度的笼子里”，“形成不敢腐的惩戒机制、不能腐的防范机制、不易腐的保障机制”，才能保证人民赋予的权力始终用来为人民谋利益。

（四）“法治观”的公平正义思维

公平正义思维是“法治观”的重要前提。早在建设“法治浙江”的实践中，习近平就意识到，公平正义是社会主义和谐社会的一个基本特征，也是社会主义法治的价值追求，要把公平正义作为制定法律和进行制度安排的重要依据，把公平正义作为协调社会各个阶层相互关系的基本准则，把公平正义贯彻于权利与义务的辩证关系之中。

党的十八大以来，在建设中国特色社会主义伟大实践中，习近平进一步丰富和发展了马克思主义公平正义思想。一是在依法执政上，习近平多次强调，依法执政是党紧紧抓住制度建设这个带有根本性、全局性、稳定性、长期性的重要环节，坚持依法治国，领导立法，带头守法，保证执法，不断推进国家经济、政治、文化、社会生活的法制化、规范化，从制度上、法律上保证党的路线方针政策的贯彻实施，使这种制度和法律不因领导人的改变而改变，不因领导人的看法和注意力的改变而改变。二是在经济发展上，习近平认为：“现在政府职能转变还不到位，政府对微观经济运行干预过多过细，宏观经济调节还不完善，市场监管问题较多，社会管理亟待加强，公共服务比较薄弱，这些问题的存在与全面建成小康社会的新要求是不相符合的。”①习近平强调要使市场在资源配置中起决定性作用和更好发挥政府作用，要在经济发展的更高水平上维护公平正义。三是在民生建设上，习近平指出：要加快推进民生领域体制机制创新，促进公共资源向基层延伸、向农村覆盖、向弱势群体倾斜。要抓重点，多做雪中送炭的事情。要抓实在，既尽力而为、又量力而行。要抓持久，把保障和改善民生作为长期任务来抓，锲而不舍向

---

① 《习近平关于全面深化改革论述摘编》，中央文献出版社2014年版，第52页。

前走。要抓组织，各级干部要带领群众一起干，通过辛勤劳动创造幸福生活。[①] 四是在自主共享上，习近平认为，要为每一个社会成员的自由发展提供充分的空间，“要营造鼓励人们干事业、支持人们干成事业的社会氛围，放手让一切劳动、知识、技术、管理和资本的活力竞相迸发，让一切创造社会财富的源泉充分涌流，以造福于人民。”[②]

三、“法治观”的基本要求

（一）强化规则思维，防止权力任性

当前我国在法治实践中，无论是公权力机关及其公职人员还是普通公民，都还较为普遍地缺乏规则意识，缺乏尊重规则、准确运用规则进行思维的习惯和能力。因此，强化规则思维，防止权力任性，是践行“法治观”的基本要求。运用规则思维要处理好几对关系：

一是规则与原则的关系。法律的要素包括了规则和原则。法律原则是指能够作为法律规则的基础或本源的综合性、稳定性原理和准则。规则与原则发生冲突时，法律原则可以作为法律解释和推理的依据、作为纠正规则失误的依据、作为弥补法律漏洞的依据而得到适用。适用法律原则而放弃或突破规则作为例外，应受到极为严格限制。

二是规则与政策的关系。在我国，执政党的政策与法律规则整体上是一致的。法律规则制定与实施离不开党的政策的指导，党的政策的贯彻与实现离不开法律规则的推动和保证。习近平指出：“要正确处理党的政策和国家法律的关系。”“党的政策是国家法律的先导和指

---

① 参见《习近平关于全面深化改革论述摘编》，中央文献出版社 2014 年版，第 92—93 页。

② 《习近平关于党风廉政建设和反腐败斗争论述摘编》，中央文献出版社、中国方正出版社 2015 年版，第 95 页。

引，是立法的依据和执法司法的重要指导。要善于通过法定程序使党的主张成为国家意志、形成法律，通过法律保障党的政策有效实施，确保党发挥总揽全局、协调各方的领导核心作用。党的政策成为国家法律后，实施法律就是贯彻党的意志，依法办事就是执行党的政策。”①在遇到党的政策与法律规则发生冲突时应强调党必须在宪法、法律范围内活动，依法执政。在处理规则与政策的关系上，要反对以政策替代法律规则的错误认识、错误思维，也要防止只讲规则，完全无视政策作用的片面认识、片面思维。

三是规则与改革创新的关系。在全面深化改革的背景下，如何运用规则思维，正确对待尊重规则与深化改革、推动发展创新的关系就显得尤为重要。在以往的改革实践中，我们曾采取过“摸着石头过河”、“鼓励先行先试”等策略，也有过“闯法律禁区”、“良性违法、良性违宪”等争议性做法和理论，这些做法在当时推动了改革，有其特殊的时代意义。但在中国特色社会主义法律体系已经初步建成、在全面依法治国的今天，深化改革和推动创新也必须在法治轨道上进行。“凡属重大改革要于法有据，需要修改法律的可以先修改法律，先立后破，有序进行。有的重要改革举措，需要得到法律授权的，要按法律程序进行。”对于尊重规则与改革的关系，要纠正认识上的误区。那种认为改革就是要冲破法律禁区，一味尊重规则就会迟滞改革；认为改革要上路，法律要让路；认为法律要保持稳定性、权威性和适当的滞后性，法律很难引领改革等等，诸如此类的认识是不对的。习近平指出，要在法治下推进改革，在改革中完善法治。

（二）强化权利保障，维护社会公正

习近平的权利保障思维不仅体现在逻辑上和理论上，而且贯穿于

① 《习近平关于全面依法治国论述摘编》，中央文献出版社 2015 年版，第 20 页。

法治工作的全过程和各方面。一是科学立法保障权利。公民的需要、利益只有通过法律的承认和认可才能转化为法律上的权利,才能得到国家强制力的保障。因此,加强地方立法和国家立法,是保障人民群众权利的必经步骤,也是权利保障思维实践展开的逻辑起点。二是依法行政保障权利。习近平非常重视依法行政,多次强调要通过行政权的正当行使来保障权利的实现。2013 年 2 月 23 日,习近平在十八届中央政治局第四次集体学习时指出:“行政机关是实施法律法规的重要主体,要带头严格执法,维护公共利益、人民权益和社会秩序。执法者必须忠实于法律。”三是公正司法保障权利。公正司法是维护社会公平正义的最后一道防线。在关于党的十八届四中全会《决定》的说明中,习近平尖锐地指出:“司法不公、司法公信力不高问题十分突出,一些司法人员作风不正、办案不廉,办金钱案、关系案、人情案,‘吃了原告吃被告’等等。司法不公的深层次原因在于司法体制不完善、司法职权配置和权力运行机制不科学、人权司法保障制度不健全。”这一论述点明在全面推进依法治国的进程中,必须深化司法体制改革,以保障公民权利的实现。

(三)强化权力制约,筑牢制度笼子

运用权力制约思维来认识、分析和处理各种权力现象,正确对待手中的权力,依法规范行使权力,真正做到“权为民所赋、权为民所用”,集中体现了以习近平同志为核心的党中央推进“四个全面”的总要求。从历史的经验来看,加强权力制约与监督,构建科学有效的权力运行体系,历来是我党治国理政、反对腐败、从严治党的重要举措。包括:树立科学的权力观;强化权力制约意识、提升权力监督观念;强化权力运行公开意识,以公开促公正、以透明保廉洁;树立正确的权力运行观,以法律规范权力等。

随着社会经济发展,特别是改革开放 30 多年以来我国政治生活的不断变化、法治建设的不断完善,权力运行体系和监督体系也发生了重

大变化。党的十八以来，习近平更加强调要健全权力运行制约和监督体系，加强制度建设，反对腐败，从严治党。习近平指出：“要加强对权力运行的制约和监督，把权力关进制度的笼子里，形成不敢腐的惩戒机制、不能腐的防范机制、不易腐的保障机制。”①要让人民监督权力，让权力在阳光下运行，确保国家机关按照法定权限和程序行使权力。习近平进一步总结了加强权力制约、构建科学有效的权力运行机制和制约监督机制的总体思路：“要强化制约，合理分解权力，科学配置权力，不同性质的权力由不同部门、单位、个人行使，形成科学的权力结构和运行机制。要强化监督，着力改进对领导干部特别是一把手行使权力的监督，加强领导班子内部监督，加强行政监察、审计监督、巡视监督。”“要强化公开，推行地方各级政府及其工作部门权力清单制度，依法公开权力运行流程，让权力在阳光下运行，让广大干部群众在公开中监督，保证权力正确行使。”②习近平的这些重要论述，都深刻表明了制约和监督权力的极端重要性和紧迫性。

（四）强化责任思维，落实责任追究

对于责任问题，习近平强调，“党的干部敢于担当，就是坚持原则、认真负责，面对大是大非敢于亮剑，面对矛盾敢于迎难而上，面对危机敢于挺身而出，面对失误敢于承担责任，面对歪风邪气敢于坚决斗争。”③责任思维是责任主体对自身角色、职责内容、相应后果的一种认知活动，以及运用这种观念分析、处理责任问题的逻辑过程。责任思维是责任主体对自身角色、职责内容、相应后果的一种认知活动，以及运

① 《习近平关于党风廉政建设和反腐败斗争论述摘编》，中央文献出版社、中国方正出版社 2015 年版，第 121 页。

② 《习近平关于党风廉政建设和反腐败斗争论述摘编》，中央文献出版社、中国方正出版社 2015 年版，第 128 页。

③ 江岩：《敢于担当是领导干部必备的基本素质——深入学习贯彻习近平同志关于历史担当精神的重要论述》，《人民日报》2014 年 4 月 8 日。

用这种观念分析、处理责任问题的逻辑过程。

权力的行使与责任的担当紧密相联，有权必有责。看一个领导干部是否合格，很重要的是看有没有责任感，有没有担当精神。领导干部工作上要大胆，用权上则要谨慎，常怀敬畏之心、戒惧之意，自觉接受纪律和法律的约束。落实这些要求要从三个方面着手：一是强化矢志不渝的责任思维与担当。担当就是责任，好干部必须有责任重于泰山的意识，坚持党的原则第一、党的事业第一、人民利益第一，敢于旗帜鲜明，敢于较真碰硬，对工作任劳任怨、尽心竭力、善始善终、善作善成。二是健全责任追究制度和纠错问责机制，确保实现有权必有责、用权受监督、违法必追究。三是落实党风廉政建设党委主体责任、纪委监督责任。坚持有责必问、问责必严，把监督检查、目标考核、责任追究有机结合起来，形成执行法规制度强大的推动力。问责的内容、对象、事项、主体、程序、方式都要制度化、程序化。问责既要对事、也要对人，要问到具体人头上。要把法规制度执行情况纳入党风廉政建设责任制检查考核和党政领导干部述职述廉范围，通过严肃追究主体责任、监督责任、领导责任，让法规制度的力量在反腐倡廉建设中得到充分释放。纪律检查机关要加大监督检查力度，对有令不行、有禁不止的，不仅要严肃查处直接责任人，而且要严肃追究相关领导人员的责任。

第 四 编

反腐败战略思想的实践特征

党的十八大以来,习近平新时代中国特色社会主义反腐败战略思想不断在实践中推进,其零容忍的反腐理念,壮士断腕的坚定态度,“打虎拍蝇”的基本任务,高压反腐的政治定力,依法反腐的法治方式,把权力关进制度笼子的预防措施,廉洁政治的价值目标等思想要素,已经转化为反腐败斗争的实际行动,呈现出高压反腐、威慑常在;依法反腐、标本兼治;科学反腐、持续长效;彻底反腐、永在路上的实践特征,形成了同仇敌忾的磅礴伟力。

第十四章
高压反腐　威慑常在

高压反腐蕴含着唯物论的基本观点，体现了对高度集聚的腐败存量和来势凶猛的腐败增量严峻形势的客观估价。党的第十八届中央纪律检查委员会第七次全体会议公报提出要“坚决减少存量、遏制增量”①。我们党严肃查处一些党员干部包括高级干部严重违纪问题的坚强决心和鲜明态度，向全党全社会表明，我们所说的不论什么人，不论其职务多高，只要触犯了党纪国法，都要受到严肃追究和严厉惩处。这一论述阐明了反腐败斗争必须坚持查处腐败案件，严惩腐败分子，通过发现、揭露、查证、惩处的执纪执法活动，保持反腐败斗争的高压态势，做到有案必查，有腐必反，威慑常在。

一、反腐决心的零容忍

2014 年 1 月 14 日，习近平在第十八届中央纪律检查委员会第三次全体会议上指出：“坚决反对腐败，防止党在长期执政条件下腐化变

① 《中国共产党第十八届中央纪律检查委员会第七次全体会议公报》，新华社 2017 年 1 月 8 日。

质，是我们必须抓好的重大政治任务。”①反腐败高压态势必须继续保持，坚持以零容忍态度惩治腐败。同年10月23日，习近平在中共十八届四中全会第二次全体会议上的讲话中指出：“深入推进反腐败斗争，持续保持高压态势，做到零容忍的态度不变、猛药去疴的决心不减、刮骨疗毒的勇气不泄、严厉惩处的尺度不松，发现一起查处一起，发现多少查处多少，不定指标、上不封顶，凡腐必反，除恶务尽。”②习近平还指出，对腐败行为“要抓早抓小，有病就马上治，发现问题就及时处理，不能养痈遗患。……要让每一个干部牢记‘手莫伸，伸手必被捉’的道理。”③习近平对反腐败工作进行全面部署，强调要“坚持无禁区、全覆盖、零容忍，严肃查处腐败分子，坚决遏制腐败现象蔓延势头，着力营造不敢腐、不能腐、不想腐的政治氛围”④。当腐败易发多发、反腐败斗争形势严峻的时刻，我们执政党的态度、决心、勇气如何，往往决定反腐败斗争的胜负。习近平提出，必须以猛药去疴、重典治乱的决心，以刮骨疗毒、壮士断腕的勇气，以零容忍的态度反腐败。正因为我们党有如此坚定的反腐败的态度、决心、勇气，抓住了扼制腐败蔓延的关键，为清除业已固化的腐败存量、遏制腐败增量创造了条件。

（一）对违规违纪行为零容忍

任何腐败行为，无不从“小恶”开始，无不从一般违规违纪开始。如果建立“勿以恶小而为之”的思想和制度，就可以杜绝一切违规违纪

---

① 《习近平关于党风廉政建设和反腐败斗争论述摘编》，中央文献出版社、中国方正出版社2015年版，第7页。

② 《习近平关于党风廉政建设和反腐败斗争论述摘编》，中央文献出版社、中国方正出版社2015年版，第102—103页。

③ 《习近平关于党风廉政建设和反腐败斗争论述摘编》，中央文献出版社、中国方正出版社2015年版，第98页。

④ 《习近平关于协调推进“四个全面”战略布局论述摘编》，中央文献出版社2015年版，第144—145页。

行为，防止党员干部的无限腐败堕落，最终保证党员干部的清廉清正。2013 年 12 月 9 日，习近平在听取河北省委党的群众路线教育实践活动情况汇报时指出，对违规违纪行为"零容忍"，使规章制度真正起到防火墙、防波堤的作用。他还指出，实现不敢腐、不能腐、不想腐，就要把制度篱笆扎起来。放权不是放任，制度要落实，不能是"样子货"。①

党的十八大以来，党中央在全党开展群众路线教育，以不断加强作风建设和制度机制创新为核心，强化各项制度规范的执行力，使各级领导干部从心底里形成把法规党纪当成高压线、警戒线的制度意识，通过推行对违规违纪行为"零容忍"，从而使规章制度真正起到防火墙、防波堤的作用。此外，全国各地把转变政府职能作用作为作风建设的重要切入点，紧密结合全面深化改革的不断推进，以作风建设为突破口推动改革深化取得新进展，加快各级政府职能的转变，推进简政放权、取消和下放行政审批事项，提高政府效能。在全国分批次的教育实践活动中，各地政府机关时刻突出为民务实清廉的教育主题，将照镜子、正衣冠、洗洗澡、治治病的总要求贯穿活动的始终。努力服务群众，造福群众，为群众干实事、做好事、解难事。同时各地通过对实践活动的整体谋划、统筹协调，使教育实践活动无缝对接、上下联动，使作风建设的整体效应不断获得提升。

（二）对闯雷区、踩红线零容忍

法规制度的生命力在于执行，法规制度贯彻执行关键在于真抓和严管。

加强反腐倡廉法规制度建设，必须一手抓制度完善，一手抓制度执行。党纪国法能否得到遵循，制度是否能够贯彻执行，一个重要方面就

① 参见《习近平关于党风廉政建设和反腐败斗争论述摘编》，中央文献出版社、中国方正出版社 2015 年版，第 100 页。

是对于逾越“红线”者和闯“雷区”者是否给予坚决的惩治。如果对闯“雷区”者和越“红线”者不处罚,留“暗门”、开“天窗”,腐败行为就会成为“破窗效应”。因此必须对踩“红线”、越“底线”、闯“雷区”者,给予坚决严肃查处,不得因权势大而破规,不能因问题小而姑息,不能因违者众而放任。同时要建立健全行政官员的问责机制,做到有责必问、问责必严,把各项监督检查、目标考核、责任追究与法规制度的执行有机结合起来,并纳入党风廉政建设责任制的检查考核和党政领导干部述职述廉的范围,形成法规制度执行的推动力。将问责的主体、对象、内容、事项、程序和方式制度化、程序化,通过严肃追究主体责任、领导责任和监督责任,让法规制度的力量充分在反腐倡廉建设中释放出来。

(三)对腐败犯罪行为零容忍

历朝历代的治国理政经验和教训告诉我们,廉洁兴邦,腐败丧权。今天面对实现中华民族伟大复兴的历史使命,我们党开展的反腐败斗争就是一项具有许多新的历史特点的伟大斗争。2012 年 11 月 17 日,习近平在中央政治局第一次集体学习时就明确指出:“反对腐败、建设廉洁政治,保持党的肌体健康,始终是我们党一贯坚持的鲜明政治立场。”①这一论述表明了反对腐败、建设廉洁政治,既不是空洞的政治口号,更不是虚无缥缈的英雄主义幻想,而是一种旗帜鲜明的坚定政治立场。2014 年 3 月 17 日至 18 日,习近平在河南省兰考县实地指导群众路线教育实践活动中对县纪委副书记、监察局局长赵雪廷说,要当“铁包公”,对腐败“零容忍”。同年 1 月 14 日,习近平在十八届中央纪律检查委员会第三次全体会议上发表重要讲话。他强调:“作为党的干部,就是要讲大公无私、公私分明、先公后私、公而忘私,只有一心为公、事事出于公心,才能坦荡做人、谨慎用权,才能光明正大、堂堂正正。作

---

① 《习近平谈治国理政》,外文出版社 2014 年版,第 16 页。

风问题都与公私问题有联系，都与公款、公权有关系。公款姓公，一分一厘都不能乱花；公权为民，一丝一毫都不能私用。领导干部必须时刻清楚这一点，做到公私分明、克己奉公、严格自律。”①习近平用14个“公”字阐述了反腐败的一系列理念后指出：“坚决反对腐败，防止党在长期执政条件下腐化变质，是我们必须抓好的重大政治任务。反腐败高压态势必须继续保持，坚持以零容忍态度惩治腐败。”②2014年1月7日，习近平在中央政法工作会议上指出，政法机关要完成党和人民赋予的光荣使命，必须严格执法、公正司法。要坚守职业良知、执法为民，教育引导广大干警自觉用职业道德约束自己，做到对群众深恶痛绝的事零容忍、对群众急需急盼的事零懈怠，树立惩恶扬善、执法如山的浩然正气。③ 习近平还强调，对腐败行为要以零容忍的态度严厉查处，坚持“老虎”、“苍蝇”一起打。“保持高压态势不放松，查处腐败问题，必须坚持零容忍的态度不变、猛药去疴的决心不减、刮骨疗毒的勇气不泄、严厉惩处的尺度不松，发现一起查处一起，发现多少查处多少”④。此后，很快在全党掀起了势如破竹的反腐旋风，坚决要把党风廉政建设和反腐败斗争进行到底。

反对腐败，就是对腐败分子不管其职位高低，发现一个就要坚决查处一个，做到毫不手软、毫不留情和毫不懈怠，以高效的反腐倡廉的实际行动取信于民。“以零容忍态度惩治腐败”是新时期我们党的反腐“动员令”，既是我们党对多年来反腐败斗争规律的深刻认识和科学总结，也是我们党不可动摇的政治路线和政治立场，更是提升我们党执政能力的集中表现。

---

① 《习近平谈治国理政》，外文出版社2014年版，第394页。

② 《习近平谈治国理政》，外文出版社2014年版，第394页。

③ 参见《习近平谈治国理政》，外文出版社2014年版，第149页。

④ 人民日报社评论部编著：《“四个全面”学习读本》，人民出版社2015年版，第279页。

二、反腐范围的全覆盖

全面的反腐肃贪打破了选择性执法、封闭性执法的反腐困局，摒弃了以人划线、以身份划线、以是否在职划线等“人治”思维，党的十八大以来，不管是军队、机关、国企等领域，还是纪委监察机关、反腐职能部门，反腐的触角已经延伸到国家和社会的各个领域。截至2016年3月的统计，中央决定立案查处中管干部150余人，45名军级以上军官被宣布查处，海外追逃502人，挽回经济损失387亿元；中央纪委委员梁滨、申维辰等人的落马，则为“监督者如何被监督”的问题破题。反腐败呈现出无禁区、无例外、无死角、无空当的空前态势。

（一）“老虎”、“苍蝇”一起打

习近平曾多次强调反腐的重要性，强调要保持党的纯洁性，就必须坚决打击贪污腐败，既要坚持打“老虎”，也要坚决拍“苍蝇”。2013年1月22日，习近平在第十八届中央纪律检查委员会第二次全体会议上的讲话中指出：“从严治党，惩治这一手决不能放松。要坚持‘老虎’、‘苍蝇’一起打，既坚决查处领导干部违纪违法案件，又切实解决发生在群众身边的不正之风和腐败问题。”①习近平的“‘老虎’、‘苍蝇’一起打”的反腐思想和实践，既严厉有效地惩处了腐败分子，又极大地鼓舞了全党全国人民的信心。

事实证明，从一定意义上而言，“老虎”、“苍蝇”的腐败性质是一样的。腐败行为不论大小均可影响和危害社会，腐败是人民反映强烈和深恶痛绝的行为，也是阻碍社会经济发展的绊脚石。“苍蝇”不打，必然会成为“老虎”；“小案”不查，必然演变成为“大案”。要保持

① 《习近平谈治国理政》，外文出版社2014年版，第388页。

党的纯洁性，就既要对小贪小腐的行为予以严厉打击，更要对大贪污大腐败分子予以严厉惩处。只有同时对“老虎”、“苍蝇”一起打，才能体现“踏石留印、抓铁有痕”的反腐败态度，形成对腐败的高压态势。坚持“老虎”、“苍蝇”一起打，预示着反对腐败既抓大不放小，也抓小不放大，既要查出地位卑微的“小人物”，也要打击位高权重的“大人物”，对党内和群众身边存在的不正之风和腐败问题，坚决予以清除。在腐败问题上，没有大小人物的区别，只有违法不违法、违纪不违纪之分。只要有人违法乱纪，就要坚决予以惩治、绝不手软、绝不姑息、绝不给其喘息的机会。当前铁的规定和措施已经颁布实施，贪污腐败的案子一件件被查处，从而给社会公众极大信心，也让大小贪官望而生畏。

（二）坚决反对特权现象

干部腐败的主要根子就是特权。特权就是掌权者针对某一客体采取其随意的行为。凡手握公权力者都有产生特权欲望的可能。不良作风是官员特权行为的外在表现，特权思想是官员不良作风的思想根源。一切特权行为和现象，严重损害了社会公平正义，引起人民群众的极大不满。特权的本质是追求超越法律或者政策规定的特殊化、差异化的非法待遇或权利，它助长官僚主义、形式主义。事实上，特权与腐败之间并没有截然不同的明确界限，特权包含腐败因素，腐败往往通过特权行为来实现；特权对腐败有着催化剂和推动器的作用，特权发展到一定程度，必然演变为腐败，所以反腐败必须先反特权。

党的十八大明确提出，各级领导干部决不允许搞特权。2013 年 1 月 22 日，习近平在第十八届中央纪律检查委员会第二次全体会议上的讲话中指出：“反腐倡廉建设，必须反对特权思想、特权现象。共产党员永远是劳动人民的普通一员，除了法律和政策规定范围内的个人利益和工作职权以外，所有共产党员都不得谋求任何私利和特权。”①如果任由特权思想和特权行为肆虐，必然使干部队伍整体性质发生腐化，必然导致国家法律制度的废弛，最终也必然动摇党的执政地位和执政基础。习近平对反对特权的重要论述，深刻总结了反腐倡廉建设的科学经验，指明了当前和今后反腐倡廉建设的基本方向。对于如何防止党员干部把公共权力作为以权谋私的特权，习近平指出，加强对权力运行的制约和监督，把权力关进制度的笼子里，建立健全不敢腐的惩戒机制、不能腐的防范机制和不易腐的保障机制。反对特权，一个重要的切入点就是加强作风建设，以优良的革命作风营造反对特权的良好外部环境。反特权的核心就是管住权力，防止权力滥用，为权力设置用权的边界，使决策权、执行权、监督权相互制约又相互协调，达到以权利制约权力、以舆论制约权力和以权力制约权力的有效制约科学机制，杜绝“权大于法”的现象出现。当前党中央强调加强对一把手的监督，强调从领导干部做起加强党风廉政建设，要求领导干部位高不擅权、权重不谋私；既严于律己、奉公守法，又要对亲属和身边工作人员加强教育和约束，决不允许领导干部及其亲属以权谋私，决不允许搞特权。同时通过案件查处，实现权力依法、规范运行，进而清除特权思想、特权现象存在的土壤和条件。

（三）持之以恒纠正“四风”

习近平强调，面对世情、国情、党情的深刻变化，精神懈怠危险、能力不足危险、脱离群众危险、消极腐败危险更加尖锐地摆在全党面前，党内脱离群众的现象大量存在，一些问题还相当严重，集中表现在形式主义、官僚主义、享乐主义和奢靡之风这“四风”上。我们要对作风之弊、行为之垢来一次大排查、大检修、大扫除。开展党的群众路线教育实践活动，必须贯彻好党的十八大以来中央作出的重大工作部署和要

---

① 《习近平谈治国理政》，外文出版社 2014 年版，第 388 页。

求，紧紧围绕保持和发展党的先进性和纯洁性，以为民务实清廉为主要内容，切实加强全体党员马克思主义群众观点和党的群众路线教育，把贯彻落实中央八项规定精神作为切入点，着力解决突出问题。① 在之后开展的教育实践活动的主要任务集中到作风建设上，重点解决形式主义、官僚主义、享乐主义和奢靡之风的“四风”问题。通过紧盯违纪问题、严明纪律要求、加强通报曝光，形成落实八项规定、纠正“四风”的高压态势。纪检监察机关对违反中央八项规定精神的问题严肃处理，2013 年共查处违规问题 2. 4 万起，处理 3 万多人，其中给予党纪政纪处分 7600 多人。中央纪委分 4 次对 32 起违反中央八项规定精神的典型问题进行通报。各级纪检监察机关对违纪问题及时曝光，发挥了警示和教育作用。② 2014 年，各级纪检监察机关共查处违规违纪问题 5. 3 万起，处理党员干部 7. 1 万人，其中给予党纪政纪处分 2. 3 万人。中央纪委分 7 次对 33 起违反中央八项规定精神典型问题进行通报曝光。③ 2015 年，共查处违反中央八项规定精神的问题 3. 7 万起、4. 9 万人，给予党纪政纪处分 3. 4 万人。中央纪委对 30 起典型问题通报曝光。④ 2016 年，中央纪委通报曝光典型案例 44 起，涉及中管干部 11 人；全国共查处违反中央八项规定精神问题 4. 1 万起，处理党员干部 5. 8 万人，给予纪律处分 4. 3 万人。⑤ 锲而不舍落实中央八项规定精神，扭住“四风”不放，让中央八项规定精神落地生根，坚持以上率下、

① 参见《十八大以来重要文献选编》（上），中央文献出版社 2014 年版，第 310、313 页。

② 参见王岐山：《聚焦中心任务，创新体制机制，深入推进党风廉政建设和反腐败斗争》，《人民日报》2014 年 1 月 28 日。

③ 参见王岐山：《依法治国　依规治党　坚定不移推进党风廉政建设和反腐败斗争》，《人民日报》2015 年 1 月 30 日。

④ 参见王岐山：《全面从严治党　把纪律挺在前面　忠诚履行党章赋予的神圣职责》，《人民日报》2016 年 1 月 25 日。

⑤ 参见王岐山：《推动全面从严治党向纵深发展　以优异成绩迎接党的十九大召开》，《人民日报》2017 年 1 月 20 日。

管住“关键少数”。对不收手、不知止，规避组织监督，出入私人会所，组织隐秘聚会的一律从严查处，对在执纪审查中发现的“四风”问题线索，要深挖细查、决不放过，越往后执纪越严，以推动社会风气持续好转。

三、反腐态势的高强度

高压反腐既是我国反腐败阶段性工作部署的结果，也将是我国未来政治的一种常态。这种新常态将使整个政治生态发生根本性变化，使公共权力系统内的人员，即国家工作人员特别是新进人员，意识到廉洁从政是一种理所当然的事情，并时刻感觉到纪律和法律的“高压电”存在。习近平指出，要“以猛药去疴、重典治乱的决心，以刮骨疗毒、壮士断腕的勇气，坚决把党风廉政建设和反腐败斗争进行到底。”①

（一）坚持有案必查、有腐必惩

习近平强调，反腐败必须做到有腐必惩。党的十八大以来，坚持“有腐必惩、伸手必被捉”的反腐败压倒性态势，教育广大人民群众积极通过各种方式和渠道反映、检举腐败问题和腐败现象，极大地提高了腐败行为的发现机率。群众监督和及时查处所产生的冲击效应，释放出“天网恢恢，疏而不漏”的正能量，营造了“伸手必捉”的反腐氛围。

1. 有案必查，没有例外

习近平指出，对腐败分子，发现一个就要坚决查处一个。从 2013 年初至 2014 年底，全国纪检机关给予党纪政纪处分的有 40 多万人，涉嫌犯罪移送司法机关处理的有 2 万余人，因违反中央八项规定受到处

① 人民日报社评论部编著：《“四个全面”学习读本》，人民出版社 2015 年版，第 272 页。

理的有 10 万余人，中央纪委通报曝光 60 多起典型案件。

2015 年下半年开始，中央纪委监察部网站每月集中通报群众身边腐败的一批典型案例，对于一些大办婚丧事宴等一些小贪小腐的问题，对于截留农村低保户“养命钱”、骗取农业保险“救灾钱”、冒领已故五保户老人“死人钱”、克扣贫困家庭“扶贫款”等民生领域的腐败也被大量通报。2015 年，涉嫌违纪的中管干部已结案处理和正在立案审查 90 人，其中涉嫌犯罪被移送司法机关处理 42 人。[①] 坚决查处了周永康、徐才厚、令计划、苏荣等人，向党内外证明我们党从严治党、从严治吏的决心，敢于直面问题进行自我革新的非凡勇气。刹住了大家认为不可能刹住的各种歪风，充分表明不论涉案金额大小、官位高低，只要涉及腐败决不姑息的坚定决心。2015 年 12 月，又有郭伯雄、周本顺等省部级以上干部落马。至 2016 年底，党的十八大以来，立案审查中管干部 240 人，处分 223 人，移送司法机关 105 人。[②] 所谓“反腐转段”、“一阵风”等言论不攻自破。反腐力度不断深入，正风执纪越来越严。

2. 查办案件，及时高效

加大对腐败分子的惩治力度，是高压反腐的重要体现。“迟到的正义是非正义”，反腐败斗争是否成功，实际也体现在对腐败分子是否及时有效的打击。事实上，惩治腐败分子越快，对腐败分子震慑力度越大。因此，一旦发现腐败行为和腐败现象，就要采取露头就打，快速处理，及时纠正。对于一些已经发现和查处的腐败行为，则要严格按照法律规定，通过给予法律、行政、经济等处罚措施，加大惩治腐败的力度；特别对于严重损害公众利益滥用职权的腐败行为，要切实加大处罚力度，不仅对犯罪分子人身自由予以依法剥夺，而且在经济上依法给予强有力的处罚。

---

① 参见王岐山：《全面从严治党　把纪律挺在前面　忠诚履行党章赋予的神圣职责》，《人民日报》2016 年 1 月 25 日。

② 参见王岐山：《推动全面从严治党向纵深发展　以优异成绩迎接党的十九大召开》，《人民日报》2017 年 1 月 20 日。

在职务犯罪案件的查处上，2015 年全国各级检察机关共立案侦查职务犯罪案件 40834 件 54249 人；查办各类贪污贿赂、挪用公款 100 万元以上案件 4490 件，同比上升 22.5%；查办原县处级以上干部涉嫌犯罪的 4568 人，同比上升 13%，其中原是厅局级以上干部的 769 人；依法对令计划、苏荣、白恩培、朱明国、周本顺、杨栋梁、何家成等 41 名原省部级以上干部依法立案侦查，对周永康、蒋洁敏、李崇禧、李东生、申维辰等 22 名原省部级以上干部依法提起公诉；查办受贿犯罪案件 13210 人，查办为谋取不正当利益"围猎"干部等行贿犯罪案件 8217 人；查办国家机关工作人员渎职侵权犯罪案件 13040 人；查办涉及"三农"领域虚报冒领、克扣侵占惠农扶贫资金等相关职务犯罪 11839 人；查办事关群众切身利益的征地拆迁、社会保障、教育、医疗等民生领域的职务犯罪案件 8699 人。①

2016 年全国各级检察机关严肃查办腐败犯罪。共立案侦查职务犯罪 47650 人，其中原县处级干部 2882 人、原厅局级干部 446 人。依法对王珉等 21 名原省部级干部立案侦查，对令计划、苏荣、白恩培等 48 名原省部级以上干部提起公诉。在征地拆迁、社会保障、涉农资金管理等民生领域查办"蝇贪"17410 人。查办受贿犯罪 10472 人、行贿犯罪 7375 人。查办玩忽职守、滥用职权等渎职侵权犯罪 11916 人，推动治理为官不为、为官乱为问题。依法查办辽宁拉票贿选案涉及的职务犯罪。深挖执法司法不公背后的腐败犯罪，查办涉嫌职务犯罪的行政执法人员 8703 人、司法工作人员 2183 人。②

在职务犯罪案件的审判上，全国各级人民法院对检察机关起诉的案件及时受理，从立案到审理，从审理到判决，从判决到执行，办案时限均控制在法定标准之内。其中不少群众关注的案件依法公开审判，准确适用刑法，实现罪刑法定、罪刑相适应，彰显了法治反腐的权威，昭示

① 参见《最高人民检察院 2016 年工作报告》。

② 参见《最高人民检察院 2017 年工作报告》。

了党和国家从严惩治腐败的坚强决心。

3. 落实责任，强化追究

没有问责，责任就落实不下去。党的第十八届中央纪委第五次全会把深入落实主体责任，强化责任追究摆到重要位置。突出强调问责，坚持“一案双查”。对违反政治纪律和政治规矩、组织纪律，“四风”问题突出，发生顶风违纪问题，出现区域性、系统性腐败案件的地方、部门和单位，既追究主体责任、监督责任，又严肃追究领导责任。据中央纪委监察部网站公布，2014 年至 2015 年上半年，全国共有 9000 多个领导干部因落实党风廉政建设和反腐败工作“主体责任”、“监督责任”不力被问责。因任内连续发生 3 个厅级领导干部严重违纪违法案件，河南新乡市委原书记李庆贵被免去领导职务；云南德宏 27 个“一把手”落实“主体责任”不力被追责。①

有权就有责，权责要对等。中央纪委坚决执行习近平关于“问责不能感情用事，不能有怜悯之心，要‘较真’、‘叫板’，发挥震慑效应”的要求，坚决对湖南衡阳发生的以贿赂手段破坏选举案件严肃问责，给予党纪政纪处分 467 人，移送司法机关处理 69 人②。此后又对南充拉票贿选案进行彻底调查，对全部 477 名涉案人员严肃处理③。2016 年严肃查处辽宁省委换届、省人大常委会换届以及全国人大代表选举中出现的系统性拉票贿选问题，共查处 955 人，其中中管干部 34 人，并通报全党。④ 坚决查处这些案件，实施严厉问责，体现了失职必究、执纪必

① 参见乌梦达、毛一竹、甘泉:《2015 中国反腐八大亮点》，新华网 2015 年 12 月 15 日。

② 参见王岐山:《依法治国　依规治党　坚定不移推进党风廉政建设和反腐败斗争》，《人民日报》2015 年 1 月 30 日。

③ 参见王岐山:《全面从严治党　把纪律挺在前面　忠诚履行党章赋予的神圣职责》，《人民日报》2016 年 1 月 25 日。

④ 参见王岐山:《推动全面从严治党向纵深发展　以优异成绩迎接党的十九大召开》，《人民日报》2017 年 1 月 20 日。

严的鲜明态度。各级纪委在地方领导班子换届工作中，严肃政治纪律和组织纪律，做好问责工作，加大监督和查处力度，确保了换届风清气正。在落实责任、强化追责的过程中，对发现党的领导作用不发挥、贯彻党的路线方针政策走样、管党治党不严不实、选人用人失察、发生严重"四风"和腐败现象、巡视整改不力等问题，坚决抓住典型严肃追责。既追究主体责任、监督责任，又上查一级追究领导责任、党组织责任。完善和规范责任追究工作，建立健全责任追究典型问题通报制度，把问责同其他监督方式结合起来，以问责常态化促进履职到位，促进党的纪律执行到位。

（二）充分发挥巡视巡察威力

查处腐败案件的前提是及时发现腐败和揭露腐败问题。为此，党的十八大以来，党中央不断加强和改进巡视工作。从第一次巡视会议专门研究工作部署，到五次听取工作情况汇报，习近平高度重视巡视工作，强调把巡视作为党内监督的战略性制度安排，并提出一个中心、四个着力、"发现问题，形成震慑"、"全覆盖"等要求，推动巡视内容、方式方法、制度建设创新，形成了中央巡视工作的总方针。在不到两年时间里，中央巡视组完成对 31 个省区市和新疆生产建设兵团的全覆盖。① 事实证明，巡视制度是党内监督有效管用的反腐制度，是反腐的一把"利剑"。习近平指出巡视工作要围绕党风廉政建设和反腐败斗争这一中心进行，就是要发现和反映问题，无论是谁，都在巡视监督的范围之内。巡视组要当好中央的"千里眼"，找出"老虎"、"苍蝇"，确保巡视收到效果。

1. 用好巡视利剑

巡视工作按照"发现问题，形成震慑"和明确"巡视全覆盖、全国一

---

① 参见王岐山：《依法治国　依规治党　坚定不移推进党风廉政建设和反腐败斗争》，《人民日报》2015 年 1 月 30 日。

盘棋”的要求，巡视范围从省级“四套班子”人员扩大到高级人民法院、省级人民检察院党组的主要负责人，副省级城市党委、人大、政府、政协党组的主要负责人以及中央部委领导班子及其成员，人民团体党组（党委）领导班子及其成员；中央管理的国有重要骨干企业、金融企业、事业单位党委（党组）领导班子及其成员。省一级巡视对象也以中央巡视对象为参照。对于巡视发现的线索，凡是涉及腐败问题的，都要一查到底，一网打尽，有多少就处理多少。因巡视成果运用不到位又发生重大问题的，必须严肃追究相关人员的责任，确保巡视成果落到实处，发挥巡视遏制腐败的作用。

中央巡视组前 8 轮巡视共巡视 149 家单位党组织，实现对 31 个省区市和新疆生产建设兵团、中管国有重要骨干企业和中央金融机构全覆盖。[①] 这 9 轮巡视中，巡视组的数量不断增加。从 2013 年 5 月的 10 组，到 2014 年 3 月的 13 组，再到 2015 年 10 月的 15 组，2016 年 2 月，第九轮巡视工作专项巡视了 32 家单位，并对 4 个省进行了“回头看”。可以看出巡视的速度加快，巡视的密度加大。数据显示，仅 2015 年就完成对 83 个单位的巡视。巡视的形式也不断丰富，9 轮巡视中，有 2 次常规巡视、4 次专项巡视，以及 2 次常规、专项并行的巡视[②]；2015 年，中央采用“一托二”[③]、“一托三”等巡视方式加快巡视步伐，一个巡视组巡视两到三家单位，同类同步安排，分批集中汇报，分领域、分类别巡视，以发现共性问题。被实施杀“回马枪”巡视的 4 个省份中，安徽、湖南属于 2013 年 10 月的第二轮巡视；辽宁、山东属于 2014 年 3 月的

① 参见《发挥巡视利剑作用　助力全面从严治党之一：中央巡视组体现中央权威》，中央纪委监察部网站 2016 年 1 月 3 日。

② 参见《盘点：十八大以来的 9 轮中央巡视》，中央纪委监察部网站 2016 年 2 月 24 日。

③ 参见《王岐山在中央巡视工作动员部署会上强调：巡视要利剑高悬震慑常在》，《人民日报》2015 年 2 月 12 日。

第三轮巡视。①

巡视和巡察相结合，形成全国一盘棋。中央巡视工作领导小组强化巡视队伍建设，加强对省区市和中央单位巡视工作的领导，省级巡视工作领导小组组长全部由纪委书记担任。各省区市党委贯彻巡视工作条例，16个省区市已经实现巡视全覆盖；60个中央单位党组织建立了巡视制度；各省区市和新疆生产建设兵团以及15个副省级城市开展市县巡察，巡视和巡察有机衔接的工作格局正在形成。②

2. 创新巡视方法

巡视的方式方法不断创新。坚持问题导向，对照党的群众路线教育实践活动、“三严三实”专题教育整改总结和“两学一做”学习教育方案，检查是否真学真做真整改。开展政治常识测验，抽查干部档案，核查党费收缴情况，发现党的领导弱化、党的建设缺失、全面从严治党不力问题。透过现象看本质，剖析个性问题、查找共性问题，2016年，中央巡视组就向党中央、国务院及有关部门报送45份专题报告，推动深化改革，加强制度建设。③

杀好“回马枪”是增强巡视工作实效的有效方式。2014年6月26日，习近平在听取中央巡视组2014年巡视组首轮巡视情况汇报时，就要求“巡视整改落实的情况都要‘回头看’，要揪住不放”。同年10月16日，习近平在中央政治局常委会听取2014年第二轮巡视情况汇报时再次强调：“要加强‘回头看’，巡视过的31个省区市，不是一巡视了就完事，而要出其不意，杀个‘回马枪’，让心存侥幸的感到震慑常在”。同时，习近平还明确指出了巡视“回马枪”的目的在于“震慑”，即：“通

① 参见《盘点：十八大以来的9轮中央巡视》，中央纪委监察部网站2016年2月24日。

② 参见王岐山：《推动全面从严治党向纵深发展　以优异成绩迎接党的十九大召开》，《人民日报》2017年1月20日。

③ 参见王岐山：《推动全面从严治党向纵深发展　以优异成绩迎接党的十九大召开》，《人民日报》2017年1月20日。

过‘回头看’,一方面切实督促落实整改责任;另一方面对新的问题线索深入了解,可以形成更大威慑力。要带着问题去,盯着线索查,使有问题的人无处藏身。”可以说,强调巡视工作的“震慑力”,从根本上讲是为了构建“不敢腐、不能腐、不想腐”的反腐机制,是反腐进入制度化、常态化的表现。

在习近平强调巡视工作要“回头看”以后,2014 年 11 月,中共中央政治局常委、中央纪委书记、中央巡视工作领导小组组长王岐山在工作会议上表示,今后中央巡视将发生重大变化,下一阶段工作重点转向专项巡视,要针对已巡视过的地方或部门杀个“回马枪”。而河北、河南、江西等地,也都自行开展过“回马枪”式巡视。例如在河北,自 2014 年开始就将巡视“回马枪”与正常巡视统筹安排、交叉实施,目前已分 3 个批次,对省内 93 个地方(单位)进行了“回头看”。[①] 在河南,省委巡视组采取了“发布公告、问卷调查、个别谈话、核对资料、现场走访、受理举报”等方式开展“回头看”工作。这些“专项巡视”和地方巡视,都被认为是中央巡视工作“回马枪”的一种“演习”。专项巡视的全面展开,加快巡视节奏频率,扩大巡视范围,做到了闻风而动、出其不意,哪里有问题反映就奔向哪里巡视。在 2016 年初的中央纪委工作报告中,“回马枪”被再次提及,指出深化专项巡视要在“必要时杀个‘回马枪’,开展‘回头看’”。从“回头看”巡视工作放在 9 轮巡视的大背景中考察,可以发现这一做法体现了巡视体制逐步完善的过程。“回头看”既是巡视制度的进一步创新,更是巡视监督永远在路上的集中体现,表明巡视制度是全面从严治党的必要举措,巡视制度和专项巡视必须始终坚持,绝不能半途而废。

3. 突出巡视重点

巡视是党章赋予纪检机关的重要职责,是党内监督的战略性制度

① 参见张素娟、王霞:《河北:“回马枪”力促巡视整改到位》,《中国纪检监察报》2016 年 1 月 20 日。

安排。党的十三届六中全会决定,中央和省区市党委可根据需要排出巡视工作小组。党的十八大以来,中央纪委不断创新巡视工作,突出巡视工作的重点。习近平指出:“巡视作为党内监督的战略性制度安排,不是权宜之计,要用好巡视这把反腐‘利剑’。现在的巡视有点‘八府巡按’的意思了,群众说‘包老爷来了’,有‘青天’之感,有问题的干部害怕了。”①习近平强调:“对巡视发现的问题,要抓住重点。对群众反映强烈的党员领导干部,党的十八大以后不收手,为所欲为、自鸣得意的,还有现在重要岗位、可能进一步提拔重用的年轻干部等干部问题线索,要重点查处。同时,要坚决防止带病提拔,纪委、组织部对有的问题未查完,疑虑很大的干部,不要贸然提拔。选好人、用对人是头等大事,要用最坚决的态度、最果断的措施刷新吏治。顶风作案的,要严肃查处,从重处理,决不姑息。”②

巡视成为党内监督的重要方式。党中央把坚持党的领导、全面从严治党作为深化政治巡视的核心任务。党的十八大以来,习近平 15 次听取巡视工作情况汇报,点问题、列清单,旗帜鲜明、态度坚决,展现出顽强的意志。中央巡视工作领导小组召开 77 次会议落实党中央部署,研究分析巡视情况。2016 年,中央巡视组分 3 轮、巡视 91 个中央部门党组织,完成对中央和国家机关巡视全覆盖;对 12 个省区市开展“回头看”,紧紧围绕党的领导、党的建设、全面从严治党、党风廉政建设和反腐败工作,检查落实党的路线方针政策、执行党的纪律和选人用人等情况,检查纪检机关履行监督责任情况,巡视的政治定位越来越准确,成效越来越显著。③

---

① 《习近平关于党风廉政建设和反腐败斗争论述摘编》,中央文献出版社、中国方正出版社 2015 年版,第 113—114 页。

② 《习近平关于党风廉政建设和反腐败斗争论述摘编》,中央文献出版社、中国方正出版社 2015 年版,第 115 页。

③ 参见王岐山:《推动全面从严治党向纵深发展　以优异成绩迎接党的十九大召开》,《人民日报》2017 年 1 月 20 日。

强化巡视问题的整改落实。对巡视发现的问题条条要整改，件件有着落。中央巡视工作领导小组成员参加巡视反馈会议，原原本本向被巡视党委（党组）书记反馈巡视情况，直指问题、点明要害。中央纪委、中央组织部约谈被巡视党组织负责人，对突出问题要求即知即改；对共性问题提前打招呼，促其自查自纠。要求被巡视党组织主动认领责任，开列问题清单、整改任务和责任清单，狠抓整改落实，防止把层层传导压力变成层层推卸责任。加大反馈、整改情况公开力度，接受党内和社会监督。中央巡视组深化再巡视，紧盯政治纪律和换届纪律，重点检查政治立场和政治担当，着力发现拉帮结派、拉票贿选问题，查找是否存在违反中央八项规定精神、整改不到位、边改边犯现象，释放巡视不是一阵风的强烈信号，体现了党内监督的严肃性和韧劲。

（三）深化追逃追赃国际合作

中央反腐败协调小组认真贯彻习近平关于加强国际追逃追赃工作的一系列重要指示，先后启动“猎狐”、“天网”等行动，促进国内法律与国际反腐败法律的对接，签署反腐败国际合作协议，以更加严密的合围部署为反腐败国际追逃追赃谋篇定策。

1. 深入推进追逃追赃

深入推进反腐败国际追逃追赃工作，是党中央对反腐败斗争历史经验深刻分析后作出的重要决定。自 20 世纪 80 年代开始，“贪官携款外逃”成为经济犯罪与腐败问题的新动向。2001 年中国银行广东开平支行前后三任行长卷款出逃美国，2003 年浙江省建设厅原副厅长杨秀珠涉案外逃等都是典型案例。外逃事件的接连发生，让一些腐败分子心存侥幸，甚至有一些“老虎”、“苍蝇”始终做着躲进国外“避罪天堂”，逃避法律制裁的美梦。可见只有切断腐败分子的外逃之路，才能实现反腐败“无禁区”、“全覆盖”、“零容忍”。反腐败国际追逃追赃工作的深入开展，提升了反腐败工作的整体水平，完善了反腐败战场的格局，形成内外夹击的两个反腐败阵地，从根本上压缩了腐败生存的空间。

通过引渡、遣返外逃的腐败分子，能够切断腐败分子的后路，这既能保证在查处腐败分子上的公正性，又能保证对腐败分子刑罚执行上的公平性，从而对腐败分子形成震慑力，把反腐败斗争不断引向深入。加强反腐败国际追逃追赃工作是党和国家向那些腐败分子发出的断其后路的强烈信号，能够有效遏制当前腐败现象蔓延的势头。从近期查处的一些腐败案件看，很多腐败分子都是以外逃他国作为后路，虽然最后未遂，但事前都抱有这样的一个打算。以零容忍态度惩治腐败，就是不管腐败分子跑到天涯海角，也要把他们追回并绳之以法，决不能让腐败分子躲进“避罪天堂”、逍遥法外。全国各地都把追逃追赃工作纳入党风廉政建设和反腐败斗争总体部署，2014 年到 2016 年底，共追回外逃人员 2566 人，追赃金额 86.4 亿元，“百名红通人员”已有 37 人落网。全面加强防逃工作，新增外逃人数逐年下降。[①] 辉煌战绩体现了党中央推进党风廉政建设和反腐败斗争的坚强决心，赢得了党心民心和国际社会的尊重。

2. 促进反腐败法律对接

多年以来，贪官外逃一直是反腐败斗争中备受关注的重点和焦点。但是我国现行反腐败法律与国际反腐刑事法律的对接性和协调性不够，导致打击腐败犯罪不力。当前在国际反腐败中，世界各国不仅存在实体法律适用、诉讼程序适用以及法律分类等法律机制方面的不同，同时也存在对腐败犯罪主体认定和腐败案件量刑方式的不同。因此，推进法治方式反腐，要不断加强反腐败国际合作，同时促进国内法律与国际反腐败法律的对接。《北京反腐败宣言》在 APEC 会议上签订、《二

① 参见王岐山：《推动全面从严治党向纵深发展　以优异成绩迎接党的十九大召开》，《人民日报》2017 年 1 月 20 日。

十国集团2015—2016年反腐败行动计划》在二十国集团峰会核准支持和亚太经合组织反腐执法合作网络落户北京；G20杭州峰会制定了二十国集团反腐败追逃追赃的高级原则，在华设立反腐败追逃追赃研究中心，制定了《二十国集团2017—2018年反腐败行动计划》，均反映了我国反腐败与国际刑事司法协助的协调配合，显示出了法治反腐的强有力效果。2015年党和国家领导人在多个国际场合呼吁反腐，为中国与各国的反腐合作注入极大动力。2015年5月，习近平与俄罗斯总统普京签署深化全面战略协作伙伴关系、倡导合作共赢的联合声明，其中明确要加强反腐败合作，这是中共十八大以来首次将加强反腐败合作写入与外国签署的联合声明中。同年9月，习近平在访美后发布的"成果清单"显示：中美将采取切实措施推进双方共同确定的重大腐败案件的办理，并还将通过包机的方式遣返逃犯和非法移民。而在海外追赃问题上，中美首次明确将通过商谈互认和执行没收的判决。习近平在访美时所说："一段时间以来，我们大力查处腐败案件，坚持'老虎'、'苍蝇'一起打，就是要顺应人民要求。这其中没有什么权力斗争，没有什么'纸牌屋'。中国愿同国际社会积极开展反腐追逃合作。""让腐败分子在海外永无'避罪天堂'。"①

3. 开辟海外反腐败战场

公布外逃人员信息。对于外逃贪官，习近平指出："中央媒体要及时发声，揭露外逃腐败分子违纪违法、逃避惩罚的真面目。对一些证据确凿、定性清晰的外逃腐败分子，可以考虑向全世界公布，点名道姓公开曝光，使之在世界任何一个角落都成为过街老鼠、人人喊打。这样震慑力就会更强。"②2015年海外"猎狐"行动成效显著，4月22日，对涉嫌犯罪的外逃国家工作人员、重要腐败案件涉案人员，我国首次向全球

① 《十八大以来重要文献选编》(中)，中央文献出版社2016年版，第687页。

② 《习近平关于党风廉政建设和反腐败斗争论述摘编》，中央文献出版社、中国方正出版社2015年版，第101页。

公布百份追逃“红色通缉令”，包括杨秀珠、李华波等一批长期潜逃国外的贪官上榜，以此加大对腐败分子的全球追缉力度。当年反腐败国际追逃追赃工作成绩斐然，首次实现了外逃人员库存的反转，一大批长期潜逃国外的腐败分子落网，我国在国际反腐败领域话语权不断增强，显示了党中央对腐败分子哪怕逃到天涯海角也要追回来的坚强决心。

开辟反腐败海外战场，让我们占据道义制高点，牢牢掌握了反腐败的主动权。反腐败国际合作，意味着我们必须面对不同的文化、法律以及政治制度等难题，这检验着我们党新时期反腐败斗争的能力和智慧。面对纷繁复杂的国际情势，党中央表现出善于化危为机的政治智慧和坚定不移的战略定力。腐败是对所有法治国家的威胁。站在维护人类共同利益的基点，中国共产党不断放大反腐败的正义声音，占领国际道义高地。习近平多次在外交活动中明确指出中国共产党坚持全面从严治党，积极推动反腐败和追逃追赃合作，越来越得到国际社会的支持。启动“天网”行动、集中曝光“百名红通人员”等果敢举措，让那些“贪了就跑”的腐败分子彻底结束了“一跑就了”的美梦。以前在海外招摇过市的“企业家”、“商界强人”一夜之间变成家喻户晓的逃犯、人人喊打的过街老鼠。

开辟反腐败海外战场，使我们在国际舞台发出响亮的“中国声音”。党的十八大以来，追逃追赃从启动，到提速换挡，再到全面推进和攻坚克难，我国持续坚决的反腐败行动赢得了国际社会的支持和尊重，中国的反腐败经验也被许多国家所借鉴。随着国际影响力的提升，中国更加有力地肩负起大国责任，积极推动国际反腐败合作向务实方向发展。在亚太经合组织、二十国集团、金砖国家等多边框架下，我们主动提出一系列反腐败国际合作倡议，“拒绝避风港”，“通过更加灵活的手段追回腐败所得”，“推进双边反腐败执法合作”，被纳入越来越多的多边合作框架。中国的反腐败战略主动以及追逃追赃实践，为拓展反腐败国际合作的路径与方法起到了示范作用，对推动构建国际反腐败新秩序意义深远。

第十五章

依法反腐　标本兼治

党的十八大以来，我们党坚持用法治思维和法治方式反对腐败，使反腐败走向规范化、制度化。习近平多次强调坚持依法治国、依法执政、依法行政共同推进，法治国家、法治政府、法治社会一体建设，以法治思维和法治方式反腐败，将权力关进制度的笼子里等。这些重要论述，集中体现了现代法治的内涵特征，将法治的普遍性和统一性、稳定性和协调性、治理性和约束性、实效性和强制性等特征予以高度概括，丰富和发展了马克思主义法治理论，把我们党对法治的认识提升到一个新的高度，进一步丰富了我们党标本兼治反腐败方针的科学内涵。

一、依法反腐的规范性

依法反腐的规范性，主要指反腐败执纪执法程序的正当性和正义性。正当和正义的程序不仅是法治反腐的基本内涵，而且是执纪执法的过程成为社会和当事人感受民主、客观、公正、公平的过程。依法反腐的程序正当和程序正义，是党的十八大以来的反腐败战略思想伟大实践最显著的重要特征之一。

（一）反腐败方式考量

依法反腐蕴含着历史思维的思想方法，在总结新中国成立以来反腐败斗争基本经验和深刻教训的基础上，坚持了重典惩腐、民主监督等思想精髓，摒弃了先入为主、主观臆断，打棍子、扣帽子，搞扩大化等运动性做法，把反腐败纳入法治框架。回顾反腐败的历史进程，反腐方式不外乎以下几种①：一是运动式反腐，即依靠群众大规模的运动方式反对腐败，其建立的理论基础是"速胜论"，毕其功于一役将腐败予以遏制。二是权力式反腐，即通过以权力为主导，以权力者的意志和决心推动反腐败的开展。这种反腐方式具有便捷高效的优势，但往往会因领导人及其个人意志的改变而改变。三是制度式反腐，即通过健全廉政制度和党纪政纪，营造反腐败的制度环境。然而由于反腐败制度缺少配套规定，容易导致制度执行的强制性和约束力大打折扣。四是法治式反腐，即通过制定和完善法律规则，限制和规范公共权力的行使，以法律方式为公共权力营造公正、公开、公平的权力运作机制，使权力者不敢腐、不能腐、不想腐，从而达到遏制腐败的目的。法治反腐是依法反腐的表现形式，注重从"顶层设计"入手，着力从法律制度、法治方式和法治机制方面，发挥对公共权力的指引、规范、制约的作用。显然，法治反腐是制度式反腐的新超越，也是我们当前反腐路径的必然选择；法治反腐具有根本性、全局性、长远性和稳定性的法治特征。

习近平强调："治理一个国家、一个社会，关键是要立规矩、讲规矩、守规矩。法律是治国理政最大最重要的规矩。"②中共十八届四中全会提出的"科学立法、严格执法、公正司法、全民守法"的方针，意味

① 参见张大共：《关于法治反腐的思考》，中国共产党新闻网2014年1月16日。

② 《习近平关于党风廉政建设和反腐败斗争论述摘编》，中央文献出版社、中国方正出版社2015年版，第132页。

着我们必须坚持把依法治国作为党领导人民治理国家的基本方略、把法治作为治国理政的基本方式。法治促进党的领导、人民当家作主、依法治国的有机统一。法治不仅是治国理政的基本方式,也是预防和治理腐败的基本方式。依法反腐是我国长期反腐败实践经验的总结与升华,是反腐败发展的必然趋势。

从反腐败实践的当下和战略目标看,我国反腐模式正从传统型反腐模式向依法反腐模式转变,反腐策略正从零散型、应急型反腐向整体性、系统性反腐转变,当前反腐突出重视法治和制度的重要性。党中央反腐败思想既立足宏观大局,从党、国家和民族的兴衰着眼,提出腐败是社会的毒瘤,如果任凭腐败愈演愈烈,最终必然亡党亡国;又从细处着手,对党员干部的日常工作生活,提出八项规定,坚决纠正“四风”问题;从“三严三实”,到讲规矩,守纪律;从“打老虎”、“拍苍蝇”,到各行各业风气的根本好转。各项反腐措施、手段和方式,各项反腐制度或者廉政建设措施的出台,体现了法治框架规制下开展依法反腐败工作的新特征,体现了依法治国的法治原则。

善于运用法治思维和法治方式反对腐败,是以习近平同志为核心的党中央加强党的建设、推进依法治国的一个重要战略思想。从世界各国预防、惩治腐败的实践状况看,治理腐败的最好的办法就是法治。只有法治才能从根本上预防和杜绝权力滥用问题;只有以法律的方式解决腐败性问题,才能使社会始终处于法律秩序的控制之中;如果以非法律的方式解决腐败性问题,必然使法律规则的权威丧失,甚至破坏整个社会秩序。因此,党中央反腐败战略思想的首要实践特征就是体现了法治反腐这一核心内容。因为法治方式反腐是反腐败斗争的应然选择,也是党风廉政建设治标与治本的应然归宿。

(二)反腐败程序正义

法治方式反腐可以通过法治的公正性原则,使反腐走向法治性轨道，实现反腐过程和反腐结果的公正性。程序正义要求执法机关和司法机关在执法过程中不仅坚持法律的正当平等原则，而且还要在执法和审判结果中体现公平正义的精神，即在执法和审判中，既体现实体正义，又体现程序正义。同理，反腐败也不仅需要反腐败的实体结果正义，而且需要反腐败过程的程序正义。因为程序是任何法律实施中的过程和演进形式，失去了应有的法律程序，法律就失去了实施的公正和生命。法律对一切利益和行为的调整都要通过一定的法律程序进行。法治方式反腐也必须通过合法的程序来确保个案处理的实体公正，强调反腐败过程程序合法的前提性地位。① 在法律基本价值中，程序正义和实体正义是两个最基本的表现形式。英美法传统看法更是认为，“正义不仅应得到实现，而且要以人们看得见的方式加以实现”，程序正义被视为“看得见的正义”。高举反腐正义之剑，规范反腐正义之途，在法治社会与国家建设进程中，彰显反腐力量，以真正的公平正义服众，以真正的法治反腐精神深入人心。

1. 纪律面前人人平等

习近平 2015 年 2 月 2 日在省部级主要领导干部学习贯彻党的十八届四中全会精神全面推进依法治国专题研讨班上说：“法治之下，任何人都不能心存侥幸，都不能指望法外施恩，没有免罪的‘丹书铁券’，也没有‘铁帽子王’”。② 从近年来一系列腐败案件的查处情况看，不

① 参见郑成良：《论法治理念与法律思维》，《吉林大学社会科学学报》2000 年第 4 期。

② “铁帽子王”这个词一度成为反腐“热词”。到底什么是“铁帽子王”？有人曾问到 2015 年会不会有类似周永康一样的“大老虎”落马，政协新闻发言人吕新华回复称，“反腐没有铁帽子王”。或许因为“铁帽子王”并不是生活中常用的词，以至于身旁的翻译差点“卡壳”，最后译为“No one has impunity”（没人可以免罚）。事实上，“铁帽子王”绝不是吕新华原创的词汇，早在 2015 年 1 月 15 日，《人民日报》头版的评论员文章称，“反腐没有‘铁帽子王’，反腐败绝不封顶设限”。其后，中纪委网站在 2 月 3 日刊发的文章《不得罪腐败分子就要得罪 13 亿人民》中，也提到“在贪腐问题上，没有人能当‘铁帽子王’”。

管是一般的普通干部，还是国家领导人，只要触犯了党纪和法律，只要危害了国家和人民利益，会毫无例外受到党纪法律的追究和惩罚。这实际上体现了法治反腐的根本特征——法治方式反腐没有针对性和选择性，不论是谁涉及腐败、滥用权力，不论他的官位多高、权力多大，一旦触碰了党纪国法，都要受到相应的纪律法律惩治。既要剥夺腐败分子的人身自由，又要剥夺腐败分子的个人荣誉和相应财产，从而对全体党员干部起到很好的震慑和教育作用。法治反腐的路径，不是通过个别案例查处的警示性予以告诫，而是通过推进实施有案必查、有腐必究的反腐模式，实现法律面前人人平等的法治原则，从而树立反腐无禁区、对腐败"零容忍"的反腐败思路，把依法治国的战略思想扎扎实实地贯彻执行。因此当前反腐败实践体现了反腐过程的法律平等性。

2. 执纪执法严格规范

法治不仅要求完备的法律体系、完善的执法机制、普遍的法律遵守，更要求公平正义得到维护和实现，查办腐败案件事关当事人地位、声誉、资格、财产、自由乃至生命等权利的剥夺，如果不能做到严格规范，依法依规，就会使公众产生对纪律法律的否定与蔑视、对社会公正的怀疑与失望。规范执法的真谛是确保反腐执法的公正性，彰显纪律法律的正义性。其一，通过改进执纪执法办案的评价标准，完善执纪执法人员行为规范，强化违反规范执纪执法行为的惩戒等措施，确保查办腐败案件工作始终在法治轨道上运行。其二，完善查办腐败违纪违法案件的程序措施和工作机制，转变调查、侦查、审判理念，遵循调查、侦查工作规律，准确把握立案条件。其三，明晰违纪调查与司法侦查法律边界，健全执纪执法衔接机制。纪检监察对腐败案件进行党纪政纪处理后，对其涉及的违法问题及时移送检察机关，检察机关对不构成职务犯罪的线索及时移送纪检监察，对构成犯罪的线索及时受理；构建纪检监察与职务犯罪侦查各司其职、相互配合、相互制约的依法反腐运行机制。

在近年来查处的众多腐败案件中，司法机关通过严格依法办案，既在腐败案件立案、起诉和审理上体现法律公正，更在案件最终处理结果和刑罚执行上体现公正。办案机关在具体案件办理时，始终做到不因人而异、因时而异，对任何公民、单位或者集体依法检举、揭发的各种腐败问题，司法机关均应依法处理，不得推诿敷衍。案件审理上不管是涉及什么人的案件，均坚持公开、公平、公正、依法进行，让阳光司法贯穿案件审理的始终。在案件裁判上，严格坚持同案同判原则，做到被告人之间和罪与罪之间量刑均衡、量刑平衡，杜绝“法外开恩”，因人而异。在刑罚的执行上，严格控制、监督贪污贿赂等职务犯罪减、缓、免刑和监外执行。党的十八大以来，审判机关和监狱机关及时在全国开展职务犯罪案件的减、缓、免刑和监外执行情况，确保刑罚执行公正，决不允许任何人以任何借口、任何形式逃离法律的制裁，严格禁止以言代法、以权压法、徇私枉法。实践证明，法治方式反腐不但可以确保反腐过程的公正，而且可以保障反腐结果的公正。

3. 实事求是公正执法

法治方式反腐可以通过法治的公正性原则，使反腐走向法治性轨道，实现反腐过程和反腐结果的公正性。要让人民群众在每一个司法案件中都能感受到公平正义。不论党纪政纪、执法司法都要以执法对象的平等性和追求案件的真实性为价值目标，这是执纪执法活动的核心内容。实体公正强调纪律法律面前人人平等，不论什么人，不论其职务多高，只要触犯了纪律法律，都要受到纪律法律的追究和惩处。做到查办贪污贿赂与查办渎职犯罪并重，查办发生在领导机关、领导干部中的要案与发生在群众身边损害群众切身利益的案件并重，查办受贿案件与行贿案件并重，查办贪贿数额大的案件与贪贿数额较小但情节恶劣、后果严重的案件并重；办案活动以纪律法律为准绳，重事实，重证据，重调查研究，客观公正地查办案件，尊重和保障犯罪嫌疑人的合法权利；严格区分犯罪嫌疑人与证人和普通群众的界限，不能把证人和普通群众当作犯罪嫌疑人来对待;认真研究和正确把握法律政策界限,严格区分工作失误与渎职犯罪,经济纠纷与经济诈骗,正常合法收入与贪污、受贿,资金合理流动与徇私舞弊造成国有资产流失,企业依法融资与非法吸收公众存款等罪与非罪的界限。对进入司法程序的腐败案件,依法保障律师的会见权和知情权,在与律师的良性互动中提高案件侦查质量,增强办案的客观性和准确性,确保案件经得起历史检验。

(三)反腐败法治价值

法治反腐的价值目标就是实体公正与公平。公平、正义、平等的观念具有普遍性,也是法律的一种重要价值,有人认为它是现存经济关系在保守或者革命方面的观念化、神圣化的表现。公平是建立在特定的政治、经济、文化条件之上,它是对利益的一种制衡。法治公平的目标是通过立法公平、执法公平、司法公平来实现的,也是检验和判断社会法治体系是否公平的重要标准。① 国家一般通过法律的规范性原则和普遍性原则调整社会各种利益的相互关系,以确保结果公平,实现社会的公平正义。法律上的公平为实现社会正义提供标准,而社会正义为法律公平的实现提供前提和保障②。法律是社会关系的一种调整器,社会正义是其实现的价值目标,法律通过严格的实施,调整各种社会关系、社会利益和社会资源,不仅为利益分配提供机会公平,而且矫正分配结果的失衡实现结果公平,以促进社会利益的最大化,维护社会秩序和保障社会稳定。③ 此外,法律能够通过立法来分配正义,通过严格执法平衡正义,通过公正司法保障正义。④ 因此,可以说没有法治的推

---

① 参见刘作翔:《公平:法律追求的永恒价值》,《天津社会科学》1995 年第 5 期。

② 参见彭礼堂:《法学视野中的和谐社会公平观》,《江汉论坛》2006 年第 6 期。

③ 参见彭礼堂:《法学视野中的和谐社会公平观》,《江汉论坛》2006 年第 6 期。

④ 参见农永文:《社会管理要民主,更要法治》,《湘潮》2013 年第 2 期。

进，人们面临和经受的苦难和灾难就会更多。① 当前反腐败实践中，从紧紧围绕建立健全反腐败立法入手，严格依纪依法查处各类腐败案件，各类反腐机关始终把严格依法办事作为办案人员的行为准则，并做到“老虎”、“苍蝇”一起打，坚持有案必查、有腐必惩，不搞选择性执法、象征性执法或宽容性执法。在具体办案中，公平地对待任何人，依法全面收集违纪违法的各种证据，改变“口供至上”的传统观念和做法；大力推行重大职务犯罪案件的异地侦查、异地起诉、异地审判制度，全面保障犯罪嫌疑人的合法权利，依法实施审判公开，并对社会全程直播和微博直播，以强化对侦查机关、公诉机关和审判机关的监督制约机制。上述举措无不反映出法律的程序性价值，也是法治思维和方式在反腐败斗争中的具体体现。

二、依法反腐的控权性

控权是现代行政法的历史使命。控权的价值不应该仅仅在于对权力本身的约束，更应该成为一种贯彻于行政行为始终的理念。故在法治社会中，对公民个体和市场主体而言“法无禁止即能为”，而对政府机关而言“法无授权不能为”。法律以一个统一的行为规则，对社会各个主体相同的利益、行为、请求和主张作出相同的法律规定。不允许权力者以问题的特殊性排斥法律普遍性规则的约束，也不能以“下不为例”的方式解决社会中存在的各种具体问题。反腐败斗争实际上是法治原则的本质内涵和要求，因为法治的权利平等、权力制约和公平正义的原则，实质上就蕴含着反腐败的基本价值追求。当前反腐败的推进，体现了以下法治特点。

---

① 参见姜明安：《如何让法治成为国民信仰》，《法治资讯》2013 年第 10 期。

（一）以法规约束权力

习近平指出，“‘权力导致腐败，绝对权力导致绝对腐败’。如果权力没有约束，结果必然是这样。各级领导干部都要牢记，任何人都没有法律之外的绝对权力”①。目前暴露出来的各种腐败行为，大多源于对权力缺少必要的法律约束。要保证党员干部始终按照正确的方式正常使用权力，杜绝权力蜕变和滥用，客观上需要制定权力运行的各种法律规则，以法律规则的方式确立权力授予、权力运行和权力监督的方式和要求。事实证明，用法治手段制约权力、规范权力和监督权力，是有效预防和治理腐败的关键。② 因为法治反腐，在客观上必须要求科学、合理地配置权力，在各种权力间构建一种既相互独立又相互制衡的权力制约关系，使权力始终处于一种均衡状态，以杜绝绝对权力出现绝对腐败的行为。法律作为约束和限制权力的一种社会控制力量，是基于社会本身对良好社会秩序的渴求，从而产生了约束和规制权力的基本价值内涵。在一个法治社会中，法律规则的普遍性和强制性迫使权力者按照法律既定的方式行使权力，不管什么权力都应当受制于法律。从一定意义上而言，法律的价值之一就是为了防止权力者的权力滥用。以法律制约权力，杜绝公共权力滥用，确保公民权利不受各种权力的非法侵袭，是社会主义法治的价值追求和基本要义。③ 立法权、司法权组成的“权力”对政府行政权力的制约，就是通过以法律制约权力而实现，它体现了政治文明的新发展。④

习近平强调，“各级领导干部要带头依法办事，带头遵守法律，对

① 《习近平关于党风廉政建设和反腐败斗争论述摘编》，中央文献出版社、中国方正出版社 2015 年版，第 122 页。

② 参见吴官正：《拓宽从源头上防治腐败工作领域》，《求是》2006 年第 18 期。

③ 参见闫德民：《权力制约范式论析》，《社会科学》2009 年第 7 期。

④ 参见陈宏彩、邓蓉敬：《以权利制约权力：政治文明的新发展》，《理论与改革》2003 年第 6 期。

宪法和法律保持敬畏之心，牢固确立法律红线不能触碰、法律底线不能逾越的观念，不要去行使依法不该由自己行使的权力，也不要去干预依法自己不能干预的事情”①。国家机构的设立是以宪法和法律为依据，其机构运行也离不开法律的规定，任何机关和成员均没有超越法律的授权而自由行为的权利，依法运行是国家机构应当首要遵循的基本原则。因此各级国家机关及其工作人员依照法律规定各归其位、各司其职，严格按照宪法和法律履行自己的职责，就是首要的义务和应尽的职责。只有各种行政权力的行使受到法律规则限制和约束，法律规则的刚性和惩罚原则才能促使权力者必须按照法定方式行事。② 因此，法治规则下的行政权力不存在脱离法律规定以外的权力，也不存在凌驾法律之上的任何权威。③ 它严格要求权力的运行规则依赖于法律规则的预先安排，并由此确立和遵守权力运行的普遍戒律。④ 法治不仅使权力运行合乎社会伦理道德和社会公平正义的要求，而且可以满足人们对理性权力秩序的强烈愿望。同时法治为行政权力的行使，规定相应的法律程序、边界和限度，可以为权力运行提供合法性依据与正当性理由，杜绝权力任意和任性发生的腐败及因腐败行为导致的社会破坏性。

（二）以法制规范权力

习近平提出：“我们要增强依法执政意识，坚持以法治的理念、法治的体制、法治的程序开展工作，改进党的领导方式和执政方式，推进依法执政制度化、规范化、程序化。”“各级政府必须依法全面履行职

① 《习近平关于全面依法治国论述摘编》，中央文献出版社 2015 年版，第 110—111 页。

② 参见［美］E.博登海默：《法理学：法律哲学与法律方法》，邓正来译，中国政法大学出版社 2001 年版，第 358 页。

③ 参见闫德民：《权力制约范式论析》，《社会科学》2009 年第 7 期。

④ 参见闫德民：《权力制约范式论析》，《社会科学》2009 年第 7 期。

能，坚持法定职责必须为、法无授权不可为，健全依法决策机制，完善执法程序，严格执法责任，做到严格规范公正文明执法。”①习近平的讲话深刻表明了运用法律规则规范权力的现代宪法精神，这也是现代法治国家发展的根本方向和必然路径。而强大政府的建立，需要政府将法律作为治国理政和评判社会各种问题的最高权威，在法治社会中，法律的本质不在于压制和束缚人的本性，而在于建立平等权利使公民个体共存的条件。如果政府及其官员的权力以违反法律的方式行使，就失去权力赖以存在的理由。因此，一切国家机关的权力都必须严格依法设立、依法取得、依法行使、依法评价和依法监督。那么，一切行使权力的机关和个人，都必须在法律限定的范围内行使权力。对此，习近平指出：“执政党对资源的支配权力很大，应该有一个权力清单，什么权能用，什么权不能用，什么是公权，什么是私权，要分开，不能公权私用。”②这预示着，党的各级机关和国家机关的各种权力的范围和权力行使的方式均来源于法律，又受制于法律。凡与法律规定相冲突的权力或者法律没有规定的权力均不得额外行使，否则必然承担相应的法律责任。

党的十八届四中全会提出了建立健全行政裁量权基准制度，全面落实行政执法责任制，强化对行政权力的制约和监督，完善执法纠错问责机制的要求。强调法律是权力行使的依据和标准，各级政府的权力来自于法律的预先规定；在法律面前，权力不是一项可以豁免责任的理由，而是一项应当做什么的作为义务或不得做什么的不作为义务。这样“把权力关进制度的笼子里”，最终才能遏制与防止腐败的发生。腐败归根结底其根本表现形式就是权力滥用，因此加强公共权力的监督

① 《习近平关于党风廉政建设和反腐败斗争论述摘编》，中央文献出版社、中国方正出版社 2015 年版，第 133 页。

② 《习近平关于党风廉政建设和反腐败斗争论述摘编》，中央文献出版社、中国方正出版社 2015 年版，第 129 页。

和制约无疑是全面推进依法治国进程的本质要求。依法治国的本质在于依法治权,依法治权就要坚持法律高于权力的原则,让权力在法律的规制下良性规范运行。要规范公共权力,就要依法确立运用公共权力的准则、范围、区域、方式和程序,建立规避法定职责或滥用权力的法律责任,使有权必有责、用权受监督成为一个规则。落实规范和制约权力的要求,就要把党的十八大以来新的实践探索固化为党内法规。如建立有利于党委担负主体责任的配套机制;健全权力清单制度,压缩自由裁量权,强化内部流程控制;完善国有企业监管制度,阻隔借国企改革之名行利益输送的通道等。制度建设要坚持从实际出发,以大多数人能遵守为前提,做好立改废释工作,使制度兼具必要性和可行性。要针对时弊、突出重点,宽严适度、不留死角。搞好配套衔接,做到彼此呼应,增强整体功能。广泛听取党员、干部意见,找出最大公约数,使多数人听得懂、做得到,从而增加对制度的认同。要在实践中不断探索,由低到高、由浅入深、由简入繁、循序渐进,在探索过程中不断完善,将制度之“笼”越织越密、越扎越紧。

(三)以法纪监督权力

党的十八届六中全会公报指出:“监督是权力正确运行的根本保证”。中国共产党执政的根本政治制度,决定了权力监督必须以党内监督为主导,以国家监督为主体,以行政监督、司法监督、民主监督和社会监督等为保障,而监督的戒尺和利器就是党纪与国法。

1. 严格执纪强化党内监督

在推进全面从严治党的语境下,一方面通过思想自觉、严肃党内政治生活来落实权力监督要求;一方面通过严格执行党纪强化党内监督。党纪监督必须突出重点,抓住“关键少数”,破解一把手监督难题。大量腐败案件表明,一把手监督常常是薄弱环节,一把手监督难题亟待破解。党内监督必须在实现对“最大多数”全覆盖的基础上,实现对“关键少数”的“精准监督”，其重点就是党的各级领导班子、领导干部特别是“一把手”。首先要在观念上解决好“严是爱，松是害”的问题。实行严格的党内监督，是对一把手爱护、保护、维护的体现。其次，上级党组织要加强对下级一把手的监督，用刚性制度管住一把手，保证其正确用权、廉洁用权。上级纪委要把下级一把手作为监督重点，发现问题线索及时处理。同级纪委要定期向上级纪委报告同级领导班子成员特别是一把手落实主体责任、执行民主集中制、廉洁自律等情况。再次，发扬党内民主，依靠全体党员的监督，盯好“关键少数”，加大对各级各部门一把手的监督力度，充分体现“治国先治党、治党先治上、治上先治长”的实践导向。

强化党内监督必须落实监督责任。党的十八届六中全会公报指出，各级党组织应当把信任激励同严格监督结合起来，促使党的领导干部做到有权必有责、有责要担当，用权受监督、失责必追究。要“压实责任”，即党的中央委员会、中央政治局、中央政治局常务委员会全面领导党内监督工作。特别是明确党委（党组）在党内监督中负主体责任，书记是第一责任人，党委常委会委员（党组成员）和党委委员在职责范围内履行监督职责。要“建立责任体系”，即在党中央统一领导下，党委（党组）承担全面监督责任，纪律检查机关承担专门监督责任，党的工作部门承担职能监督责任，党的基层组织承担日常监督责任，普通党员承担民主监督责任，有权向党负责地揭发、检举党的任何组织和任何党员违纪违法的事实，提倡实名举报。落实这些监督责任，党内监督“宽松软”的情况将得到根本性改变，党内监督“严紧硬”的格局将会实质性生成，党内监督的权力监督价值功能就能得到充分体现。

2. 以严格执法强化法律监督

中国特色的法治是党纪与国法的共同之治。靠纪律管住党员干部，靠法律惩治腐败分子，这是从严治党和依法治国的内在要求。只有坚持纪法分开，才能使党规党纪与国家法律既各司其职、分工协作，又配套联动、相得益彰，共同发力。在惩治和预防以权力异化为本质的反腐败斗争中，纪律和法律具有作用和效力上的时序性，纪律红线突破，往往是法律底线触碰的预警信号，而法律底线被突破，纪律红线必然失守，因此对党员违反规则的行为纪律应率先反应，法律则是最后响应的机制。只有坚持纪在法前，才能用纪律管住大多数，把“病毒”和“虫害”消灭在萌芽状态，防止党员领导干部小错酿成大祸；只有坚持纪严于法，才能突出强调党员和党组织区别于普通公民的政治责任，唤醒全党特别是党员领导干部的党章党规党纪意识；只有坚持严格执法，才能使破纪违法和犯罪的腐败分子受到法律的严厉制裁。通过准确适用刑法，实现罪刑法定，依法剥夺腐败分子的财产权、自由权乃至生命权，使腐败分子为他们的严重危害付出应有的代价，体现国家刑罚的强大威慑力，树立社会主义法治的权威。

强化对公共权力的法律监督必须汇聚监督合力。党的十八届六中全会公报指出：“各级党委应当支持和保证同级人大、政府、监察机关、司法机关等对国家机关及公职人员依法进行监督，人民政协依章程进行民主监督，审计机关依法进行审计监督。要支持民主党派履行监督职能，重视民主党派和无党派人士提出的意见、批评、建议。要认真对待、自觉接受社会监督。”在我国的监督体系中，人大监督是立法者对法律执行的监督，是授权者对权力行使和运行的监督，具有最高的法律效力；政府监督是行政权运行中，上级对下级履职行为的层级监督，具有行政管控的法律效力；监察机关和司法机关是依法反腐的专门机构，具有法定的独立性、专门性和权威性，依法履行惩治和预防腐败违法、腐败犯罪的执法、司法职能；人民政协的民主监督，是惩治和预防腐败的重要力量；审计监督通过加强对国家资金管理使用情况的监督检查，发现和揭露贪污腐败等违法犯罪问题，维护公共权力机关的廉洁性，促进国家工作人员勤政廉政。汇聚以党内监督为核心的反腐合力，就能筑牢拒腐防变的法治防线。

三、依法反腐的治本性

依法反腐强调标本兼治。治本和治标内在统一、相辅相成。没有离开“标”的“本”,也没有离开“本”的“标”。治标是为了治本,治本才能巩固治标的成效。治标为治本赢得时间、创造条件,治本为治标巩固成果、根除病源。当前,我国社会面临诸多矛盾叠加、风险隐患增多的严峻挑战,而反腐败则是我们党化解新风险、抓住新机遇、迎接新挑战的必然举措。同时,反腐败是党要管党、从严治党的核心内容,也是实现我国经济健康快速发展的有力保障。反腐治本就是要突破以反腐谈反腐、就法律谈法律的反腐败模式,而是将制约反腐败体制机制的整个问题放在全面深化改革的大局中全面考虑,将预防腐败的思想和理念贯穿到“四个全面”总体布局之中,将惩治腐败的各项措施贯穿于全面深化改革的各个环节中。通过全面深化改革,提高反腐败斗争的科学水平,推进国家治理体系和治理能力的现代化。

(一)保障和促进经济发展

党的十八大以来,我国社会发展进入了新阶段,各项改革已进入攻坚期和深水区,当前推进改革的艰巨程度、敏感程度、复杂程度前所未有。要实现“两个一百年”奋斗目标,对全面深化改革提出了更加迫切的要求。然而腐败阻碍了社会发展,不言而喻已是当前社会发展的“癌细胞”,只有反腐才能助力经济发展,廉洁才能增强经济发展的免疫力。因为暗箱操作多,市场公平就少;潜规则多,正当竞争就少。一个腐败行为横行的市场肯定不是一个健康有序的市场。反腐败的历史经验告诉我们,反腐并不会影响发展,相反腐败现象严重阻碍经济的发展。① 惩治

① 参见苏满满:《腐败心理预防》,中国方正出版社 2004 年版,第 5 页。

腐败，打击各种权力寻租行为，清除社会和市场交易运行的各类绊脚石，市场主体的交易成本才会真正降低，公平经营、交易的市场经济环境才能真正营造。有人认为反腐阻碍了经济发展，造成经济萧条，越反社会发展越慢。事实上推进反腐，可以破除改革中各种阻力和腐败行为，并对经济发展中的违法腐败行为予以制裁，以保障经济秩序正常运转，促进社会发展和稳定。

从目前全国经济发展的总体势头看，我国的经济发展态势基本面是好的，尽管近年来经济增长速度不如前些年，但与世界其他国家相比，仍算得上是经济发展的高速度。现在出现的一些经济增速减缓的现象，并非是由于反腐败造成的结果，或者由于反腐败导致经济增长潜力耗尽。其真正原因在于世界整体经济复苏乏力，以及我国经济增长速度正处于换挡期、结构调整阵痛期、前期刺激政策消化期的"三期叠加"的艰难时期，不得不"自我减速加压"的结果。从腐败与反腐败的两者关系看，反腐并不是经济发展的绊脚石，恰恰相反它为经济的发展注入了"反腐剂"和"推进剂"。历史证明，反腐败与推动经济发展存在相互制约、作用与反作用的关系，经济发展需要反腐败来营造良好的社会和市场环境，良好的社会和市场环境又可以减少或者直至杜绝腐败行为的发生。美国政治学者约瑟夫·奈也曾如此评价正在中国上演的这部永不落幕的反腐"连续剧"，他认为"反腐就是增加中共的软实力"。

1. 反腐营建公平竞争的市场秩序

当前国家从完善激励创新的产权制度、知识产权保护制度和促进科技成果转化的体制机制，加强市场法律制度建设，制定和完善财政税收、金融、农业、土地管理、能源和矿产资源等方面的发展规划、投资管理的法律法规，促进商品和市场要素的自由流动、公平交易、平等使用。对国家宏观调控、市场监管将依法予以加强和改善，反对市场垄断行为，加大对工程领域、土地开发、房屋拆迁的招投标监督与规范，防治利益个体化和集团化，规范市场主体参与市场经营行为的合法性、诚实性和公正性要求，杜绝公司企业违法参与投标、串标和围标的行为。对于违背社会诚实信用原则、拒不执行法院生效裁判的公司企业严格禁止从事相关行业，以促进与维护市场合理竞争和公平竞争的有序秩序。

2. 反腐构建安全交易的市场环境

法治方式反腐意味着，在反腐过程中可以利用法律强化对各种利益矛盾、冲突的调整和融合，突出以法治的方式解决利益矛盾、冲突的能力。因为市场的变动性和激烈性特点，决定市场交易可能随时面临一些交易风险，法治反腐可以杜绝公共权力和官员为个人私利介入市场交易的违法行为非法干扰与影响市场主体合法交易的安全。

3. 反腐规范市场监督的法治氛围

企业组织是从事商品生产、市场交换的市场主体，也是经济上最活跃、最有影响力的要素。法治反腐的目的之一就是建立完善对各行业的企业组织管理、监督制度，并形成以保护产权、维护契约、统一市场、平等交换、公平竞争、有效监管的市场经济法律制度。从法律上严格规范和界定公司行为与个人行为、公司财产与个人财产的界限，规范公司利润分配制度、公司整体转让制度。防止利用利润分配和整体转让进行行贿、受贿行为，确保市场经济健康良性发展，确保市场在资源配置中起决定性的作用。

（二）保障和促进社会稳定

社会主义市场经济本质上是法治经济，它是用法律形式规范经济活动中各主体的权利和义务，包括约束政府机关及其工作人员的行政行为，监督与规范公司企业组织的生产经营行为，以确保市场各主体在公开、公平、公正的原则基础上进行平等的市场竞争。事实证明，公司企业组织的违法行为，特别是凭借其资金优势拉拢或者腐蚀党员干部，是导致政府部门或其官员陷入腐败的重要原因之一。自 20 世纪 70 年代开始，西方私人企业的自我约束、自我管理、自我监督的“经营行为道德准则”或者“经营行为规范”，将西方私人企业的自我管理机制提升到一个新的水平，从而逐步演变成为具有明确操作标准的、具有自我约束力的道德行为准则，杜绝了公司企业组织利用公司资金拉拢腐蚀官员的可能性。历史经验表明，反腐与改革并重，才能符合社会发展规律和经济的发展，才能解决生产力与生产关系、经济基础和上层建筑之间的矛盾。目前，我国经济与社会转型中的漏洞使腐败行为肆意横行，官商勾结、权钱交易现象屡见不鲜。因此要保持社会经济稳步高效持续增长，就要着力构建全社会更广泛领域的公平秩序，推动经济社会发展公正。

近年来，从严惩腐败到重拳打击市场垄断，从打破城乡二元结构到深化财税制度改革，相关改革举措意在破除利益藩篱，中央的目的就是着力构建更加公平有序的现代市场体系，让经济社会的发展红利更有效地惠及全体公民。从教育、医疗到住房、养老，从收入分配到社会保障，着力针对惩治腐败、建立公平正义的社会秩序接连打出组合拳，其目的就是遏制腐败行为，维护社会的公平正义。可见，反腐不仅是改革推进的助力器，更是保障顺利改革和维护社会稳定的基础与前提。

（三）保障和促进廉政建设

党的十八大报告明确指出，反对腐败、建设廉洁政治，是党一贯坚持的鲜明政治立场。习近平多次强调，建设廉洁政治，才能使干部清正、政府清廉、政治清明，才能在全党、全国形成一种良好的政治生态。因此当前推进的反腐败斗争，无疑是实现“全面建成小康社会、推进社会主义现代化、实现中华民族伟大复兴”的必然要求，是如何应对“四大考验”和化解“四种危险”，强化党的执政基础、巩固党的执政地位的必然要求。要建设廉洁政治，毋庸置疑其首要的任务就是必须旗帜鲜明地反对各种腐败。从经济基础与上层建筑之间的关系上看，要建设廉洁政治，法律的作用最具能动性。解决各种腐败问题，关键也要通过法律解决。[①] 因此综合各种因素，用法治方式反腐是实现廉洁政治的根本途径和客观要求。法治反腐可以通过法律的原则性、规范性和强制性的特点扼住权力的喉咙，约束与制约权力的"任性"，让权力始终在法律的监督和制约下，服从于法治逻辑和制度逻辑，把权力"关进制度的笼子里"，不得脱离或者超越法律的规制"任性"而为。事实上，法治反腐不言自明也成了治理党员干部"庸政"、"懒政"和"怠政"现象的有力举措，是全面构建干部"不能为"、"不敢为"、"不必为"和"不愿为"的有效机制，从而最终实现干部清正、政府清廉、政治清明的廉洁政治目标。

1. 保障和促进干部清正

国家公职人员是否品行端正、作风正派，是否忠于职守、廉洁奉公，是干部清正的主要判断标准。干部清正的形成，要求公职人员必须严格按照法定权限和程序切实履行应尽职责，对手中的权力常怀律己之心，对已有的法律常怀敬畏之心，自觉按照党纪国法，依法办事、勤政廉政，自觉抵制各种不良风气和不正之风，远离各种腐败行为。党的各级组织要敢于较真碰硬，见物见人见细节，从点滴抓起，从具体问题管起，及时发现问题、纠正偏差。党委书记要有个"婆婆嘴"，常念监督的"经"，发现错误苗头及时谈话提醒，板起脸来批评教育，防止小病拖成大病。要坦诚相见、开诚布公，让正常的批评和自我批评成为党内政治空气清洁剂，让党员、干部习惯在相互提醒和督促中进步。党的各级组织要拿出滴水穿石的劲头、铁杵磨针的功夫，在坚持不懈、持之以恒中见常态、见长效。

2. 保障和促进政府清廉

与民争利的政府，显然不是一个清廉的政府。如果政府机关不清廉，而要政府官员清正，其难度必然更大。政府要清廉，各级行政机关

---

① 参见孙长忠：《建设廉洁政治》，中国社会科学网 2013 年 10 月 24 日。

就必须坚持“法定职责必须为、法无授权不可为”的原则，始终把人民利益放在首位，做到国家利益、社会利益和人民权益的统一，严格依法行政、公正司法，坚决杜绝和防止有法不依、执法不严、违法不究、徇私枉法等行为。要确保政府清廉，就需要旗帜鲜明反对腐败，从严惩治各种腐败行为。同时通过创新行政管理模式，加强行政绩效管理、行政决策和行政问责机制，打造服务政府、责任政府、法治政府和廉洁政府。[①] 通过用法律限定、规范和监督政府的行为，使政府的各项权力行为符合已有的法律规定和政策，并及时查处偏离法律或者违反法律规定行使权力的行为，确保政府权力始终在法治轨道内规范运行。

3. 保障和促进政治清明

建设廉洁政治，必须建设法治政治；实现政治清明，首先要实现政治法治。法治方式反腐，就是使国家和社会实现政通人和、公平正义、弊绝风清、法治有序的政治局面。要保证政治清明，就要通过大力反腐来发挥法治在国家治理和社会管理中的重要作用，从而不断改进党的领导方式和执政方式，实现党的领导、人民当家作主、依法治国的有机统一。使国家行政机关和党员干部始终把人民对美好生活的向往作为奋斗目标，做到以人为本、执政为民。而制度化、规范化、程序化法治反腐，是社会主义民主政治的根本保障。法治方式反腐，促进社会规则公平、机会公平和权利公平，从而在全社会形成自律尽责、诚实守信、廉洁奉公等价值观念和道德操守，营造崇廉尚洁的良好社会氛围。

---

① 参见李玉赋：《建设廉洁政治是我们党的重大任务》，《求是》2013 年第 2 期。

第十六章

科学反腐　持续长效

科学有效地防治腐败既是反腐倡廉工作开展的必然要求，也是反腐倡廉、建设廉洁政治是否具有实效的衡量标准。习近平提出的"更加科学有效地防治腐败"的系列论述和总体要求，蕴含着反腐败在经济社会发展总体布局和"四个全面"战略布局下的统筹安排、分步实施、整体推进的高瞻远瞩，贯穿着辩证法和认识论的基本观点和思想方法，为反腐败部署的科学性、腐败治理的系统性、反腐工作的创造性和反腐发力的实效性提供了明确的方向指引。

一、反腐败部署的科学性

反腐败斗争是当下在我国各个领域全面开展的一项工作。习近平指出："抓好党风廉政建设和反腐败斗争，必须全党动手。各级党委对职责范围内的党风廉政建设负有全面领导责任，党委主要负责人是第一责任人。要坚持和完善反腐败领导体制和工作机制，发挥好纪检、监察、司法、审计等机关和部门的职能作用，共同推进党风廉政建设和反腐败斗争。"①习近平的一系列重要讲话对当前反腐败斗争进行了系统

① 《习近平关于党风廉政建设和反腐败斗争论述摘编》，中央文献出版社、中国方正出版社 2015 年版，第 56 页。

性和全局性的安排，揭示了反腐败战略部署科学推进的实践意义。

（一）建构新型反腐败体系

从党的反腐败历史实践看，中国共产党的发展史也是中国人民反对腐败的斗争史。从社会发展的历史规律看，只有坚持中国共产党的领导，才能形成正确的反腐败指导思想和基本原则，才能确立科学的领导体制和工作机制，才能作出符合国情和社会客观发展规律的反腐倡廉战略决策与工作部署，才能有效地发动、组织全党和全社会的力量参与到反腐败斗争中，最终使反腐倡廉工作沿着正确的政治方向平稳、健康地向前推进。

1. 坚持科学的顶层设计①

党的十八大以来的反腐败斗争是在“四个全面”战略布局的协调推进下开展的。以习近平同志为核心的党中央，站在统筹国内国外两个大局的高度，部署反腐败目标任务。党的十八届三中全会研究全面深化改革，推动反腐败体制机制创新；党的十八届四中全会研究全面依法治国，强化了反腐败斗争的法治方略；党的十八届五中全会研究“十三五”发展规划，进一步明确了反腐败斗争的价值目标；党的十八届六中全会研究全面从严治党，制定新形势下党内政治生活若干准则，修订《中国共产党党内监督条例（试行）》，强化了治国必先治党、治党务必从严的反腐导向。这一系列的重大部署，清晰地表明了党中央战略思

① “顶层设计”最早属于一个工程学术用语，现已成为我国一个新的政治名词。其本义是指统筹考虑项目各个层次、各个要素和各个方面，追根溯源，统领全局，在最高层次上寻找解决问题的根本方法。顶层设计在中共中央关于“十二五”规划的建议中首次出现，预示着中国改革事业进入新的征程。顶层设计的特征在于：一是顶层的决定性，顶层设计是自高端向低端展开的设计方法，核心理念与目标都源自顶层，因此顶层决定底层，高端决定低端；二是整体的关联性，顶层设计强调设计对象内部要素之间围绕核心理念和顶层项目形成的关联、匹配与有机衔接；三是实际的可操作性，设计的基本要求是表述简洁明确，设计结果具备实践可行性，因此顶层设计成果应是可实施、可操作的。

想与战略决策高度契合，理论创新与实践创新高度统一，治国理念与治国布局高度一致，问题导向与规律导向高度协调。

面对盘根错节的利益链条和错综复杂的利益调整，党中央贯彻习近平关于“建立健全惩治和预防腐败体系是国家战略和顶层设计”①的重要指示，制定了目标明确、计划周延、程序科学、方法得当的顶层设计方案。中共中央下发的《建立健全惩治和预防腐败体系2013—2017年工作规划》，其目的就是为了全面推进惩治和预防腐败体系建设，坚持党要管党、从严治党，推进国家治理体系和治理能力的现代化，实现“两个一百年”的奋斗目标。规划从反腐败斗争总的工作原则，以全面推进中国特色社会主义伟大事业和党的建设新的伟大工程出发，紧紧围绕全面深化改革的总体部署，坚持标本兼治、综合治理、惩防并举、注重预防的方针，以改革精神加强反腐败体制机制创新和制度保障，坚定不移地转变作风、反对腐败；同时各级党委必须担负起全面领导党风廉政建设和反腐败工作的主体责任，切实将党风廉政建设和反腐败工作与党的建设、政治建设、经济建设、文化建设、社会建设和生态文明建设相结合，做到统一部署、统一落实、统一检查。各级纪委机关则要充分发挥党内纪律监督专门机关的作用，协助党委抓好各项党风廉政建设和反腐败工作的任务分解，搞好组织协调，加强检查监督。其他惩治和预防腐败体系建设的牵头单位和协办单位也必须按照自己的工作职责履行工作责任，做到相互间密切配合，多措并举，整体推进，从而形成党风廉政建设和反腐败斗争的强大工作合力。

按照规划的部署安排，各级党委要把党风廉政建设和反腐败斗争纳入当地的总体工作规划，对党风廉政建设和反腐败工作的整体设计、系统规划、强化治理和查办重大案件中的重大部署以及重大问题的协调会商等事宜做好统筹规划，进一步明确了各级党委的具体工作职责

① 《习近平谈治国理政》，外文出版社2014年版，第394页。

和办理程序，以适应新形势下反腐败斗争的新需要。在坚持“两个责任”即党委的主体责任和纪委的监督责任共同推进的同时，各级党委、纪委机关或其他相关职能部门都要对承担的党风廉政建设责任做到尽职尽责，守土有责，并大力强化党风廉政建设的责任追究。社会各项改革计划要突出惩治和预防腐败的总体要求，并且要与防范腐败工作同步考虑、同步部署、同步实施，杜绝社会改革发展中可能出现的一切腐败漏洞，保障社会改革健康顺利地推进。在坚持党委对反腐败执纪执法工作领导的同时，注意防止和避免地方、部门保护和利益固化对腐败案件查处工作的影响和干扰。对于一些非法干扰、阻碍案件查办、以权压法或者以纪代刑的行为，要坚决予以纠正，并追究相关组织和责任人的责任。党的十八届四中全会对全面推进依法治国作出了战略部署，“科学立法、严格执法、公正执法和全民守法”成为推进社会主义法治国家建设的基本方针。“十六字方针”体现了建设法治国家“破”和“立”的辩证统一，同时也为全面推进法治反腐指明了方向和进路。党中央修订出台党员干部廉洁自律准则、中国共产党纪律处分条例、巡视工作条例等党内监督制度；在选人用人管人制度的健全方面，也正在不断深化体制机制改革，不同程度地加强领导干部监督和管理的责任，全面推行权力清单制、行政审批公开制及权力运行流程控制，防止和减少权力的滥用；在对国有企业监督制度方面，中央加强对国有企业的领导，对一些权力集中、资金密集、资源富集的单位加强了巡察巡视工作，增强了财务审计力度。为充分发挥纪检机关在党风廉政建设和反腐败斗争中的作用，中共中央政治局颁布了《党的纪律检查体制改革实施方案》，以深化和完善纪检工作双重领导体制为重点，突出“两个为主”、“两个全覆盖”的改革：“两个为主”是指各级纪检机关在查办腐败案件时以上级纪检机关的领导为主，但案件线索的处置和查办在向同级党委报告的同时还必须向上级纪检机关报告；在纪检机关领导人选上，各级纪委书记、副书记的提名和考察以上级纪检机关会同组织部门为主。“两个全覆盖”是指中央纪委全面向中央一级党和国家机关派驻纪检机构实行全覆盖，并实行名称和管理统一；改进中央和各省区市的巡视制度，做到巡视对地方、部门、企事业单位的全覆盖。同时，加强反腐执纪执法机关的责任意识，要求反腐执纪执法机关敢于监督、敢于负责和敢于担当，加强执纪问责和法律监督的力度，深化机构转职能、转方式、转作风，忠实履行法律赋予的职责。通过上述一系列的措施，推动党风廉政建设和反腐败工作顶层设计的不断优化。

2. 保障促进改革发展

当前反腐败中“打虎拍蝇”取得实效，但是反腐败不能仅仅着眼于此，也不仅仅限于眼前的一些反腐行为，而应通过反腐败的实际行动改变权力运行结构和利益分配格局，直至整个政治生态环境。各级党委、政府把党风廉政建设和反腐败工作与构建良好的政治生态与经济生态结合起来，为“十三五”开好局、起好步提供更加良好的政务环境。各地各部门以深化改革为动力，以制度约束为重点，以正风肃纪为抓手，坚持依法行政、廉洁从政，放好权，管住钱，抓落实，惩贪腐，持续有力推进党风廉政建设和反腐败工作；坚持源头反腐，进一步加快政府职能转变，重点是通过简政放权、行政审批制度改革，推广“一个窗口”受理、网上并联审批等方式，方便企业和群众办事，减少权力寻租。坚持补齐短板，加强关键领域廉政风险防控，重点是严管公共资金，对基础设施、生态环保等民生方面投入较大的资金，加大信息公开力度，推进决策、执行、管理、服务、结果向社会公开。

各级纪检监察机关、检察机关紧紧围绕党和国家工作大局，科学把握惩治和预防腐败工作的职能定位，全面担当维护党的执政地位、维护人民根本利益、维护国家政权安全的多元使命。综合运用多元化的执法方式，充分发挥打击、预防、监督、服务、保护等功能，努力实现法律效果、政治效果和社会效果的有机统一，构建方式多元、功能多元、效果多元的侦防工作新格局。最高人民检察院强调，反腐执法要坚持运用马克思主义的立场、观点和方法，要坚持社会主义根本政治制度，牢牢把握执法为民的根本宗旨;坚持解放发展生产力的根本要求,自觉服务经济社会发展大局;坚持社会主义法治原则,促进和维护社会公平正义;坚持改革创新的时代精神,推动工作创新发展;坚持国家治理现代化的基本要求,不断巩固党的执政基础;坚持在全部工作中队伍建设是根本的人本观念,努力建设过硬的侦查预防队伍。

各地党政机关和经济管理部门认真贯彻习近平关于建立“亲”、“清”政商关系的指示,把构建良好的新型政商关系作为新常态下党风廉政建设和反腐败工作的重要方面。“亲”,就是要坦荡真诚同民营企业接触交往,积极作为、靠前服务;“清”,就是同民营企业家的关系清白、纯洁,不能有贪心私心,不能以权谋私,不能搞权钱交易。[①]坚持转变作风,持续优化政务生态,重点是严守政治纪律和政治规矩,坚决防止“四风”反弹回潮,大力倡俭治奢。坚持惩防结合,推动廉政责任落地见效,重点是严格落实党风廉政建设主体责任,强化领导干部廉洁从政监督,及时查处权钱交易、权色交易、权权交易等腐败问题,维护群众切身利益。毫不动摇巩固和发展公有制经济,毫不动摇鼓励、支持和引导非公有制经济发展。充分肯定非公有制经济在我国经济社会发展中的地位和作用,鼓励、支持、引导非公有制经济发展,致力于为非公有制经济发展营造良好环境和提供更多机会。

各级党委政府和反腐职能部门在“三不机制”建设中,坚持把惩治作为预防腐败的前提,以“惩治”破局,积极推进无禁区、全覆盖、零容忍的反腐败原则,坚决查处腐败分子,保持持续反腐的高压态势,竭力营造“不敢腐”的政治氛围。在加大惩治腐败力度的前提下,加强治本力度,通过选好干部、用好干部,深化体制机制改革,加强权力运行机制建设,防止权力滥用,建立党员干部的日常管理和常态化监督,推进党员干部的激励和问责机制的建立和完善,逐步使党员干部“不能腐”。

① 参见《习近平:构建“亲”“清”新型政商关系》,新华网 2016 年 3 月 5 日。

拒腐防变的根本是坚定党员干部的理想信念，通过对党员干部进行理想信念和道德教育，坚定共产党人的精神追求，坚定党的理想信念和服务宗旨意识，坚定社会主义和共产主义信念，树立对中国特色社会主义道路、理论体系和制度的"三个自信"，从而使党员干部"不想腐"。从"不敢腐"、"不能腐"再到"不想腐"是反腐败从量变到质变的飞跃，是一个完整的逻辑发展过程，是党中央反腐败的总体战略目标。

（二）营建新型反腐败体制

建设有中国特色的社会主义是一项前无先例可循的伟大事业，需要不断改革创新。改革创新就需要打破一些思想观念的束缚和利益固化的藩篱，从而为实现"两个一百年"奋斗目标和中华民族伟大复兴提供力量源泉。在全面深化改革新时期反腐败工作方面，党的十八届三中全会进行了部署，全会审议通过的《中共中央关于全面深化改革若干重大问题的决定》第35条、第36条和第37条分别对"形成科学有效的权力制约和协调机制"、"加强反腐败体制机制创新和制度保障"和"健全改进作风常态化制度"等方面作出了详细规定，为扎实开展党风廉政建设和反腐败斗争焕发出了新的体制和机制活力。

1. 形成科学有效的监督体系

没有监督的权力，必然容易导致腐败。权力过于集中，没有有效监督制约是多年来的积弊，因此要实现党风廉政建设和反腐败"三不机制"的构建目标，就必须改革完善对党政领导干部及其工作部门的权力配置和权力运行的全程监督。习近平强调："我们要健全权力运行制约和监督体系，有权必有责，用权受监督，失职要问责，违法要追究，保证人民赋予的权力始终用来为人民谋利益。"①习近平认为，只有让

① 习近平：《在首都各界纪念现行宪法公布施行30周年大会上的讲话》，人民出版社2012年版，第12页。

权力在阳光下运行,才能使权力者更加敬畏人民的监督。要加强对权力的监督制约,就必须建立健全各种民主监督制度。习近平指出:“要完善党内权力运行和监督机制,实行权责对应,坚决反对特权,防止滥用职权。”[①]要加强党内监督、人大监督、民主监督、行政监察监督、司法监督、审计监督、社会监督、舆论监督,努力形成科学有效的权力运行和监督体系,增强监督的合力和实效。让权力在阳光下运行。“有权就有责,权责要对等。无论是党委还是纪委或其他相关职能部门,都要对承担的党风廉政建设责任进行签字背书,做到守土有责。出了问题,就要追究责任。决不允许出现底下问题成串、为官麻木不仁的现象!不能事不关己、高高挂起,更不能明哲保身。自己做了好人,但把党和人民事业放到什么位置上了?如果一个地方腐败问题严重,有关责任人装糊涂、当好人,那就不是党和人民需要的好人!你在消极腐败现象面前当好人,在党和人民面前就当不成好人,二者不可兼得。”[②]这些重要论述,深刻阐明了形成科学的监督体系,才能确保权力合法、阳光地运行,才能确保权力为人民谋利益,同时也表明加强和改进对权力的监督,特别是对主要领导干部行使权力的制约和监督是对权力监督的关键。只有通过建构新型的监督体系,才能保证“两个责任”严格贯彻落实并形成合力,才能实现干部清正、政府清廉、政治清明。同时,按照中央办公厅印发的《关于全面落实中央纪委向中央一级党和国家机关派驻纪检机构的方案的通知》规定,中纪委先后在中央党和国家机关设置了 47 家派驻纪检组,实现派驻机构对 139 家中央一级党和国家机关的全覆盖。纪检机构派驻的全覆盖,意味着监督的触角延伸到党内各个部门和单位,对中央一级党和国家机关的权力实施全方位的监督,从

① 《习近平关于严明党的纪律和规矩论述摘编》,中央文献出版社、中国方正出版社 2016 年版,第 54—55 页。

② 《习近平关于党风廉政建设和反腐败斗争论述摘编》,中央文献出版社、中国方正出版社 2015 年版,第 62 页。

而实现对党内监督无死角、无空白，对全面推进从严治党、强化党内监督有着十分重要的现实意义。

2. 完善党的纪律检查体制

党的纪检工作是党和国家党风廉政建设和反腐败治理体系的重要组成部分。改革完善纪检工作体制，对实现党的执政能力和国家治理能力的现代化具有重要的现实意义。2013 年 4 月至 5 月，中央纪委对内设机构进行了一次重大调整，将原有 8 个纪检监察室扩至 10 个。2014 年 3 月 17 日，中央纪委机关又进行了一次机构改革，整合 6 个内设机构。此次改革是在前一次改革基础上进行的调整，突出纪检机关"转职能、转方式、转作风"的改单要求，更加突出监督执纪的职能中心和工作重心的作用。同年 6 月，中共中央政治局正式制定下发了《党的纪律检查体制改革实施方案》，从而拉开了纪检机关职能转变的序幕。习近平在十八届中央纪委五次全会上强调，推动党风廉政建设和反腐败工作，就要深化党的纪律检查体制改革，强化党内监督。当前应以落实"两个为主"、"两个全覆盖"作为纪检体制改革的主要内容，将放大"做强主业、担当主责"作为各级纪检监察机关工作的主要任务，将"把纪律挺在前面"作为新时期党风廉政建设的重要原则。今后纪检监察机关着重负责对党员干部违反纪律的查处，对于党员干部违反法律的腐败行为，则依法移送司法机关处理，从而使纪检机关通过内调结构的方式，树立严肃执纪的强大威信力，为从严治党提供持续有效的强力支撑。中共中央印发的《建立健全惩治和预防腐败体系 2013—2017 年工作规划》，明确指出各级纪检机关应充分发挥党内专门纪律监督机关的作用，并将党内监督和惩处腐败作为工作重心，形成对腐败势力严厉打击的工作态势。工作重心的明确有利于纪检机关在反腐败斗争上集中发力，更加突出反腐工作重点和效率。此外在实践中要改变"党委主体责任虚化，纪委监督责任软化"的不良倾向，扎扎实实贯彻党风廉政建设责任制，使各级地方党委在管人管钱管事管权上，充分发挥党委的领导主体责任，实现各级党委从“要我反腐”到“我要反腐”的工作职能大转变，竭力支持各级纪检机关依法依纪履行监督和监察职责，从而使党的监管链条从“第一公里”到“最后一公里”的全面构建①。

3. 改革国家监察体制

改革国家监察体制，是在“四个全面”战略布局协调推进，反腐败取得压倒性胜利的形势下，党中央作出的重大决策。以党的十八届六中全会为标志，全面从严治党再动员、再出发。我国反腐模式从传统反腐向法治反腐转变，反腐策略正从零散型应急反腐向整体型系统反腐转化。党中央充分估计到，彻底根除腐败是一个世界性难题，也是中国共产党的执政使命。面对盘根错节的利益链条和错综复杂的利益调整，必须健全和完善反腐败领导体制和工作机制，为永远在路上的反腐败斗争提供坚强组织保障。党对腐败的治理不仅体现在从严治党依规治党、把纪律挺在前面，而且必须体现在反腐败国家治理的组织载体与执法活动之中。改革反腐败体制机构，组建国家监察委员会，既加强党内监督，又加强国家监察，实现反腐败斗争的执纪权和执法权有机衔接，是打赢反腐攻坚战、持久战的必然选择。这一改革涉及政府和检察两大国家机构权力分割和调整，涉及反贪、反渎、预防等部门检察干警的成建制转隶，必须牢固树立政治意识、大局意识、核心意识、看齐意识，自觉地在思想上政治上行动上同以习近平同志为核心的党中央保持高度一致。在实践探索中，确保思想不乱、工作不断、队伍不散，推动人员融合和工作流程磨合。坚决摈弃狭隘的利益观和部门观，以出自忠诚的真担当、牢记使命的大担当、直面问题的铁担当完成国家监察体制改革试点任务，为完善相关法律和改革全面铺开积累经验。

---

① “最后一公里”原意指长途跋涉的最后一段路程，被引申为关乎某件事情成败，最后的且最为关键的步骤。

4. 完善反腐败法律制度

习近平指出，“加强反腐败国家立法，加强反腐倡廉党内法规制度建设，让法律制度刚性运行。扬汤止沸，不如釜底抽薪。要从源头上有效防治腐败，加强对典型案例的剖析，从中找出规律性的东西，深化腐败问题多发领域和环节的改革，最大限度减少体制障碍和制度漏洞。要加强对权力运行的制约和监督，把权力关进制度的笼子里”①。域外各国反腐败经验证明，法治才是预防和治理腐败的有效措施。只有厉行法治，才能发挥法治的作用，才能健全反腐败法律制度，才能更加科学有效地治理腐败。因此，完善的反腐败法律制度建设，必定能够预防腐败，防止权力滥用。事实上，党风廉政建设和反腐败斗争是一个系统工程，不管是思想组织建设、制度体系完善，还是反腐的查处力度，都离不开法律作保障。那么，要实现科学有效的治理腐败，就必须注重从源头上解决腐败问题。适时修改、制定反腐败相关法律制度，用法律规范权力运行，才能杜绝法律漏洞与防范腐败的行为发生。

当前我国由于受到传统治理国家方式的制约，许多廉政法律和制度没有发挥应有的作用，存在一些法律、制度失效、失灵现象严重；一些权力滥用、权力失范、权力不明、监督不畅和惩处不力又没有法律制度规范制约的问题；一些法律本身存在不完善、不配套，或者法律间存在冲突和矛盾等问题。为改革和完善权力运行过程中和权力配置中需要法律面对和解决的问题，党的十八届四中全会作出的《中共中央关于全面推进依法治国若干重大问题的决定》指出，加快推进反腐败国家立法，完善惩治和预防腐败体系，形成不敢腐、不能腐、不想腐的有效机制，坚决遏制和预防腐败现象。完善惩治贪污贿赂犯罪法律制度，把贿赂犯罪对象由财物扩大为财物和其他财产性利益；加强重点领域立法。

① 《习近平关于党风廉政建设和反腐败斗争论述摘编》，中央文献出版社、中国方正出版社 2015 年版，第 121 页。

依法保障公民权利,实现公民权利保障法治化;加强对国有、集体资产所有权、经营权和各类企业法人财产权的保护;制定和完善发展规划、投资管理、土地管理、能源和矿产资源、农业、财政税收、金融等方面法律法规;依法加强和改善宏观调控、市场监管,反对垄断,促进合理竞争,维护公平竞争的市场秩序。此外,还要通过制定和完善党内法规体系,真正树立党规党纪的权威性、严肃性。

(三)设置新型司法反腐体例

司法审判是反腐败整个体系中最后和最为重要的一个关键环节,当前以法治思维和法治方式反对腐败,就必须始终坚定不移地捍卫司法公正,充分发挥司法审判作为反腐败最后一道防线的作用。在反腐败斗争中,司法机关与纪检监察机关通过配合协作,发挥司法机关在反腐败斗争中的保障和打击作用。同时司法机关通过审判,按照罪刑法定与罪责刑相适应的刑法原则①,对移送审判的案件严格区分罪与非罪、此罪与彼罪、重罪与轻罪等情节与事实,确保职务犯罪案件查办的质量和办案成果,维护法律权威,最终实现刑罚引导、惩戒、教育、防范等功能②。当前司法机关按照党的十八届三中、四中全会的决定,针对一些地方不同程度存在司法不公、司法不透明、司法不文明的状况,按照中央深化改革领导小组的统一安排,着力对存在的诸如司法权运行内部监督制约机制薄弱、司法外部环境不良、司法保障机制不健全等问

① 罪刑法定是中国刑法规定的一项基本原则。基本含义是“法无明文规定不为罪”和“法无明文规定不处罚”。即犯罪行为的界定、种类、构成条件和刑罚处罚的种类、幅度,均事先由法律加以规定,对于刑法分则没有明文规定为犯罪的行为,不得定罪处罚。罪责刑相适应(统一),是指在立法与司法实践中,行为人所犯罪与应当承担的刑事责任和接受的刑事处罚应当统一的原则,是立法司法现代化、文明化的体现。

② 参见吴建雄主编:《中国法治反腐研究年度报告(2014—2015)》,中国长安出版社2015年版,第157页。

题进行了一系列改革,以便全面推进反腐败斗争的开展。

1. 改革法院案件受理制度

任何权利如果不具有可诉性,既会失去对权力的监督,也会失去权力具体的保护路径。同时,如果社会公民不能通过诉讼方式解决纠纷,就会选择私力救济或群体抗争的方式实现其目的,这显然不利于实现社会公平正义和维护社会稳定的大局。《中共中央关于全面推进依法治国若干重大问题的决定》明确提出,要改革法院案件受理制度,将立案审查制变为立案登记制,人民法院依法对应该受理的案件,应做到有案必立、有诉必理。为落实上述决定内容,中央深化改革领导小组于2015年4月1日审议通过了《关于人民法院推行立案登记制改革的意见》,意见决定从2015年5月1日起改革法院案件受理制度,将人民法院原来的立案审查制改为立案登记制。立案机制的改变,意味着人民法院在立案中只对当事人提交的诉讼材料进行形式审查而不再进行实质审查,实施立案程序审查与实体审查相分离。此外,最高人民法院按照党的十八届四中全会决定,先后于2015年1月28日和31日在深圳和沈阳设立了两个巡回法庭。最高人民法院巡回法庭的设立,确保了国家法律统一适用和法制统一。同时,北京、上海等地方通过设立跨行政区划的法院,统一集中审理跨区域的民商事、行政、环境资源案件等,着力弥补省级统管未能完全解决的一些司法体制问题,从体制上排除司法审判受到地方因素非法干扰的状况,确保一些涉及地方利益的案件依法得到公正处理,有效杜绝了司法腐败的衍生,促进国家法律统一且正确实施。

2. 全面贯彻证据裁判规则

司法腐败本身是腐败的一种,要加大反腐败力度,就要强力推进和建立现代司法裁判原则,才能最终保证反腐败的公正公平。以审判为中心的诉讼制度是现代社会司法文明进步的重要标志。2013年以来,我国一些重大冤假错案的发现与纠正,引起了全国人民和社会各界对疑罪从无、庭审中心和证据裁判原则的强烈关注。在第六次全国刑事审判工作会议上，最高人民法院要求要严格贯彻党的十八届三中、四中全会提出的审判案件要以庭审为中心，将事实证据调查、定罪量刑辩论和裁判结果的形成均在法庭上进行，推进直接言词原则的全面落实，严格执行非法证据排除规则，让法庭成为确认与解决被告人罪责刑问题的最终阶段和关键环节。通过全面贯彻证据裁判原则，带动司法审判的一系列改革和司法制度的重大变化，并最终促使公正司法的形成。这一原则目前已在司法实践中逐步推进和建立，并释放出强大的生命力，从而为反腐败斗争的顺利进行提供了有力的司法保障。

3. 构建阳光司法机制

为有效防止司法腐败，党的十八届四中全会从全面推进依法治国的战略高度，对司法公开提出了新的更高要求，全会审议通过的《中共中央关于全面推进依法治国若干重大问题的决定》明确规定，要构建阳光司法机制，及时对司法的依据、程序、流程、结果和生效法律文书依法进行公开，杜绝暗箱操作，为进一步构建司法公开提出了具体指引。司法公开是防止腐败的最有力方式，也是实现司法公正的重要条件。近年来，人民法院以司法公开的方式大力推动司法公正取得明显成效。实践中，各级人民法院对审判流程中的所有审判环节，对依法应当公开的信息，严格做到都向当事人依法公开；对所有可以公开的裁判文书和执行信息严格依法网上公开，并积极为当事人、普通民众参与旁听案件审理和获取法院审判的各种信息提供便利。当前人民法院的审判流程公开、裁判文书公开、执行信息公开三大平台建设赢得了国内外的高度评价，有效防范和杜绝了司法腐败的发生。

4. 建立干预司法登记备案制

领导干部干预、插手司法机关的个案处理是当前人民群众反映比较强烈的问题。党的十八届四中全会作出的《中共中央关于全面推进依法治国若干重大问题的决定》明确提出：建立对领导干部干预司法活动、插手具体案件处理的记录、通报和责任追究制度。任何党政机关和领导干部都不得让司法机关做违反法定职责、有碍司法公正的事情，任何司法机关都不得执行党政机关和领导干部违法干预司法活动的要求。对干预司法机关办案的，给予党纪政纪处分；造成冤假错案或者其他严重后果的，依法追究刑事责任。之后，中共中央办公厅、国务院办公厅于2015年3月下发了《领导干部干预司法活动、插手具体案件处理的记录、通报和责任追究规定》。规定针对实践中存在的领导干部干预司法活动、插手具体案件的突出问题，建立“防火墙”和“隔离带”，防止对司法活动的非法干预，以此对领导干部非法干预司法的行为亮出“红线”和底牌，为司法机关依法独立公正行使司法权提供制度保障。紧接着，中央政法委和最高人民法院先后出台相关规定，并结合正在全面推进的司法责任制、司法公开、监督留痕等改革举措，建立领导干部干预和插手个案的电话记录、转递材料、口头指示等信息的提取、封存、举报和公开制度，为司法机关依法独立行使司法权营造良好的外部环境。2015年11月6日和2016年2月1日，中央政法委先后两次对12起干预司法活动、插手具体案件处理的典型案件进行了通报，有效震慑了领导干部干预司法活动、插手具体案件等非法干扰司法审判的违法人员。

5. 完善办案责任制

腐败历来是司法公正的天敌。如何在体制和机制上确保司法廉洁，一直是司法改革的关键。近年来，各级人民法院先后开展法官职业道德教育和社会主义公德教育，严格执行“五个严禁”等规定，并积极在审判执行工作中构建相互制约、相互监督的工作机制，促进了党风廉政建设和反腐败斗争在司法机关中顺利开展。十八届四中全会作出的《中共中央关于全面推进依法治国若干重大问题的决定》，紧紧围绕司法责任制建立的突出问题，指明了确保司法廉洁的具体改革思路。该决定明确要求对司法办案人员与当事人、律师、特殊关系人、中介组织的接触和交往行为依法进行规范，坚决惩治权力寻租、利益输送和司法掮客行为。坚决清除政法队伍中的害群之马，确保法律职业共同体的廉洁性和纯洁性，建立与完善对司法领域腐败的零容忍。该决定对因违法违纪被开除公职的司法工作人员或者吊销执业证书的法律工作人员实行终身禁业原则，构成犯罪的要坚决依法追究刑事责任。同时建立办案人员对案件质量终身负责制，防范裁判错误和枉法裁判的行为，大力推进对主审法官、合议庭和主任检察官、主办侦查员办案责任制的建立完善，严格贯彻“谁办案谁负责”原则。与此同时，按照权责利相统一的原则，严格建立和区分主审法官、合议庭及其成员的办案责任与免责条件，从而实现案件质量的评价机制与违法审判的问责机制和惩戒机制相衔接，违法人员的退出机制与保障机制相衔接，有力促进司法公正和捍卫司法廉洁。

二、腐败治理的系统性

党风廉政建设和反腐败斗争是一个系统性工程，不是哪一个部门的工作，都需要从各个方面、各个环节作出统筹安排、综合推进。习近平强调：“推进反腐倡廉建设，必须坚持依法治国和以德治国相结合。规范人们的行为，规范社会秩序，不仅要确立与之相适应的法律体系，而且要形成与之相适应的思想道德体系。儒法并用，是我国历史上常用的社会治理方式，只有思想教育手段和法制手段并用才能相得益彰。”“反腐倡廉是一个复杂的系统工程，需要多管齐下、综合施策，但从思想道德抓起具有基础性作用。”①为此，习近平就从严治党，狠抓作风建设，严明党的纪律和规矩推出了一系列“组合拳”。

① 《习近平关于党风廉政建设和反腐败斗争论述摘编》，中央文献出版社、中国方正出版社 2015 年版，第 140 页。

（一）构筑政治规矩防线

习近平指出，我们党是靠革命理想和铁的纪律组织起来的马克思主义政党，党面临的形势越复杂、肩负的任务越艰巨，就越要加强纪律建设，越要维护党的团结统一，确保全党统一意志、统一行动、步调一致前进。严明党的纪律，首要的就是严明政治纪律。每一个共产党员特别是领导干部都要牢固树立党章意识，自觉用党章规范自己的一言一行，在任何情况下都要做到政治信仰不变、政治立场不移、政治方向不偏。“党的各级组织要自觉担负起执行和维护政治纪律的责任，加强对党员遵守政治纪律的教育。”“党的各级纪律检查机关要把维护党的政治纪律放在首位，加强对政治纪律执行情况的监督检查。”①

1. 严明讲政治的品格

党的纪律和党内规矩是党的各级组织和全体党员必须遵守的行为规范和准则，是党的生命线。党的纪律有多方面，但最重要、最根本、最关键的纪律就是政治纪律。政治纪律是各级党组织和每一个党员的政治方向、政治立场、政治言论、政治行为等方面的集中体现，是维护党的团结统一的根本保证。严明党的纪律，首要的就是严明政治纪律，要自觉学习党章、遵守党章、贯彻党章、维护党章。严明党的政治纪律，自觉维护党的团结统一，不能使党沦为各取所需、自行其是的“私人俱乐部”。

习近平的讲话告诫我们，严明政治纪律最核心的就要从遵守和维护党章入手，各级党组织和每一个党员要始终坚持党的领导，始终同党中央保持高度一致，自觉维护中央权威；牢固树立大局观念和全局意

① 《习近平关于严明党的纪律和规矩论述摘编》，中央文献出版社、中国方正出版社 2016 年版，第 109 页。

识，正确处理履行本职工作和确保中央政令畅通的关系，防止和克服地方和部门保护主义、本位主义，对中央决策的贯彻执行和部署实行打折扣、做选择、搞变通，实行“上有政策、下有对策”，或者出现有令不行、有禁不止的现象和行为。习近平强调：“我们党作为马克思主义政党，讲政治是突出的特点和优势。没有强有力的政治保证，党的团结统一就是一句空话。我国曾经有过政治挂帅、搞‘阶级斗争为纲’的时期，那是错误的。但是，我们也不能说政治就不讲了、少讲了，共产党不讲政治还叫共产党吗？‘纪纲一废，何事不生？’”①习近平同时十分明确地指出：“政治纪律和政治规矩这根弦不能松，腐败问题是腐败问题，政治问题是政治问题，不能只讲腐败问题、不讲政治问题。干部在政治上出问题，对党的危害不亚于腐败问题，有的甚至比腐败问题更严重。在政治问题上，任何人同样不能越过红线，越过了就要严肃追究其政治责任。有些事情在政治上是绝不能做的，做了就要付出代价，谁都不能拿政治纪律和政治规矩当儿戏。”②

习近平在十八届四中全会第二次全体会议上，从讲政治的高度，深刻阐述了严明政治纪律和政治规矩的极端重要性和严肃性，并将存在的问题概括为“七个有之”，对无视党的政治纪律和政治规矩的行为划出了底线，亮出了红线。告诫全体党员干部要守住政治立场。“我们惩治腐败的决心丝毫不能动摇，惩治这一手始终不能软。”“要保持政治定力，持续强化不敢腐的氛围，使有问题的干部及早收手、收敛，遏制腐败现象蔓延势头。”③习近平在总结我国历史上反腐倡廉的经验教训时提出，深入推进反腐倡廉工作，既要坚持和发扬实践中积累的党风廉

① 《习近平关于党风廉政建设和反腐败斗争论述摘编》，中央文献出版社、中国方正出版社 2015 年版，第 51 页。

② 《习近平关于党风廉政建设和反腐败斗争论述摘编》，中央文献出版社、中国方正出版社 2015 年版，第 51 页。

③ 《习近平关于党风廉政建设和反腐败斗争论述摘编》，中央文献出版社、中国方正出版社 2015 年版，第 101—102 页。

政建设和反腐败斗争的成功经验，又有必要积极借鉴挖掘历史上反腐倡廉的宝贵文化遗产和历史智慧，推进反腐倡廉建设，防止出现山头主义和朋党政治。他强调："党面临的最大风险和挑战是来自党内的腐败和不正之风。权力寻租，体制外和体制内挂钩，形成利益集团，挑战党的领导。"①习近平认为："党的纪律是刚性约束，政治纪律更是全党在政治方向、政治立场、政治言论、政治行动方面必须遵守的刚性约束。"②为此他强调，遵守政治纪律和政治规矩重点要做到"五个必须"、"五个决不允许"，即：必须维护党中央权威，决不允许背离党中央要求另搞一套；必须维护党的团结，决不允许在党内培植私人势力；必须遵循组织程序，决不允许擅作主张、我行我素；必须服从组织决定，决不允许搞非组织活动；必须管好亲属和身边工作人员，决不允许他们擅权干政、谋取私利。③ 要做到"五个必须"、"五个决不允许"，就要树立政治意识、大局意识、核心意识、看齐意识。

2. 严明讲规矩的戒律

2015 年 1 月 13 日，习近平在第十八届中央纪委五次全会上强调，要深化改革、巩固成果、积极拓展，不断把反腐败斗争引向深入，就要加强纪律建设，把守纪律讲规矩摆在更加重要的位置。之后全国各地各部门深入贯彻中央纪委五次全会精神和习近平重要讲话精神，把纪律挺在前面成为全党共识。以党章为根本遵循，探索实践"四种形态"，注重抓早抓小、防患于未然，避免"要么是好同志，要么是阶下囚"。遵守党的政治纪律，最核心的，就是坚持党的领导，一个政党，不严明政治纪律，就会分崩离析。党内决不允许有不受党纪国法约束，甚至凌驾于

① 《习近平关于党风廉政建设和反腐败斗争论述摘编》，中央文献出版社、中国方正出版社 2015 年版，第 101 页。

② 《习近平关于严明党的纪律和规矩论述摘编》，中央文献出版社、中国方正出版社 2016 年版，第 7 页。

③ 参见《习近平关于严明党的纪律和规矩论述摘编》，中央文献出版社、中国方正出版社 2016 年版，第 27—28 页。

党章和党组织之上的特殊党员。

没有规矩不能成为政党,更不能成为马克思主义政党。党内规矩是各级党组织和全体党员必须遵守的行为规范和规则。在党的纪律和规矩中,政治纪律和政治规矩是第一位的。党章、党的纪律和国家法律是党员干部必须遵守的规矩,党在长期实践中形成的优良传统和工作惯例也是重要的党内规矩。讲规矩是党员干部党性考验的重要方面,是对党忠诚的重要检验。政治纪律和政治规矩,必须十分明确地强调、十分坚定地执行。各级领导干部特别是党的高级干部要牢固树立纪律和规矩意识,自觉做守纪律、讲规矩的表率,做政治上的"明白人"。各级党组织必须把严守纪律、严明规矩放到重要位置抓紧抓实,要加强监督检查,对不守纪律的行为要严肃处理,努力营造守纪律、讲规矩的良好氛围。按照习近平的讲话精神,党的规矩可以概括为:第一,党章是全党必须遵循的总章程,也是总规矩。第二,党的纪律是刚性约束,政治纪律更是全党在政治方向、政治立场、政治言论、政治行动方面必须遵守的刚性约束。第三,国家法律是党员、干部必须遵守的规矩,法律是党领导人民制定的,全党必须模范执行。第四,党在长期实践中形成的优良传统和工作惯例。① 只要党员干部做到了守纪律讲规矩,就能有效远离腐败。2015 年 10 月,《中国共产党廉洁自律准则》和《中国共产党纪律处分条例》颁布实施。条例适用对象从原来的党员领导干部扩大到全体党员;准则明确规定纪在法前、纪严于法,被称为"改革开放以来最全、最严党纪"。2015 年以来,各级纪委机关的通报中鲜明的"纪律语言"是纪法分开、纪在法前的明确信号。中央纪委对河北省原省委书记周本顺涉嫌严重违法违纪的通报中,首先提到的是周本顺严重违反政治纪律和政治规矩,在重大问题上发表违背中央精神的言论。

---

① 参见《习近平关于严明党的纪律和规矩论述摘编》,中央文献出版社、中国方正出版社 2016 年版,第 7 页。

（二）构筑思想道德防线

当人们默认腐败是一种正常行为方式时，就形成了“腐败的民俗学”，[①]即思想腐败实际上是腐败的根基。因此，良好的道德规范是法治反腐的思想前提。近年来，按照党中央的部署，各级党组织对党员干部、群众不断加强思想道德教育和廉政文化建设，使广大党员干部通过深入学习习近平反腐败的重要论述和腐败案例的警示教育等思想教育方式，逐步树立“不想腐”的思想防线。主要包括以下几个方面。

1. 廉政教育与廉政文化

习近平指出，我国历朝历代的统治者为了维护统治地位，都十分重视道德建设特别是为政者的道德建设。古人认为：“才者，德之资也；德者，才之帅也。”“为政以德，譬如北辰，居其所而众星共之。”所以要“格物、致知、诚意、正心、修身、齐家、治国、平天下”。[②] 这些都是中国历史上形成和留下的思想遗产，虽然包含有封建社会的一些糟粕，但很多观点至今仍然富有启发意义。比如，“政者，正也。子帅以正，孰敢不正”，“富贵不能淫，贫贱不能移，威武不能屈”，“克勤于邦，克俭于家”，“儆戒无虞，罔失法度。罔游于逸，罔淫于乐”，“直而温，简而廉”，“公生明，廉生威”，“无教逸欲有邦，兢兢业业”，等等。对此，我们要坚持古为今用、推陈出新，使之成为新形势下加强反腐倡廉教育和廉政文化建设的重要资源。[③] 在中国传统社会中，一直坚守着家国天下的情怀，以仁为本，忠恕

① 冈纳·缪尔达尔认为，所谓“腐败的民俗学”，即人民对腐败的信念和这些信念附有的感情。他还认为腐败的民俗学本身包含了一些重要的社会事实，值得深入研究。其对于人民怎样处理私生活，他们怎样看待政府旨在巩固国家和指导及促进发展所做的努力有决定性影响。他容易使人民认为，掌握权力的每一个人都可能为了他自己的利益来利用权力。参见［瑞典］冈纳·缪尔达尔：《亚洲的戏剧——对一些国家贫困问题的研究》，北京经济学院出版社 1992 年版，第 144 页。

② 分别出自《资治通鉴》、《论语·为政》、《大学》。

③ 参见《习近平关于党风廉政建设和反腐败斗争论述摘编》，中央文献出版社、中国方正出版社 2015 年版，第 139—140 页。

至上,在性格上体现出温和与理性,在执政上体现着“人本”和“民本”理念,重视且关注社会中的弱势和边缘群体。古为今用,这些至理名言在对当下加强清廉文化教育,提升国人清廉素质,一定会起到借鉴作用。

习近平的讲话精神,反映出研究我国反腐倡廉历史、古代廉政文化和总结反腐倡廉的成败得失,可以有利于运用历史智慧推进当前反腐倡廉建设。从习近平的上述讲话中也可以看出,要强力和持续反对腐败,就应积极构建廉政文化的良好氛围,不断加强廉政文化教育、宣传的力度,从而推动形成按法律和制度办事的良好氛围,形成以廉洁鼓舞士气,以廉政带动民风,营造风清气正的廉政文化格局。当前出现一些腐败现象,从文化层面上看,是廉政文化生活的粗鄙和廉洁文化内涵的缺乏,导致一些党员干部精神生活平庸空虚。在现实生活中,也不可否认的确存在一些腐败现象产生的文化土壤,如“笑贫不笑贪”、“朝里有人好做官”、“马无夜草不肥”、“天下乌鸦一般黑”等消极的腐败思想,无不时刻影响与腐蚀着一部分意志不坚定的党员干部。要消除此类腐败心理和腐败文化的影响,离不开重拳“打老虎”、“拍苍蝇”的雷霆手段,但也离不开未雨绸缪,对广大党员干部进行良好的廉政文化思想引导。因此,用廉洁从政、勤政为民的文化熏陶可以将“廉”字深深植根于党员干部的内心之中,作为党员干部理想信念追求的精神境界,并转化为一种自我约束的高尚自律力。同时这种自律力是一种发自党员干部灵魂深处的天地正气,相对于法律制度外在强制的他律来说,更具有不可动摇的内在坚定性。为此习近平指出:“坚定理想信念,坚守共产党人精神追求,始终是共产党人安身立命的根本。对马克思主义的信仰,对社会主义和共产主义的信念,是共产党人的政治灵魂,是共产党人经受住任何考验的精神支柱。”①

---

① 《习近平关于党风廉政建设和反腐败斗争论述摘编》,中央文献出版社、中国方正出版社 2015 年版,第 137 页。

2. 依法反腐与以德反腐

反腐倡廉是一个复杂的系统工程，从思想道德抓起具有基础性作用。[①] 因此，从德治与法治结合上，对于加强和改进反腐倡廉更具有根本性和实质性意义。习近平指出，“法律是成文的道德，道德是内心的法律。法律和道德都具有规范社会行为、调节社会关系、维护社会秩序的作用”[②]。习近平的这一重要论述，深刻阐述了法律和道德两者间的辩证关系，指出了国家和社会治理需要发挥法律和道德的共同作用。法律和道德同为上层建筑的一部分，在国家治理和社会治理中享有独特的地位和功能。法律以其普遍性和规范性的特点，衡量、规范、引导社会成员的社会生活，并通过法律的权威性和强制性调整约束公民的行为。道德通过习惯的教化，通过社会认可的说服力和劝导力提高公民的思想道德觉悟，以此引导规范人们的行为和调节社会关系。惩治腐败作为国家治理的一个重要方面，同样也需要发挥道德与法律的共同作用，才能达到反腐的理想成效。为此习近平提出“反腐倡廉必须坚持依法治国和以德治国相结合”的新命题。这一命题的提出，揭示了在用法治思维和法治方式反对腐败的同时，还要坚持运用法治与德治相结合的反腐倡廉新理念。因为，法治的作用并非万能，法律必须同道德紧密结合，才能实现国家长治久安。法律是社会的价值理想和道德追求，而道德是法律的基础，两者在功能上相辅相成，相互促进。“徒善不足以为政，徒法不能以自行。”法律的实施往往需要道德为依托，一般而言只有合乎社会普遍认同的道德基础的法律，才能为公民自觉遵行；同时法律也可通过强制性调整规范公民的行为引领社会道德风尚，对道德具有强大的支撑和保障作用。规范党员干部的日常行为，规范权力运行的秩序，不仅要确立与之相适应的法律制度体系，而且也

① 参见《习近平关于党风廉政建设和反腐败斗争论述摘编》，中央文献出版社、中国方正出版社 2015 年版，第 140 页。

② 《习近平：坚持依法治国和以德治国相结合》，新华网 2016 年 12 月 10 日。

要形成与之相适应的思想道德体系。当前要筑牢党员干部拒腐防变的思想道德防线，就要加强党员干部的党性教育和党性修养，加强反腐倡廉教育和廉政文化建设，不断夯实党员干部廉洁从政的思想道德基础。

（三）构筑作风纪律防线

习近平强调："工作作风上的问题绝对不是小事，如果不坚决纠正不良风气，任其发展下去，就会像一座无形的墙把我们党和人民群众隔开，我们党就会失去根基、失去血脉、失去力量。"[①]抓改进工作作风，各项工作都很重要，但最根本的是要坚持和发扬艰苦奋斗精神。2013 年 6 月 18 日，习近平在党的群众路线教育实践活动工作会议上强调指出，开展党的群众路线教育实践活动，是实现党的十八大确定的奋斗目标的必然要求，是保持党的先进性和纯洁性、巩固党的执政基础和执政地位的必然要求，是解决群众反映强烈的突出问题的必然要求。[②] 从 2013 年 6 月开始，教育实践活动自上而下分两批开展，各级党组织和广大党员、干部积极响应党中央号召，高度重视、踊跃参与，"四风"问题得到了有力纠正，影响群众利益的症结难点得到突破，干群关系进一步密切，受到广大人民群众热烈响应、热情支持。习近平反腐败思想在作风建设上，主要从以下两个方面着手。

1. 严明中央八项规定

党的十八大后，新的中央领导集体提出的第一个重要规矩就是改进工作作风的八项规定。关于改进工作作风、密切联系群众的八项规定，切中当前党员干部在工作生活中存在的主要问题要害，对于全党、全军加强作风建设起到了有效引领作用。八项规定只是党员干部作风转变的一个切入口和动员令，它既不是最高标准，更不是终极目标，只

---

① 《习近平关于党风廉政建设和反腐败斗争论述摘编》，中央文献出版社、中国方正出版社 2015 年版，第 5—6 页。

② 参见《习近平谈治国理政》，外文出版社 2014 年版，第 365—368 页。

是改进作风的第一步，是每一个共产党人应该做到的基本要求。“善禁者，先禁其身而后人。”①因此，各级领导干部必须以身作则、率先垂范，要坚持勤俭办一切事业，坚决反对讲排场比阔气，坚决抵制享乐主义和奢靡之风。必须大力弘扬中华民族勤俭节约的优良传统，大力宣传节约光荣、浪费可耻的思想观念。努力使厉行节约、反对浪费成为全社会的良好风气。必须不折不扣执行改进工作作风相关规定，将八项规定的要求切实落实到每一项工作、每一个环节之中。作风是否确实好转，要认真听取群众意见和建议，自觉接受群众批评和监督，要始终坚持以人民满意为标准改进工作作风，及时整改群众反映的不满意的现象和问题。针对有人担心八项规定执行起来会不会是一阵风，或者是流于形式，习近平指出，能不能打消干部群众的这个疑问，关键看我们怎么做。他强调，各级纪检监察机关坚持以踏石留印、抓铁有痕的劲头抓八项规定的落实，不断加大检查监督力度，执好纪、问好责、把好关，做到善始善终、善做善成，自觉接受全党和全体人民的监督，让人民群众感受到实实在在的成效和变化。同时习近平等中央领导同志率先垂范，带头模范执行八项规定，带动全社会风气的根本好转，受到人民群众的衷心拥护。通过严格贯彻八项规定，一些群众反映强烈的突出问题得到有效解决，刹住了许多人认为不可能刹住的歪风，推动作风建设常态化，也进一步端正了广大党员干部的公私观、是非观、义利观。

2. 狠刹“四风”问题

通常腐败案件的背后存在着党风不正方面的问题，显然改进党的作风与防治腐败有着密切的联系。为清除腐败滋生的条件，习近平强调，“要旗帜鲜明同陈规陋习、顽瘴痼疾作斗争，以党的优良作风带动民风和社会风气好转。”②反“四风”就是为反腐倡廉建设提供一个切

① 出自《申鉴·政体》。

② 《习近平关于党风廉政建设和反腐败斗争论述摘编》，中央文献出版社、中国方正出版社2015年版，第82页。

入点和着力点。在全党开展党的群众路线教育实践活动中，把聚焦作风建设和解决作风问题作为主要任务，重点集中解决形式主义、官僚主义、享乐主义和奢靡之风这“四风”问题。习近平指出：“群众路线是我们党的生命线和根本工作路线。”“开展党的群众路线教育实践活动，就是要使全党同志牢记并恪守全心全意为人民服务的根本宗旨，以优良作风把人民紧紧凝聚在一起，为实现党的十八大确定的目标任务而努力奋斗。”①为此，习近平多次强调，作风问题无小事；作风问题在党内已经到了非抓不可的时候；作风建设要从领导干部做起；抓作风建设要重视基层风气问题；在作风问题上起决定作用的是党性，衡量党性强弱的根本尺子是公私二字；作风问题具有反复性和顽固性，必须抓常、抓细、抓长；改进作风要让群众看到实实在在的成效和变化；等等。这些论述都体现了通过端正党风为反腐倡廉打牢“自我净化”基础的全局性安排。然而解决“四风”问题不可能一蹴而就、一劳永逸。必须横下一条心纠正“四风”，经常抓，抓出习惯、抓出长效，在坚持中见常态，向制度建设要长效，强化执纪监督，把顶风违纪搞“四风”列为纪律审查的重点。经过党的群众路线教育实践活动，“四风”问题有所收敛，但是不能松劲，必须清醒认识到“四风”问题的顽固性、反复性、变异性和传染性。“四风”问题解决的关键在于坚持标本兼治，在抓常、抓细、抓长上下功夫，使作风建设常态化、长效化。

三、反腐工作的创造性

“唯改革才有出路，改革要常讲常新。”习近平始终把全面深化改革置于重要位置，多次主持召开中央改革工作会议，以踏石留印、抓铁

① 《习近平谈治国理政》，外文出版社 2014 年版，第 365、367 页。

有痕的作风，推动重大改革任务的突破，体现了推进改革的责任担当和决心意志。面对依然严峻复杂的反腐败斗争形势，随着全面从严治党向纵深推进，反腐败体制机制出现了一些不相适应的问题，解决这些问题，必须从“里子”变革，在内涵深化，因此要坚定信心和决心，始终把推进改革作为一项重大政治责任，增强使命感和紧迫感，坚持立足实际、不等不靠，从具体问题抓起、从重大任务改起，推动反腐败工作创新，促进各项制度建设的深入开展。

（一）创新工作模式

工作模式上的创造性突出表现在坚持纪在法前，用好批评教育、组织处理、纪律处分、立案审查“四种形态”。这一工作模式彰显了把纪律和规矩挺在前面的新理念，拓展了监督执纪的新思路，体现了依规治党、关口前移的新要求。各级党组织和纪检监察机关既积极运用党纪处分、组织处理等方式管住“大多数”，推动咬耳扯袖、红脸出汗成为常态，又坚决处理“少数”和“极少数”，决不让腐败分子在党内藏身。“四种形态”的腐败预防措施，是防止党员干部破纪的第一道防线。

1.“四种形态”传承了我们党“惩前毖后、治病救人”的一贯方针

惩戒在于警示，治病为了救人，目的都是帮助犯错误的党员改正缺点，避免讳疾忌医、有病不治，达到不可救药的地步。毛泽东在1942年延安整风期间，提出的“惩前毖后、治病救人”方针，成为我们党加强自身建设、永葆肌体健康的重要法宝。习近平对党的群众路线教育实践活动，提出的“照镜子、正衣冠、洗洗澡、治治病”的总要求，就是传承了延安整风经验，目的在于不断提高我们党自我净化、自我完善、自我革新、自我提高的能力。监督执纪“四种形态”，强调“让咬耳扯袖、红脸出汗成为常态”，“严重违纪涉嫌违法立案审查的只能是极极少数”，也体现了这一方针。把握运用好“四种形态”，才能防病于未萌、治病于

初起，改变要么是“好同志”、要么是“阶下囚”的状况，这也是党中央对全体党员干部的高度负责、关心爱护。

2.“四种形态”贯穿了管党治党“全面”和“从严”的根本要求

全面从严治党，关键在全面，要害在从严。党风廉政建设和反腐败斗争，是全面从严治党的重要方面，但绝不是全部，不能把全面从严治党等同于反腐败。要用纪律管住大多数，要体现纪比法严的要求。如果不重视把严明纪律的要求涵盖各级党组织和全体党员，风气就很难实现从软、松、散向硬、紧、严的根本好转。全面从严治党，就要在坚定反腐败的同时，对全体党员提出遵守党规党纪的要求，把纪律和规矩挺在前面。对党员有苗头性、倾向性问题的，要开展经常性的批评和自我批评；对有轻微违纪行为的，要及时处理；对严重违纪的，该重处分的就要重处分，该作出重大职务调整的就应当作出职务调整。只有真正把纪律作为管党治党的尺子，管到位、严到份，才能让党员干部知敬畏、明底线、守规矩。

3.“四种形态”体现了治标和治本相结合的战略思想

反腐败和打仗一样，既要伐兵攻城，也要伐谋为上。党的十八大以来，通过正风肃纪、铁腕反腐，党风政风明显好转，腐败蔓延势头初步遏制，在不敢腐上取得阶段性成效。但是，面临当前依然严峻复杂的反腐败形势，我们只有把纪律建设作为治本之策，才能实现从“不敢腐”向“不能腐”、“不想腐”深化拓展。“四种形态”回答了在实践中如何把纪律和规矩挺在前面的问题，体现了纪在法前、纪比法严的要求。发现有不正之风和违纪苗头就马上去管，触犯了纪律、破坏了规矩就及时处理，有“虫子”就啄出来，治病树、拔烂树。只有这样，才能最大限度减少腐败存量、遏制腐败增量，才能祛邪扬善、匡扶正气，形成良好的政治生态。

（二）创新制度体系

创造性推进党内法规建设。党的十八大以来，以习近平同志为核心的党中央高度重视党的建设，把全面从严治党纳入“四个全面”战略布局，坚持思想建党与制度治党相结合、依规治党与以德治党相统一，不断扎紧扎密扎牢制度的笼子。从制定中央八项规定，到修订《中国共产党巡视工作条例》；从修订出台《中国共产党廉洁自律准则》和《中国共产党纪律处分条例》，到出台《中国共产党问责条例》，在近5年的时间里，中央出台或修订的党内法规超过50部，超过现行150多部中央党内法规的三分之一。一部部党内法规，既体现出党中央管党治党的新理念新思想新实践，也为全面从严治党提供了制度保障。实践证明，制度建设要坚持从实际出发，以大多数人能遵守为前提，做好立改废释工作，使制度兼具必要性和可行性。要针对时弊、突出重点，宽严适度、不留死角。搞好配套衔接，做到彼此呼应，增强整体功能。广泛听取党员、干部意见，找出最大公约数，使多数人听得懂、做得到，从而增加对制度的认同。要在实践中不断探索，由低到高、由浅入深、由简入繁、循序渐进，在探索过程中不断完善，将制度之“笼”越织越密、越扎越紧。

1. 修订党内监督条例，推动新形势下的制度创新

习近平在中央纪委六次全会上要求健全党内监督制度，把修订党内监督条例纳入六中全会重要议题。中央纪委召开七次专题会议，分20多个专题深入研究，总结党的历史经验，针对突出问题，围绕理论、思想、制度构建体系，围绕权力、责任、担当设计制度，把“重音”放在坚持党的集中统一领导上，加强自上而下的组织监督。第一次用专章规定党的中央组织监督职责，强化党委（党组）主体责任、党的工作部门的监督任务，明确纪委是党内监督专责机关，完善党内监督体系，为全面从严治党提供重要的制度保障。

2. 创造性推进巡视巡察制度建设

截至2015年底，中央巡视组开展了8轮巡视，巡视了100多个地区和单位，实现了对地方和中管央企的全覆盖。以巡视监督为尖兵的

党内监督和纪律审查工作持续发力，一大批“老虎”、“苍蝇”被绳之以法。如今，巡视发现问题的能力越来越强，震慑作用越来越大，基本做到了全覆盖、全国一盘棋，发挥了震慑、遏制和治本作用。当前和今后一个时期，应按照党中央的要求和部署，继续落实巡视工作条例，向全覆盖目标迈进。巡视内容要更加聚焦，坚持对党组织和党员领导干部的巡视，坚持政治巡视而不是业务巡视。紧紧围绕坚持党的领导，严格遵循党章，检查党的路线方针政策执行情况，着力发现违反政治纪律和政治规矩、违反中央八项规定精神、违规选人用人和腐败问题，更好发挥震慑、遏制和治本作用。创新巡视方式，坚持以纪律为尺子，深化专项巡视，紧盯重点人、重点事和重点问题，精准发现，定点突破。被巡视党组织要不折不扣地落实整改主体责任，做到件件有着落、事事有交代，挖出深层原因，堵塞制度漏洞。

3. 创造性推进派驻制度建设

派驻监督是党内监督的重要制度安排。2014 年中央纪委落实十八届三中全会精神，在中央办公厅等单位设立七家派驻机构，并首次实行综合派驻，为实现派驻全覆盖创新了方法、探索了路径；2015 年，进一步内部挖潜、盘活存量，单独派驻和综合派驻相结合，走内涵式发展道路，通过组织制度创新，用两年时间完成了改革任务。共设置 47 家派驻机构，其中，综合派驻 27 家、单独派驻 20 家，实现对 139 家中央一级党和国家机关派驻纪检机构全覆盖。为使派驻机构干部切实提高履职能力，在新的形势任务和体制机制下充分发挥监督作用，中央纪委对各派驻机构的 150 余名负责人进行了上岗培训，全面加强派驻机构建设，培养忠诚干净担当的派驻执纪队伍。

4. 创造性推进自身规范建设

为落实全面从严治党主体责任，党中央出台《中国共产党问责条例》，强调党的各级组织和领导干部要把自己摆进去，手电筒对着自己照，在贯彻执行上下功夫；要敢于坚持原则，完善配套措施，推动问责制度落地生根；对失职失责的典型问题要盯住不放，问责一个、警醒一点、促进一方工作，让失责必问成为常态。为强化对纪检监察机关的自身监督，中纪委出台《中国共产党纪律检查机关监督执纪工作规则（试行）》，对日益扩大的纪委监督执纪权进行严格的规范，回应了“谁来监督纪委?”的社会关切，彰显了“信任不能代替监督”的法治原则。监督执纪工作规则明示了查找各环节的风险点，明确了请示报告、线索处置、审查审理、涉案款物管理工作流程，建立了审查过程全程录音录像、打听案情和说情干部干预登记备案等制度，旨在把纪委的权力关进制度的笼子。

（三）创新文化建设

创新文化建设就是依靠文化自信坚定理想信念。习近平提出，要抓好思想教育这个根本，加强党内政治文化建设。政治文化对政治生态具有潜移默化的影响。我们的党内政治文化，是以马克思主义为指导、以中华优秀传统文化为基础、以革命文化为源头、以社会主义先进文化为主体、充分体现中国共产党党性的文化。领导干部要不忘初心、坚守正道，必须坚定文化自信。没有中华优秀传统文化、革命文化、社会主义先进文化的底蕴和滋养，信仰信念就难以深沉而执着。李大钊说“威武不能挫其气，利禄不能动其心”，蔡和森说“忠诚印寸心，浩然充两间”，瞿秋白说“我是江南第一燕，为衔春色上云梢”，恽代英说“已摈忧患寻常事，留得豪情作楚囚”，这些用生命写下的诗篇，无不渗透着中华文化强调的气节和风骨。

人性是善是恶，是古今中外争论不休的话题。用马克思主义哲学观来看，善和恶对立统一于人性矛盾运动中，善长一分、恶去一分，善进一尺、恶退一尺，人性的改造就是扬善去恶、以善逐恶的过程。人生在世，追求的是一份生命价值和意义，只有牢牢记住道德和法律基准底线，其人生追求才是合乎社会共同价值的，才是安全、健康的，才是有益于自己，也有益于社会的。

习近平指出，文化自信是更基本、更深沉、更持久的力量。① 党员、干部时常接受文化熏陶，不断提升人文素养和精神境界，就能去庸俗、远低俗、不媚俗，做到修身慎行、怀德自重、清廉自守，永葆共产党人政治本色。“粗缯大布裹生涯，腹有诗书气自华。”各级领导干部要自觉学习、感悟、传承、弘扬中华文化，以学益智、以学修身，融会贯通、形成觉悟，以文化自信支撑政治定力。

习近平强调，对先人传承下来的道德规范，我们要在去粗取精、去伪存真的基础上，采取兼收并蓄的态度。我们的先人们有大量劝导人们向上向善的警句名言，如“大道之行也，天下为公”、“见善如不及，见不善如探汤”、“见贤思齐焉，见不贤而内省也”、“不义而富且贵，于我如浮云”、“言必信，行必果”、“德不孤，必有邻”、“人而无信，不知其可也”、“勿以善小而不为，勿以恶小而为之”等。这些有益的思想观点，要结合时代条件加以继承和发扬，以坚守中国人的价值观，保持做人干事的精神风骨。善于运用中华优秀传统文化中凝结的哲学思想、人文精神、道德理念来明是非、辨善恶、知廉耻，自觉做为政以德、正心修身的模范。

四、反腐发力的实效性

党的十八大以来，我们把全面从严治党纳入战略布局、着力从严从细抓管党治党，加强和规范党内政治生活、着力净化党内政治生态，严抓中央八项规定精神落实、着力从作风建设这个环节突破，严明党的政治纪律和政治规矩、着力真管真严、敢管敢严、长管长严，坚持反腐败无

① 参见《习近平：在哲学社会科学工作座谈会上的讲话》，《人民日报》2016 年 5 月 19 日。

禁区、全覆盖、零容忍，着力遏制腐败滋生蔓延势头，惩治群众身边的不正之风和腐败问题，注重反腐发力的实效性，增强人民群众在治理腐败中的获得感。

（一）以“民智”增强实效

人民群众是历史的创造者，这是马克思主义的基本原理之一。人民群众中蕴藏着管党治党的智慧和力量。中国共产党的革命实践反复证明，坚持了群众路线，党的工作就能胜利；背离群众路线，党的工作就会遭受挫折。共产党的政治就是人民的政治，一切政治的关键在民众。因此，要发现党员干部在改革发展中存在的腐败问题，必须创新思路和载体，为群众建言献策搭建广阔的平台，为群众建言献策创造条件。

要时刻保持党与人民群众的血肉联系，必须“从群众中来，到群众中去”，注意拉近与群众的距离，切实联系群众。让人民群众广泛参与政府公共事务决策，将群众的意见建议作为政府决策的重要依据，切实解决人民群众关心关注的难点热点问题。人民群众对党风政风和法律政策贯彻落实中存在的问题，看得最清楚、最有发言权；对党员干部作风如何、形象怎样、清廉与否，感受最真切、最有评判权。因此，党员干部的作风转变须臾不能离开人民群众的参与和监督。畅通人民群众建言献策渠道，不仅能够有的放矢、对症下药地开展反腐败工作，也能够调动人民群众参与国家和社会管理的积极性。在党员干部的作风建设方面，既要将人民群众请上来，也要让党员干部走下去，倾听群众呼声、意见和建议，向人民群众探讨作风建设的方式方法，实现党员干部与人民群众的无缝对接。要持续深入反对“四风”问题改进党员干部的作风，就要发挥人民群众监督的作用，使人民群众紧盯党员干部作风领域出现的问题，及时跟进应对措施，努力改进思想作风、工作作风、领导作风和生活作风，从根本上使党风政风纯洁起来。

随着新一轮科技革命兴起，特别是移动互联网、物联网及云计算、大数据、人工智能的发展,人类生活所经历的一切都在转变。这不仅更新了我们认识世界的思维方法,也给群众建言提供了新途径、新手段。新形势下,党员干部要站在时代的潮头,把科技革命与监督创新深度融合起来,通过理念的转变、科技的运用、机制的创新,实现党内监督和人民群众监督有机融合、精准高效。借鉴一些地方、部门在人民群众身边设立微信公众平台、开通随手拍一键举报等做法,让人民群众建言更加方便快捷。大力推广信访微信公众号、手机客户端信访应用和远程视频接访,方便人民群众网上投诉、评价,进一步打造开放、动态、透明、便民的"阳光信访"新模式。建立健全网络舆情收集、研判、处置机制,对人民群众和媒体反映的重要信息和线索及时跟进,不断聚集和提升网络监督正能量。党和国家机关应建立情况明、可监控的数据库,推动各类监督信息跨地区、跨部门互通共享,提高群众建言献策的工作效率。

(二)以"民心"见证实效

民心是最大的政治,要把管党治党政治责任落实到基层,厚植党执政的政治基础。受中央纪委委托,国家统计局于 2016 年 10 月底至 11 月底开展了全国党风廉政建设民意调查。本次调查采取随机抽样、入户调查的方式,在 21 个省(区、市)共调查样本 25200 户,其中有 8945 名受访群众留言,占比 35.5%。调查报告显示,92.9%的群众对党风廉政建设和反腐败工作成效表示满意,比 2012 年提高 17.9 个百分点。与往年相比,2016 年群众的满意度、信心度、重视度、遏制度指标均有所提高。93.1%的群众对遏制腐败现象表示有信心,比 2012 年提高 13.8 个百分点。93.0%的群众认为所在地区、部门和单位的党政领导重视党风廉政建设和反腐败斗争,比 2012 年提高 12.8 个百分点。90.9%的群众认为当前党员干部违纪案件高发势头得到遏制,比 2012 年提高 5.5 个百分点。调查报告显示,全面从严治党各项标本兼治措施得到人民群众高度认可。92.1%的群众认为 2016 年深入贯彻落实中央八项规定精神、持续纠正“四风”有效果，比 2013 年提高 10. 8 个百分点。90. 1%的群众认为治理侵害群众利益的不正之风和腐败问题有效，比 2012 年提高 18. 1 个百分点。

关于当前反腐败斗争形势依然严峻复杂主要体现在哪些方面，调查报告显示，40. 0%的群众选择腐败案件时有发生、远未绝迹，排第一位；25. 4%的群众选择体制机制等深层次问题有待进一步解决，排第二位；21. 1%的群众选择“四风”问题树倒根在，仍有反弹压力，排第三位。关于当前哪些领域不正之风和腐败问题仍然突出，调查报告显示，49. 0%的群众选择教育医疗卫生，排第一位；47. 9%的群众选择选人用人，排第二位；39. 6%的群众选择工程项目、矿产资源、土地出让，排第三位；39. 0%的群众选择扶贫和惠民资金管理，排第四位；34. 2%的群众选择行政审批，排第五位。调查指出，上述数据表明，目前管党治党宽松软问题尚未根本改变，反腐败斗争形势依然严峻复杂，全面从严治党任务依然艰巨繁重，须臾不可松懈。

中国共产党第十八届中央纪律检查委员会第七次全体会议提出：“把纠正‘四风’往深里抓、实里做，紧盯老问题，关注新动向，坚决防止反弹回潮。”“严肃查处群众身边的不正之风和腐败问题”。“要推动主体责任和监督责任一级级向基层延伸，让广大群众在全面从严治党中增加获得感，不断巩固党的执政基础。”①习近平强调：“要重点解决好损害群众权益的突出问题，决不允许对群众的报警求助置之不理，决不允许让普通群众打不起官司，决不允许滥用权力侵犯群众合法权益，决不允许执法犯法造成冤假错案。”②并严肃指出：“我们说‘老虎’、‘苍蝇’一起打，有的群众说‘老虎’离得太远，但‘苍蝇’每天扑面。这就告诉我们，必须着力解决发生在群众身边的腐败问题，认真解决损害群众

① 《中国共产党第十八届中央纪律检查委员会第七次全体会议公报》，新华网 2017 年 1 月 8 日。

② 《习近平：决不让普通群众打不起官司》，光明网 2014 年 1 月 9 日。

利益的各类问题，切实维护人民群众合法权益。”①习近平要求我们切实维护人民群众合法权益，在反腐败中让老百姓有更多的获得感。

（三）以“民生”体现实效

我国正处在全面建成小康社会的关键时期，随着经济社会的发展，人民群众对美好生活的向往和需求日益提高，群体利益诉求多元，民生建设问题日益凸显，这些都决定了党和政府要用更多精力和更大努力实现发展成果由人民共享。而解决好与群众息息相关的诸如医疗、养老、教育、就业、食药品安全等民生问题，是让群众有更多获得感最首要、最直接的关键所在。当前，反腐败斗争在政治和全局意义上的压倒性态势正在形成，正风肃纪、强力惩腐的显著成效举世瞩目，在高压反腐、破立并行成为新常态的形势下，实现反腐败斗争向基层延伸，是巩固反腐败斗争成果，让人民群众不仅衷心拥护党中央反腐败决策，而且有更多的反腐败获得感的必然选择，是对群众期盼反腐、支持反腐、关心反腐的最好回应。

一个不容回避的事实是，随着城镇化的推进，村级集体经济的发展壮大，基层乡镇干部拥有对集体资金、资产和资源的管理权、处置权不断扩大。基层腐败问题也随之突出，特别是村民小组一级的腐败问题，呈高发态势。他们有的目无法纪，滥用职权，如在预留地开发过程中秘密与开发商谈判开发事宜，暗箱操作，中饱私囊；有的欺上瞒下，群体受贿，贪贿涉及村社干部中的支部书记、议事小组成员、群众代表、妇女代表等班子成员及相关人员；有的前赴后继，非法侵占，前任和继任分别采取虚假列支、虚开发票、与开发商同谋等手段大肆敛财，少则数万余，多则百万元；有的卖光分光，假公济私，以牺牲村社集体经济利益为代

---

① 《习近平关于党风廉政建设和反腐败斗争论述摘编》，中央文献出版社、中国方正出版社 2015 年版，第 99 页。

价，换得自己及相关人的一夜暴富。这些老百姓身边的腐败，不仅直接侵害群众的利益，而且严重削弱党和政府的威信，造成社会思想混乱，直接危及社会基层政权稳定。

1. 在查处腐败违纪违规上见实效

纪检监察机关要把纪律挺在前面，加强对涉及人民群众生产生活的安全管理的监督检查，严肃查处不顾群众生命安全的失职渎职行为；加强对资源管理使用情况进行监督检查，重点解决非法开采和官商勾结“收黑钱、干黑事、谋黑利”等问题；加强对党的支农惠农政策落实情况进行监督检查，重点解决克扣粮食直补款、农村医保、养老保险等问题；加强对行业协会、市场中介组织进行监督检查，规范行业协会、市场中介组织的行为，提高服务水平。认真纠正各种名目的不正当收费、集资、摊派。加大行政执法过错责任追究力度，对执法不严、监管不力、推诿扯皮、敷衍塞责、行政不作为、乱作为等问题严肃追究责任人、责任单位和有关领导的行政过错责任，情节严重构成犯罪的移送司法机关查处。

2. 在查处腐败违法犯罪上见实效

执法司法机关依法履行职务犯罪侦查的法定职责，依法查办乡村干部挪用、贪污、侵占专项资金及政府给予农民的扶贫、救灾资金等侵害群众利益的案件；建设工程招投标领域规避招标、以租代征土地和矿产资源、擅自变更规划获取利益的案件；司法办案人员索贿受贿、徇私舞弊以及为黑恶势力充当“保护伞”的案件；资源领域的商业贿赂案件等。地市级检察院要充分发挥办案龙头作用，特别是针对当前职务犯罪群体化等新趋势，进一步加强对办案工作的组织指挥，积极运用多种办案措施，统筹办案力量，运用侦查谋略，以小案挖大案，以此案挖彼案，以个案挖群案，以串案挖类案，形成反腐败执法向基层延伸的高压态势，打好具有反腐败“最后一公里”特征的阵地战、分割战、攻坚战、整体战。

3. 在完善防范机制上见实效

反腐败向基层延伸的治本措施是以制度管人、管钱、管事。要完善党务公开、政务公开制度。强化财务公开,做到公开内容、公开形式、公开时间、公开程序都严格按要求开展;完善财务管理制度,加强对集体资金、资产、资源的有效管理,防止和避免集体资产流失。强化民主理财制度,建立健全领导班子议事规则,重大决策、重大事项安排和大额资金使用等重要问题,必须经过群众集体讨论决定;结合本地实际,建立健全土地承包、财产物资管理、财务公开等制度,加强对村民小组“三资”和财务的监管;充分发挥镇、村委会的作用,监督指导村民小组建立完善各项管理制度,提高制度的执行力,从制度上防止村民小组干部出现腐败。坚持经济责任审计制度。基层干部任期内要由上级组织经济责任审计,重点审计经济工作目标完成情况,集体资产保值增值情况、村社财务收支情况,审计结果要向村民公开,发现问题,限期整改,通过加强制度建设有效预防腐败问题的发生。

第十七章

彻底反腐　永在路上

中共中央政治局常委、中央纪委书记王岐山指出:“腐败自有人类文明史以来就一直存在,古今中外概莫能外。中国共产党清醒地认识到,从严治党关乎人心向背,关系实现中华民族伟大复兴的中国梦。党风廉政建设和反腐败斗争永远在路上。我们要保持坚强政治定力,坚定立场方向,聚焦当前目标任务,坚决遏制腐败蔓延势头。要有静气、不刮风,不搞运动、不是一阵子,踩着不变步伐,把握力度和节奏,把党风廉政建设和反腐败斗争一步步引向深入。”①这一论述揭示了党中央反腐败战略思想中“彻底反腐,永在路上”的实践要求。

彻底反腐蕴含着价值论的基本观点,集中体现了反腐败斗争对廉洁政治、国家富强、人民美好生活的愿景和追求。彻底反腐就是坚持“零容忍”理念,瞄准干部清正、政府清廉、政治清明的目标,义无反顾地“打虎拍蝇”、“破立并行”,逐步形成不敢腐的惩戒机制、不能腐的防范机制、不易腐的保障机制,把权力关进制度的笼子里,建设政治生态上的绿水青山。而要做到彻底反腐就必须深刻认识反腐败斗争的长期性、复杂性、艰巨性,坚决把党风廉政建设和反腐败斗争进行到底。

---

① 《王岐山会见泰国改革大会代表团》,新华网 2014 年 12 月 13 日。

一、反腐败必须除恶务尽

除恶务尽是彻底反腐的内在逻辑。“新松恨不高千尺，恶竹应须斩万竿。”习近平在第十八届中央纪律检查委员会第六次全体会议上深刻指出：“如果不除恶务尽，一有风吹草动就会死灰复燃、卷土重来，不仅恶化政治生态，更会严重损害党心民心。”①这一论述揭示了彻底反腐的坚定立场和鲜明态度，也反映出反腐败斗争是攻坚战，更是一场持久战。

（一）反腐没有“拐点”

党的十八大以来，正风反腐的雷霆之势远远超出了一些人的惯性思维，总有少数人明里暗里期待所谓的“拐点”，隔一段时间，就有相关论调冒头。针对这一现象，习近平指出：“在反腐败问题上，社会上有一些不同认识。有的人认为反腐败是刮一阵风，搞一段时间就会过去，现在打枪，暂且低头；有的人认为反腐败查下去会打击面过大，影响经济发展，导致消费需求萎缩，甚至把当前经济下行压力增大与反腐败力度加大扯在一起；有的人认为反腐败会让干部变得缩手缩脚、明哲保身，不愿意干事了；等等。这些认识都是不正确的。”②

全面从严治党，关系党和国家的生死存亡，而党内存在的一些消极腐败现象屡禁不止。这说明打造廉洁政治生态，是我们党长期面临的艰巨政治任务。有案必查、有腐必反的高压态势，不是一时一阵的短期行为。特别是现在反腐败斗争呈现的法治方式，为党和国家的事业发

① 习近平：《在第十八届中央纪律检查委员会第六次全体会议上的讲话》，《人民日报》2016 年 5 月 3 日。

② 《习近平关于党风廉政建设和反腐败斗争论述摘编》，中央文献出版社、中国方正出版社 2015 年版，第 25 页。

展提供可持续的制度保障，是运动反腐、权力反腐的新超越。还要看到，法治反腐的法律和制度除了本身具有稳定性、长效性的特点外，法治社会还更多地赋予了法律的权威性，这样就保证了反腐败斗争会持续、稳定、长效地进行下去，而并不因领导人的变化而变化，也不因领导人个人的决心和注意力的变化而变化。法治是现代文明发展的结晶，也是未来国家与社会治理的必然趋势与走向，在反腐败工作上具有其他反腐方式或途径无法比拟的优势。纪律和法律可以预先为各种涉腐和腐败行为设置“红线”和“雷区”，只要有人违反党纪国法，就要坚决做到有案必查、有腐必反。反腐败没有“拐点”，就是在任何时候任何情况下，都不能偏离有案必查、有腐必反的原则，即使在反腐败已经取得压倒性胜利的情况下，也要毫不动摇地坚持有案必查、有腐必反这个原则，这是反腐败斗争永远在路上的重要前提和基本要求。

（二）反腐没有休止符

习近平指出：“党风廉政建设和反腐败斗争是一项长期的、复杂的、艰巨的任务。反腐倡廉必须常抓不懈，拒腐防变必须警钟长鸣，关键就在‘常’、‘长’二字，一个是要经常抓，一个是要长期抓。”①上述论述，揭示了当前腐败现象的自然属性和时间属性，揭示腐败是一个长期的社会历史现象，是一个执政党执政过程中必须面临的重大考验和课题。

对于腐败行为，必须要有“经常抓、长期抓”的思想意识和心理准备，通过抓住“常”、“长”二字不放松，切实贯彻落实各项反腐败制度，才能遏制直至消灭各种腐败行为，我们党才能不断加强执政的主动权，才能赢得广大人民群众的真心拥护。习近平强调：“我们党员干部队伍的主流始终是好的。同时，我们也要清醒地看到，当前一些领域消极

① 《习近平谈治国理政》，外文出版社2014年版，第386页。

腐败现象仍然易发多发，一些重大违纪违法案件影响恶劣，反腐败斗争形势依然严峻，人民群众还有许多不满意的地方。”①我们要坚定决心，有腐必反、有贪必肃，不断铲除腐败现象滋生蔓延的土壤，以实际成效取信于民。

要做到反腐不休止、不停步，就要在实践中强化党委党风廉政建设主体责任，不断加大推进反腐败责任追究的严肃性，通过健全各种制度、细化各种责任，通过以上率下的方式，使各级党委在解决反腐问题上实实在在做出成效。全国各地横下一条心扎实贯彻八项规定、纠正“四风”问题，避免作风反弹，大力强化执法执纪监督力度，在对各项制度建立健全中收获防范腐败行为的新长效，在对腐败行为零容忍、发现一起查处一起、发现多少查处多少中保持高压反腐的新局面。反腐没有休止符，全国各地始终抓住反腐工作不放松，尺度不减、力度不退，通过及时查处腐败行为、严厉惩处腐败分子，对腐败分子形成强大的震慑力。

（三）反腐法治新常态

法治反腐就是通过制定和实施法律，限制和规范公权力行使的范围、方式、手段和程序，创设公正、透明的运作机制，使公权力执掌者不能腐败、不敢腐败，从而达到减少和消除腐败的目的。

党的十八大以来，习近平关于“善于用法治思维和法治方式反对腐败，加强反腐败国家立法，加强反腐倡廉党内法规制度建设，让法律制度刚性运行”的法治反腐思想得到全面贯彻。实践证明，法治反腐是反腐败思想观念、体制机制、方式抓手的重大变革，是有效遏制腐败的必由之路。反腐法治新常态必须坚持以下两点：

1. 以党纪与国法共同推进

治国必先治党，治党务必从严。我们党坚持从严治党，得到广大人

---

① 《习近平关于党风廉政建设和反腐败斗争论述摘编》，中央文献出版社、中国方正出版社 2015 年版，第 13 页。

民群众的衷心拥护。当前党风廉政建设和反腐败斗争形势依然严峻复杂,“四风”病根未除,有一部分人希望反腐是一时一刻的运动,现在潜伏但时刻盼望回到原有的纸醉金迷的日子,因此目前防止反弹任务艰巨。在惩治腐败的高压态势下,仍有一些党员干部不收敛、不收手,甚至变本加厉。因此必须始终保持政治定力,坚定信心决心,使作风建设落地生根、成为新常态。《宪法》是国家的根本大法、治国安邦的总章程,《党章》是党内根本大法、管党治党的总章程,两者均明确规定了党的执政和领导地位,赋予了党治国理政的历史责任和使命,因此共产党员必须模范遵守国家的法律法规,以自身的实际行动保证宪法和法律的实施。党领导人民制定法律,就要带头遵守法律。必须坚持党规党纪严于国家法律,始终将纪律挺在前面,不断加大对违纪违法党员干部的惩治力度,尽量减少腐败存量,控制腐败增量。同时要充分发挥司法惩治腐败的职能作用,决不允许“法外施恩”、“法不责众”,始终坚持公正司法,坚持以党纪国法协同推进法治反腐的有效进行。

2. 以立法与执法共同推进

推进法治方式反腐,必须坚持立法先行,充分发挥立法的引领和推动作用。法治方式反腐应当建立健全反腐败的各种保障机制和问责机制,不仅要对党员干部规定“干什么”,还要规定“怎么干”,“保证干”。在完善反腐败立法的同时要强化执法力度,保证反腐败法律的严格执行,确保违法必究、执法必严,形成“零容忍”的反腐败态势。领导干部要处于执法中的关键与示范的重要地位,因此,习近平强调,党风廉政建设要从领导干部抓起,要善于抓住关键的少数。“领导干部要把对法治的尊崇、对法律的敬畏转化成思维方式和行为方式,做到在法治之下、而不是法治之外、更不是法治之上想问题、作决策、办事情。党纪国法不能成为‘橡皮泥’、‘稻草人’,违纪违法都要受到追究。”①坚持立

① 人民日报社评论部编著:《“四个全面”学习读本》,人民出版社 2015 年版,第 217 页。

法与执法的协同,才能保证反腐败取得实效,才能保证反腐工作常态化进行。

二、反腐败必须建制筑笼

强化不能腐的防范力是彻底反腐的关键所在。习近平指出,反腐败斗争一定要坚持破立并举,注重建章立制。“要加强对权力运行的制约和监督,把权力关进制度的笼子里,形成不敢腐的惩戒机制、不能腐的防范机制、不易腐的保障机制。”①邓小平同志有句至理名言,“制度好可以使坏人无法任意横行,制度不好可以使好人无法充分做好事,甚至会走向反面。”②

(一)着力构建制度体系

深入推进反腐倡廉制度建设,要做好“破”和“立”这两篇文章。从实际出发制定制度,注重解决实际问题,使制度既在理论上站得住,又在实践中行得通。反腐败工作要紧紧围绕权力范围限定、权力界限厘定、权力裁量规定、权力运行法定等方面建立健全制度,依法科学合理设计权力行使的具体程序,防止权力寻租,使权力的授予、行使、监督的各个环节和过程均有法律制度规定,以形成用制度管权、按制度办事、靠制度管人的长效机制。

1. 坚持完善党内监督制度

全面推进法治方式反腐,就要不断完善党内监督制度,健全执政党权力运行制约机制,从而强化制度对权力的制约力度。党中央通过、修订《中国共产党党员领导干部廉洁从政若干准则》、《中国共产党纪律

① 《习近平关于党风廉政建设和反腐败斗争论述摘编》,中央文献出版社、中国方正出版社 2015 年版,第 121 页。

② 《邓小平文选》第二卷,人民出版社 1994 年版,第 333 页。

处分条例》、《中国共产党巡视工作条例》、《中国共产党问责条例》等党内法规，党的十八届六中全会通过《关于新形势下党内政治生活的若干准则》、《中国共产党党内监督条例》，突出重点、针对时弊，不仅明确了党内监督制度应当健全的主要内容，而且强调建立健全党内监督制度必须具有重点突破性和问题导向性。针对当前存在一些制度的机制化程度低、刚性约束不强等问题，大力加强程序性、操作性的制度建设，优化或者重构相关工作流程，将法律制度上的“不准”，向实际运行机制上的“不能”转化，实现以制度约束权力、控制权力的权力运行模式。对各种决策权、执行权、监督权在遵循精简、统一、高效的基础上，依法进行合理配置、限定和规范，对决策权、执行权和监督权适当分解与平衡，使三种权力形成既相互制约又相互协调的权力结构和运行机制。在厘清权力事项的基础上，建立公共权力配置的硬性制度规定，依法加强对一把手的权力、重点岗位的权力、上一层级的权力分解配置，从制度机制上防止权力过分集中或者分散导致的权力任意。

2. 坚持用制度管权管事管人

人是事业兴衰的根本，是制度与法治运行的主要要素。任何法律制度的制定与执行均离不开人，任何腐败现象与行为，也无不基于人的沦陷和堕落。人在任何时候均是影响制度与法治运行的关键因素。因此，加强党风廉政建设，深入开展反腐败斗争，其根本也在于对人的管理。习近平指出：“要着力健全选人用人管人制度，加强领导干部监督和管理，敦促领导干部按本色做人、按角色办事。”①只有如此，才能从根本上遏制不正之风和腐败行为的蔓延势头。此外，要大力推行权力清单制度，公开行政审批流程，防止权力滥用。要着力对国有企业和国

① 《习近平在十八届中央纪委五次全会上发表重要讲话》，《人民日报》2015 年 1 月 14 日。

有资产资源监管制度的完善，强化对权力集中、资金密集、资源富集的部门和岗位的人和事的监管，要加强对干部经常性的管理监督，形成严格的制度约束，让党员干部始终如履薄冰、如临深渊地行使权力。坚持用制度管权、管事、管人，让人民监督权力，使权力在阳光下运行，是“把权力关进制度的笼子里”的根本之策。

3. 坚持深化体制机制改革

习近平指出：“要着力深化体制机制改革，最大限度减少对微观事务的管理，推行权力清单制度，公开审批流程，强化内部流程控制，防止权力滥用。”①习近平的重要讲话指明了从体制机制上预防腐败发生的重要性。党的十八届三中全会审议通过的《中共中央关于全面深化改革若干重大问题的决定》提出，推行地方各级政府及其工作部门权力清单制度，依法公开权力运行流程。李克强总理在国务院第二次廉政工作会议上，对目前仍保留的政府行政审批事项，强调要公布审批目录清单，在清单之外“一律不得实施行政审批，更不得违规新设审批事项”。“对那些反映多、意见大、又不利于激发市场活力的，还是要继续取消下放”。可见推行权力清单制度，公开行政审批流程，是以制度的方式规范政府的“权力边界”、“权力事项”和“权力家底”；也是向社会公开政府权力行使过程，接受社会广泛监督的有力方式，从而倒逼政府职能转变和加速行政体制改革，预防腐败现象的发生。推行权力清单制度、公开行政审批流程，让权力公开透明运行，既是促进干部清正、政府清廉和政治清明的有力举措，也是加强党风廉政建设和反腐败斗争的重要治本之策。

4. 坚持完善国有企业监管制度

国有企业是国民经济的支柱，国有资产资源是全国人民的共同财

---

① 《习近平在十八届中央纪委五次全会上发表重要讲话》，《人民日报》2015 年 1 月 14 日。

富。加强国有企业党风廉政建设和反腐败斗争，是搞好国有企业的改革发展，完善国有企业监管制度的重要举措。当前国有企业领导人员发生腐败屡禁不止，数额之大、腐败之深令人瞠目结舌。防范和减少国有企业领导人员职务犯罪，既是一个重大的经济问题，也是一个重大的政治问题。因此，习近平指出："要着力完善国有企业监管制度，加强党对国有企业的领导，加强对国企领导班子的监督，搞好对国企的巡视，加大审计监督力度。"[①]完善国有资产资源监管制度，就要强化对权力集中、资金密集、资源富集的部门和岗位的监管力度，防范腐败的发生。

（二）着力增强制度执行力

反腐倡廉工作的成效，不仅取决于制度的制定，更取决于制度的执行。如果制度得不到执行，再好的制度也是形同虚设。从一定意义而言，有制度不执行比没有制度的后果更糟糕、更严重。只有增强制度的执行力，才能发挥制度的应有功能与作用，才能确保各项反腐措施落实到实处。习近平强调，法规制度的生命力在于执行。加强反腐倡廉法规制度建设，必须一手抓制定完善，一手抓贯彻执行。"对违规违纪、破坏法规制度踩'红线'、越'底线'、闯'雷区'的，要坚决严肃查处，不以权势大而破规，不以问题小而姑息，不以违者众而放任，不留'暗门'、不开'天窗'，坚决防止'破窗效应'。"[②]习近平进一步指出："制度一经形成，就要严格遵守，坚持制度面前人人平等、执行制度没有例外，坚决维护制度的严肃性和权威性，坚决纠正有令不行、有禁不止的各种行为，使制度真正成为党员、干部联系和服务群众的硬约束，使贯彻党

---

① 《习近平在十八届中央纪委五次全会上发表重要讲话》，《人民日报》2015 年 1 月 14 日。

② 《习近平关于严明党的纪律和规矩论述摘编》，中央文献出版社、中国方正出版社 2016 年版，第 90 页。

的群众路线真正成为党员、干部的自觉行动。”①习近平的上述讲话精神，充分表明了制度必须执行的深刻内涵和重要意义，为党风廉政建设和反腐败斗争指明了方向、提出了要求。

1. 不让制度变“稻草人”、“纸老虎”

要想制度具有执行力，不让制度变“稻草人”、“纸老虎”，就必须在党风廉政建设和反腐败斗争中，要有完整的反腐败体制机制和权力的监督制约机制，形成一套科学的权力结构和运行机制，这样才能既增强反腐败的力度，又有效地惩治腐败分子。让制度的执行力度得到增强，就不会使制度成为“纸老虎”、“稻草人”，而应该将制度当成“真老虎”和“包青天”。坚持在制度面前人人平等，用制度管人管事，腐败才会逐渐减少直至销声匿迹。再好的制度，如果不执行，仅仅是摆设，制度就会给腐败提供机会，更会纵容腐败。如今落马的高官，无不是因为他们把制度当成了“纸老虎”和“稻草人”，才会在腐败的道路上愈陷愈深、不能自拔。

近年来查处的一系列高级干部严重违纪违法案件，特别是周永康、薄熙来、徐才厚、郭伯雄、令计划、苏荣等案件的查处，高度体现了我们党在治理腐败方面做到了言行一致，深得党心民心，体现了我们党对腐败零容忍的鲜明态度。在认真落实反腐执纪问责问题上，习近平多次强调，“言出纪随，寸步不让，不要让人感觉到好像只是口上说说、纸上写写、墙上挂挂”。② 尽管我们的法规制度存在一些不够健全、不够完善的问题，但关键问题就是已有的法规制度事实上并没有得到严格执行。因此，必须要使铁规发力、禁令生威，才能确保各项法规制度落地生根。

① 《习近平关于严明党的纪律和规矩论述摘编》，中央文献出版社、中国方正出版社2016年版，第71页。

② 《习近平关于严明党的纪律和规矩论述摘编》，中央文献出版社、中国方正出版社2016年版，第67页。

2. 突出制度的针对性和指导性

习近平认为:“制度不在多,而在于精,在于务实管用,突出针对性和指导性。”“牛栏关猫是不行的!要搞好配套衔接,做到彼此呼应,增强整体功能。”“要坚持制度面前人人平等、执行制度没有例外,不留‘暗门’、不开‘天窗’,坚决维护制度的严肃性和权威性,坚决纠正有令不行、有禁不止的行为,使制度成为硬约束而不是橡皮筋。”①党的十八大以来,以习近平同志为核心的新一届党中央领导集体,针对各级党政机关和党员干部中存在的突出问题,从制度层面、机制层面、立法层面推出了一系列具有针对性和指导性的党风廉政建设和反腐败斗争的相关制度,以规范约束权力、强化监督权力,从根本上逐步形成以制度建设为龙头的反腐败斗争工作体系。

2013 年 5 月至 2016 年 3 月,党和国家出台了《中国共产党党内法规制定条例》、《中国共产党党内法规和规范性文件备案规定》、《关于党政机关停止新建楼堂馆所和清理办公用房的通知》、《党政机关厉行节约反对浪费条例》、《建立健全惩治和预防腐败体系 2013—2017 年工作规划》、《中央和国家机关会议费管理办法》、《关于严禁公款购买印制寄送贺年卡等物品的通知》、《关于严禁元旦春节期间公款购买赠送烟花爆竹等年货节礼的通知》、《关于进一步做好领导干部报告个人有关事项工作的通知》、《关于严禁超职数配备干部的通知》、《关于进一步加强领导干部出国(境)管理监督工作的通知》、《配偶已移居国(境)外的国家工作人员任职岗位管理办法》等 50 余项规定,突出制度的针对性和指导性。

3. 强化制度的监督性和约束力

习近平强调,法规制度的生命力在于执行,加强反腐倡廉法规制度

---

① 习近平:《在党的群众路线教育实践活动总结大会上的讲话》,人民出版社 2014 年版,第 18 页。

建设,必须一手抓制定完善,一手抓贯彻执行,坚持法规制度面前人人平等,遵守法规制度没有特权,执行法规制度没有例外。要坚持严字当头、一严到底,加大对法规制度执行情况的监督检查力度,用监督传递压力,以压力推动落实,坚持把强化问责作为推动法规制度落实的核心关键和落脚点,以严格的管理、严厉的措施、严肃的问责保障法规制度刚性运行,推动反腐倡廉法规制度落地生根。

改革开放以来,很多人习惯了“遇到绿灯赶紧走、遇到黄灯抢着走、遇到红灯绕着走”,形成了违纪违法的“破窗效应”,其中一个重要原因,就是监督检查开了“天窗”,制度执行留了“暗门”。要从根本上解决这些问题,就必须抓好三个环节:一是日常监督要“紧”。法规制度要落实到位,既要抓常态,也要抓长久,核心就是念好日常监督的“紧箍咒”,让各项纪律和规矩在日常工作、生活中得到严格贯彻执行。如每年都重点针对各级领导班子成员执行政治纪律和政治规矩、落实廉洁自律规定等情况开展经常性监督检查,并围绕领导班子换届等重大事项和春节、五一、中秋等重要节点,加强对纪律执行情况的专项监督检查,使党员干部自觉养成讲规矩、守纪律的好习惯。探索建立巡察制度,加强对各级领导班子和党员干部法规制度执行情况的专项巡察,进一步强化讲规矩、守纪律意识,确保各项法规制度执行不走样。二是抓早抓小要“实”。法规制度要落到实处,就要切实转变政绩观,坚决把党的纪律和规矩挺到最前沿,牢牢守住第一道防线。对党员干部出现的苗头性倾向性问题,要及时谈心谈话、教育提醒,逐渐使信访函询、诫勉谈话、组织处理、党纪处分等监督执纪方式经常化,防止党员干部“小问题”酿成大错误、违纪滑向违法。三是纪律审查要“严”。党要管党、从严治党,靠的是严明的纪律。要切实做到执纪必严、违纪必究,对违规违纪、破坏法规制度踩“红线”、越“底线”、闯“雷区”的,坚决严肃查处,做到“不以权势大而破规、不以问题小而姑息、不以违者众而放任”。

（三）着力筑牢权力之笼

从当前查处违纪违法案件暴露出来的问题看，丰厚的腐败回报和低廉的腐败成本是各种腐败发生的最直接动因。潜在的腐败危险一旦遇上腐败的各种社会原因推波助澜，区域式、塌方式、系统性的腐败就会屡屡发生。在十八届中央纪委二次全会上，习近平深刻分析反腐败严峻形势后提出，要形成不敢腐的惩戒机制、不能腐的防范机制、不易腐的保障机制，把权力关进制度的笼子里。

强化不敢腐的威慑力。要形成“不敢腐”的有效机制，就是使执纪执法机关严格依法依纪发现、揭露和查处腐败行为和腐败分子，使违纪违法腐败分子在政治、经济、人身自由上付出应有的腐败代价，以加大腐败行为的投入成本，使抱有腐败侥幸心理的人员望而生畏。要构建不敢腐的机制，就要坚持把纪律挺在前面，对出现的各种腐败问题抓早、抓小，并强化执纪问责监督的力度。对决策、执行和监督权要建立平衡制约机制，做到用制度管住重点人、盯紧重点事、抓住重点问题，提高问题发现的及时性和精准性。大力加强巡察巡视工作，始终把落实“两个责任”、严守政治纪律和政治规矩作为巡察巡视的重要内容，及时发现各级各地各部门存在的突出问题，使巡视工作利剑常举，威慑常在。再好的制度，有时也难以做到百密无疏。因此防范腐败的滋生，还要加强制度与制度间的衔接与配合，要在制度之外，跟进配套措施，使制度体系更加完整，制度之间互为支撑，织密法网，严肃法纪。要始终保持反腐高压态势，对腐败行为和腐败分子做到发现一处查处一处，发现一个惩治一个，并严格根据党纪法律予以惩处，不姑息不迁就、不心慈不手软、不养痈为患，充分发挥党纪国法的威慑作用，减少与防控冒险贪腐的行为。

强化不能腐的防范力。一定内外因条件和一定空间条件的结合往往是腐败滋生的因素。一些地方或者部门领导权力高度集中，班子

“一言堂”严重，各种监督措施、监督制度虚设等，就容易给想腐败的人员在制度上留下一条通往腐败的便利通道。要构建“不能腐”的有效反腐机制，就要紧紧抓住用制度管人、管事、管权的关键环节，围绕人、事、权建构决策科学、执行严格、监督有力的权力运行机制，切实“把权力关进制度的笼子里”，使权力始终在法律和制度制约下良性运行，使权力拥有者难以实施腐败行为，确保人民赋予的权力始终为人民谋利益，而不是为个人或者小团体谋利益。因此要在法律、制度上设定各种权力运行的界限和程序，优化权力的结构，对各种权力的行使按照精简、高效、统一的原则适度分解，使立法权、司法权与行政权在高度统一的基础上保持相互制约。同时要合理分解单位一把手、重点工作岗位、上一层级机关的权力配置，严密设定权限范围、权力界限，控制行政机关自由裁量权力的幅度，规范权力运行的方式。建立和完善反腐败举报、反馈和防控制度，加大领导干部财产申报公开制度的执行力度，利用财产申报制度，监督党员干部廉洁奉公，使权力拥有者始终在既定的法律制度框架下运行，任何人都不能为所欲为。

强化不想腐的自律力。要让人不想腐，其理想信念是否坚定，道德品质是否高尚，意志意念是否坚强坚韧是一个最为重要的方面。因此要构建“不想腐”的反腐机制，就要持续不断地加强对党员干部的理想信念、道德情操和行为规范教育，使党员干部在履行职责和公共权力时，能够始终保持一尘不染、两袖清风，始终保持严于律己、克己奉公，永葆共产党人的崇高本色。一个人的定力来自于内心意志的坚定和理想信念的支撑。如果一个党员干部理想信念坚定，就能有效地拒腐防变。如果一个党员干部将信将疑党的奋斗目标，为人为事当面一套背后一套，就不可能严格恪守全心全意为人民服务宗旨和坚守为共产主义奋斗终生的远大抱负，也不可能固守人民公仆的基本道德底线，并最终倒在各种糖衣炮弹的诱惑面前。习近平提出，党员干部要做到“三严三实”的政治品格和做人准则，即“严以修身、严以用权、严以律己”，[1]“谋事要实、创业要实、做人要实”，以规范自身的修身之本、为政之道。党员干部要做到“三严三实”，首先要把对党忠诚、对人民负责作为思想基础，要把讲政治、守规矩摆在前面，坚定共产主义理想信念。党员干部要形成不想腐的自制力，必须始终坚守“永不动摇信仰”的执着信念，保持讲政治的品格和定力；始终与党中央保持高度一致，坚决拥护党的领导和维护中央权威；任何时候都要牢记自己的党员身份，要有讲党性的高贵品格，严格以党章党纪约束规范个人的言行，对党忠诚、向党负责；严格遵守党内政治生活准则和国家法律，发扬与继承党的优良传统，将“七个有之”[2]和“五个必须”[3]作为警戒和准绳，牢记讲规矩、守纪律的根本底线。

三、反腐败必须协同推进

反腐败斗争的协同推进旨在强化不想腐的自律力，这是彻底反腐

① 《习近平谈治国理政》，外文出版社2014年版，第381页。

② “七个有之”指一些人无视党的政治纪律和政治规矩，为了自己的所谓仕途，为了自己的所谓影响力，搞任人唯亲、排斥异己的有之，搞团团伙伙、拉帮结派的有之，搞匿名诬告、制造谣言的有之，搞收买人心、拉动选票的有之，搞封官许愿、弹冠相庆的有之，搞自行其是、阳奉阴违的有之，搞尾大不掉、妄议中央的也有之。参见《习近平关于党风廉政建设和反腐败斗争论述摘编》，中央文献出版社、中国方正出版社2015年版，第50页。

③ “五个必须”指一是必须维护党中央权威，决不允许背离党中央要求另搞一套，必须在思想上政治上行动上同党中央保持高度一致，听从党中央指挥，不得阳奉阴违、自行其是，不得对党中央的大政方针说三道四，不得公开发表同中央精神相违背的言论。二是必须维护党的团结，决不允许在党内培植私人势力，要坚持五湖四海，团结一切忠实于党的同志，团结大多数，不得以人划线，不得搞任何形式的派别活动。三是必须遵循组织程序，决不允许擅作主张、我行我素，重大问题该请示的请示，该汇报的汇报，不允许超越权限办事，不能先斩后奏。四是必须服从组织决定，决不允许搞非组织活动，不得跟组织讨价还价，不得违背组织决定，遇到问题要找组织、依靠组织，不得欺骗组织、对抗组织。五是必须管好亲属和身边工作人员，决不允许他们擅权干政、谋取私利，不得纵容他们影响政策制定和人事安排、干预正常工作运行，不得默许他们利用特殊身份谋取非法利益。参见《习近平关于严明党的纪律和规矩论述摘编》，中央文献出版社、中国方正出版社2016年版，第27—28页。

的根本要求。强化不想腐的自律力必须立足于查办案件，着眼于制度建设，把权力关进制度的笼子里，通过实现反腐败斗争的压倒性态势，遏制腐败蔓延势头，同时坚持治标与治本相结合、教育与惩治相结合、高标准与守底线相结合，协同推进反腐败斗争的常态化、制度化、法治化。

（一）治标与治本相结合

反腐倡廉既要从严治标，又要着力治本，把治标与治本统一于党风廉政建设和反腐败斗争的进程中。“善除害者察其本，善理疾者绝其源。”①反腐败实践证明，铲除不良作风和腐败现象滋生蔓延的土壤，根本上要靠法规制度。习近平强调，党风廉政建设和反腐败工作“‘急则治其标，缓则治其本’。在反腐倡廉工作中，我们一直强调标本兼治。”②治标，着重突出“惩”的功能，对腐败分子起到惩治、震慑、遏制的作用。治本，着重在于“防”的功能，通过对权力进行有效制约和监督，对腐败现象进行预防、警示、阻拦的作用。在当前腐败存量相对比较大的前提下，治标可以有力遏制腐败现象滋生蔓延的势头。同时，治标也可倒逼反腐倡廉法规制度建设的不断完善和加强。

中外反腐败经验表明，要构建不敢腐的惩戒机制和威慑力，就要加大依法严厉惩治腐败的力度；要构建不能腐的防范和预防机制，就要坚持完善和健全权力制约的法律制度；要构建不想腐的自律意识和思想道德防线，就要坚持对党员干部深入细致地进行理想和信念教育，这样才能有效压缩与铲除腐败现象的生存空间和滋生土壤。

---

① 《习近平关于严明党的纪律和规矩论述摘编》，中央文献出版社、中国方正出版社2016年版，第61页。

② 《习近平关于严明党的纪律和规矩论述摘编》，中央文献出版社、中国方正出版社2016年版，第62页。

反腐败实践充分说明,既要保持查办腐败案件的强劲势头,遏制正在发生的腐败现象,又要逐步加大治本力度,从源头上预防和解决腐败问题。加大治本力度,必须坚持标本兼治,一个重要的方面就要不断健全反腐败法制体系,让法律制度充分发挥促进、实现和保障廉政建设的重要功能作用,以全面推进法治反腐的顺利进行。另一方面就要深化相关反腐败的体制机制改革,加大对权力运行的监督和制约力度。要始终把制度建设摆在党的建设的重要位置,加强法律制度执行力的建设,为反腐败斗争和社会长治久安提供强大的制度保障,从而通过制度建设巩固已有的思想建设、组织建设、作风建设、反腐倡廉建设的成果。①

破立并行、标本兼治是新时期腐败治理的重要特征。党的十八大以来,我们党从关系党和国家生死存亡的高度,以强烈的历史责任感、深沉的使命忧患感、顽强的意志品质推进反腐败斗争,收获了一个又一个"丰收年":论"老虎"级别之高,有周永康、徐才厚、令计划等倒台;论数量之多,有万庆良、王珉等50多名省部级干部落马;论复杂程度,有山西的"塌方式腐败"等。"打虎拍蝇"没有禁区,反对腐败没有特区,正风肃纪没有盲区。经过持续不断的努力,我们党实现自我净化,我们的社会迎来了清气上扬、浊气下降的景象。反腐治标为反腐治本扫清障碍,创造条件;反腐治本巩固反腐治标成果,完善体制机制。党中央着力健全党内监督机制,着力健全选人用人管人制度,着力深化体制机制改革,着力完善国有企业监管制度。"四个着力"既有放眼全局的顶层设计,也有切中时弊的具体部署,为重构良好政治生态奠定更为坚实的制度基础。实践证明,只有坚持破立并行,通过"破"来遏制腐败增量,通过"立"来重构政治生态,我们

① 当前全国各地以贯彻落实《中国共产党廉洁自律准则》和《中国共产党纪律处分条例》为契机,探索建立不敢腐、不能腐、不想腐的有效机制,为推动全面从严治党、协调推进"四个全面"战略布局提供坚强纪律保证。

才能在反腐败斗争的路上无坚不摧、无往不胜,真正打赢这场反腐持久战。

(二)教育与惩治相结合

建设廉洁政治,坚决反对腐败,必须把反腐倡廉教育摆在首要位置。大量事实证明,一些不正之风或腐败盛行的地方和部门,往往从党内政治生活弱化开始。因此,新形势下的反腐倡廉教育要以严肃党内政治生活为主题,坚决克服党组织对党员管理软弱涣散,民主集中制成为摆设,批评上级怕穿小鞋、批评同级怕伤和气、批评下级怕丢选票、自我批评怕丢面子,把规规矩矩的上下级关系搞成了猫鼠关系或带有封建人身依附性质的君臣父子关系等突出问题。要牢牢把握马克思主义执政党的政治性,高度警惕和防止任何偏离党的主张的思想和言论,把对党对人民的绝对忠诚摆在首位;牢牢把握党内政治生活的原则性,坚决防止和纠正党内生活庸俗化、随意化、平淡化倾向,把确保党员政治上坚定、经济上廉洁、作风上过硬作为底线要求;牢牢把握党内政治生活时代性,防止和纠正党员干部故步自封、不思进取、为政不为现象,强化党员干部在四个战略布局中的责任感和使命感;牢牢把握党内政治生活的战斗性,以理论上的清醒、政治上的坚定、责任上的担当深入推进党风廉政建设和反腐败斗争,把全面从严治党的要求落到实处。

坚持教育与惩治相结合,既要加强思想教育的引导功能,提高广大党员干部的思想觉悟,又要坚持惩前毖后治病救人的方针,不搞不教而诛。习近平指出:“各级党组织必须明白,加强党风廉政建设,加强对干部的监督,是对干部的爱护。放弃了这方面责任,就是对党和人民、对干部的极大不负责任。党教育培养一名领导干部不容易,一旦在廉政方面出了问题,党组织多年的培养和本人以前的一切努力就毁于一旦。各级党组织一定要负起责任,敦促教育干部廉洁自律,不能放弃责任。”①因此在反腐败过程中，要善于“抓大”、“严小”，出重拳、下猛药，使“抓大”形成一种强有力的威慑；同时又要从小问题入手抓起，使“严小”成为一种良好的习惯。

坚持教育与惩治相结合，必须抓好制度教育与制度建设。让每项制度规定得明确具体，将一些“大力提倡”的劝导性规定变为一种法律制度的“硬性规定”，将一些“自由裁量”的主观性规定转化为一种可供操作的客观性的“具体标准”，从而减少各种权力行使的自由范围与弹性空间，增强法律制度的刚性约束。当前既要注重以法治思维和方式完善权力制度制约机制，用法律制度监督制约权力，做到权力内容法定、界限法定、运行法定和后果法定，又要注重预防腐败的制度设计，对党员干部的日常细微行为作出详细、具体的规定，且要明确违反这些规定的严重后果，从而在前端杜绝腐败发生的可能。同时要依法深入推进党务公开和政务公开，不断扩大公开事项领域、内容和范围，建立健全公众参与、专家咨询、公示、听证等重大事项的决策制度，增强权力运行的透明度。

坚持教育与惩治相结合，必须做到严格执法与堵漏建制相结合。在查办各种腐败犯罪案件时，应当坚持“一要坚决、二要慎重，务必搞准”的原则，以事实为依据、以法律为准绳办理案件，注意正确区分工作失误与违法违纪的界限，既依法打击极少数，又教育挽救大多数，以分化瓦解腐败分子；严格贯彻宽严相济的刑事政策，对腐败犯罪分子坚持该严则严，当宽则宽，做到宽严适当，以取得良好的办案效果。在查办案件的同时，要找准引发案件体制和机制上的漏洞，及时进行查漏补缺；注意发现权力运行中存在的问题和缺陷。亡羊补牢，建章立制，把失控的权力关进制度的笼子里，切断腐败犯罪行为动机与易发腐败条

① 《依纪依法严惩腐败，着力解决群众反映强烈的突出问题》，《十八大以来重要文献选编》（上），中央文献出版社2014年版，第138页。

件的联系,实现惩治结果向预防结果转变。此外,要正确处理打击与保护的关系,讲求办案策略,认真把握办案时机,把执纪执法作为服务改革发展大局的基本路径,最终实现法律效果、社会效果与政治效果的高度统一。

(三)党内监督与群众监督相结合

党内监督和群众监督虽然各有相对独立的结构和功能,但二者之间相互补充、相互促进,在根本性质和目标上是一致的。党组织和党员身处人民群众之中,人民群众对他们的情况最清楚、最有发言权,对他们的活动监督范围广、信息准,可以有效弥补党内监督不足,也有利于推动党内监督深入开展。同时,完善党内监督制度,是人民群众监督得以实现的重要保证。对人民群众检举揭发的党组织或党员违纪违法行为,只有及时启动党内监督程序,依规依纪进行严肃处理,人民群众监督才能取得实效。可以说,党内监督是自律,人民群众的外部监督是他律。只有推动党内监督和人民群众监督有效衔接,才能促进自律和他律相结合,构建起科学严密的监督体系,永葆党的先进性和纯洁性。

党的十八大以来,以习近平同志为核心的党中央坚持全面从严治党,制定实施了改进工作作风、密切联系群众的八项规定等一系列党内法规制度,部署开展了党的群众路线教育实践活动、"三严三实"专题教育和"两学一做"学习教育,严明政治纪律和政治规矩,坚持"老虎"、"苍蝇"一起打,依法依纪惩治腐败,推动党的建设开创新局面,党风政风呈现新气象。同时,我们也清醒地认识到,有的地方和单位仍存在党的领导弱化、党的建设缺失、全面从严治党不力,党的观念淡薄、组织涣散、纪律松弛,管党治党"宽松软"等突出问题。解决这些突出问题,既要发挥好党内监督作用,又要发挥好人民群众监督作用。实践证明,把党内监督和人民群众监督有机结合起来,有利于消除监督死角、盲区,及时发现、解决党内突出问题,进一步提高党的执政能力和领导水平,提高拒腐防变和抵御风险能力。

四、反腐败必须把握规律

党的十八大以来,我们党立足“四个全面”战略布局,扎实推进全面从严治党,提出作风建设永远在路上,进而提出党风廉政建设和反腐败斗争永远在路上,直至提出全面从严治党永远在路上,充分表明我们党对共产党执政规律的认识不断深化,对党的建设规律的认识不断深化。实践证明,彻底反腐必须不断总结反腐败斗争的实践经验,把握时代性,体现规律性,富有创造性,为反腐败斗争的深入开展提供源源不断的内生动力。

(一)反腐工作的四点启示

习近平在十八届中央纪委七次全会上总结了党的十八大以来,开展党风廉政建设和反腐败斗争的四点启示,这就是:

1. 高标准和守底线相统一

习近平指出,要“教育引导党员、干部自觉向着理想信念高标准努力,同时要以党的纪律为尺子,使党员、干部知敬畏、存戒惧、守底线”①。

坚持高标准必须把固本培元的思想建设摆在首要位置。理想信念是共产党人精神上的“钙”。从正风反腐的实践看,腐败案件的发生往往始于理想的迷失、信念的动摇。党员干部如果理想信念不坚定、思想防线出现松动,甚至降格以求、放任自流,就容易走上违纪违法之路。因此,必须把坚定理想信念作为思想防线的核心,把好世界观、人生观、价值观这个“总开关”,教育引导广大党员特别是领导干部牢固树立理想信

① 《习近平在十八届中央纪委七次全会上发表重要讲话》,中华人民共和国中央人民政府网 2017 年 1 月 6 日。

念、始终站稳政治立场。只有稳住理想信念这个“压舱石”,才能在胜利和顺境面前不骄傲不急躁,在困难和逆境面前不消沉不动摇,经受住各种风险和困难考验,自觉抵御各种腐朽思想的侵蚀,永葆共产党人政治本色。

坚持守底线必须把令行禁止、接受监督作为从政履职的基本要求。党的十八届六中全会从制度层面对全面从严治党提出了要求、做出了安排。我们要以贯彻落实全会精神为契机,建立完善相关配套制度。应紧密结合这些年发生的腐败案件,寻找漏洞、吸取教训,全面加强制度建设。党员领导干部要遵守党章党规和国家宪法法律,维护党中央集中统一领导,坚持民主集中制,落实全面从严治党责任,落实中央八项规定精神,坚持党的干部标准,廉洁自律、秉公用权,完成党中央和上级党组织部署的任务。应当说,万变不离其宗。党员领导干部能否守住党纪国法的红线、底线,考验的是在公和私、义和利、是和非、正和邪、苦和乐面前的选择,最终检验的是对党和人民的忠诚。

2. 抓惩治和抓责任相统一

习近平指出,“要坚持抓惩治和抓责任相统一,对‘四风’问题露头就打、执纪必严”①。要针对“四风”蔓延到群众眼皮底下的情况,立行立改、雷厉风行,一个节点一个节点坚守,一个阶段一个阶段推进,每年都有新招数,不断释放新信号,让全社会感到党中央的决心,推动党内正气上升、社会风气上扬。要抓住领导干部这个“关键少数”,同时深挖在执纪审查中发现的“四风”问题线索,有效防止反弹回潮。要坚持反腐败无禁区、全覆盖、零容忍,着力遏制腐败滋生蔓延势头。针对腐败问题比较严重的状况,抓住惩治不放松,坚决铲除“污染源”。坚持有腐必反、有贪必肃,“老虎”、“苍蝇”一起打,让腐败分子在党内没有藏身之地。坚决把腐败滋生蔓延的势头遏制住,把不敢腐的问题解决

① 《习近平在十八届中央纪委七次全会上发表重要讲话》,中华人民共和国中央人民政府网 2017 年 1 月 6 日。

好，减少存量、遏制增量。保持惩治腐败高压态势，发挥震慑作用，以实际行动表明党中央进行党风廉政建设和反腐败斗争绝不是一句空话。

坚持抓惩治与抓责任相统一，就要坚持有责必问、问责必严，让失责必问成为常态。《中国共产党问责条例》是全面从严治党的利器，不是摆设，能否发挥作用，关键看敢不敢较真碰硬。党的各级组织和领导干部要把自己摆进去，手电筒对着自己照，在贯彻执行上下功夫。要敢于坚持原则，完善配套措施，推动问责制度落地生根。对失职失责的典型问题要盯住不放，问责一个、警醒一片、促进一方工作。要把监督检查、目标考核、责任追究有机结合起来，实现问责内容、对象、事项、主体、程序、方式的制度化、程序化。要层层传导，压实责任。党的中央委员会、中央政治局、中央政治局常务委员会全面领导党内监督工作。特别是明确党委（党组）在党内监督中负主体责任，书记是第一责任人，党委常委会委员（党组成员）和党委委员在职责范围内履行监督职责。要“建立责任体系”，即在党中央统一领导下，党委（党组）承担全面监督责任，纪律检查机关承担专门监督责任，党的工作部门承担职能监督责任，党的基层组织承担日常监督责任，普通党员承担民主监督责任，有权向党负责地揭发、检举党的任何组织和任何党员违纪违法的事实，提倡实名举报。落实这些监督责任，党内监督“宽松软”的情况将得到根本性改变，党内监督“严紧硬”的格局将会实质性生成，正风反腐、拒腐防变价值功能就得到充分体现。

3. 查找问题和深化改革相统一

习近平指出，要“从问题入手，抽丝剥茧，查找根源，深化改革，破立并举，确保公权力在正确轨道上运行”①。

马克思有一句名言：“问题就是公开的、无畏的、左右一切个人的

---

① 《习近平在十八届中央纪委七次全会上发表重要讲话》，中华人民共和国中央人民政府网 2017 年 1 月 6 日。

时代声音。"①从这些年揭露出来的一些涉及领导干部的大案要案看，其犯罪情节之恶劣、涉案金额之巨大，都是触目惊心的。这些领导干部在成长过程中都曾为党和国家做了一些工作，也做出了一定成绩，但是他们律己不严、蜕化变质，最终堕入违纪违法甚至犯罪的泥潭，既令人无比痛心，教训也极其深刻。从中我们可以发现很多问题，其中一个重要方面就是我们的制度还不够健全，已经有的铁笼子门没关上，没上锁；或者栅栏太宽了，或者栅栏是用麻秆做的，不起作用。

我们共产党人的权力无论大小，都是人民给的，也只能用来为人民谋利益。人民把权力交给了我们，我们在使用权力的时候就要让人民放心。怎么样才能让人民放心呢？一个很重要的措施就是查找问题和深化改革相统一。就是要有什么漏洞堵什么漏洞，有什么问题解决什么问题。各级党组织要紧密结合这些年发生的腐败案例，寻找漏洞，吸取教训，全面深化改革，全面加强制度建设。要坚决维护制度的严肃性和权威性。制度得不到遵守，执纪、问责就必须及时跟进。要强化对制度执行情况的监督检查，坚决纠正有令不行、有禁不止的行为。对一切违反破坏制度的行为，必须依规依纪严肃处理，构成犯罪的坚决移送司法机关。加大问责力度，通过严肃追究主体责任、监督责任、领导责任，使制度成为硬约束而不是"橡皮筋"，使制度的力量在反腐倡廉建设中充分释放。

4. 选人用人和严格管理相统一

要选对用好干部，更要管好干部，强调的就是对干部的监督管理。要把"选种育苗"和"田间管理"结合起来，既把德才兼备的好干部选出来、用起来，又加强管理监督，及时清除腐败分子，形成优者上、庸者下、劣者汰的好局面。这些重要启示和经验，要长期坚持。对干部需要信任，但信任不能代替监督。

---

① 《马克思恩格斯全集》第 40 卷，人民出版社 1982 年版，第 289 页。

一个干部的成长，既需要信任，也离不开监督。党组织充分信任，能使干部放开手脚，增强干部工作的积极性、主动性和创造性；党组织严格监督，能促其勤政廉政，不偏离正道、不走向歪道。权力与监督应该相伴相随。党员干部越是位高权重，越要受到严格管理和监督。如果因为信任，就对党员干部疏于监督，甚至放手不管、放任自流，他们就有可能成为脱缰的野马、越轨的火车，做出自毁前程、践踏法纪的举动。近年来，各级对干部监督力度不断加大，监督机制日趋完善，效果也日益显现。但要看到，监督"虚化"、流于形式的问题在个别单位仍不同程度存在。在监督环节上，重选拔任用，轻任后监督；在监督对象上，重一般干部，轻主要领导；在监督内容上，重日常事务，轻原则问题；在监督时段上，重"八小时以内"，轻"八小时以外"；在监督形式上，重事后查处，轻事前监督。组织管干部的功能发挥不好，对苗头性倾向性问题不敢管、不愿管，甚至哄着护着，就可能使小毛病演变成大问题。一些落马领导干部反思"组织提醒得太少、处理得太晚"，虽有为己开脱之意，但也说明，组织信任有余而监督不足，后果十分严重。

不辜负信任，不排斥监督，是党员干部应有的姿态。对那些自律不严、行为不端的领导干部，监督的必要性自不必说，即使对那些严于律己、品行端正的领导干部，监督也绝不多余。道德修养、党性锤炼不可能一劳永逸，那种视监督为"找茬"、"整人"的干部，总有一天会将组织的信任"挥霍一空"。只有把监督当警戒、作镜子，处处对照、时时检查，找出不足、改正缺点，才能赢得组织更大的信任，挑起更重的担子。严是爱，松是害。党组织加强监督管理，是对党员干部的真正关爱，是对党的事业的高度负责。搞好监督，要进一步健全制度机制，切实发挥监督体系的功能作用；要坚持对上对下一个样、此时彼时一个样、大事小情一个样；要克服好人主义思想，不怕丢选票、不怕得罪人，敢于坚持原则、敢于较真碰硬；要保持有规必依、执规必严、违规必究的高压态势，对违反纪律、不讲规矩的人和事，该批评的批评、该制止的制止、该处理的处理，使干部心有所畏、言有所戒、行有所止。

（二）反腐履责的六条体会

在十八届中央纪委第五次全体会议上，王岐山总结了十八届中央纪委党风廉政建设和反腐败职能责任的六条体会①：

一是党中央从严治党的鲜明立场、坚决态度和强有力措施，是我们做好工作的根本保证。治国必先治党、治党务必从严。我们党肩负着带领13亿多人民走中国特色社会主义道路的艰巨任务。新形势下，党面临着“四大考验”、“四种危险”。党风问题和腐败问题关乎人心向背，关系实现中华民族伟大复兴。党中央坚持党要管党、从严治党，把党风廉政建设和反腐败斗争提到新高度，坚定不移改进作风，坚定不移惩治腐败。习近平就从严治党、严明纪律，改进作风、惩治腐败发表一系列重要讲话，态度坚决、铮铮有声，为深入推进党风廉政建设提供了强大思想武器。没有党中央鲜明的政治态度、坚强领导、率先垂范，党风廉政建设和反腐败斗争就会一事无成。

二是坚定立场方向，聚焦目标任务。我们党进行的党风廉政建设和反腐败斗争有立场、有目标。立场是坚持有腐必反、有贪必肃，“老虎”、“苍蝇”一起打，以零容忍态度惩治腐败；目标任务是坚决遏制腐败蔓延势头，纠正“四风”、防止反弹。我们立足当前、着眼长远，从形势和任务出发，把握政策、突出重点。惩治腐败，重点查处十八大后不收敛、不收手，问题线索反映集中、群众反映强烈，现在重要岗位且可能还要提拔使用的领导干部；纠正“四风”，重点查处十八大后、中央八项规定出台后、群众路线教育实践活动开展后仍然顶风违纪的行为。党风廉政建设和反腐败斗争永远在路上，我们面临的形势越复杂，肩负的任务越艰巨，就越要保持坚强政治定力，有静气、不刮风，不搞运动、不

① 参见《王岐山总结十八届中央纪委六条体会》，新华网2015年1月30日。

是一阵子，踩着不变的步伐，把握节奏和力度，把党风廉政建设一步步引向深入。

三是紧紧抓住落实党风廉政建设主体责任这个“牛鼻子”，以上率下，层层传导压力。主体责任是党章赋予各级党组织的基本责任。党风廉政建设和反腐败斗争是全党的工作，仅靠党中央抓不行，仅靠纪委抓也不行，必须落实各级党委全面从严治党的政治责任，强化责任担当。我们创新体制机制、改进工作方法，先从中央部委和省一级抓起，一级抓一级，层层传导压力，通过约谈督促、报告工作、严肃问责等方式，推动形成全党动手一起抓的局面。主体责任不能虚化空转，必须细化、具体化。只要全党共同努力，把党委的主体责任、纪委的监督责任真正扛起来，落实下去，我们就一定能从严峻复杂的形势中走出来。

四是聚焦聚焦再聚焦，强化监督执纪问责，确保党的纪律刚性约束。纪律松弛已经成为党的一大忧患，有的党员干部把自己当成“官”，忘记了是执政党的干部。党的观念一旦淡漠，组织必然涣散、纪律必然松弛。从严治党首要的是严明党纪。纪律检查机关是党内监督的专责机构，必须加强监督执纪。党的十八大以来，中央纪委不断深化“三转”，从党章规定和形势任务出发，找准职责定位，聚焦中心任务，守住主业不发散，强化监督执纪问责。只有把纪律建设摆在更加突出的位置，加强党纪监督、巡视监督、派驻监督，严明纪律，才能永葆党的先进性和纯洁性。

五是紧紧依靠人民参与支持，使群众监督无处不在。党的根本宗旨是全心全意为人民服务。深入推进党风廉政建设和反腐败斗争，是民意所致、民心所向。我们的工作必须为了人民、植根人民、依靠人民。纪检监察机关不断提高工作透明度，畅通群众监督渠道，发挥新媒体、新技术作用，形成无处不在的监督网。没有人民群众的支持参与，纠正“四风”就很难取得今天的成效。要释放群众和媒体监督正能量，让“四风”无处藏身，为深入推进党风廉政建设提供强大支撑。

六是冷静清醒判断形势，客观审视面对的挑战，树立必胜信心。形势决定任务。1993 年我们党就提出，反腐败形势是严峻的。此后一直沿用“依然严峻”的判断。党的十八大后，党中央深化了对形势的认识，指出党风廉政建设和反腐败斗争形势“依然严峻复杂”。巡视发现的问题、纪检机关查处的案件、严重违纪违法者的自我忏悔，都印证了党中央的判断是有的放矢、完全正确的。当前，“四风”面上有所好转，但树倒根在，重压之下花样翻新，防止反弹任务艰巨。有的地方政治生态恶化，干部被“围猎”，权权交易、权钱交易、权色交易，搞利益输送，遏制腐败蔓延的任务仍然艰巨。党风廉政建设和反腐败斗争是一场输不起的斗争。“四风”一旦反弹，腐败依然蔓延，后果不堪设想。我们要保持冷静清醒、坚定信心决心，保持高压态势、加大惩治力度，强化“不敢”；坚持标本兼治，选对人用好人，深化改革，健全制度，加强管理监督，完善激励和问责机制，强化“不能”；加强党性修养，增强宗旨意识，弘扬优秀传统文化。

（三）反腐规律的实践探索

当代中国反腐败战略思想，在传承我党反腐倡廉根本立场的同时，对于新时期反腐败斗争作全新思考，对反腐败工作结构作全新调整，对反腐败斗争作全新谋划，拓展了反腐新思路，打开了反腐新局面，开创了反腐新境界，提升了反腐新水平。

党的十八大以来的这几年在我们党的发展史上是一个极其重要的历史时期。中华民族伟大复兴中国梦的新征程由此开启，“四个全面”战略布局统筹实施，党风廉政建设和反腐败斗争以前所未有的力度、广度向前推进，反腐败斗争压倒性态势初步形成。新时期反腐败时代特征集中表现为：一是反腐败的理念更加清晰。“零容忍”等反腐理念的提出，从根本上否定了对重大腐败案件比较重视、对轻微腐败现象却见怪不怪，反腐正风说到做不到甚至根本没有去做等现象的合理性。表明了对任何腐败行为、腐败分子都必须依纪依法坚决惩处的法治原则。二是反腐败目标更加明确。对“三清”廉洁政治生态建设目标的强调是一种“倒逼”式的创新，意味着必须首先遏制住腐败蔓延的势头，从而让良性政治生态成为一种“势头”；这是一个以结果为导向的、正确的、科学的反腐败战略目标。三是反腐败方式更加科学。“善于运用法治思维方式和法治方式反对腐败”的重要思想，意味着新时期的反腐败斗争正在实现由既往的运动反腐、权力反腐向依法反腐的路径模式转变，是新的历史条件下反腐模式的一种超越和创新，标志着反腐败斗争法治化水平的提升。四是反腐败责任更加强化。习近平强调各级党委承担主体责任，纪委承担监督责任，保障司法机关独立行使检察权、审判权，为新时期遏制腐败蔓延的势头奠定了坚实的组织基础。

习近平在十八届中央纪委七次全会上深刻指出：“管党治党不仅关系党的前途命运，而且关系国家和民族的前途命运，必须以更大的决心、更大的气力、更大的勇气抓紧抓好。只有把党建设好，我们才能带领人民成功应对重大挑战、抵御重大风险、克服重大阻力、解决重大矛盾，不断从胜利走向新的胜利。”①反腐败斗争关乎人心向背，关系实现中华民族伟大复兴，是一场输不起的斗争。“四个统一”和“六个体会”，是对反腐败实践经验的科学总结，是对反腐败工作规律的正确把握。坚持和运用“四个统一”、“六个体会”，就能更好地保持战略定力和政治定力，为打赢反腐败这场正义之战奠定坚实的思想基础。以清醒的理论自觉为打赢反腐败正义之战履行好职能责任。

---

① 《习近平在十八届中央纪委七次全会上发表重要讲话》，中华人民共和国中央人民政府网 2017 年 1 月 6 日。

结束语

不忘初心　砥砺前行

习近平总书记在中国共产党第十九次全国代表大会上代表第十八届中央委员会作报告时强调:“不忘初心,方得始终。中国共产党人的初心和使命,就是为中国人民谋幸福,为中华民族谋复兴。这个初心和使命是激励中国共产党人不断前进的根本动力。全党同志一定要永远与人民同呼吸、共命运、心连心,永远把人民对美好生活的向往作为奋斗目标,以永不懈怠的精神状态和一往无前的奋斗姿态,继续朝着实现中华民族伟大复兴的宏伟目标奋勇前进。”①

习近平强调,我们党作为执政党,面临的最大威胁就是腐败。党的十八大以来,我们党坚持“老虎”、“苍蝇”一起打,腐败蔓延势头得到有效遏制,不敢腐的目标初步实现,不能腐的制度日益完善,不想腐的堤坝正在构筑,反腐败斗争压倒性态势已经形成②。各级领导干部要牢固树立正确权力观,保持高尚精神追求,敬畏人民、敬畏组织、敬畏法

---

① 《决胜全面建成小康社会　夺取新时代中国特色社会主义伟大胜利——习近平同志代表第十八届中央委员会向大会作的报告摘登》,《人民日报》2017 年 10 月 19 日。

② 参见《习近平在十八届中央纪委七次全会上发表重要讲话》,中华人民共和国中央人民政府网 2017 年 1 月 6 日。

纪，做到公正用权、依法用权、为民用权、廉洁用权，永葆共产党人拒腐蚀、永不沾的政治本色。要以顽强的意志品质，坚持零容忍的态度不变，做到有案必查、有腐必惩，让腐败分子在党内没有任何藏身之地。他要求："全党同志对党中央在反腐败斗争上的决心要有足够自信，对反腐败斗争取得的成绩要有足够自信，对反腐败斗争带来的正能量要有足够自信，对反腐败斗争的光明前景要有足够自信！"①这些重要论述，是对反腐败新理念、新思想、新实践的深刻揭示，是新形势下统一认识、振奋精神，凝聚反腐败磅礴伟力的巨大动能，彰显党中央把反腐败斗争进行到底的鲜明态度和坚定立场，让全党同志对赢得这场输不起也决不能输的正义之战充满信心。同时也告诫全党，要实现中华民族伟大复兴的中国梦，在拒腐防变的历史性"赶考"中取得优异成绩，就必须始终坚持不忘初心，砥砺前行。

坚持不忘初心，砥砺前行，就要在对党中央反腐败决心的足够自信中强化政治坚定力。

党中央对反腐败的坚强决心，表现在对腐败现象实行"无禁区、全覆盖、零容忍"，做到"有腐必反、有贪必肃，坚持'老虎'、'苍蝇'一起打"，坚持"猛药去疴、重典治乱、刮骨疗毒、壮士断腕"的反腐败态度。党中央的坚强决心，立足于党要管党，从严治党，始终保持党的先进性和纯洁性，确保党始终成为中国特色社会主义事业的坚强领导核心的指导思想；着眼于反腐败斗争关系党和国家的生死存亡，反腐败斗争形势依然严峻复杂，坚决反对腐败是我们党必须抓好的重大政治任务。反腐败斗争永远在路上的形势判断，来源于构建风清气正的廉洁政治生态，把权力关进制度的笼子里，实现干部清正、政府清廉、政治清明的任务目标。

党中央对反腐败的坚定决心具有不可置疑的客观性、真实性和可

① 习近平：《在第十八届中央纪律检查委员会第六次全体会议上的讲话》，《人民日报》2016 年 5 月 3 日。

期待性，党的十八大以来，我国上演的一场又一场惊心动魄的“反腐大戏”，广大人民群众发出的一次又一次的“叫好”声，已经充分证明了这一点。但值得注意的是，社会上仍有人怀疑党中央的反腐败决心。“有的人认为反腐败是刮一阵风，搞一段时间就会过去，现在打枪，暂且低头；有的人认为反腐败查下去会打击面过大，影响经济发展，导致消费需求萎缩，甚至把当前经济下行压力增大与反腐败力度加大扯在一起；有的人认为反腐败会让干部变得缩手缩脚、明哲保身，不愿意干事了；等等。”①这些干扰反腐工作的“杂音”，在铁的事实面前已经不攻自破。现在我们要做的是进一步强化反腐败的坚强定力。宋代赵善璙在《自警篇·善处事》中说：“必其胸中器局不凡，素有定力。不然，胸中先乱，何以临事？”只要我们胸中有党、有国、有民，就能做到有静气、不刮风、不搞运动。不是一阵子，而是踩着不变的步伐，把握节奏和力度，坚定不移地把反腐败斗争推向前进。

强化反腐败的政治定力，需在四个方面做足功夫。第一，坚定“一切为了人民”的理想信念。为了不辜负人民的重托，反腐职能部门必须坚持政治原则，面对大是大非敢于亮剑，面对歪风邪气敢于斗争，面对困难敢于迎难而上，面对危机敢于挺身而出，把“党纪国法”贯彻到底，始终坚守共产党人的精神高地。第二，冷静清醒判断形势，客观审视面对挑战，从纷繁复杂的事物表象中把准反腐败工作定位，在众说纷纭中保持依法治国、依规治党的战略定力，必须时刻保持清醒的判断能力。以充分的信心持续保持惩治腐败高压态势，坚决遏制腐败蔓延的势头。第三，不为杂音所扰、不为暗流所动，忠实履行法律纪律赋予的反腐职责。既要管好权力、慎用权力，保持拒腐蚀、永不沾的政治本色，更要有敢于担当、果断用好权力的魄力。第四，要严肃查办发生在领导

① 《习近平关于党风廉政建设和反腐败斗争论述摘编》，中央文献出版社、中国方正出版社 2015 年版，第 25 页。

机关和重要岗位领导干部中插手工程建设、土地出让，侵吞国有资产，买官卖官、以权谋私、腐化堕落、失职渎职案件。把违反政治纪律、组织纪律等行为作为审查重点，对转移赃款赃物、销毁证据，搞攻守同盟、对抗组织审查的行为，必须纳入依规惩处的重点内容。加大对群众身边不正之风和腐败问题的查处力度。在各种风险挑战面前，我们千万不能忘记“胸中先乱，何以临事?”的古训，必须始终保持“胸中器局不凡”的战略定力，必须始终保持坚强的政治定力，保持反腐败高压态势，遏制腐败蔓延势头，坚定不移反对腐败。

坚持不忘初心，砥砺前行，就要在对反腐败成绩的足够自信中强化真抓实干力。

党的十八大以来，反腐败成绩有目共睹，有案必查、有腐必惩，“老虎”、“苍蝇”一起打，党纪国法面前没有特区、没有例外，既坚决查处大案要案，又着力解决发生在群众身边的腐败问题。无论是“打老虎、拍苍蝇”的数目，还是纠正“四风”的成效；无论是巡视工作的广度，还是深化重点领域和关键环节的力度，反腐打破“退休即平安着陆”的惯例，“打虎”没有上限，也没有“节点”，更没有“休止点”，不论什么人，不论其职务多高，只要触犯了党纪国法，都要一查到底，决不姑息，党风廉政建设和反腐败斗争从措施到成果，让很多人直呼“想不到”。广大人民群众深深地感受到了反腐败斗争“无禁区、全覆盖、零容忍”的法治逻辑正在向纵深推进。

反腐败斗争取得的成绩是党中央反腐败的坚强决心和以上率下、真抓实干的必然结果。反腐败工作克服了过去多年来说到做不到甚至根本没有去做，以致于一些反腐举措流于形式的弊端。习近平强调“打铁还需自身硬”，“抓作风建设，首先要从中央政治局做起”，要以“踏石留印、抓铁有痕”的劲头抓下去，善始善终、善做善成，防止虎头蛇尾，让全党全体人民来监督，让人民群众不断看到实实在在的成效和变化。这些久违了的、曾经熟悉的原则和准则，使得人们从反腐败取得的成绩中，既看到了强大的真理力量，更看到了强大的人格力量。真理力量集中体现为我们党的正确理论，人格力量集中体现为我们党的优良作风。我们要把对反腐败斗争成绩的足够自信，落实到反腐败斗争中的主体责任和监督责任中去，落实到保障"十三五"经济社会科学发展的执纪执法活动中去。以最坚决的意志、最坚决的行动扫除腐败丑恶现象，打赢这场输不起的战争。

强化反腐败的真抓实干力，首先在于落实反腐败主体责任。各级党委特别是主要负责人必须牢固树立不抓党风廉政建设就是严重失职的意识，解决好不想抓、不会抓、不敢抓的问题，切实担负起党风廉政建设的主体责任，在党风廉政建设和反腐败斗争这个事关党的生死存亡的重大问题上，必须说明白话、干明白事、做明白人，把主体责任记在心里、扛在肩头、抓在手上。其次在于落实反腐败监督责任。各级纪委作为党内监督的专门机关，在党风廉政建设上必须履行好监督责任。各级纪检监察机关要进一步转职能、转方式、转作风，从大量的具体事务中解脱出来，既协助党委加强党风建设和组织协调反腐败工作，又集中精力抓好执纪监督主业，健全完善巡视机制。反腐的关口正在前移，但及时发现和查处腐败的底线绝不能后撤。与此同时，要加强司法反腐职能的转变。各级党委应帮助司法机关转变思想观念、工作机制、侦查方式和办案模式，加强与纪检监察机关在查办案件中的相互配合、密切协作，不断完善案件移送、信息交换、经验交流等机制，有效整合办案资源；认真落实"把权力关进制度的笼子里"的司法预防职责。切实做到查案预防、警示预防、建制预防、咨询预防的一体推进，加快惩防职能化、惩防一体化、惩防民主化、惩防法治化同步建设。

坚持不忘初心，砥砺前行，就要在对反腐败正能量的足够自信中强化科学统筹力。

反腐败斗争产生的正能量是多元的，涵盖政治经济社会等各个方面。第一，反腐败重塑了党的形象。中国共产党是以全心全意为人民服务为根本宗旨的政党，这是中国社会一切制度有效运行的逻辑前提，也是中国共产党的基本逻辑和本来面目。反腐败就是把被遮蔽了的逻辑重新彰显出来。第二，反腐败保护了党员干部。让真正想干事能干事的党员干部可以清白为官、廉洁从政，而不必去琢磨小圈子，顾忌“潜规则”。第三，反腐败促进经济社会健康发展。畸形消费带来的虚假繁荣的消失，楼堂馆所等享乐性项目的下马，“跑部钱进”等非正常资金渠道的堵塞，取而代之的是优良的发展环境促进招商引资，健全的机制制度规范项目资金管理，廉洁的政务环境保障经济建设有序进行。

当前反腐败斗争是在中国特色社会主义的总体布局下展开的。党中央深刻估计到，彻底根除腐败是一个世界性难题，也是执政党自身建设中的一项长期的艰巨任务。面对盘根错节的利益链条和错综复杂的利益调整，曾有人担心反腐败会影响经济的发展，会挫伤党员干部的积极性，甚至会失政亡党。实践证明，这种担心是没有依据的，反腐败给中国社会带来的是满满的正能量。现实告诉我们，惩治和预防腐败，是一场正义与邪恶的政治搏斗，又是各种矛盾交织的复杂斗争。要持续释放反腐败斗争的正能量，就必须运用科学方法防治腐败，善于从全面、发展的视角观察问题，善于运用协调统筹等科学方式解决问题。

持续释放反腐败斗争正能量，必须强化科学统筹力。在指导思想上，坚持用发展着的马克思主义引领反腐倡廉深入开展。把围绕中心、服务大局的要求贯穿反腐倡廉建设始终；把以人为本、执政为民的理念贯穿反腐倡廉建设始终。在执法方式上，既坚持纪在法前，又强调法纪结合；既坚决查证腐败犯罪，又准确把握法律政策界限；既大胆使用侦查强制措施，又防止侵犯合法权益；既及时有力“打虎拍蝇”，又避免给发案单位造成负面影响；既使犯罪者受到法律制裁，又使无辜者受到法律保护。综合运用查案防范、警示教育、整章建制、参谋咨询等多种方式阻隔腐败犯罪，推进廉政建设。在制度建设上围绕反腐倡廉法律制度体系建设，制定落实惩治和预防腐败体系工作规划，健全完善能够减少腐败现象滋生蔓延的社会主义市场经济体制、能够保证廉洁干部顺利成长的干部人事制度、能够促进公正廉洁执法的司法体制等,构建环环相扣的不能腐的制度体系。在权力监督上,进一步完善党务公开、政务公开和各领域办事公开制度,推进权力运行公开化、透明化。

坚持不忘初心,砥砺前行,就要在对反腐败光明前景的足够自信中强化价值追求力。

反腐败斗争的光明前景,就是党和国家廉洁政治建设的战略目标,是干部清正、政府清廉、政治清明的政治图景,是为政清廉、秉公用权的现实愿景。对反腐败光明前景的足够自信,来源于对党的反腐败的坚强决心,来源于"打虎拍蝇"取得的重大成绩,来源于振奋人心的反腐正能量。对反腐败光明前景的足够自信,是"全面建成小康社会"的政治基础,是"全面深化改革"的政治保障,是"全面依法治国"的核心内容,是"全面从严治党"的价值体现,是民心所系,民意所向。廉洁政治的光明前景把党执政的阶段性目标与长远目标结合起来,不仅有助于我们党和国家从战略层面来谋划、部署、推进反腐倡廉工作,而且能够从社会关切层面来及时应对党风廉政建设所面临的新情况、新问题,以适应新的历史条件下大国治理的新要求。

对反腐败光明前景的足够自信,是几代中国共产党人的思想精髓。正如习近平指出的,为政清廉才能取信于民,秉公用权才能赢得人心,这个道理我们党早就明确提出来了。一九二六年八月,中共中央扩大会议发出通告指出,对腐化分子混入党内的现象必须高度警惕,"应该很坚决的洗清这些不良分子,和这些不良倾向奋斗,才能坚固我们的营垒,才能树立党在群众中的威望"。新中国成立前夕,毛泽东同志在党的七届二中全会上告诫全党务必保持谦虚谨慎、艰苦奋斗的作风,不要在糖弹面前打败仗。新中国成立初期,我们党严肃查处了刘青山、张子善腐化堕落案件,教育了广大干部,在人民群众中树立了共产党人执法如山的形象。改革开放三十多年来,历届党中央领导集体始终把党风廉政建设和反腐败斗争作为重要任务来抓，旗帜是鲜明的，措施是有力的，成效是明显的，为保持和发展党的先进性和纯洁性发挥了重大作用，为我们党领导改革开放和社会主义现代化建设提供了有力保证。可以说，如果我们党不是一以贯之高度重视党风廉政建设、坚决反对腐败，我国经济社会发展不可能取得这么大的成就，改革发展稳定大局也不可能得到巩固。①

对反腐败光明前景的足够自信，必将形成坚韧不拔的价值追求力。它意味着我们党必须破解中华文明数千年以来，腐败现象却一直挥之不去的梦魇；必须打破“掌权—腐败—垮台”的“历史周期率”的怪圈；必须走出大力反腐数十年，但腐败现象依然严峻的困局。它意味着我们党要借助问题倒逼之势，坚决革除那些已相沿成习的陈旧体制机制，始终以“刮骨疗毒”的决心和意志，毫不手软地剜除自身肌体上的腐败恶瘤。斗争越是深入展开，就越有可能全面挑战我们党及其领导骨干的认知力、领导力和意志力，意味着我们共产党人应该强化自我修炼、自我约束、自我塑造，在廉洁自律上做出表率。充满对反腐败斗争光明前景的足够自信，就会在光明前景的感召下更加坚定执政为民、执法为民的理想信念，提升全心全意为人民谋利益的价值追求。为此，一要抓好理想信念教育，不断增强党员干部的免疫力。从固本培元的高度，下大气力解决理想信念问题，使党员干部坚持“革命理想高于天”，炼就“金刚不坏之身”。在正确的世界观、人生观、价值观和权力观、地位观、利益观的培植中，筑牢反腐倡廉的思想道德防线，自觉保持清正廉洁的政治本色。二要加大惩治腐败力度，不断增强肃贪震慑力。让反腐之剑始终高悬于广大党员干部头上，对腐败现象要坚持“零容忍”，用重典、出重拳，以强大震慑力不断挤压腐败分子的生存空间。坚持“老虎”、“苍蝇”

① 参见《习近平关于党风廉政建设和反腐败斗争论述摘编》，中央文献出版社、中国方正出版社2015年版，第4—5页。

一起打,既严肃查处一些党员干部尤其是高级干部的腐败问题,又严肃查处群众身边一些看似不起眼的腐败问题,尤其是对“四风”问题要防“隐身”、防变异、防反弹。三要维护法治权威,不断增强法律法规约束力,健全反腐倡廉法律法规。应完善惩治和预防腐败、防控廉政风险、防止利益冲突、领导干部报告个人有关事项、任职回避等方面的法律法规。要健全反腐倡廉体制机制,改革党的纪律检查体制,健全反腐败领导体制和工作机制,改革和完善各级反腐败协调小组职能;不断提高反腐倡廉法律法规的执行力,用法律法规为反腐倡廉保驾护航。四要坚持依靠人民,不断增强社会动员力。健全民主监督、法律监督、舆论监督机制,运用和规范互联网监督。应不断建设监督平台、拓宽监督渠道、完善监督机制,使各种形式的监督在反腐倡廉中充分发挥积极作用。

践行反腐败战略思想,做到不忘初心,砥砺前行,还要看到我国反腐败对国际反腐、我国发展对世界发展所产生的巨大影响。

习近平在第十八届中央纪律检查委员会第六次全会上讲话指出:“我们坚定不移反对腐败,使我们占据了国际道义制高点。过去,美国等西方国家总想用反腐败问题来拿捏我们,不断在联合国、二十国集团、亚太经合组织等场合提出所谓反腐败问题。现在,我们在国际上一举转为战略主动。我们加强反腐败国际多边双边合作,启动‘天网行动’,加大追逃追赃力度,将一批外逃多年的犯罪分子缉拿归案。我们主动提出一系列反腐败国际合作倡议,倡议构建国际反腐新秩序,特别是加大对美国等西方国家在反腐败合作方面的压力,要求他们不要成为腐败分子的‘避罪天堂’。原来他们认为那些犯罪嫌疑人是他们手中的牌,现在都成了手里的烫山芋。各方面对我们敢于向腐败亮剑是佩服的,我们的反腐行动赢得了国际社会尊重。”①党风廉政建设和反

---

① 习近平:《在第十八届中央纪律检查委员会第六次全体会议上的讲话》,《人民日报》2016年5月3日。

腐败斗争如此，党中央领导的中国特色社会主义事业同样得到国际认同。美国前驻华大使洪博培曾评价习近平是继邓小平之后最具转型色彩的中国领导人，风格稳重自信，促进中国在竞争高度激烈的国际市场环境中取得成功，获得全球思想领袖的广泛关注。洪博培指出，全球决策需要中国参与，习近平在其执政期间，将成为第一位真正的全球领袖。中国前进的道路没有中间路径，如果改革成功，中国将成为美国在21世纪最大的挑战和机遇。从“扳倒中国”论到“世界领袖”论，不论洪博培对中国崛起的内心世界如何复杂，但是，以习近平同志为核心的党中央的领导能力、水平和魅力，无疑是引领中国航船乘风破浪、勇往直前的领航人和巨大动能。大时代造就大人物，大人物创造大思想，大思想生成大战略，大战略开拓大事业，大事业书写大历史。我们坚信，有实现中国梦的光明前景，有中国航船的舵手勇立潮头，有13亿多中华儿女中流击水，我们的目标一定要实现，我们的目标一定能够实现！

主要参考文献

1.《马克思恩格斯文集》1—10 卷,人民出版社 2009 年版。

2.《列宁选集》1—4 卷,人民出版社 2012 年版。

3.《毛泽东选集》一—四卷,人民出版社 1991 年版。

4.《邓小平文选》第一—二卷,人民出版社 1994 年版;第三卷,人民出版社 1993 年版。

5.《江泽民文选》一—三卷,人民出版社 2006 年版。

6.《胡锦涛文选》一—三卷,人民出版社 2016 年版。

7.《习近平谈治国理政》,外文出版社 2014 年版。

8.《习近平关于协调推进“四个全面”战略布局论述摘编》,中央文献出版社 2015 年版。

9.《习近平关于党风廉政建设和反腐败斗争论述摘编》,中央文献出版社、中国方正出版社 2015 年版。

10.《习近平关于全面依法治国论述摘编》,中央文献出版社 2015 年版。

11.《习近平关于严明党的纪律和规矩论述摘编》,中央文献出版社、中国方正出版社 2016 年版。

12. 习近平著:《摆脱贫困》,福建人民出版社 1992 年版。

13. 习近平著:《干在实处　走在前列:推进浙江新发展的思考与

实践》,中共中央党校出版社 2013 年版。

14. 习近平著:《之江新语》,浙江人民出版社 2007 年版。

15. 习近平主编:《科学与爱国——严复思想新探》,清华大学出版社 2001 年版。

16. 王沪宁著:《反腐败——中国的实验》,上海人民出版社 1990 年版。

17. 王沪宁著:《政治的逻辑》,上海人民出版社 1994 年版。

18. 王沪宁编:《腐败与反腐败:当代国外腐败问题研究》,上海人民出版社 1994 年版。

19. 郑必坚著:《邓小平理论基本问题》,中共中央党校出版社 2001 年版。

20. 何毅亭著:《学习习近平总书记重要讲话》(增订本),人民出版社 2014 年版。

21. 王伟光著:《科学发展观研究》,中共中央党校出版社 2004 年版。

22. 王伟光著:《马克思主义中国化的最新成果——习近平治国理政思想研究》,中国社会科学出版社 2016 年版。

23. 韩宝清著:《邓小平理论科学体系论纲》,中共中央党校出版社 1999 年版。

24. 阮青著:《中国特色社会主义理论体系论纲》,党建读物出版社 2011 年版。

25. 杨信礼著:《科学发展观研究》,人民出版社 2007 年版。

26. 李国兴主编:《"三个代表"重要思想论纲》,中国文史出版社 2004 年版。

27. 王令金著:《马克思主义中国化的历史进程及其规律(修订版)》,中央编译出版社 2014 年版。

28. 中共中央党校编:《向党中央看齐》,人民出版社 2016 年版。

29. 中国法学会编:《推进中国特色社会主义法治理论创新和发展》,中国法制出版社 2016 年版。

30. 中国法学会编写:《法治中国建设问答》,法律出版社 2015 年版。

31. 刘明福、王忠远:《习近平民族复兴大战略——学习习近平系列讲话的体会》,《决策与信息》2014 年 Z1 期。

后　　记

本书属于国家社科基金特别委托项目，该项目于 2014 年 12 月经全国哲学社会科学规划办公室特别委托立项。课题从选题申报、资料收集、体例设计、思路框架到观点梳理、主题解析、学术论证及阶段性成果发表、最终研究文稿总成，始终在时任中纪委常委、最高人民检察院党组副书记、副检察长邱学强主持下进行。他在谈到学习研究的体会时说：

“这项研究对我来讲，既是对习近平总书记治国理政新理念新思想新战略的潜心理解和钻研，又是对自己反腐履职十五年的思想洗礼、工作检视和考校。通过学习研究，更加坚定了追随总书记许党许国、报党报国的信念与决心。我和课题组的同志越学习钻研，就越感受到，在新的伟大斗争中形成的反腐败战略思想，是我们党弥足珍贵的精神财富。要巩固和发展党的十八大以来反腐败取得的重大成效，做好十九大以后的反腐败工作，就要加强对总书记反腐败战略思想的学习和领会，使反腐败职能工作始终保持理论上的清醒和政治上的坚定。”

正是在国家反腐败职能部门领导同志的担纲主持下，课题研究始终保持了坚定的政治方向和严谨的科学态度，始终充满着理论与实践紧密结合的学术氛围和昂扬向上、追求真理的精神风貌。两年多来，以中国反腐败司法研究中心、湘潭大学法治研究基地为主要骨干的课题组，始终坚持以中国化的马克思主义和习近平总书记治国理政新理念新思想新战略为指导，紧紧围绕实现中华民族伟大复兴中国梦的时代主题，及时跟进党中央协调推进“四个全面”战略布局，密切跟踪党风廉政建设和反腐败斗争的持续推进，在深入学习领会习近平总书记关于反腐败斗争系列论述的基础上开展系统性研究。先后在全国性期刊、中央报刊发表阶段性成果25篇，其中，权威报刊4篇，CSSCI核心期刊15篇，中央报刊6篇。最终结项报告已经通过评审结项。

本书是在结项报告的基础上修订而成，具有以下四个特点：

一是紧密追踪党风廉政建设和反腐败斗争的持续推进。课题研究的时间段为2014年至2016年，是反腐败斗争从压倒性态势尚未形成到已经形成的重要历史时期，习近平总书记在不同场合就党风廉政建设和反腐败斗争发表了一系列重要讲话。我们既要历史地记录反腐败斗争的发展进程，又要不断地深入学习和领会习近平总书记在实践中形成的新理念新思想新战略。这既是研究能否成功的关键，又是研究能否成功的难点。鉴于本课题所具有的政治高度、理论高度和实践高度，邱学强身体力行，在《学习时报》发表以《新时期反腐败理论与实践的重大创新》为题的基础性理论成果，受到社会各界的广泛关注。中宣部理论学习指导刊物《学习活页文选》全文转载。形成了深入学习习近平反腐败战略思想、促进“三严三实”教育的正能量。同时也为本课题的研究提供了基本框架和方向性指引。

二是坚持把统一思想、凝聚共识作为课题研究内容。本项课题研究可以说是在多元化的反腐思潮的社会环境下开展的。课题组在邱学强的直接指导下，始终保持清醒的政治头脑和求真务实的学术态度。当社会舆论出现一些似是而非、耸人听闻的观点，有可能形成误读反腐形势、曲解反腐性质、误导反腐方向“杂音”的情形时，邱学强在《学习时报》发表《坚定不移将反腐败斗争推向前进》一文，从理论和实践的结合上鲜明地回答了要不要坚持党的领导、人民当家作主和依法治国相统一的重大原则，要不要坚持中国特色反腐败斗争的道路自信、理论自信、制度自信、文化自信等重大问题。文章发表的一周之内，国内外主流媒体相继转载、评价，两百万网友点赞、八十万网友转载分享。课题组也先后在《求是》杂志发表《坚定不移走中国特色反腐败之路》、《用四个足够自信凝聚反腐败磅礴伟力》和《书写人民满意的反腐败赶考答卷》三篇重头文章，形成统一思想，凝聚共识的强大正能量。

三是着眼于一个内在联系、有机统一的科学体系形成。邱学强经常听取课题组研究工作汇报，指导课题组以有没有一种科学的世界观方法论贯穿其中，有没有一个主要研究和解决的中心问题，有没有围绕着中心问题形成了一系列相互联系的观点为脉络，从反腐败斗争的时代背景入手，深刻认识总书记对复杂多变的国内国际形势的准确洞察与研判；从反腐败斗争的实践特征入手，深刻认识总书记系列论述间相互联系的思想观点和博大精深的科学内涵；从反腐败斗争的理论品格入手，深刻认识总书记系列论述所揭示的中国共产党人特有的世界观、价值观、人生观和权力观。从而深切感受到总书记的反腐败战略思想，形成于中华民族伟大复兴中国梦的新时代，根植于全面建成小康社会、全面深化改革、全面依法治国、全面从严治党的战略布局，确立于马克思主义中国化的第三次飞跃，是历史唯物主义、辩证唯物主义以及马克思主义法律观的创造性运用。

四是秉持求真务实的科学态度和研究方法。两年多来，课题组开展了大量的调查研究和资料收集工作，追寻习近平任县委书记以来反腐倡廉的历史脉搏，深入研读和梳理了总书记关于党风廉政建设和反腐败斗争的一系列重要论述。高度重视对国内外有关反腐败问题的文献资料收集和文献分析，聚焦反腐败研究的前沿成果，课题组先后在高检院、国家行政学院、湖南省委党校举办本课题“开题论证会”、“新时期多元化反腐思潮研讨会”、“高压反腐与法治走向”、“法治反腐与腐败预防”等全国性、区域性学术会 5 次，收到学术论文 1500 余篇，编撰相关资料文集 3 部。课题组在邱学强的直接参与和指导下，始终做到了“六个运用、六个把握”，即：运用政治思维，把握反腐败的根本宗旨和立场；运用历史思维，把握反腐败的历史传承；运用辩证思维，把握反腐败与发展大局的普遍联系；运用战略思维，把握从不敢、不能到不想的反腐走势；运用创新思维，把握反腐败斗争的时代性；运用系统思维，从整体上，相互联系上，抓住精髓、领会实质、积极探索、大胆创新、极尽所能，着力推出体现国家高水平的研究成果。

本书副主编江必新和莫文秀在课题研究过程中，从文献资料梳理、总体思路形成、基本框架拟定到文稿质量把关都付出了辛勤的劳动。

本书编辑委员会由中央国家机关相关领导和著名专家组成。

主编：

邱学强（中共中央委员、最高人民检察院党组副书记、副检察长）

副主编：

江必新（最高人民法院党组副书记、副院长）

莫文秀（全国人大常委会委员、最高人民检察院纪检组原组长）

执行副主编：

吴建雄（中国反腐败司法研究中心主任、湘潭大学教授、博士生导师；国家社科基金特别委托项目“习近平反腐败战略思想研究”、“中国特色社会主义国家监察制度研究”首席专家，全国检察业务专家）

编辑委员：

李步云（中国社会科学院荣誉学部委员）

王均伟（中央文献研究室第二编研部主任）

宋寒松（最高人民检察院反贪污贿赂总局四局局长）

孙忠诚（最高人民检察院反贪污贿赂总局三局局长）

吴戈（中国纪检监察学院副院长）

向泽选（最高人民检察院反贪污贿赂总局三局副局长）

杨书文（最高人民检察院反贪污贿赂总局一局副局长）

卢乐云（湖南省人民检察院党组副书记、副检察长）

廖永安（湘潭大学副校长、教授、博士生导师）

黄惠勇（湖南省卫计委副主任、党组副书记、教授、博士生导师）

课题组成员为中国反腐败司法研究中心和湘潭大学法学院的同志。他们是：李国军、李有存、张永红、李蓉、穆远征、李世锋、刘峰、李春阳、吴茵、易法锡、姚昌君、慕歌、黄继先、赵宪明、陈名栋、张健、吴建平、张国战、郭烽、滕磊、姜洛、张锦州、刘金海、杨换多等。

本书在编撰过程中，吸收了政治学、法学、公共管理学等多学科研究成果。得到了中宣部社科规划办、中央文献研究室、中央党校、中央纪检监察学院有关领导的大力支持。中国社科院、北京大学、中国人民大学等方面专家学者对本书的编撰提出了很好的意见和建议，在此深表感谢。

本书编委会

2017 年 8 月

责任编辑:王青林
责任校对:孙寒霜

图书在版编目(CIP)数据

坚定不移反对腐败的思想指南和行动纲领/邱学强 主编.—北京:
人民出版社,2017.10
ISBN 978-7-01-018298-8

Ⅰ.①坚… Ⅱ.①邱… Ⅲ.①反腐倡廉-研究-中国 Ⅳ.①D630.9

中国版本图书馆 CIP 数据核字(2017)第 238173 号

坚定不移反对腐败的思想指南和行动纲领
JIANDING BUYI FANDUI FUBAI DE SIXIANG ZHINAN HE XINGDONG GANGLING

邱学强 主编

人民出版社 出版发行
(100706 北京市东城区隆福寺街 99 号)

涿州市星河印刷有限公司印刷 新华书店经销

2017 年 10 月第 1 版 2017 年 10 月北京第 1 次印刷
开本:710 毫米×1000 毫米 1/16 印张:28
字数:380 千字 印数:00,001-50,000 册

ISBN 978-7-01-018298-8 定价:88.00 元

邮购地址 100706 北京市东城区隆福寺街 99 号
人民东方图书销售中心 电话 (010)65250042 65289539